變態心理學

Abnormal Psychology

葉重新　著

作者簡介

葉重新

學歷

國立台灣大學心理學碩士
國立政治大學教育學博士

經歷

台灣省北部社區心理衛生中心主任
淡江大學副教授兼教育研究中心執行長
國立台中師範學院教授兼數理教育學系系主任
國立台中師範學院國民教育研究所教授
國立台中師範學院諮商與教育心理研究所教授
國立彰化師範大學教育研究所兼任教授
考試院高等與普通考試審查委員
台中榮民總醫院精神科研究顧問
國立台中教育大學教育研究所兼任教授
亞洲大學心理學系（所）教授兼主任

現職

亞洲大學心理學系教授

著作

心理測驗、心理學、教育研究法、教育心理學、心理與教育測驗、變態心理學、心理與生活、學生行為改變技術，以及已發表學術論著一百餘種

序

筆者曾擔任台灣省政府衛生處北部社區心理衛生中心主任、台灣台北監獄心理測驗技士、行政院衛生署台中榮民總醫院精神科研究顧問、台中市家庭扶助中心專業諮詢委員兼召集人、台灣台中地方法院檢察署受保護管束人「情緒困擾團體諮商輔導」計畫主持人，以及台灣省警政廳諮商輔導委員會指導委員。此外，在學期間曾至台北榮民總醫院精神科實習，由於接觸過許多心理異常案主，又曾在大學與研究所開設變態心理學相關課程，所以很多年前就想撰寫《變態心理學》一書，但是，長期在大學教學、研究之外又兼學校行政工作，所以這個想法一直無法實現。直到 2011 年卸下系（所）主任行政工作之後，才得以比較有時間專心撰寫本書。

學生如有志於從事諮商或臨床工作，必須先取得諮商或臨床心理師執照，而變態心理學是諮商或臨床心理師考試必考的科目，但是目前台灣各大學心理學系，以及諮商、輔導、臨床等相關學系所所開設的變態心理學課程，大多使用原文書，學生在閱讀這類教科書之後，常有一知半解、似懂非懂與見樹不見林的感慨，加上原文書作者的社會文化背景不同，所以變態心理學的教科書內容及所舉的例子與台灣地區的社會文化相差甚遠，學生學習成效大受影響，學習效果不如預期。

本書適合大學心理、諮商、輔導、臨床、社工、護理、老人福利、青少年兒童福利、特殊教育、犯罪防治、健康照護、行為醫學、精神醫學等相關學系所，開設變態心理學課程與實習課程使用。本書內容新穎、符合時代需求，書中多舉台灣本土的實例，希望能幫助學生畢業之後學以致用，同時對其未來升學、就業有所幫助。最後，感謝林旻沛老師提供網路成癮資料，也感謝心理出版社的大力協助，本書才能順利出版。本書撰寫疏忽之處在所難免，懇請國內外賢達先進不吝指正。

葉重新　謹識

2012 年 4 月於 亞洲大學心理學系

目次

Chapter 1 變態行為的基本認識 ········ 1
第一節　心理異常的定義與分類 ········ 2
第二節　變態心理學的歷史演進 ········ 9
第三節　變態心理學的發展趨勢 ········ 17
第四節　變態行為的分類 ········ 19

Chapter 2 心理異常的研究方法 ········ 25
第一節　觀察法 ········ 25
第二節　相關研究法 ········ 33
第三節　個案研究法 ········ 39
第四節　實驗法 ········ 53
第五節　控制干擾變項的方法 ········ 65
第六節　實驗設計 ········ 68
第七節　因果比較研究法 ········ 78

Chapter 3 精神官能症 ········ 91
第一節　廣泛性焦慮症 ········ 92
第二節　恐懼症 ········ 100
第三節　強迫症 ········ 110
第四節　創傷後壓力症 ········ 117

Chapter 4 身體型疾患與解離症 ········ 125
第一節　身體型疾患的種類 ········ 125

第二節　身體型疾患的原因 ······ 131
第三節　身體型疾患的治療 ······ 132
第四節　解離症的種類 ······ 133
第五節　解離症的原因 ······ 137
第六節　解離症的治療 ······ 138

Chapter 5 情感性異常 ······ 143

第一節　憂鬱症 ······ 144
第二節　躁鬱症 ······ 161
第三節　自殺 ······ 166

Chapter 6 飲食性異常症 ······ 175

第一節　飲食障礙的種類 ······ 175
第二節　肥胖症 ······ 185

Chapter 7 藥物濫用疾患 ······ 195

第一節　藥物濫用的涵義及特徵 ······ 195
第二節　藥物的種類與耐藥性 ······ 198
第三節　藥物濫用疾患的成因 ······ 206
第四節　藥物濫用疾患的輔導與治療 ······ 210

Chapter 8 精神分裂症 ······ 221

第一節　精神分裂症的診斷 ······ 221
第二節　精神分裂症的類型 ······ 224
第三節　精神分裂症的原因 ······ 226
第四節　精神分裂症的治療 ······ 229

Chapter 9 人格異常 …… 239

第一節 人格異常的類型 …… 240
第二節 人格異常的原因 …… 247
第三節 人格異常的治療 …… 253

Chapter 10 性心理異常 …… 263

第一節 性功能障礙 …… 263
第二節 性心理異常的種類 …… 269
第三節 性別認同障礙 …… 275
第四節 同性戀 …… 276

Chapter 11 兒童及青少年期心理異常 …… 285

第一節 自閉症與亞斯伯格症 …… 285
第二節 智能障礙 …… 296
第三節 注意力缺陷過動症 …… 304
第四節 情緒障礙 …… 307
第五節 學習與語言障礙 …… 315
第六節 品性疾患 …… 320
第七節 網路成癮 …… 324

Chapter 12 老年失智症 …… 349

第一節 失智症的定義 …… 349
第二節 失智症的類型 …… 350
第三節 老年失智症的症狀 …… 355
第四節 老年失智症的原因 …… 355
第五節 老年失智症的預防與治療 …… 356

Chapter 13 睡眠障礙 …… 367

第一節 睡眠障礙的種類 …… 367
第二節 睡眠中的異常現象 …… 378
第三節 睡眠障礙的原因 …… 384
第四節 睡眠障礙的預防與治療 …… 386

Chapter 14 心理治療 …… 397

第一節 領悟治療法 …… 398
第二節 認知治療法 …… 403
第三節 行為治療法 …… 411
第四節 折衷取向治療法 …… 418
第五節 生物醫學治療 …… 428
第六節 心理治療的發展趨勢 …… 429

Chapter 15 壓力與身心健康 …… 435

第一節 壓力的理論 …… 435
第二節 壓力的來源 …… 440
第三節 壓力、人格與健康 …… 446
第四節 生活方式與健康 …… 450
第五節 維護心理健康之道 …… 456

Chapter 16 助人專業的倫理議題 …… 467

第一節 社區心理衛生運動 …… 467
第二節 心理治療是一種專業 …… 469
第三節 助人專業的倫理守則 …… 469
第四節 保護心理疾病患者的隱私 …… 484

參考文獻 …… 491

一、中文部分 …… 491
二、英文部分 …… 492

索引 …… 503

一、漢英索引 …… 503
二、英漢索引 …… 512

Chapter 1

變態行為的基本認識

變態心理學（abnormal psychology）是一門探討人類心理疾病或**行為異常**（behavior disorder）的學科，也是臨床心理學或精神醫學研究的重要領域。自古以來，一般人以為心理疾病與靈異現象有關，由於心理學者是以科學方法研究人類行為，因此對於變態心理學的探討並不涉及宗教的範疇。

近年來，由於交通快速便捷、資訊發達與工商業蓬勃發展，人口大量流向都市，家庭與社會結構隨之改變。在社會福利制度不夠健全、教育功能不彰、生活競爭激烈、社會風氣日益惡化等情境之下，不少人感受到壓力很大、心靈空虛、焦慮不安、憂鬱沮喪、身體不適與人際疏離，無形中產生了精神官能症、身體型疾患、睡眠異常、酗酒、藥物濫用、人格異常、憂鬱症、躁鬱症、精神分裂、飲食障礙、性變態、自殺等**心理異常**（psychological disorder），這些問題已經成為變態心理學研究的重點。

本章旨在介紹心理異常的定義與分類、變態心理學的歷史和發展趨勢、變態行為的分類，使讀者能了解變態心理學的全貌。茲分別說明如下：

第一節　心理異常的定義與分類

壹、心理異常的定義

一、官方的定義

一個人是否心理異常，很難做正確的判斷。在精神醫學領域的學者，通常偏重於生理疾病的診斷，而臨床或諮商心理學學者，則著重於變態心理學之探討。根據我國政府2007年7月4日所修正公布的《精神衛生法》第3條，其對於精神疾病的定義如下：「……精神疾病：指思考、情緒、知覺、認知、行為等精神狀態表現異常，致其適應生活之功能發生障礙，需給予醫療及照顧之疾病；其範圍包括精神病、精神官能症、酒癮、藥癮及其他經中央主管機關認定之精神疾病，但不包括反社會人格違常者。……」

二、心理學者的定義

（一）行為偏離社會規範

個人的行為如果偏離**社會規範**（social norm），就被視為不正常，例如：殺人、強姦、縱火、強盜等，這是社會與法律所不容許的行為，一個人如果表現出這些行為，就會被認為異常。但是，不同族群、文化的道德倫理規範與風俗習慣並不相同，因此即使同樣行為，其認定是否異常的標準也不一致，例如：以前同性戀被認為是性變態，但是美國精神醫學會已將同性戀從心理疾病種類中除名，但在許多國家，一般人仍然認為同性戀是不正常的。

（二）行為適應不良

如果個人無法適應正常的社會生活，其行為即屬於異常，例如：長期失業、酗酒、被學校退學、中途輟學、情緒困擾精神疾病等。

（三）長期覺得痛苦或困擾

個人如果時常覺得煩躁、焦慮不安、沉悶、悲傷、失眠，總是覺得身體不舒服與精神不愉快，無法安穩過日子，這種人也會被視為異常。

（四）統計的少數

將許多人的各種資料聚集在一起加以統計，就可以發現，整體會呈現**常態分配**（normal distribution）的狀態，而落入常態分配的兩個極端者，就被視為異常，例如：智能不足或資優兒童，就是特殊教育的對象。

貳、心理異常的分類

目前台灣臨床心理師或精神科醫師，最常使用 2000 年美國精神醫學會（American Psychiatric Association）所推出的《精神疾病的診斷與統計》（第四版修訂本）（*Diagnostic and Statistical Manual of Mental Disorders*, Fourth Edition, Text Revision，簡稱 DSM-IV-TR）一書的精神疾病分類系統，來作為診斷心理異常的工具（孔繁鐘編譯，2007）。DSM-IV-TR 的診斷系統只描述症狀與疾病發生的歷程，並沒有說明病因及治療方法，因此可以用來評估個體是否心理異常。

在 DSM-IV-TR 的分類系統中，將人類心理異常以五個主軸來進行分類，如表 1-1 所示。

表 1-1　DSM-IV-TR 對心理異常的分類

第一軸
嬰兒、兒童、青春期或成人期的疾患 1. 學習異常（learning disorder） 閱讀障礙、數學障礙、書寫障礙、表達障礙。 2. 動作技能障礙（motor skill disorder） 動作發展不協調障礙。 3. 廣泛性發展障礙（pervasive developmental disorder） 自閉症（autistic disorder）、雷特症（Rett's disorder）、兒童期崩解症（childhood disintegrative disorder）、亞斯伯格症（Asperger disorder）。 4. 注意力缺陷與破壞性行為異常（attention-deficit disruptive disorder） 注意力缺陷或過動症、違抗行為、行為異常。 5. 嬰幼兒餵食與飲食疾患（feeding and eating disorders of infancy or early childhood） 嬰幼兒期進食障礙、異食癖、反芻症，以及嬰幼兒餵食障礙等。 6. 抽動性疾患（tic disorders） 妥瑞氏症（Tourette's syndrome）、慢性動作或發聲性抽動疾患。 7. 溝通障礙（communication disorders） 語言表達障礙、發音障礙、口吃。 8. 排泄混亂（elimination disorders） 遺尿（encopresis）、尿床（enuresis）。 9. 其他嬰兒期、兒童期、青春期或成人期的疾患（other disorders of infancy, childhood, or adolescence） 分離焦慮症、選擇性自閉症、刻板化動作障礙。
譫妄、痴呆、遺忘與其他認知異常（delirium , dementia , amnestic and other cognitive disorders） 1. 譫妄（delirium） 藥物中毒譫妄、生理因素譫妄、藥物戒斷譫妄。 2. 痴呆症（dementia） 阿茲海默氏症（dementia of Alzheimer's type）、血管型失智症（vascular dementia）、生理退化失智症（dementias due to medical conditions）、藥物引起失智症（substance-induced dementia）。 3. 遺忘症（amnestic disorders）。
物質關聯異常（substance-relatived disorders） 1.酒精關聯異常（alcohol-related disorders）。 2.安非他命關聯異常（amphetamine-related disorders）。

表 1-1 DSM-IV-TR 對心理異常的分類（續）

3.咖啡因關聯異常（caffeine-related disorders）。
4.大麻關聯異常（cannabis-related disorders）。
5.古柯鹼關聯異常（cocaine-related disorders）。
6.幻覺劑關聯異常（hallucinogen-related disorders）。
7.吸入藥物關聯異常（inhalant-related disorders）。
8.尼古丁關聯異常（nicotine-related disorders）。
9.鴉片關聯異常（opioid-related disorders）。
10.鎮靜、催眠異常（sedative, hypnotic, or anxiolytic-related disorders）。
11.多種物質使用關聯異常（polysubstance-related disorders）。

精神分裂與其他精神異常（schizophrenia and other psychotic disorders）

1.精神分裂症（schizophrenia）。
2.妄想症（delusional disorder）。
3.短暫精神異常（brief psychotic disorder）。
4.情感性異常（mood disorders）。
5.憂鬱症（depressive disorders）。
6.躁鬱症（bipolar disorders）。

焦慮性異常（anxiety disorders）

1.恐懼症（panic disorder）。
2.空曠恐懼症（agoraphobia phobia）。
3.社交恐懼症（social phobia）。
4.強迫症（obsessive-compulsive disorder）。
5.創傷後壓力症（posttraumatic stress disorder）。
6.急性壓力症（acute stress disorder）。
7.廣泛性焦慮症（generalized anxiety disorder）。
8.物質關聯焦慮症（substance-induced anxiety disorder）。

身體化症（somatoform disorders）

1.身心症（somatization disorder）。
2.轉化症（conversion disorder）。
3.慮病症（hypochondriasis）。
4.身體畸形性疾患（body dysmorphic disorder）。
5.疼痛症（pain disorder）。
6.人為疾患 （factitious disorder）。

解離性疾患（dissociative disorders）

1.解離健忘症（dissociative amnesia）。
2.解離漫遊症（dissociative fugue）。

表 1-1 DSM-IV-TR 對心理異常的分類（續）

3.多重人格異常（multiple personality disorder）。 4.去個人化症（depersonalization disorders）。
性與性別認同異常（sexual and gender identity disorders） 1.性功能異常： 性慾不足（hypoactive sexual desire disorder） 性嫌惡異常（sexual aversion disorder） 性喚起異常（arousal disorder） 性興奮異常（orgasmic disorder） 藥物狀況引起的性異常（sexual dysfunction due to medical condition） 物質導致性功能異常（substance-induced sexual dysfunction） 2.性變態： 暴露症（exhibitionism） 戀物癖（fetishism） 摩擦癖（frotteuism） 戀童癖（pedphilia） 性虐待癖（sexual sadism） 性被虐待癖（sexual masochism） 偷窺癖（voyeurism） 偷裝癖（transvestism）
飲食異常 1.厭食症（anorexia） 2.暴食症（bulimia）
睡眠障礙（sleep disorder） 1.失眠（insomnia） 2.嗜睡（hypersomnia） 3.呼吸關聯睡眠異常（breathing-related sleep disorder） 4.生理節奏睡眠異常（circadian rphthym sleep disorder） 5.異樣睡眠障礙（parasomnia） 6.夢魘（hightmare） 7.睡眠驚恐異常（sleep terror disorder） 8.夢遊異常（sleep walking disorder） 9.其他心理異常相關聯的睡眠異常（sleep disorders related to another mental disorder） 由生理狀況引起的睡眠異常 由物質引發的睡眠異常（substance-induced sleep disorder）

表 1-1 DSM-IV-TR 對心理異常的分類（續）

未分類的衝動控制疾患（impulse control disorder not elsewhere classified）

1. 間歇性狂暴症（intermittent explosive disorder）。
2. 竊盜癖（kleptomania）。
3. 放火狂（pyromania）。
4. 病態性賭博（pathological gambling）。
5. 拔毛髮癖（trichotillomania）。

適應異常（adjustment disordes）

焦慮、憂鬱情緒、行為困擾或情緒與行為混合困擾或焦慮與憂鬱情緒。

第二軸

心智遲緩（mental retardation）

輕度、中度、重度、極重度等心智遲緩。

人格異常（personality disorders）

1. 妄想型人格異常（paranoid personality disorder）。
2. 分裂型人格異常（schizoid personality disorder）。
3. 精神分裂型人格異常（schizotypal personality disorder）。
4. 反社會型人格異常（antisocial personality disorder）。
5. 邊緣型人格障礙（borderline personality disorder）。
6. 自戀型人格障礙（narcissistic personality disorder）。
7. 戲劇型人格障礙（histrionic personality disorder）。
8. 逃避型人格障礙（avoidant personality disorder）。
9. 依賴型人格障礙（dependent personality disorder）。
10. 強迫型人格障礙（obsessive-compulsive personality disorder）。

其他問題

1. 親子關係問題。
2. 手足關係問題。
3. 夥伴關係問題
4. 體罰兒童問題。
5. 疏忽兒童問題。
6. 性侵犯兒童問題。
7. 亂倫問題。
8. 學業問題。
9. 失業問題。
10. 親人死亡傷慟問題。
11. 成人反社會行為。
12. 偽病。

表 1-1 DSM-IV-TR 對心理異常的分類（續）

13.宗教信仰問題。
14.認知退化問題。
15.文化傳承問題。

第三軸

一般醫藥條件（General Medical Conditions）

第四軸

心理社會與環境問題（psychosocial and environmental problems）

診斷標準

1.教育問題。
2.社會環境問題。
3.職業問題。
4.經濟問題。
5.健康照護問題。
6.住家問題。
7.犯罪與法律問題。

第五軸

功能量表的整體衡鑑（Gobal Assessment of Functioning Scale）

分數	症狀與功能呈現
100～91	沒有症狀，生活上的問題都能掌控自如。
90～81	有輕微的症狀，例如：考試前有一點焦慮、參與各種社交活動、生活滿意度高、生活上沒有要操心的事情。
80～71	心理壓力出現的症狀只是短暫的，不影響社交、工作、求學。
70～61	有一些輕微的症狀，例如：憂鬱情緒、失眠或有一些社交、工作、求學的問題，但是仍然有良好的人際關係。
60～51	有中度的症狀，社交、工作、求學有些困難，例如：沒有朋友、工作不穩定。
50～41	有重度的症狀，社交、工作、求學有很大困難，例如：有自殺的念頭、有強迫症、常偷竊。
40～31	無法工作、家人關係冷漠、無法與人有效溝通、情緒很不穩定。
30～21	有妄想或幻覺、無法與人溝通、不能正確思考或判斷。
20～11	自我傷害或傷害他人，不能維持自己的衛生。
10～0	嚴重自我傷害或傷害他人，有自殺行為。

資料來源：American Psychiatric Association (2000)

第二節　變態心理學的歷史演進

壹、古代時期

一、考古學家的考證

根據近代考古學家的考證研究，精神疾病可以追溯至五十萬年前的石器時代。許多歐洲、非洲、澳洲與中南美洲的人類頭顱上，被發現都有個破洞，一些歷史學家認為，這種現象可能與希伯來人認為精神疾病患者是因為違反聖經的教義，得罪了神，於是被**魔鬼附身**（demonlogy），因此必須由神職人員（祭司）或**巫師**（shamanism）利用**驅魔術**（exorcrism）來驅趕邪靈。祭司或巫師驅逐邪靈的儀式，包括：朗誦經文、祈禱、吟詩以及**巫術**（witchcraft）等各種方法，如果這些方法都用盡了仍無法奏效，就可能使用石頭或斧頭，在病患的頭骨穿鑿一個洞口，以便驅逐邪靈，使其由洞口離開患者的身體；這種**顱骨環鋸術**（trephination）主要是用來治療幻覺、憂鬱、精神病等變態行為。

近年來，有一些歷史學家則認為，人類的頭顱上有個破洞，是在原始部落的戰爭中，被石頭打傷所造成的（Maher & Maher, 1985），因此，古代人類的頭顱破洞其真相如何，仍然有待進一步的探討。

二、古希臘與羅馬的觀點

大約在西元前 500 年至西元 500 年間的希臘和羅馬文明全盛時期，哲學家和醫生們發現，妄想症、**抑鬱症**（melancholia）、**歇斯底里症**（hysterical disorder）、失智症等疾病，患者都沒有明顯的生理原因；神學家則認為，這些疾病與鬼神有關。雖然他們對心理疾病的解釋並不符合科學觀念，但是仍然廣被一般人所接受。

古希臘醫學之父希波克拉提斯（Hippocrates, 460～377 B.C.）認為，變態行為是由生理問題所產生的疾病，更具體的說，他相信大腦病變是變態行為主要的原因。這種病變就像其他任何疾病，起因於流通全身的四種**液體**（humors）——黃膽汁、黑膽汁、血液及粘液的不平衡，例如：過量的黃膽汁會造成狂躁症；分泌過量的黑膽汁會造成抑鬱症；過多的黏液會使人產生消極。希波克拉提斯認為，欲治療心理的功能失常，必須先治療生理疾病，例如：抑鬱症可以經由安靜的生活、多吃蔬菜、水果、運動、獨居生活、禁慾，甚至適度的放血來達成體液的平衡，進而減輕身體症狀。

希波克拉提斯將變態行為歸因於患者內在的因素，這種觀點和古希臘哲學家柏拉圖（Plato, 427～347 B.C.）以及亞里斯多德（Aristotle, 384～322 B.C.）的想法不謀而合，而且這個觀點，後來被一些希臘和羅馬醫師們加以發揚光大。亞理提斯（Aretaeus, 50～130 B.C.）認為，變態行為可能是由情緒問題所引起，因此這個時候希臘和羅馬醫師治療心理疾病，開始採用醫學和心理學的技術。許多希臘醫師在對精神病患者放血或使用機械將他們綑綁起來之前，會先營造溫暖及支持的氣氛，並且使用音樂、按摩、運動或沐浴等方式來做治療。羅馬醫師甚至強調，心理疾患患者需要接受安撫和舒適的生活環境。

貳、中世紀時期的歐洲充斥鬼神學說

在西元 500 年至 1350 年的中世紀時期，由於羅馬帝國的衰微，傳教士在整個歐洲的權力很大，於是怪力亂神的學說又死灰復燃。在古希臘和羅馬時期，一些醫生和學者所提出的理性觀點，並不能阻止無知的人們繼續相信鬼神。此一時期的整個歐洲又籠罩在迷信之中，一般人對科學治療疾病並不信任。

在此時期，教會人士拒絕科學的研究結果，而且影響所有的教育體系，宗教信仰的迷信及鬼神思想影響每一個人的生活。任何行為皆會被解釋為善與惡或是神與魔鬼之間的爭戰；凡是異常的行為，尤其是心理功能失常者，都被看作是魔鬼撒旦的作為。雖然有一些科學家和醫師，堅持要從醫學的觀點去解釋和治療心理疾病，但是在當時社會情境的氛圍之下，他們的影響力實在微乎其微。

中世紀是一個充滿緊張、焦慮、戰爭、犯罪，以及瘟疫的時代，人人都把心理疾病歸因於魔鬼的作祟，每一個人都非常害怕被魔鬼附身，在那個時期，罹患行為異常的人明顯增加。此外，當時歐洲爆發了**集體瘋狂**（mass madness）的現象，有兩種常見的型態，稱為**舞蹈症**（tarantism）和**變狼妄想症**（lycanthropy）。舞蹈症屬於一種狂躁症，患者會突然手舞足蹈，甚至進入抽搐的狀態；有些人會穿得很怪異，另外有一些人會扯破衣服、言行乖張。很多人認為他們是被毒蜘蛛所咬，而且被牠占有，為了治療這種病症，要他們跳一種**塔朗特舞**（tarantella）。另外，一般人認為，變狼妄想症的人是被野狼或其他的動物所霸占，他們的行動就像一隻野狼，而且想像著他們的毛長滿全身。

到了中世紀，又重新出現使用神學來治療心理變態的思潮，於是驅魔術再度流行。在此時期，教士們通常擔任主持治療的工作，他們以吟詩、頌讚、祈禱等方式，來驅趕邪靈離開這些行為怪異者的身體；他們也會使用聖水或很苦的液體給患者喝。如果這些驅魔術都沒有效果，教士可能會辱罵這些惡魔，甚至對患者施以鞭打、挨餓、浸入沸騰的水裡或絞死。這些做法一直延續到中世紀末期，使用神學來治療精神疾病的方法才逐漸消失（Magherini & Biotti, 1988）。

後來，歐洲城市的人口愈來愈多，大城市的當權者也愈來愈有權力，他們逐漸掌管無關宗教的活動，包括醫院的行政以及照顧心理遭受折磨的患者，因此，變態行為的醫學觀點重新獲得一般人的重視。到了13世紀末期，英國法官在審判精神狀況不正常的人時，大多認為患者的行為是來自外在的原因，例如：頭部受到重擊（Neugebaur, 1979）。而當時有很多心理障礙的人，都在醫院裡面接受治療，直到他們恢復理性為止。

參、文藝復興時期與收容所的興起

文藝復興初期，科學活動非常盛行，有關變態行為來自鬼神的觀點，逐漸式微。德國醫生魏以爾（Johann Weyer, 1515～1588）是第一位專門研究心理疾病的醫學工作者，他認為心靈就像身體一樣，也會生病。後來，他被公認為精神病理學研究者的先驅。

在這種情境之下，對於心理疾病患者的照顧持續改善，讓患者待在家裡修養，並且由地方的教區提供財務協助；當時在整個歐洲，宗教的神職人員致力於使用人道和愛心來治療這些有心理疾患的人。當時在比利時的吉爾（Gheel）神殿最負盛名，從 15 世紀初期起，世界各地心理異常的人都會到這個神殿接受心理治療。當地的居民很歡迎從外地來到這個神殿尋求醫治的人，許多患者就在那裡定居下來，於是成為全世界第一個心理疾病者療養的地方。吉爾（Gheel）就是今日心理健康社區的搖籃，許多有心理障礙的人，在接受愛、關懷，以及有尊嚴的治療之後，都獲得很好的效果（Aring, 1974）。

可是，這些心理健康照顧和治療的措施，到了 16 世紀中葉開始衰微。當時的市政當權者發現，一般家庭以及社區住宅只能夠容納很少的重度心理疾病患者，而醫院的數量太少而且空間太小，於是他們就把醫院和修道院改變成**收容所**（asylums），成為專門用來照顧心理疾病患者的機構，以便提供更良好的照護。後來，收容所開始湧進過多的患者，逐漸演變成住在裡面的患者，必須生活在非常污穢、擁擠的環境，而且受到殘酷的對待。

全世界第一個心理疾病患者收容所，是由西班牙的回教徒在 15 世紀初期所建立。1547 年，亨利八世（Henry VIII）下令把伯利恆（Bethlehem）醫院劃歸倫敦，並用來監禁心理疾病的患者。為了避免收容所有暴動的情況發生，於是將這個收容所裡面的患者戴上腳鐐、手銬，甚至以鞭子抽打，患者的哭喊聲大到從收容所外面就聽得到（Asimov, 1997）。該醫院甚至變成一個吸引遊客參觀的地方，許多觀光客買票來觀看這一群大聲吼叫的患者，這個醫院被當地的居民稱為**瘋人院**（bedlam）。當時，在維也納也有一個**瘋人塔**（Lunatics Tower），裡面的患者被成群趕到一個狹窄的通道，以便觀光客可以從外面觀看他們。在巴黎的拉比塞特（La Bicêtre），患者被人用腳鐐、手銬鎖在一個陰暗的地窖裡面，他們的脖子還被掛上鐵環，每天吃一些過期而腐壞的食物（Selling, 1940）。到了 1700 年之後，將心理疾病患者集中收容管理，一直是很流行的治療方式。

肆、19 世紀：改革與道德治療

1800 年代初期，巴黎有一個男性病患的收容所——拉比塞特（La Bicêtre），這是第一個改革的收容所。1793 年法國大革命時期，比尼爾（Philippe Pinel, 1745～1826）被任命為精神疾病的主治醫師。他認為，對待這些精神疾病患者不應該依靠鍊條和鞭打，而是要使用同情和仁慈的方法來治療。他解開患者的腳鐐、手銬，並且允許心理疾病患者在醫院內外自由地從事各種活動，以充滿陽光和通風良好的房間取代黑暗的地窖，並提供一些精神上的支持，結果證實，比尼爾的方法非常成功。這些已被關閉十年以上的患者，能重新享受新鮮的空氣和陽光，而且得到有尊嚴的治療，許多患者在短時間內，病情就有相當大的進步，因此得以從收容所裡釋放出來。之後，比尼爾把這種改革，帶進巴黎的女性患者精神醫院。艾斯奎羅（Jean Esquirol, 1772～1840）是比尼爾的學生，也是繼承者，她繼續建立十個新的精神病醫院，並且以同樣的方法來經營管理。

同時期，英國有一個基督教徒，名叫杜克（Willaim Tuke, 1732～1819），他在北愛爾蘭從事相似的改革。1796 年，他建立了耶克（York）安養院，裡面大約收容了三十位精神病患。患者在這個安靜的村子裡，被當作賓客般對待，其治療方式包括：休養、談話、祈禱，以及做各種手工藝品等。

伍、道德治療的擴展

比尼爾和杜克均強調人道及尊重患者，所以其治療方法被稱為**道德治療**（moral treatment），這種治療法之後流行到歐洲各地及美國。當時一般人逐漸能夠理解心理疾患的患者，他們並不是瘋子，他們只是在過大的壓力下，導致心理功能崩潰而已，所以這些患者應該得到個別的照護。

在美國賓州醫院有一位相當著名的醫師——盧希（Benjamin Rush, 1745～1813），他是推展道德治療最有功勞的人。盧希的心力集中在治療心理疾病，而且採用人道的治療方法，例如：他要求醫院的護士和醫生協助患者，包括：為患者閱讀、陪他們聊天、帶他們做例行性的散步等。於是，盧希也被公認為美國精神醫學的鼻祖。

美國波士頓有一位學校教師——迪克（Dorothea Dix, 1802～1887），她把「以人道精神來照顧心理疾病」變成美國社會大眾關心的政治議題。1841年，她在當地監獄的主日學校教學，對監獄裡面受刑人的處遇感到非常震驚。後來，她在州與州之間的議會來回奔走，說出她在監獄內所看到的恐怖景況，並且疾聲呼籲全面改革。她告訴美國國會議員，全國的心理疾病患者被鐵鍊綁住、被繩索綑住、被用藤條鞭打，每天生活在殘酷暴力的毆打中（Zilborg & Henry, 1941）。

從1841到1881年，迪克全力爭取制定新的法律，並且督促州政府提供更多的經費，以改進心理疾病患者的治療，並且期許每一個州都要建立有效率的公立精神病院。迪克也協助建立了三十二個**州立醫院**（state hospitals），這些醫院都是採用道德的治療方式（Bickman & Dokecki, 1989）。後來，在整個歐洲，類似的醫院也一個接著一個被建立起來。

陸、道德治療的沒落

到了19世紀末葉，有幾個因素造成道德治療運動的沒落：第一，道德治療的推動毫無章法，並且進度太過快速，致使在精神病院大量增加的時候，出現嚴重的財政困窘和照顧人員的缺乏，患者恢復的速度相當緩慢，而且醫院的空間過分擁擠（Bockoven, 1963），在這種情況之下，無法提供個別病患的照護及真誠的關懷；第二，患者只要接受人道以及尊嚴的治療，就能夠完全的復原、根治，是一種不切實際的作法；第三，一般人對心理疾病患者存有歧視與偏見，當他們從醫院出院，轉換到一個比較偏僻的精神病院時，社會大眾常常將他們視為瘋子，因而不願意捐贈金錢給精神病院。19世紀末期，美國公立精神病院所收容的患者，大多是一些貧窮的外國移民，社會大眾沒有多大的興趣來幫助他們。到了20世紀初期，道德治療的運動在美國和歐洲幾乎停頓下來，使得公立精神醫院內愈來愈擁擠，患者長期住院者也愈來愈多。

柒、20 世紀初期的觀點

就在 1800 年代後期，道德治療運動開始衰退的時候，出現了兩個相反的觀點：第一，**身體原因觀點**（somatogenic perspective）認為，心理功能異常是來自身體的原因；第二，**心因性觀點**（psychogenic perspective）認為，心理功能異常的主要原因是心理層面的問題。這兩個不同的觀點，在 20 世紀初期成為變態心理學的主要論點，說明如下：

一、身體原因觀點

以身體原因觀點來解釋變態行為，至少有二千四百年的歷史，這是源自於古希臘醫學之父希波克拉提斯（Hippocrates）的觀念，他認為變態行為起因於腦部的疾病，以及四種體液的不平衡；然而，一直到了 19 世紀末期，他的觀點才受到廣泛的重視。這種觀點的重新出現有兩個主要原因：其一是德國學者克拉培林（Emill Karepelin, 1856～1926）的研究成果，他在 1883 年出版了一本具有影響力的教科書，在該書中主張生理因素，例如：疲倦是造成心理功能失常的原因。此外，克拉培林在測量各種藥物對變態行為的效果上，也有重大的發現。

其二是生物醫學的新發現，也激發身體原因觀點的興起。最重要的一個發現，是梅毒會使人產生**全身性痲痺症**（general paresis）。有一位德國神經學家曾經把梅毒注射到痲痺症的患者身上，發現這些患者沒有一個產生梅毒的症狀，他們的免疫可能來自早期的梅毒引起。由於全身輕性痲痺症患者都對梅毒產生免疫，因此克拉夫特—艾賓（Krafft-Ebing）提出了一個新的理論，他說梅毒是全身輕性痲痺症的主要原因。1905 年，德國動物學家沙烏迪（Fritz Schaudinn, 1871～1906）也發現，梅毒螺旋體菌是造成梅毒的原因，它會使人造成全身輕性痲痺症。由於當時的醫學研究以及對全身輕性痲痺症的新發現，使很多研究人員和臨床實務工作人員懷疑，有機體因素是造成心理疾患的主要原因。這些理論對精神醫院的工作人員，具有很大的鼓舞作用。

雖然一般人感到非常樂觀，但是以生物醫學的方法來解釋變態行為，在20世紀中葉的成果相當令人失望。在此時期，雖然精神醫院發展出許多醫療方式，但是很多技術都沒有多大效果，例如：有些醫生甚至嘗試過拔牙、扁桃腺切除術、水療法（使用冷水、熱水交替沐浴），以及割除腦部某些神經纖維的腦前葉切除術等方法。一直到了1950年代，一些有效的醫療方法才終於被發現，身體因素的觀點也才得以被人接受。

二、心因性觀點

心因性觀點出現於19世紀末葉，學者認為心理功能是變態行為的主要成因。羅馬的政治家和演說家希些羅（Cicero, 106～43 B.C.）認為，心理的障礙可能會引起身體的疾病；而有一位希臘醫師相信，人類很多心理上的疾病，是由恐懼、失去愛情，以及其他心理因素所造成的。然而，心因性觀點當時並沒有受到青睞，一直到催眠術研究的出現，才成為醫學界關心的議題。

催眠術是把一個人引入恍惚的心理狀態，受催眠者在進入催眠狀態之下，很容易受到催眠師的**暗示**（suggestion）。使用這種催眠法來治療心理疾病，可以追溯到1778年的奧地利醫師梅斯模（Friedrich Anton Mesmer, 1734～1815）。他在巴黎設立了一個診所，其患者長期受歇斯底里症之折磨，患者雖然一直訴說身體的疾病，但是醫師卻找不出明顯的生理原因。後來，梅斯模要患者坐在一個播放音樂的黑暗房間，他穿著非常華麗的服裝出現在患者面前，並且用一把特殊的權仗，碰觸患者身體不舒服的部位。很奇妙的是，這種治療方式對很多患者有很好的療效，患者身體上的疼痛、麻木或麻痺都消失了，這種治療方式稱為**梅絲瑪術**（Mesmerism）。

一直到梅斯模去世幾年後，許多學者開始研究他的治療程序，後來便稱為**催眠術**（來自希臘字的睡眠，hypons）。催眠術以暗示來減緩歇斯底里症，具有很好的效果；但有些科學家認為，歇斯底里症患者也有一些生理上的成因，例如：巴黎最著名的神經學家夏寇（Jean Charcot, 1825-1893），其主張歇斯底里症是因腦部某些部分退化的結果。

根據一位法國學者的研究指出，一些正常的人也可以在進入催眠的狀態下，產生歇斯底里症。也就是說，醫生可以利用催眠暗示，使正常人產生耳聾、麻痺、眼睛失明及身體麻木等現象，同時他們也可以把這種透過催眠產生的症狀，以同樣的方法消除；因此，他們認為催眠暗示的心理過程，會引起生理的功能失常。由於許多學者終於接受歇斯底里症大部分是由心理因素所造成的概念，因此，心因性的觀點才逐漸受到重視。

一名維也納醫師發現，患者在催眠中能很坦率的說出以前使他困擾的事情，在催眠結束後，有些患者的歇斯底里症就消失了。1890 年，另外一位維也納醫師佛洛伊德（Sigmund Freud, 1856-1939）提出了**心理分析**（psychoanalysis）理論。他主張，許多變態行為都是由**潛意識**（unconscious）所引起。

佛洛伊德提出精神分析的技術，讓臨床工作人員能幫助心理疾病患者洞察自己的潛意識，不必使用催眠術，也可以幫助患者克服心理的問題。佛洛伊德和他的工作人員運用精神分析治療法，治療憂鬱和焦慮的患者；這些患者的每次療程大約一個小時。到了 20 世紀初期，精神分析的理論和治療已成為心理學的顯學，且普遍被西方世界所接受。

然而，精神分析的治療方法，對嚴重心理障礙患者的治療效果並不大。因為這種治療，需要患者有清楚的思考能力、洞察力，以及語言能力，然而這些條件往往超出患者的能力範圍，同時精神分析往往需要花很多年的時間才得以奏效，在過度擁擠又缺乏治療人員的公立精神醫院中，並無法接受這種緩慢的治療方法。

第三節　變態心理學的發展趨勢

壹、精神治療藥物的發現

1950 年代，醫學家發現一些新的精神治療藥物，可以用來治療腦部所產生的疾病，並且減輕許多心理功能失常的症狀，例如：**抗憂鬱藥物**（antidepression drug），能夠使憂鬱症患者的精神振奮起來；**抗焦慮藥物**（antianxiety drug），可以用來減少患者的緊張和憂慮狀態。由於這些藥物的發現和使用，使得許多長期住在精神醫院的患者，病情有了明顯的進步。受到這種治療效果的鼓舞，醫院的行政人員於是開始讓患者辦理出院。自從這些藥物問世之後，大部分已開發國家的心理衛生專業人員都主張，患者可以在門診之後回家繼續服藥，醫院只在門診提供心理治療和藥物治療，患者不必長期住院。

美國精神醫療強調社區心理復健，重視嚴重心理障礙患者的長期照護，這種措施對很多患者來講是很有效的，但是社區醫療計畫很少能夠順利推展，因此，成千上萬的嚴重心理障礙患者，只好在精神醫院和社區之間來回奔波。他們從醫院出院之後，很少得到心理治療，許多嚴重心理障礙患者無家可歸，甚至被關入監獄，成為被社會遺棄的一群。

貳、輕微心理障礙者的治療方法

在 1950 年代以前，幾乎所有心理障礙的門診患者，都接受**私人的心理治療**（private psychotherapy），由患者直接付費給提供諮商或臨床心理治療師；這種昂貴的治療方式只有富人才辦得到。不過，在 1950 年以後，大部分的健康保險都包含私人心理治療的費用，所以一些中低收入者也能夠接受心理治療（Levin, 1992）。自從 1950 年以後，心理疾病的患者普遍接受門診治療，而且求診人數與日俱增，治療設施也不斷更新，以便符應實際上的需要。

此外，目前的社區心理健康中心、家庭服務中心，以及其他社會服務機構等，也提供平價的門診治療，這些新措施使因為心理問題而尋求門診治療的患者明顯增加。而接受治療的患者，以焦慮、憂鬱症或婚姻、家庭、工作、同伴、同儕、學校，或社區關係等問題居多。

參、現代心理治療的趨勢

一、新身心醫學觀的發展

在 1950 年代以前，精神分析理論特別強調，潛意識是形成變態行為的主因，於是成為當時變態行為理論的主流。現代心理學者對於變態心理的了解和治療，存有許多理論學派在臨床領域中同時存在。後來學者發現了有效的精神治療藥物，便產生了新的身體因素觀點或生物醫學觀點的發展。自 1950 年代以後，認知、行為主義、人本與存在主義的興起，逐漸取代了心理分析理論。目前並無任何一個學派的觀點居於領導的地位，各個學派的觀點彼此相輔相成，比任何一種單一學派的觀點，更能提供完整的解釋與有效的治療。

二、心理健康服務團隊

在 1950 年代以前，只有精神科醫師從事心理治療工作。在第二次世界大戰結束以後，世界許多先進國家對心理健康日益重視，心理健康服務與治療紛紛引進臨床心理學的專業知識，並針對各種心理問題提供特殊的診斷與治療，例如：自殺、藥物濫用、飲食異常、恐懼症，以及性功能失常等，在這些領域的臨床工作人員各有其獨到的專業能力。在心理健康的專業團隊中，包括：臨床心理師、精神科醫師、心理衛生護士和社會工作人員等，其中臨床心理師必須先在心理學或相關領域研究所畢業，並且在精神科或心理健康機構完成一年的實習，他們的專業包括心理疾病的診斷、治療與研究。

心理治療及相關的諮商輔導工作，除了臨床心理師之外，也有諮商心理師、教師、學校心理師、精神科護士、婚姻治療師、家族治療師，以及社會工作人員等不同領域的人員加入。各個特殊領域的專家，都必須取得專業證照才可以執業（Neimeyer, 1996; Perterson, West, & Kohout, 1996）。第二次世界大戰以後的心理疾病研究和治療，最新的發展趨勢就是培養專精的臨床研究人員，在大學、醫學院、實驗室、精神科、心理健康中心，以及其他臨床服務的機構從事研究，經由研究可以幫助我們對變態心理有更正確的了解與認識。

第四節　變態行為的分類

許多人都曾經有過焦慮、恐懼、消極的觀念，出現這種現象是否就是屬於變態行為？事實上，正常與變態之間有時很難明確劃分，目前精神科醫師或臨床心理師常根據 DSM-IV-TR 的診斷標準，如表 1-2 所示。

表 1-2 DSM-IV-TR 對心理失常的分類

類別	症狀	例子
焦慮症	焦躁不安、逃避	泛焦慮症 恐懼症 強迫症 創傷後壓力症候群
身體化症	身體疾病起因於心理因素	慮病症 轉化症
解離症	自我功能或人格解離	健忘症 迷遊症 多重人格
精神分裂症	幻覺、妄想、語言失常、與現實脫節	混亂型 妄想型 僵直型 未分化型
情感症	憂鬱或狂躁	憂鬱症 躁鬱症
人格異常	偏差行為或不良適應	反社會型 戲劇型 自戀型 邊緣型
藥物濫用異常	藥物濫用、藥物依賴	酗酒 古柯鹼濫用 大麻上癮
嬰兒至青少年的症狀	心智遲緩、溝通障礙、注意力缺陷	自閉症 口吃 過動 行為不檢
飲食異常	嚴重飲食異常	厭食症 貪食症

本章摘要

1. 心理異常是指：(1)行為偏離社會常規；(2)行為適應不良；(3)長期覺得痛苦或困擾；(4)統計的少數。
2. 目前心理師或精神科醫師，最常使用美國精神醫學會（American Psychiatric Association）於 2000 年《精神疾病的診斷與統計》（第四版修訂本）（DSM-IV-TR）的精神疾病分類系統，來作為診斷心理異常的工具，將人類心理異常以五個主軸來進行分類。
3. 根據考古學家的考證，精神疾病可以追溯至石器時代。歷史學家認為，當時精神疾病患者被認為因為得罪神，所以魔鬼附身，因此必須由祭司或巫師採取驅魔術（exorcrism）；如果各種驅逐邪靈的儀式都無法奏效，就使用石頭器具在病患的頭骨穿鑿一個洞，以驅逐邪靈離開患者的身體。
4. 古希臘醫學之父希波克拉提斯（Hippocrates）認為，變態行為是由生理問題所產生的疾病。他相信大腦病變是變態行為的主要原因。這種病變就像其他任何疾病，起因於流通全身的四種液體：黃膽汁、黑膽汁、血液及粘液的不平衡。
5. 亞理提斯（Aretaeus）認為，變態行為可能是由於情緒的問題引起，心理疾患患者需要接受安撫和舒適的的生活環境。
6. 中世紀時期的歐洲充斥鬼神學說，心理功能失常者被視為是魔鬼撒旦的作為，於是驅魔術再度流行，教士們通常在此時期擔任主持治療的工作。他們以吟誦、祈禱等方式來驅趕邪靈，並使用聖水或苦的液體給患者喝。如果這些驅魔技術都沒有效用，教士就對患者施以鞭打、挨餓、浸入沸騰水中或絞死。
7. 在文藝復興初期，科學活動非常盛行，有關變態行為來自鬼神的觀點，逐漸式微。德國醫生魏以爾（Johann Weyer）是第一位專門研究心理疾病的醫學工作者，他認為心靈就像身體一樣，也會生病。後來他被公認為精神病理學研究的先驅。

8. 15 世紀初期，世界各地心理異常的人都會來到比利時的吉爾（Gheel）神殿朝聖。當地的居民很歡迎來到這個神殿求醫的人，於是很多人就在那裡定居下來，變成全世界第一個心理疾病者休養之地。吉爾（Gheel）神殿是今日心理健康社區服務的搖籃，許多有心理障礙的人，在接受愛、關懷，以及有尊嚴的治療之後，都有很好的效果。
9. 全世界第一個心理疾病患者的收容所，在 15 世紀初期建立。1547 年，亨利八世下令把伯利恆醫院用來監禁心理疾病的患者。為了避免有暴動的情況發生，於是對收容所的患者施以腳鐐、手銬，並用鞭子抽打。在巴黎的拉比塞特（La Bicêtre），患者被人用腳鐐、手銬鎖在一個又冷又黑的地窖裡面，脖子還掛著鐵環。到 1700 年之後，將心理疾病患者集中收容管理，一直是很流行的治療方式。
10. 1793 年法國大革命時期，比尼爾（Philippe Pinel）被任命為主治醫師。他認為對待這些患者不是要依靠鍊條和鞭打，而是應該使用同情和仁慈的方法來治療。他解開患者的腳鐐、手銬，並允許心理疾病患者在醫院內外自由地從事各種活動，以充滿陽光和通風良好的房間取代黑暗的地窖，並且提供一些精神上的支持，結果證實這種方法非常的成功。
11. 20 世紀初期，醫學家對心理功能異常，提出了身體原因與心因性的觀點，維也納醫師佛洛伊德提出了精神分析理論。他主張許多變態行為，都是由潛意識所引起。
12. 1950 年代，醫學家發現，抗精神病藥物能使憂鬱症患者振奮起來，且抗焦慮藥物可用來減少患者的緊張和憂慮。由於這些藥物的發現和運用，很多長期住在精神醫院的患者，都有明顯的進步。患者於門診之後回家服藥，醫院僅提供心理治療和藥物治療，患者不必長期住院。
13. 1950 年代以後，心理治療工作除了臨床心理師之外，也有諮商心理師、精神科護士、婚姻治療師、家族治療師，以及社會工作人員等各領域的人員加入；而各特殊領域的專家都必須取得專業證照。

14. 根據DSM-IV-TR的診斷標準，心理失常可以分為焦慮症、身體化症、解離症、精神分裂症、情感症、人格異常、藥物濫用異常、嬰兒至青少年的症狀、飲食異常等類。

Chapter 2

心理異常的研究方法

變態心理學者研究心理疾病的方法有很多種，最常使用的方法有：觀察、相關、個案、實驗、因果比較等研究法。茲分別說明如下：

第一節　觀察法

壹、觀察研究的性質與特徵

1. 觀察研究適用於特殊對象，例如：精神病患者、兒童、無法口語表達者。
2. 觀察法不經語文媒介就能蒐集到研究資料。一般實徵性研究，例如：問卷調查、訪問，以及實施測驗等，都要受試者以語言或文字來表達，才能夠得到研究所需要的資料，唯獨觀察研究利用觀察就能夠蒐集受試者的資料。
3. 觀察研究必須針對研究問題，訂定周詳的計畫來實施。觀察研究和我們平時的觀察有很大的不同，一般人在日常生活中觀察各種事物時，大多沒有明確的目的，同時缺乏有計畫和有系統的觀察，因此無法對所觀察到的行為，做深入分析與客觀的解釋。而觀察研究必須針對研究目的，事先做好周詳的計畫與安排，採用科學方法來蒐集資料，對所得到的資料做有系統的分析和解釋，同時研究結果可以加以驗證。

4. 觀察是質性研究之重要方法。在個案研究、俗民誌研究，以及田野研究中，研究者必須參與或投入受試者的生活裡，觀察其言行舉止，才能夠深入了解其行為的深層意義。因此，觀察法是質性研究之常用及重要的方法。
5. 觀察資料也可以數量化。雖然質性研究常使用觀察法，可是在量化研究中，也可以採用觀察法。因為研究者可以設計出數量化的觀察工具，所以觀察結果就能以科學化的數字來表示。

貳、觀察法的類型

觀察法依觀察的情境、觀察程序的結構性、觀察者的參與情形，以及觀察者接觸觀察情境的方式等，可區分為以下幾類：

一、自然情境與人為情境觀察

自然情境是指，觀察場地未經事先安排，同時受試者的活動順其自然不加以控制。在自然情境之下的觀察，又稱為**田野觀察**（field observation），社會學與人類學的研究者常使用這種觀察法。在心理學研究方面，利用戶外活動進行觀察，就是自然情境觀察；在這種觀察活動中，受試者比較容易表現出真實的行為。

人為情境是指，經過事先安排的場地，同時對場地內的活動內容加以控制，然後記錄受試者的行為表現。人為情境的觀察又稱為**實驗室觀察**（laboratory observation），心理學方面的研究大多採用人為情境觀察。

二、結構式與非結構式觀察

結構式觀察是指，有具體的觀察項目和紀錄表格，觀察所得到的資料容易分析與量化，因此適於考驗研究假設，例如：心理師利用憂鬱症量表，來觀察患者是否內向退縮、缺乏自信心、情緒不穩定、人際關係疏遠等，只要觀察到患者表現上述行為，就在該量表的表格做記錄，這種觀察就是結構式觀察。

非結構式觀察是指，沒有具體的觀察項目，也沒有紀錄表格，每當觀察受試者表現某特殊行為時，就以文字敘述，此種觀察所得到的資料不容易進行量化分析，因此比較適用於探索性研究，例如：某研究者要探討學生的**情緒智力**（emotion quotient，簡稱 EQ），但是目前國內較少 EQ 的測量工具，所以只能觀察學生的情緒表現之後，以文字來描述學生的 EQ。

在非結構式觀察時，要一面觀察一面做記錄，相當不容易，甚至會引起受試者的戒心，影響觀察結果。如果能將所觀察到的行為，以特殊符號來記錄，事後再將這些符號的意義轉換成文字說明，這樣不但可以幫助記憶，也可以使觀察較順利進行。

三、參與和非參與觀察

參與觀察是指，觀察者參與受試者群體的活動，成為該群體的一份子，再從中去觀察群體中成員的行為。觀察者在參與觀察情境下，與被觀察者打成一片，因此被觀察者的心理防衛降至最低，所以表現出來的行為比較真實，例如：社會學家想要研究台灣原住民的生活習慣和風俗，於是暫時放棄原來舒適的生活環境，和原住民生活在一起，學習他們的語言、適應當地的習俗、參與各種活動，消除他們心中的疑慮，這樣就能夠蒐集到原住民生活習性之詳實資料。

非參與觀察是指，觀察者只觀察而不參與任何活動，因此被觀察者容易產生戒心與疑慮，這樣就比較不容易蒐集到真實的行為資料。為了避免受試者知道有人觀察他，可以使用單面透視窗的設備，觀察者在暗房，被觀察者在明亮的房間，兩個房間中間隔著一層深色玻璃，同時還有錄音機或錄影機等輔助器材，不但可看到而且可以聽到被觀察者的言行舉止，這種觀察效果並不亞於自然情境之下的觀察。

四、直接與間接觀察

直接觀察是指，由研究者或經由訓練之後的觀察員，到現場去觀察受試者的行為，這種觀察容易獲得第一手資料，但是被觀察者心理容易產生敏感，容易表現不真實的行為，而且對個人的隱私行為也不容易直接觀察得到。

間接觀察是指，觀察者不直接介入被觀察者的生活與活動的情境，而是利用間接方式請團體中的特定成員代為觀察。

參、觀察的策略

觀察者在進行觀察之前，需要先決定欲採取何種觀察策略，然後依照選定的策略來進行觀察。在觀察法中，觀察的策略會影響所蒐集的資料是否具有代表性和客觀性。一般來說，觀察可以採取以下幾種策略：

一、時間取樣

時間取樣（time sampling）是指，依照時間樣本來觀察受試者的行為，也就是在不同時段內觀察受試者的行為。時間樣本可以採用隨機方式或是系統取樣方式，例如：觀察心理變態者的行為，一星期共計一千二百分鐘，以隨機方式抽取二十個十分鐘來觀察，這種方式就是一種隨機的時間取樣。但是如果每隔二十分鐘觀察五分鐘，每天觀察八次，連續觀察一星期，這種方式就是系統取樣。

時間取樣法適用於觀察出現頻率較高的行為，例如：平均每十五分鐘至少發生一次的行為，就適合採用時間取樣法。反之，如果所要觀察的行為不常發生，也許在時間取樣的時段內，都觀察不到受試者的行為表現，則不適合採用時間取樣法。採取時間取樣法時，時間間隔的長短，應依據一段時間之內所要觀察的人數，以及所要觀察的項目而定。

二、事件取樣

事件取樣（event sampling）是指，對受試者表現出某特定行為之後，就立即加以觀察的一種方法。事件取樣的觀察沒有時間限制，觀察者一直在等待受試者表現某行為時，才進行觀察。

時間取樣與事件取樣觀察法，各有其優缺點。時間取樣容易觀察到普遍發生的行為，而事件取樣可以觀察到較少發生的行為，但可以對行為發生的整個過程完整的觀察。因此，變態心理研究者在決定採用何種觀察策略時，應依觀察項目及研究目的，做適當的安排。

三、觀察者的選擇

在進行觀察時，通常一個地方只要一位觀察者，可是當被觀察者進行分組討論，而要觀察各組成員的合作情形時，每一組應有一名觀察者。如果研究者想要了解憂鬱症患者的行為，可以請家長、社工人員當觀察者；至於一般變態心理研究，觀察者通常應事先接受訓練，使觀察者具有客觀、細心、誠實與沒有偏見等特質，如此一來比較能夠得到真實可靠的資料。

四、觀察地點的考慮

變態心理研究如果以精神分裂症患者為對象時，觀察的地點大致可分為醫院內與醫院外。在醫院內進行觀察，患者比較不容易表現出純真的行為，因為醫院是屬於人為情境；不過，如果能長期觀察，觀察者的身分不要曝光，也能夠得到真實的資料。至於醫院外的情境，就很類似自然情境，這種觀察比較能夠蒐集到真實的行為資料。

五、觀察器材的使用

觀察者使用錄影機或錄音機將實況錄製下來，更能夠得到真實的資料。

然而，觀察時使用這些器材，比較容易引起被觀察者的擔心，但如果被觀察者是學前兒童，他們不一定了解這些器材的功能，所以用觀察器材來輔助觀察，一樣可以觀察到學前兒童純真的真實行為表現。觀察者如果要使用觀察器材，最好先徵得被觀察者或監護人的同意。

六、觀察的工具

在進行結構式觀察時，通常需要有明確的觀察項目和紀錄表格，以方便觀察記錄。觀察記錄工具可以分為以下幾項：

（一）檢核表

檢核表（check list）是一種相當簡便的觀察量表，通常可分為兩種：第一種檢核表，在記錄時只針對所觀察行為是否出現，加以劃記（例如：打√）即可；而第二種檢核表則須將觀察的行為全部列出來，觀察者若發現被觀察者表現出某一類行為時，就在該類行為旁劃記。

（二）評定量表

評定量表（rating scale）可以提供觀察者將所要觀察的行為與項目，針對每一名被觀察者來評量；量表又稱量尺，也就是衡量的尺度。觀察評定量表可以分為以下幾類：

1. 分等級：一般分等級的評定量表，會將所要觀察的行為分成三個、五個或七個等級，其中以五個等級最常見，觀察時判斷被觀察者的行為在哪一個等級，就在該等級上打個「√」。例如：

情緒穩定性	優	中上	普通	中下	劣

2. 語意區分法：此法是將所要觀察的行為項目，分別列出兩個極端，供觀察者勾選。
3. **強迫選擇**（force choice）：這是指評量者只能在所要觀察的行為項目

中，選擇一項與實際狀況最接近的答案。例如：

1.我是在火星上出生的：
是（ ） 否（ ）

七、觀察的實施步驟

從事變態心理研究如果要採用觀察法，以下幾個步驟可供參考：

（一）決定觀察的類型

觀察法可以分為四大類，每一類各有其使用的時機，也各有其優缺點，研究者想要採用哪一種觀察研究類型，需依據研究問題或假設的需要而定，例如：研究憂鬱症學生次文化的問題，宜採用自然情境、非結構式、參與等觀察方法。

（二）選擇觀察對象

觀察對象就是研究對象，如果觀察者的人數不多，被觀察者的人數也應相對減少，因為觀察頗費時、費力，所以觀察對象最好以小樣本為原則。而這些樣本的選取方法以隨機方式來選取較佳，如果是個案研究，宜採**立意取樣法**（purposive sampling）。此外，觀察對象的選取，尚需考慮與被觀察者有關的人員是否同意。

（三）訓練觀察人員

觀察人員可以由研究者自己擔任，或另外請幾位觀察者在不同場地負責觀察。不論觀察者是誰，事先皆應加以訓練，訓練的內容至少包括以下幾項：

1. 了解觀察的目的與項目。
2. 了解觀察工具的使用與記錄方式。
3. 熟悉觀察器材的操作方法以及使用的時機。
4. 觀察預習，以發現觀察工具是否妥當。

5. 觀察預習，使觀察者明瞭減少被觀察者心理防衛的要領。
6. 使觀察者了解評量時應客觀，不可以對被觀察者有任何偏見。

觀察者個人的經驗、認知或偏見，都容易影響觀察結果，造成觀察誤差。觀察者使用評定量表來記錄時，常見的觀察誤差有以下四種：

1. **寬鬆誤差**（error of leniency）：對被觀察者評量過於寬鬆。
2. **嚴格誤差**（error of severity）：對被觀察者評量過分嚴苛。
3. **集中誤差**（error of central tendency）：對被觀察者評量分數集中在中間。
4. **月暈效應**（halo effect）：對被觀察者有以偏概全的態度。

觀察者如果在觀察之前，就事先知道被觀察者在某研究變項中的表現，則容易影響觀察的結果。觀察者的偏見、評量的誤差以及混淆現象，在訓練觀察人員時應加以說明，以盡量避免發生這些情形。

（四）爭取有關人員的支持

在進行觀察工作之前，首先應與被觀察者的機關首長接洽，表明自己的身分，說明觀察工作的意義與重要性，在獲得其首肯之後，再與被觀察者的直接主管或班級導師接洽，並且將所要觀察的時間、方式，以及欲將觀察結果作何種用途等，向對方說清楚、講明白，以爭取對方的合作與支持，如此一來，觀察工作才容易順利進行。

（五）與被觀察者建立友善關係

當觀察者獲准進入觀察場所之後，被觀察者對陌生人容易產生焦慮不安、好奇或疑慮，因而容易表現出不合作、不友善的態度，造成觀察工作的阻礙，或是導致觀察結果不真實。為了排除這些因素，觀察者在正式進行觀察之前，應多次前往觀察場所，設法與被觀察者培養友善和諧的關係，以便觀察工作能夠順利進行。

（六）進行觀察與記錄

在進行實際觀察時，應針對研究目的以及研究問題或假設，選擇事件取樣或時間取樣方式來觀察。觀察時要細心並保持沉默，不宜與被觀察者交談，或有任何干擾正常活動的事情發生，同時要對被觀察者的行為表現做正確與快速的記錄，成為日後整理、分析與解釋的資料。

第二節　相關研究法

壹、相關的涵義

相關是指變項與變項之間的關係。相關的大小以**相關係數**（coefficient of correlation）r值來表示。相關係數有五種：(1) $r = 1.00$ 時，為完全正相關；(2) $0 < r < 1$，為**正相關**（positive correlation）；(3) $r = 0$ 為**零相關**（zero correlation）；(4) $-1 < r < 0$，為**負相關**（negative correlation）；(5) $r = -1$ 時，為完全負相關。由上述可知，r 值介於 $+1.00$ 與 -1.00 之間。

相關係數的平方稱為決定係數，就是 x 變項可以解釋 y 變項總變異量的百分比，例如：x 變項與 y 變項的相關係數為 $r = .36$，表示 x 變項可以解釋 y 變項 36%的變異量。換言之，r 值愈大，就愈能由 x 變項來預測 y 變項。

相關研究常以一組受試者，在兩個或更多變項資料中，計算這些變項之間的相關係數。但是不同屬性的變項，例如：等距、等比、次序和二分變項之間的相關，則需要使用不同的相關統計法，當兩個變項之間的關係不成一直線時，則需要使用**相關比**（correlation ratio）。

貳、相關與因果關係

變項之間有相關存在，並不表示一定有因果關係，例如：有人認為多喝牛奶的兒童長得高，這無異是說，牛奶是因、長高是果；其實，這種說法不見得完全正確，因為個子高的兒童可能是因為運動量足夠、睡眠較多，或是由飲食習慣、遺傳因素所造成。又如，我們常聽說：「十個禿頭，九個富。」這是指禿頭是因、富有是果，但這種說法可能是錯的，富裕的人會禿頭可能是因為打拚過度或有很多家產，不一定是禿頭造成的。因此在進行變態行為研究時，如果經統計之後發現兩個變項之間具有高度相關，也不可以輕言下結論說變項之間有因果關係。

研究者有時所得到的相關是人為因素所造成的，例如：在大學入學推薦甄試時，由某系五名教授對考生的音樂、美術加以評審，這五名教授因個人的主觀偏見，對考生的音樂分數都打得很高，但是對美術分數都打得很低；經統計之後發現，音樂與美術得分之間有負相關存在，這種相關其實與評分者有密切關係。總之，x 變項與 y 變項之間的相關，可能是 x 影響 y，也可能是 y 影響 x，或由第三個變項影響 x 與 y，甚至 x 與 y 之間的相關是人為所造成的。因此，相關係數只能用來了解變項之間的關係程度，至於要確定變項之間是否有因果關係，最好利用實驗研究或迴歸分析（regression analysis）來探討。

參、雙變項相關分析

雙變項相關（bivariate correlation），是指兩個變項之間的相關程度。相關研究的變項可細分為：連續、等級、人為二分、二分名義，以及類別等五類，而雙變項相關統計法，因變項屬性的不同，又可細分為十一類，說明如下：

一、積差相關

積差相關（product-moment correlation）的計算，適用於兩個變項都是連續變項，例如：某班級學生四十五名，每一名學生皆有國文和數學分數，則該班學生國文和數學分數的相關程度，就可以使用積差相關來統計。在變態心理學研究中，大多數的變項都是連續分數，而且積差相關所求得的**標準誤**

（standard error）最小，所以使用積差相關統計比較常見。

積差相關係數可以由兩個變項都是連續分數來計算，即使在這兩個變項中，有一組或兩組都不是連續分數的情形之下，也可以使用這種統計法。研究者有時會使用**相關矩陣**（correlation matrix），該矩陣內的相關係數就是積差相關係數。

二、等級相關

等級相關（rank correlation）是積差相關的一種特殊形式，在兩個變項之一，或兩個變項都是等級（第）的情況下，如果其中之一的變項為連續分數，則必須先將連續分數轉換成等級分數，轉換的方法應先將連續分數依大小排列，然後將這些分數排成等級，例如：86、55、92、82、88、72、51、79、30、59，依分數高低可以排成十個等級：3、8、1、4、2、6、9、5、10、7。等級相關可以分為Spearman等級相關與Kendall等級相關兩類，後者是在受試者人數很少時才使用。

三、肯氏 tau 相關

肯氏 tau 是另一種等級相關係數，理論上它優於等級相關。tau 係數可計算兩組變項的等級相關，它的計算方式雖然比等級相關複雜，而且比等級相關對相同資料所求得的相關係數比較低，但是樣本人數在十人以下時，就能夠形成常態分布。

四、二系列相關

二系列相關（biserial correlation）適用於分析一個變項為連續變項，另一個變項為二分名義變項的相關時。

五、點二系列相關

點二系列相關（point-biserial correlation）適用於分析一個變項是二分名義變項，另一個變項是連續變項的相關時。

六、廣布二系列相關

廣布二系列相關（widespread biserial correlation）適用於兩個連續變項，而這兩個變項各為群體中的極端分數。

七、phi 相關

phi 相關（phi correlation）適用於兩個變項都是二分名義變項，例如：性別分為男、女；憂鬱症分為輕度憂鬱與重度憂鬱。因為二分名義變項在變態行為研究領域中不多見，所以這種相關比較少人使用。phi相關比較常應用在測驗題的項目分析，因為受試者在測驗題目的反應，都可分為正確或錯誤，所以要分析兩個題目的相關時，就可以採用 phi 相關。

八、四分相關

四分相關（tetrachoric correlation）適用於分析兩個變項都是人為二分變項的相關。使用這種相關時，必須二分變項是連續的，而且分數呈現常態分布。因為四分相關係數不如積差相關係數穩定，而且標準誤不容易計算，所以少用為宜。不過，當大樣本且能將樣本均分為兩個相等組別時，則是使用四分相關統計的最佳時機。

九、多系列相關

多系列相關（serial correlation）適用於分析一個連續變項，和另一個以人為方式分成多個的類別名義變項，分析這兩個變項之間的相關。

十、列聯相關

列聯相關（contingency correlation）適用於兩個變項均為類別的名義變項，這些變項不一定要具有連續性或某種順序。列聯相關與卡方統計數有關，由卡方值可求出列聯相關係數；反之，由列聯相關係數也可以求得卡方值，由卡方值即可判斷列聯相關的顯著程度。

十一、相關比

相關比（correlation ratio）適用於兩個變項之間呈現曲線相關時，例如：年齡與記憶力的關係，兒童隨著年齡增加，記憶力也相對提高，可是到了中年以後，記憶力反而有逐漸下降的趨勢。

肆、多變項相關分析

當研究者要探討三個以上變項之間的相關時，就可以使用**多變項相關分析**（multivariate correlation analysis）。變態心理學研究者常使用的多變項相關分析方法，可以分為以下幾類，茲簡述如下：

一、多元迴歸分析

多元迴歸（multiple regression）或稱複回歸是指，由兩個以上的預測變項來預測一個效標變項的統計方法，由複迴歸即可確定兩個以上預測變項與效標變項之間的關係，例如：研究者想探討憂鬱症患者的智力、性向、友伴關係、家庭社經地位、居住地區與學業成績的關係，如將上述所有變項數量化之後求複相關，以學業成績為效標變項，其餘五個變項作為預測變項；研究者在求出一個迴歸方程式之後，將每名受試者在這個預測變項上的原始分數，代入迴歸公式，就可以預測每一名憂鬱症患者在效標變項上的學業成績。

變態心理研究常使用**同時迴歸**（simultaneous regression）與**逐步迴歸**（stepwise regression）分析。前者適用於驗證性研究，分析時將若干預測變項同時投入迴歸公式中；後者則比較適用於試探性研究，分析時將預測變項逐一投入迴歸公式中，就可以發現各預測變項對效標變項的預測力。

二、區別分析

區別分析（discriminant analysis）與多元迴歸分析相似，這兩種分析方法都是求兩個以上的預測變項與效標變項之間的相關。惟區別分析的效標變項，可以分為兩個以上的類別或層次，如果效標變項為連續變項時，則宜採用複迴歸分析。區別分析可以根據過去群體在預測變項與效標變項之間的關係，然後就個別受試者在預測變項上的分數，預測其未來所歸屬的類別，例如：研究者欲探討三種憂鬱程度的患者，其高、低焦慮分數的關聯。研究者發現高、低焦慮組，在這三種憂鬱程度中有顯著差異，因此將這五十名憂鬱症患者正確區分為高焦慮組或低焦慮組。

區別分析方程式對每一位憂鬱症患者在各變項上的得分給予加權，稱為區別功能係數。每一名憂鬱症患者在各變項上的標準分數乘上此加權數，就可預測其在團體中屬於哪一焦慮組。

區別分析也適合用來作為人事甄選之用，例如：依照高中生的智力、性向、職業興趣等分數，預測高中生適合就讀大學的哪一個學系。不過，區別分析的計算過程相當複雜，需要具備多變項統計學的知識，才容易進行分析並解釋其結果。

三、典型相關分析

典型相關（canonical correlation）分析，旨在探討兩個以上的預測變項與兩個以上效標變項之間的關係，例如：某研究者欲探討失眠與工作壓力之間的關係；預測變項為失眠，該變項包含：輕度、中度、重度失眠；效標變項為工作壓力，該變項包括：工作負荷、內在衝突、人際關係、角色期許等，這時就可以採用典型相關分析。

四、路徑分析

路徑分析（path analysis）是運用變項之相關資料，來考驗三個以上變項之間的因果關係。路徑分析是迴歸分析的延伸，也是一種多變項分析。假設某變態心理學者欲探討憂鬱症患者不良適應的問題，經調查分析之後發現，性格、父母管教方式、生活史等變項為影響憂鬱情緒的重要變項；因為這些變項之間彼此有相關存在，為了釐清這些變項對憂鬱的影響，這個時候就可以採用路徑分析。

五、淨相關

淨相關（partial correlation）是指，兩個變項同時與第三個變項有相關，在除去第三個變項之後，這兩個變項的相關程度，例如：研究者發現憂鬱症與人格特質、貧窮之間有高度正相關，但這並不能表示愈貧窮者愈容易得到憂鬱症。因此，如果將人格特質因素的影響去除之後，貧窮與憂鬱症之間可能就會變成低相關或負相關。

第三節　個案研究法

個案狹義而言，就是指個人；廣義來說，個案（案主）可以是一個家庭、機構、族群、社團、學校……等，簡言之，個案也可以不僅限於一個人。個案研究是指，對特別的個人或團體，蒐集完整的資料之後，再對其問題的前因後果做深入的剖析，例如：有一個家庭其四名子女皆罹患躁鬱症，研究者為了探究其原因，於是以這個家庭當作個案來研究，經過客觀與深入研究之後，就可以了解這個家庭子女罹患躁鬱症的原因。

壹、個案研究的特徵

一、注重個體的研究

個案研究常以個人為研究對象，對個體的身心特質做深入剖析，但是有時會以某特殊團體作為個案研究的對象。

二、以多元方法蒐集個案資料

個案資料的蒐集方法相當多元，包括：觀察、晤談、心理測驗、問卷調查、家庭訪問，以及與案主的師長、朋友或親人晤談等。

三、對個案進行深入分析研究

每一個個案均有其獨特的生活背景，其問題是長期累積形成的。因此，分析案主問題須考慮許多變項，不只探討目前存在的問題，也要深入分析目前問題的來龍去脈。

四、研究問題不只限於異常行為

過去的個案研究大多探討偏差行為、適應不良及異常行為問題，例如：青少年犯罪、自殺、精神疾病、變態心理等。近年來，個案研究的問題也包括資賦優異、網路成癮、績效卓著的組織機構或團體。由此可見，個案研究的範圍比往昔擴大。

貳、個案研究的目的

一、找出問題的原因

許多案主的偏差行為，不做個案研究很難了解其行為發生的真正原因，例如：學生偷竊行為，經個案研究之後就可發現每個偷竊行為背後的原因不一，有的學生是缺少零用錢、有的學生以偷竊來報復他人、有的學生以偷竊來對父母的管教表示不滿、有些偷竊的學生是因為吸食毒品、染上惡習而缺錢花用。由此可知，個案研究可以找出案主行為的真正原因。

二、提出解決問題的方法

個案研究在找出問題真正的原因之後，就可提出解決問題的方案或對策。如果學生偷竊是起因於缺少零用錢，則可以建議其父母，每週給案主適當的零用錢，以免子女因缺少零用錢而產生偷竊的行為；但如果偷竊是為了報復他人，則需要對其實施心理諮商輔導。

三、提供預防措施

個案研究能夠深入探討案主的問題，發現其問題的根本原因，這樣就能夠根據原因，提出防範措施及因應的策略。

四、協助案主充分發展潛能

個案研究可以發現案主的潛在能力，協助案主適性發展，例如：經個案研究之後，發現一名學生具有良好的數學性向，就可以建議該生的家長或教師，協助這名學生在數學領域上下功夫，使其將來在數學領域有優異的表現。

五、提升組織機構的績效

當個案研究以組織機構作為研究對象時，可以診斷其經營管理上的缺失，進而提出改進方案，重振組織成員士氣，提升組織的績效與競爭力，例如：一所高中的學生升學率逐年下降，經個案研究之後發現，主要原因在於校長領導風格欠佳、教師教學態度不良等因素，研究者就可以提出興革之道，使該校辦學績效提升。

參、個案研究的範圍

個案研究大多以個人為對象，所以以個人問題為主要範圍，但是有時研究者亦會以家庭、機構或社區為對象，因此個案研究的範圍相當廣泛，茲簡述如下：

一、個人

凡個人有偏差行為、精神異常、資賦優異、智能不足、學習困難、人格異常、身心障礙或犯罪行為等，均可進行個案研究。研究結果可以做為心理諮商輔導、心理治療、特殊教育或犯罪矯治的參考。

二、家庭

有些家庭子女都非常傑出，成為社會的棟樑；反之，有些破碎家庭，父母離異、親子關係不睦、家裡多人犯罪或罹患精神疾病。個案研究的結果即可做為親職教育與家庭諮商輔導之參考。

三、組織機構

一個機構是由許多人所組成，有些組織機構人員不和諧、溝通不良、工作士氣低落、工作績效差，以致於無法達成組織目標，這些問題都適合進行個案研究。研究可以發現組織機構的問題癥結所在，進而提出改進策略，以期提升該組織的競爭力。

四、社區

人口老化、人口過於密集、不正當的場所充斥、社區裡失業人口多、犯罪率高、居民缺乏公德心、生活環境相當髒亂、社區文化水準偏低、離婚率高……，以上這些問題的社區，有賴個案研究來找出問題的原因，如此才能夠提出方案，以改善社區環境和提升社區居民的生活水準。

肆、個案資料的蒐集

一、案主資料的種類

（一）個人基本資料

案主基本資料包括：姓名、性別、年齡、職業、婚姻狀況、出生地、住址、學歷、經歷、宗教信仰、身高、體重等。

（二）家庭背景

家庭背景包括：父母的教育程度、父母的職業、居住環境、社經地位、家庭成員、經濟狀況、父母婚姻狀況等。

（三）家庭生活

家庭生活包括：家人關係、父母管教態度、兄弟姊妹的感情、家庭氣氛、父母感情、父母婚姻狀況等。

（四）學校生活

學校生活包括：學習能力、師生關係、同儕關係、學習興趣、學習態度、學習成就、社團活動、學習障礙、學科興趣、品德操行等。

（五）社會生活

社會生活包括：社交、參與社團活動、社會服務、政黨參與、參加鄰里社區活動情形等。

（六）個人生活

個人生活包括：興趣、嗜好、人生觀、宗教信仰、生活習慣、理財、消費、旅遊等。

（七）身心健康情形

身心健康情形包括：身高、體重、罹病史、發育情形、住院次數、生理缺陷、殘障、心理或精神疾病等。

二、蒐集案主資料的方法

（一）文件法

研究者應蒐集案主的各種靜態資料，舉凡學業成績、自傳、日記、週記、操行、健康檢查、圖書借閱、上課出缺席、社團活動參與、參加校內外比賽等有關資料，都應加以蒐集，這些檔案資料是提供心理師或精神科醫師診斷與輔導案主的重要資訊。

（二）訪問法

研究者利用面對面訪問或電話訪問案主，可以蒐集案主的嗜好、興趣、人生觀、人際關係、家庭生活、學校生活、社會生活，以及身心狀況等方面的資訊。訪問法可以蒐集到比較深入的資料，不過，訪問對象不僅限於案主，凡是與案主有關的人，例如：同學、師長、親友、上司、同事、父母、鄰居等，都可以加以訪問，以便蒐集到更多的資料。

（三）問卷調查

一般問卷調查都是在調查大樣本時才使用，但是個案研究者也可以設計問卷，提供案主填寫。研究者由案主在問卷上填答之資料，可以很快蒐集到一些與案主有關的資訊。

（四）觀察法

一般個案研究大多採自然情境觀察，這種方法可以蒐集到案主的情緒、人際關係、衣著、性格與身體動作等方面的資料。不過，研究者採用觀察法，最好有計畫、有系統並長期觀察，觀察到的行為或事實應詳加記錄，同時宜保持客觀的態度，且觀察者最好有兩人以上，這樣觀察所得到的資料，比較能夠具有良好的信度與效度。

（五）心理測驗法

心理測驗是蒐集案主智力、性向、人格、態度、興趣，以及學業成就的工具。由心理測驗所得到的資料，可用來診斷案主的各種心理特質，並且可作為診斷案主學習困難、心理適應、潛在能力，以及預測未來發展的資料。

（六）家庭訪問

家庭訪問可以蒐集到案主與家人的關係、家庭環境、父母管教態度、父母感情、家庭氣氛，以及居住社區環境等資訊。家庭是個人成長的重要地方，偏差行為的案主大多來自問題父母或破碎家庭，透過家庭訪問往往可以獲得與案主相關的重要訊息。

伍、了解與分析個案的方法

變態行為研究者在蒐集案主各方面的資料之後，即可從個人、家庭、學校教育，以及社會生活等方面做初步的分析，或從訪談中進一步來了解案主，也可以由**案主會議**（case conference）來集思廣益。茲簡述如下：

一、初步分析

（一）個人基本資料方面

1. 名字

父母對孩子的命名大多經過審慎思考、再三斟酌，所以由子女的名字大略可以知道父母對子女深切的期望，例如：案主的名字叫「金來」、「添富」、「進財」、「金樹」、「萬財」、「添財」、「金山」、「金海」等，這些與錢財有關的名字，顯示父母希望子女能帶來財運，大體來說，這種家庭在孩子出生時是比較貧窮的。有少數案主的名字叫「罔腰」、「罔市」，這樣的名字表示案主不是父母心目中所想要的孩子；有的案主名叫「招治」、「招弟」，表示父母希望她的出生能招來弟弟；有的案主名叫「文彥」、「文傑」、「文隆」、「文昌」、「文華」、「文豪」，通常表示父母期望子女將來長大後，有文人的才華。

2. 出生序

排行老大的案主通常比較有責任感、喜歡支配他人、具有權威性格。排行老二的案主容易產生自卑感、個性倔強、好勝心強、富冒險精神。排行在中間的案主個性比較圓融、人際關係較佳，但是較少得到父母的關愛。排行老么的案主容易得到父母的溺愛或縱容，缺乏負責任的精神，不過老么性格比較友善，有些老么甚至是所有兄弟姊妹中成就最高者。至於獨生子女的案主，容易受到父母過度保護或過高的期望，產生自我中心，不能吃苦耐勞，或養成依賴他人的個性，他們通常較少與同輩相處的機會，人際關係往往比較差，同時容易從父母處學到權威的性格。

3. 身體外貌

身體外表包括：容貌、高、矮、胖、瘦、皮膚顏色、髮型等。一般帥哥、美女通常比較有良好的自我概念，對自己較有自信心、自傲，容易成為同儕羨慕與嫉妒的對象；反之，長相較不佳之男女容易產生自卑心理，人緣比較差。頭髮整潔者，比較在乎他人對自己的看法。

4. 衣著

一般人的衣著與個性有關，外向者比內向者較喜歡穿著時髦的服裝。經常穿牛仔衣褲、馬靴的女性，比較具有男性化的性格；喜歡穿異性服裝者，有性變態的傾向；時常西裝筆挺、皮鞋亮麗者，顯示其高社會地位的心理。

5. 裝飾品

案主身上所佩戴的裝飾品，除了愛美之外，尚有引人注意或表明自己身價的象徵。有些案主身上戴有許多名貴的裝飾品，例如：手鐲、手錶、項鍊、耳環、戒指等，以表示自己為富豪人家。有些案主則喜歡佩戴勳章、徽章，以此顯示自己小兵也可立大功，或曾是叱吒風雲的沙場英雄。另外，有些案主所佩帶的裝飾品與自己的性別並不符合，這通常顯示其不願意扮演自己的性別角色。有些青少年佩帶鼻環或在耳朵上戴許多耳環，這些青少年大多有標新立異、引人注目的心理。

6. 化妝

愛美是人的天性，女性比男性更喜歡以化妝來增加美感。不過，有些案主天天濃妝艷抹，特別喜歡給他人留下好的印象；反之，有些案主不使用化妝品，也許是為了節省開支或認為化妝不能改善自己的容貌。另外，有些男同性戀者喜歡以化妝來扮演女性的角色。

7. 行為語言

情緒包括：喜、怒、哀、樂、悲傷、恐懼等，案主極度喜樂或悲傷時，容易流出眼淚；盛怒或緊張時，額頭、手心或上唇與鼻孔之間容易流出汗水；緊張的另一個特徵是口乾舌燥、臉部或口腔部位肌肉抽搐；此外，焦慮不安時，案主的眼神較為呆滯。臉上經常有笑容的案主，通常心情舒暢、較少心事，但根據笑容不見得能正確判斷案主的情緒，因為有些人皮笑肉不笑、苦笑、傻笑，甚至笑裡藏刀。少數案主情緒起伏非常大，則有可能屬於躁鬱精神病；情緒長期處於低潮的案主，可能是憂鬱症患者。

走路、吃飯、做事的速度比別人快的案主，比較有急躁、衝動、好勝心強的個性，這種人屬於 **A 型人格**（type A personality）；反之，做事慢條斯理的案主，屬於**B型人格**（type B personality）。握手力道強、時間持久的案主，比較容易親近人、做事積極、精力充沛；反之，握手力量輕、時間短暫的案主，比較容易緊張，與人保持距離。時常有反覆性動作的案主，如摸頭髮、鼻子、耳朵等，大多是以這些動作來降低自己的緊張。

視線移動快、東張西望、眼神不正視對方的案主，比較機警、心情急躁、不誠實、猜疑心重；反之，視線移動緩慢、眼睛只正視前方者，可能是思維遲鈍、意志消沉的人。當案主與他人講話時，眼睛不敢正視對方者，比較內向、缺乏自信心；反之，與他人談話時，眼睛敢正視對方者，較有自信心、敢表達自己的想法，甚至於想支配對方。

女性案主兩腿交叉而坐，或雙腿分開而坐，通常表現出男性的氣概。坐姿筆挺者表示意志堅定；反之，彎腰駝背的坐姿，大多顯現意志力薄弱，容易屈從他人。坐時背部靠到椅背者，比較從容不迫、隨遇而安；反之，一直坐在椅子的前端不靠到椅背，內心大多焦慮不安，似乎準備隨時要離開座位。有些案主坐時常以鞋子敲擊地板，這也顯示出其浮躁不安的情緒。有些案主坐時雙手交叉緊抱胸前，這個姿勢可能表示自我保護，屬於比較內向的性格。

就站立的姿勢來說，單手或雙手喜歡插入口袋者，比較屬於緊張不安的性格；雙手叉腰者表示權威性格；雙手交叉擺在臀部者，表示容易服從他人。站立時眼睛一直看著天花板或地面者，比較內向、沒有自信心。此外，走路的姿態如憲兵者，這種案主不苟言笑、充滿朝氣、嚴以律己。

案主在談話時，經常談到的內容可以顯現其個人的價值觀。談話內容可以粗略分為：政治、經濟、科學、宗教、藝術、社會服務、旅遊、健康與醫療等類型，例如：談話內容不離股票、期貨、基金、房地產的人，屬於經濟型。講話速度緩慢，屬於情緒低落或可能患有憂鬱症；講話速度快速者，則屬於情緒高昂或可能患有急躁型精神病。

案主講話聲音低沉，表示自卑和不安；講話聲音宏亮、口齒清晰者，往往比較有自信心、人際關係較佳；口齒不清、口吃的案主，往往充滿緊張不安的性格。講話內容條理分明、思路清晰，喜歡使用抽象性字眼的案主，智力較高，屬於理智型。講話內容語無倫次、不連貫、思維混沌不清者，其智力較低，或患有精神分裂症；思考方式常鑽牛角尖或吹毛求疵者，可能具有強迫性精神官能症。

（二）家庭方面

家庭是影響個人成長最重要的地方，變態心理學的研究者可以從以下幾個家庭層面來了解案主：

1. 父母管教態度

父母管教嚴厲的案主，比較容易產生攻擊或退縮的個性；父母溺愛的案主容易產生依賴、自我中心、擔心身體健康、要他人為其服務，不會自我保護與自我管理的個性；受到父母拒絕的案主，容易產生排斥他人或需要得到他人的愛；父母管教態度不一致的案主，容易形成個性不統整的人格特質；父母期望過高的案主，容易產生焦慮不安、反抗權威的心理；父母管教方式屬於放任型的案主，容易產生胡作非為、不遵守紀律、我行我素的性格。不少犯罪青少年，其父親平日與子女相處的時間很少，也缺乏適當管教子女的技巧。此外，父母的管教態度對子女交友的數目與交友的類型，也有很大的影響。

2. 家庭環境

幼年家庭貧窮的案主，長大之後容易產生刻苦耐勞、節儉、吝嗇的性格；反之，幼年家庭富裕的案主，比較容易形成遊手好閒，揮霍無度的個性。就住家的社區環境而言，居住在工商業混雜區的案主，容易學到不良行為；居住在文教區的案主，則容易產生向上求學的毅力。居住在集合住宅的案主，比較有機會學習到與人相處的技巧；居住在鄉村或偏遠地區的案主，比較沒有學壞的機會。

3. 父母婚姻與感情生活

一般而言，父母離婚、分居、死亡、長期犯罪坐牢者，生長在父母同住一起，但關係極惡劣的破碎家庭，其人格發展比較容易不正常。幼年失去母愛的人，有早婚的傾向。父母婚姻生活不美滿、感情不和睦的案主，容易產生畏懼結婚，甚至不想結婚的心理。

4. 手足之間的感情

個人的行為容易模仿兄姊，或向其學習，而性別相同、年齡相同的孿生子女，彼此競爭較一般手足劇烈。兄弟姊妹之間的感情，可顯現其父母家庭教育的成敗。手足之間感情不和睦、反目成仇的案主，較不容易有愛人之心。

（三）學校教育方面

就讀名校的案主通常智力較高，比較容易產生高傲與自信的心理；就讀校譽較差的學校，或其學業成績不佳者，比較容易產生自卑感，對自己缺乏信心。在學期間時常違反校規、品行不佳者，畢業後步入社會觸犯法律的機會比較大。求學期間師生關係欠佳、朋友不多的案主，比較內向，人際關係不易正常發展。在學期間常擔任學生班級或社團幹部者，領導能力較佳；在學校參與多個學生社團者，個性比較外向，同時也具有較多的才藝。經常轉學、輟學、逃學的案主，其學校生活適應不良。此外，與家庭背景地位高的朋友交往之案主，其優越感比較強。

（四）社會生活方面

有些案主長年失業，因為他們缺乏工作興趣，對個人或家庭缺乏責任感，其中不乏精神疾病患者。有些案主沒有固定工作或時常轉換工作，主要是因為工作不力，無法與同事或上司相處，人際關係不良、個性上有缺陷等所造成的。有些案主不參與任何社會團體，從不參加社團活動，例如：同學會、校友會、協會、工會、商會、學會等，這種人比較沒有知心朋友，具有退縮、孤僻、頑固的性格。也有一些案主從來不關心任何社會事務，只獨善其身，甚至成為社會邊緣人，無法適應正常的社會生活，其犯罪或產生精神疾病的可能性比較大。

二、由訪談來了解案主

研究者經由訪談來了解案主時，宜包括以下幾個重點：

（一）了解目前的困擾問題或症狀

案主的問題或症狀繁多，大致可以分為以下幾類：

1. 思想方面：

案主異常的思想包括：悲觀、妄想、強迫性觀念、自誇、注意力不集中、健忘痴呆、思考不合邏輯、思緒混亂、思想過於快速或遲緩、思考內容幼稚、無端恐懼、心灰意冷，以及思想違反社會規範等。

2. 動作方面：

動作異常包括：重複出現某種行為、過動、動作緩慢、四肢顫抖抽搐、舉止笨拙、行動不便、身體無力等。

3. 情緒方面：

異常的情緒包括：過分高興樂觀、容易暴怒、憂傷過度、恐懼不安、消極悲觀，心煩意亂、心浮氣躁、心情起伏過大，以及情緒表達不當等。

4. 感覺方面：

案主異常的感覺包括各種幻覺，例如：聽幻覺、視幻覺、味幻覺、嗅幻覺、觸幻覺等，也就是這種感覺的對象事實上不存在，可是案主卻真的可以感覺到其存在。此外，有些案主有耳鳴、心悸、自我感喪失、偏頭痛等感覺。

5. 藥物濫用與上癮方面：

有些案主屬於藥物濫用的問題，例如：酗酒、使用各種毒品、迷幻藥、吸菸、賭博、縱火等。

6. 生活習慣方面：

有些案主患有失眠、夢遊、做惡夢、厭食、貪食等生活方面的困擾問題。

7. 性異常方面：

性異常的案主有：偷窺、暴露、戀物、虐待、被虐待、亂倫、強暴、異裝、獸姦、嚴重手淫等性變態。

（二）了解問題或症狀的發生經過

變態心理學的研究者，在了解案主的問題或症狀之後，接著應了解這些問題或症狀的原因，請案主詳細說明這些問題或症狀是從什麼時候開始，發生的過程以及相關因素，尤其是要深入了解最早出現該症狀的情況，以及案主對這些問題或症狀的看法。此外，研究者應進一步了解案主症狀繼續存在的理由，或該症狀消失之後又復發的原因。

（三）了解案主的人際關係

案主適應不良問題常與人際關係不佳有密切的關係，許多精神疾病或心理疾病，也是由人際關係所造成的，因此，個案研究者在訪談時，不可以忽略案主的人際關係。研究者要了解案主之人際關係問題，應與其討論目前有幾個知心朋友，與家人、老師、同事、同學、上司、異性朋友相處的情形，最喜歡或最討厭與哪一種類型的人相處？在與他人相處過程中，是採取什麼態度？用什麼方式與人溝通？這種溝通方式得到什麼結果？研究者應讓案主對自己人際關係不良有反省的機會。

案主如果具有冷漠、自我中心、排斥他人、支配他人等人格特質，其人際關係比較差，這種人際關係大多由案主與父母或家人之間的不當關係所造成。因此，訪談時應談到案主與家人溝通的模式。

（四）了解案主過去的生活經驗

個人的行為頗受過去生活經驗的影響，精神分析學派特別重視個人幼年時代的生活經驗對個人人格發展的重要性；換言之，案主幼年時代的生活經驗與其目前的行為，有密切的關係。因此，研究者在晤談時，應仔細了解案主目前的問題或症狀，到底與過去的何種生活經驗有關，晤談重點不宜只針對目前的問題，應請案主談及其幼年不愉快的往事或不幸的遭遇。

（五）了解案主對未來的期望

研究者從晤談中，了解案主對自己未來的生涯規劃或期望，是否充滿消極、悲觀、無奈、沒有指望或毫無目標，如此一來，即可得知案主的人生觀。

三、案主問題分析與診斷

在對案主資料做初步分析，以及經由晤談來了解案主之後，接下來就是要對案主的問題或症狀進行深入的分析與診斷。一般研究者要對案主做深入分析與診斷，大多缺乏這方面的專門知識或經驗，因此最好邀請臨床心理學家、精神科醫師、諮商心理學家、社會工作人員、教師、諮商輔導員、學校行政人員、醫師、律師、護士等人員，共同組成一個小組來進行**案主會議**（case conference）。運用這些專業人員的智慧集思廣益，以便從各個角度分析、診斷案主的問題，進而提出輔導或治療的策略。

第四節　實驗法

壹、實驗研究的基本概念

一、實驗研究法的意義

實驗研究法旨在探討自變項與依變項之間的因果關係。為了解自變項與依變項之間是否有因果關係，研究者在實驗之前，應先將受試者隨機分為實驗組和控制組（又稱對照組），使這兩組受試者的各種條件相等，然後對可能影響依變項的無關干擾變項作適當控制，或使其保持恆常，接著對實驗組進行**實驗處理**（experimental treatment），最後比較實驗組與控制組的受試者，在依變項得分的差異，就能發現自變項與依變項之間的關係。

二、實驗研究的步驟

（一）確定研究題目

研究者經由文獻探討或從諮商輔導工作中所遭遇的問題，來確定研究題目，提出研究目的與待答問題。凡是探討自變項對依變項影響的問題，都適於成為實驗研究的題目。

（二）提出研究假設

實驗研究為了考驗自變項對依變項的影響，所以要由每一個待答問題，提出若干研究假設。

（三）對研究變項提出操作型定義

操作型定義（operational definition）是指，將自變項與依變項加以明確界定，通常是將這兩種變項加以數量化，例如：高智商是指智商在 140 以上，低智商是指智商在70以下，只有對研究變項界定清楚之後，才能夠考驗假設。

（四）準備實驗器材

大多數實驗的前測與後測，需要以測驗、問卷或量表作為測量工具，實驗處理的器材也要事先準備好，方能使實驗順利進行。

（五）控制無關干擾變項

凡是對依變項有影響的無關干擾變項，均需嚴加控制，這樣的實驗結果才能確實發現實驗處理對依變項的影響。

（六）實驗設計

實驗設計（experimental design）的種類繁多，研究者應針對研究目的選擇合適的實驗設計，並且設法提高實驗的**內在效度**（internal validity）與**外在效度**（external validity），同時考量研究者的人力、物力及時間因素。

（七）受試者的抽樣與分派

研究者選擇具有代表性的樣本參加實驗，研究結果才能夠推論到母群體，之後再以隨機方法將受試者分派到實驗組或控制組。

（八）進行實驗

實驗者依照指導語，告訴受試者如何進行實驗，對實驗組呈現實驗處理，控制無關干擾變項，然後觀察、測量與記錄受試者的反應。

（九）資料處理與分析

研究者在蒐集受試者實驗的資料之後，以適當的統計分析法考驗各個研究假設，即可發現哪些假設能夠獲得支持。

（十）撰寫研究報告

從實驗所得到的結果，不論是否支持研究假設，研究者應依照撰寫研究報告的原則與格式，來撰寫論文或研究報告。

三、實驗研究的特徵

（一）不同組別的比較

一般的實驗研究，均將受試者分派至實驗組或控制組，讓實驗組接受實驗處理，然後比較這兩組受試者在依變項上得分的差異，例如：實驗組接受新治療法，控制組接受舊治療法，如果實驗結果發現：實驗組的治療效果優於控制組，如此就可說明新治療法產生正面的效果較大。

（二）操弄自變項

研究者針對研究問題或假設，操弄自變項，然後再觀察不同自變項對依變項的影響，例如：某學者欲探討噪音對閱讀速度的影響，他從全校一千名學生中，隨機抽取八十名學生作為實驗對象，其中四十名分派至實驗組，另外四十名分派至控制組。之後，讓實驗組學生在噪音八十分貝的教室閱讀，控制組學生在無噪音的教室閱讀，這兩組學生所閱讀的教材相同，教室的物理環境除了噪音不同之外，其他條件都相同；經過一段時間之後，再以相同工具測量每一名學生的閱讀速度。在這個實驗中，噪音強度就是自變項。研究者也可以將噪音調整為一百分貝、六十分貝等不同強度，所以自變項就是研究者可以自行安排或調整的變項。

（三）隨機化

自母群體中隨機抽取若干樣本接受實驗，研究結果就能推論到母群體，藉以提高外在效度。研究者將樣本隨機分派到實驗組或控制組，就理論上而言，這兩組受試者的各種特質，大致上是相等的，隨機分派的目的在於提高內在效度。不過，研究者將受試者隨機分派到這兩組之前，宜注意以下幾個要點：

1. 在進行實驗之前，先做好隨機分派受試者至實驗組或控制組的工作。
2. 不可讓受試者知道自己是屬於哪一組，以免影響實驗結果。
3. 在隨機分派之後，不允許受試者私下交換組別。
4. 實驗組與控制組人數不可以太少，最好每一組人數各多於四十人。

貳、實驗研究法的種類

一、準實驗與真正實驗

準實驗（quasi-experiment）是指，實驗者無法隨機分派受試者到實驗組或控制組，也不能完全控制實驗誤差來源，這種實驗稱為準實驗，例如：某研究者欲探討小學實施**自我肯定訓練**（self-assertive training）對改善人際關係的效果，在與小學校長接洽之後，學校只能提供兩班學生接受實驗，並且不同意將班級學生任意拆散，於是研究者只能將其中一班當作實驗組，另外一班當作控制組。在這種情形之下，這兩班學生的能力或由其他因素所造成的差異，就很難加以適當的控制。準實驗為了遷就現實教育環境，不妨礙日常教學活動，實驗結果的可靠性較低，研究者在提出因果關係的結論時，應格外小心謹慎。

真正實驗（true-experiment）是指，實驗者能夠隨機分派受試者到實驗組或控制組，也可以對實驗誤差的來源加以控制，使得實驗結果能夠完全歸因於自變項的改變，例如：某研究者欲探討**肌肉放鬆訓練**（muscle relaxation training）對降低焦慮的效果，在與某小學校長接洽之後，學校方面同意研究者自行選擇該校三年級學生接受實驗，於是研究者自三年級學生中，隨機抽取四十名學生分派到實驗組，再隨機抽取四十名學生分派到控制組。就理論上而言，這兩組學生各方面的條件完全相等；實驗組學生接受肌肉放鬆訓練，控制組學生則沒有接受肌肉放鬆訓練。此外，研究者採取各種方法來控制實驗誤差，以避免無關干擾變項的影響，例如：這兩班教室的物理環境、學習環境、教師的態度等，都應維持一樣，經過一段時間之後，同時對這兩組學生實施肌肉電流反應測量，由測量分數的高低即可得知肌肉放鬆訓練的效果。

二、試探性實驗與驗證性實驗

試探性實驗（exploratory experiment）是指，研究者對想要探討的問題所知不多，不能提出研究問題或研究假設，更無法提出解決問題的方案，只能嘗試探討某些自變項與依變項之間的關係。換言之，試探性實驗旨在找出影響依變項的自變項，在找到自變項與依變項的因果關係之後，研究者就可進一步進行**驗證性實驗**（confirmatory experiment）。由此可知，試探性實驗是驗證性實驗的基礎。驗證性實驗是指，研究者明確要探討的問題，能提出研究問題或研究假設，再進一步驗證自變項與依變項的關係，大多數心理學的學術論文屬於驗證性研究。

三、實驗室實驗與實地實驗

實驗室實驗（laboratory experiment）是指在實驗室中進行實驗。一般的實驗室都必須將物理環境，例如：照明、溫度、濕度等，作嚴密的控制。因為實驗室實驗能有效控制無關干擾變項，所以受試者在實驗室所得到的實驗結果，任何人只要重複該實驗，也可以得到相同的結果。心理學的實驗大多屬於實驗室實驗。

在實際學校教育情境中的實驗，可以採用**實地實驗**（field experiment），例如：以教室、實驗室或戶外場所等來進行實驗。不過，實地實驗大多在自然情境中進行，實驗結果可以用來解釋教育情境中，受試者所發生的心理或行為問題。

四、初步實驗與正式研究

初步實驗（pilot experiment）又稱為**初步研究**（pilot study），是指在正式進行研究之前，先做預備性的實驗，這種實驗常採用少數樣本來進行，由初步實驗結果可以發現實驗的各個步驟有何缺點尚待改進，以作為正式研究的參考，以免在正式研究時才發現有窒礙難行的地方，因為此時已投入相當多的心力與物力，如果因而中斷研究是相當令人遺憾的。由此可知，在進行正式研究之前，宜進行初步實驗。

參、實驗的效度

實驗的效度就是實驗結果的準確程度，實驗效度愈高，實驗結果愈可靠。實驗效度可以分為內在效度與外在效度，茲分別說明如下：

一、實驗的內在效度

內在效度（internal validity）是指，研究結果可以達成研究目的的程度，也是由實驗處理影響依變項的真正程度。大體上來說，研究者對無關干擾變項的控制愈嚴謹，內在效度就愈高；反之，控制愈鬆散，導致其他干擾因素對依變項產生影響，在這種**混淆**（confounding）的情況下，內在效度就愈低。換言之，內在效度愈高，研究者就愈能夠解釋實驗處理對依變項的影響。影響實驗內在效度的因素，大致可以分為以下十三項：

（一）歷史（同時事件）

在進行實驗處理期間，除了實驗處理之外，可能同時有其他事件發生，也會影響依變項，使實驗研究的內在效度降低，例如：某研究者欲探討憂鬱症新療法的效果，實驗組學生與控制組學生都實施前測與後測，實驗組接受新療法，控制組則接受舊療法。可是，實驗組學生在實驗期間又參加校外的憂鬱症治療工作坊，控制組學生則沒有參加，這樣一來，實驗組學生的後測就會受到校外憂鬱症工作坊的影響，同時與實驗處理產生混淆。

（二）身心發展與成熟

受試者接受長期的實驗，其身心發展或成熟程度也會隨之變化，容易與實驗處理同時影響實驗結果，尤其在單一組受試者的實驗較為常見，例如：有一組受試者接受實驗處理，但前測與後測時間相隔一年，則後測所得到的分數應不完全來自實驗處理，因為在一年的實驗期間，受試者的身心發展會產生明顯的變化，以致後測分數不只是受到實驗處理的影響。一般來說，受試者的年紀愈小，其身心發展速度愈快，所以愈容易造成混淆；為了避免這種現象的發生，宜盡量縮短研究時程，或尋找適當的對照組。

（三）前測的影響

有些心理學的實驗，對受試者進行實驗處理之前會先做前測，實驗處理之後再做後測，然後比較前、後測的分數。因為這兩次測驗內容相同，所以受試者接受前測的經驗，可能在心理上產生練習效果或心理上的預期效果，這樣難免會提高後測的分數，導致實驗處理產生的效果混沌不清。

（四）測量工具

如果研究者所使用的測量**工具**（instrumentation）之信度與效度均不高，實驗前測與後測的測量分數，就會變得不穩定也不可靠，即使後測分數優於前測，也很難完全歸因於實驗處理所產生的效果。為了提高測量結果的真實性，前測與後測的工具必須完全相同。此外，實施測驗的人員也應一致，以避免人為因素所造成的誤差。

（五）統計迴歸

如果研究者所選取的實驗對象，在前測時測量出具有極端的心理特質，則後測分數容易趨近團體的平均分數，也就是前測分數極高者，後測分數有降低的現象；反之，前測分數很低者，後測分數則有升高的趨勢，這種現象稱之為**統計迴歸**（statistical regression）。

（六）選取樣本的偏差

研究者在選取與分派樣本時，若實驗組與控制組的各種特質不相等，則實驗結果不可完全歸因於實驗處理，例如：實驗組為升學班學生，控制組為普通班學生，實驗處理為情緒管理，即使實驗組後測分數顯著地高於控制組，也不可以完全歸因於實驗處理所造成的效果。所以在研究過程中，實驗組與控制組的受試者，在各方面的特徵應盡可能相同，通常以隨機抽樣和隨機分派受試者到實驗組或控制組，就可以使這兩組受試者整體來說，是相等。

（七）受試者的流失

研究者隨機抽樣和分派受試者至實驗組或控制組後，在實驗期間，有些受試者可能因為死亡、疾病、遷居、轉學、輟學、退學或其他因素，而無法繼續參加實驗或中途退出研究，造成實驗組與控制組的受試者，有異於原來的無偏差樣本，即會導致這兩組受試者實驗結果的偏差。

（八）樣本選擇與成熟之間的交互作用

研究者所選擇的研究樣本中，若實驗組的某些特質顯著高於控制組，但在經過一段時間之後，由於受試者身心成熟的影響，因而使得這兩組受試者的身心特質差異不明顯，控制組甚至反而優於實驗組，這種現象係來自樣本選擇與成熟之間的交互作用，例如：某研究者欲探討運動量對身高的影響，他從某一所國中選取受試者，實驗組男生人數多於女生，控制組女生人數多於男生。由於男女生理成熟速度不一致，因此前測雖然女生身高顯著高於男生，但是在經過一年之後實施後測，結果發現男生平均身高反而高於女生。

（九）實驗的處理擴散

如果實驗組與控制組的受試者彼此認識且接觸相當頻繁，則控制組的成員很容易由實驗組得知實驗處理的內容，甚至互相討論，因此實驗的處理會擴散至控制組，以致於使控制組在沒有接受實驗處理的情形之下，產生與實驗組有接受實驗處理的相似效果。例如：研究者以觀賞影片作為實驗處理，若實驗組觀賞完該影片之後，告訴控制組有關該影片的內容，容易使控制組產生主觀的看法或預期心理，進而影響實驗結果的可靠性。

（十）受試者的態度

受試者的態度會影響在實驗過程中的行為表現和研究結果的效度，最典型的例子就是**強亨利效應**（the John Henry effect）與**霍桑效應**（Hawthorne effect）。強亨利效應是指，在實驗過程中，控制組的受試者不甘示弱，力圖與實驗組的受試者一較長短，甚至凌駕於實驗組之上，因而造成其行為表現超越平時的水準，使得這兩組受試者後測結果沒有顯著差異。控制組實驗結果受到受試者動機的影響，而非純粹由實驗處理所造成，因此實驗組所接受實驗處理的效果，就不容易與控制組的後測結果，做客觀比較。

霍桑效應起源於1927年至1932年之間，美國哈佛大學梅奧教授（George Elton Mayo）帶領學生和研究人員，在位於伊利諾州的西方電器公司（Western Electric）的霍桑工廠（Hawthorne works）進行實驗。第一次實驗的目的在分析工廠內燈光照明的亮度與工作效率的關係，結果發現，工人如事先知道自己正在接受一項實驗工作，由於工作動機提升，所以工作效率也相對提高；簡言之，工作效率與燈光照明並無直接關係。第二次實驗讓五名女工與其他工人隔離，她們沒有被主管監督，主管還提高她們的薪水，減少工作時間並提供豐富的午餐，結果這五名女工的工作效率大幅提高。研究者進一步發現，這五名女工的工作效率提升，並不是因為享有特權的緣故，而是因為她們受到主管重視的心理反應。

（十一）實驗處理的平等補償

實驗組接受實驗處理時，如果研究者為了使受試者合作，而提供小禮物給實驗組的受試者，在這種情形之下，實驗為了公平起見，也提供小禮物給控制組的受試者；然而，這樣會使實驗處理的效果混淆不清，影響實驗的內在效度。

（十二）控制組士氣低落

當控制組受試者羨慕實驗組的實驗處理時，他們容易產生低落的情緒，而導致後測分數降低，所以實驗組由實驗處理所產生的效果，就不容易與控制組做客觀比較。

（十三）實驗者的偏見

在實施心理實驗時，實驗者容易對認識的受試者暗示，或洩漏前、後測的答案，致使實驗處理的效果產生混淆。為了避免實驗者的偏見發生，研究者可以採用**雙盲**（double blind）措施，也就是不讓實驗者或受試者知道自己是屬於實驗組或控制組，這樣比較容易得到真實的實驗結果。

二、實驗的外在效度

實驗的**外在效度**（external validity）是指，實驗結果可以推論到其他群體或情境的可靠程度。Bracht與Glass（1968）將實驗的外在效度分為以下兩類，茲分別說明如下：

（一）母群體效度

母群體效度是指，一個實驗結果可以推論到母群體的程度。如果一個實驗的對象是由母群體隨機抽樣而來，而且這個樣本對母群體具有代表性，則實驗結果就能推論到該母群體，也就是說這個實驗具有高度的母群體效度。而另一種母群體效度，係依受試者個人變項與實驗處理交互作用之大小而定。

（二）生態效度

生態效度（ecological validity）是指，一個實驗的結果可以推論到不同情境的程度。如果在鄉村的實驗結果可以推論到城市、在戶外情境的實驗結果可以推論到實驗室的情境，則該實驗就具有高度的生態效度。影響一個實驗的生態效度之因素，有以下九項：

1. 實驗處理明確敘述

研究者應對實驗處理做清楚描述，當其他研究者以同樣方法對不同群體的受試者做實驗，若兩者結果相同或極相似，則原實驗具有良好的生態效度。

2. 多重實驗處理的干擾

如果一個實驗對受試者進行多項實驗處理，這種實驗結果不適於推論到只接受其中一項實驗處理的研究情境。因為不同的實驗處理會相互影響，所以實驗結果要適用於其他群體時，實驗處理以一項為宜。

3. 新奇性與中斷效應

在心理實驗中，一個新奇的實驗處理，容易獲得實驗組的青睞，使其行為表現超乎預期水準，這種實驗所獲得的結果，就不適合推論到非新奇性的實驗情境。此外，如果實驗處理打斷了受試者正常的作息，這種實驗處理一開始因受到受試者的排斥而降低實驗效果，如果實驗再繼續進行，受試者對實驗處理能習以為常，實驗處理就能產生應有的效果。

4. 實驗者效應

一個實驗處理是否產生效果，有時受到實驗者個人性別、年齡、教育程度、種族、黨派、焦慮程度、歧視等因素，以及研究者對實驗結果預期的影響，在這種情形之下，就容易產生**實驗者偏差效果**（experimenter bias effect），該實驗處理的效果就無法推論到其他實驗者所做的實驗。

5. 前測的敏感性

受試者在接受前測之後，對實驗處理更具有警覺性，因而影響後測成績，這種現象稱為前測的敏感性。受試者接受人格或態度測驗的前測之後，最容易發生這種情形。因此，受試者有接受前測的實驗結果，就不適於推論到未接受前測的群體。

6. 後測的敏感性

受試者在接受實驗處理時，如果知道自己還要接受後測，則在接受實驗處理時會產生敏感性，因而影響實驗處理的效果。

7. 實驗處理與實驗期間的交互作用

一個實驗如果進行的期間漫長，就容易使時間與實驗處理產生交互作用，例如：實驗組所接受的實驗處理為自我肯定訓練，控制組沒有接受實驗處理。學期初進行實驗，實驗組對自我肯定訓練感到新鮮，可是到了學期末可能對自我肯定訓練產生反感，這種現象就是實驗處理與實驗期間產生交互作用的情況。

8. 測量時間與實驗處理效應之間的交互作用

在實驗組接受實驗處理之後，如果立即實施後測，與間隔一段時間再實施後測，兩者所獲得的結果會不一致。通常實驗處理與後測之時間間隔愈久，其後測分數愈低。

9. 依變項的測量

當一個實驗後測所使用的工具與另一個實驗不同時，則不宜由一個實驗的結果推論到另一個實驗，例如：一個實驗的後測採用自陳量表，另一個實驗的後測採用評定量表，則前者的實驗結果，不適於推論到後者。

第五節　控制干擾變項的方法

壹、使用受試者自身控制

研究者在從事實驗時，如果兩組受試者分別接受不同的實驗處理，則不同組別受試者的差異，將影響實驗結果。為了克服此問題，可以使用單一組受試者接受不同的實驗處理，例如：同一組受試者接受兩種心理治療，然後比較這兩種心理治療所產生的效果。可是，接受這種實驗的受試者容易產生疲勞與練習效果，因而產生**累進誤差**（progressive error）。為了避免這種現象的產生，可以採用**對抗平衡**（counter-balance）與隨機法。假設以 A 代表第一種心理治療，B 代表第二種心理治療，這兩種心理治療法的順序可作以下安排：ABBA 或 BAAB；當實驗處理有 A、B、C 三種情況時，治療順序可作以下安排：ABC、BCA 或 CAB，這樣可以使 A、B、C 實驗的次序達到平衡，以產生不同的疲勞與練習效果。其次，以隨機法讓受試者接受不同的心理治療法，也可以消除疲勞或練習效果對實驗結果的干擾。

使用受試者自身控制具有以下優點：接受不同實驗處理的受試者，沒有個別差異的問題。當實驗者不容易找到大量受試者時，可以使用這種**受試者內**（within subjects）的實驗方式。

貳、將受試者進行配對

研究者將不同組別受試者的條件加以**配對**（match），可以使各組**受試者間**（between subjects）的差異消失，例如：有一個實驗要將二十名受試者分為實驗組與控制組，為避免造成實驗結果的誤差，於是將這兩組受試者進行配對。配對的方法有很多種，有一種配對法是將智商最高的配最低的，次高的配倒數第二者，依此類推。如果受試者有二十人，以這種方法可配成十對，將其中五對當作實驗組，另外五對當作控制組。

雖然配對法能夠使實驗組與控制組的差異降低，但是配對法有以下缺點：

1. 配對的變項即使兩組平均數相等，但是並不能保證這兩組在其他變項上也完全相等。
2. 當配對變項較多時，不容易找到各變項都適配的受試者。
3. 有些研究者在配對時，不容易找到條件相匹配的受試者，就放寬配對的標準。

參、將某變項保持恆定

有些無關變項會影響實驗結果，但是實驗者卻無法排除該變項，此時可設法將該變項保持恆定，例如：假設年齡會干擾實驗結果，實驗者可以採用相同年齡的受試者來接受實驗。此外，將實驗室保持相同的物理環境，也是使干擾變項保持恆定的方法，如此也有助於提高實驗的內在效度。

肆、隨機分派

以隨機法將受試者分派到實驗組或控制組，每一組的人數如果是大樣本，則這兩組在統計上可以視為相等。常用的隨機分派有以下幾種方法：

一、抽籤法

先將每一個受試者編一個號碼，分別寫在紙條上，再將全部紙條丟入一個容器內，實驗者將手伸入容器攪拌後，隨意拿起紙條，將其中一半當實驗組，另一半當控制組。

二、利用亂數表

假設三十名受試者要隨機分成三組，實驗者首先要將受試者編號，由 1 號編到 30 號，再利用亂數表的數字隨機分派，例如：有一串亂數為「270596814269783035490162 93」，將亂數中之 1、2、3 的數字依序抄下來，結果為：21233123，則1號分派到第二組，2號分派到第一組，3號分派到第二組，4號分派到第三組，依此類推，一直到全部受試者分派完畢為止。

三、利用原有順序

如果受試者為一個班級的學生，要分成三組做實驗，實驗者可請學生依照班級座號順序報數123，123，123……凡報1者就分派到第一組，報2者分派到第二組，報3者分派到第三組，以此類推，一直到全班學生都分派完畢為止。

四、次第分派

依照受試者來到實驗室的順序來分組，第一個人分派到第一組，第二個人分派到第二組，第三個人分派到第三組，依此類推。但這種方法僅適用於自願前來參加實驗的對象。

伍、將變項納入實驗設計中

將可能影響實驗結果的變項當作自變項，納入實驗設計中成為**多因子實驗設計**（factorial experimental design），這樣可以把該變項所造成的變異量，自依變項的總變異量中排除，例如：研究者在探討不同學習態度對自然科成績的影響時，發現受試者的家庭社會經濟地位對自然科成績有所影響，於是將家庭社經地位當作自變項，經過多因子實驗分析之後，就能找出學習態度對自然科成績的影響程度。

陸、使用共變數分析

在實驗結束之後，將影響實驗結果的變項，以**共變數**（covariance）統計分析法，將該變項所造成的變異部分，自實驗的總變異量中排除。

第六節 實驗設計

變態心理的實驗設計，可依設計之嚴密程度和資料蒐集方法，分為以下幾項：

壹、不良的實驗設計

不良的實驗設計係指，研究者無法控制無關干擾變項，因而使實驗的內在效度降低。這種設計不容易了解自變項對依變項的影響，茲舉例說明如下：

一、單組個案研究設計

單組個案研究設計（the one-shot case study design）是指，單一組受試者接受一個實驗處理，然後觀察或測量依變項，例如：某校之心理師採用**系統減敏感法**（systematic desensitization），一個學期之後對某班實施焦慮測驗，結果該班焦慮程度明顯降低平均為 83 分，該教師相信系統減敏感法不錯。這個實驗設計有以下缺點：

1. 對影響焦慮的因素毫無控制，所以無法確定焦慮是否純粹由系統減敏感法所造成。
2. 不知道該班學生在接受系統減敏感法之前的焦慮程度，所以無從比較該班學生接受系統減敏感法之後，焦慮程度是否改善。
3. 如果其他受試者也接受該系統減敏感法，其焦慮程度如何不得而知。

二、單組前測與後測設計

單組前測與後測設計（the one-group pretest-posttest design）是指，一組受試者在接受實驗處理前、後，都分別接受觀察或測量，例如：某教育研究者為了探討新教材對於預防霸凌的效果，於是請一名教師擔任實驗者，教學實驗對象為某國中三年級甲班學生四十人。在進行實驗之前，對該班學生實施前測，經過一個學期的新教材教學，然後再對原班學生實施同樣的測驗，如果後測的成績優於前測，則該研究者可宣稱新教材有正面的效果。

雖然這個實驗設計比單組個案研究嚴謹，不過它對可能影響實驗內在效度的十三項因素，並沒有作嚴謹的控制，因此研究者很難確實知道，後測與前測成績的差異是如何產生的。

三、靜態組比較設計

靜態組比較設計（the static-group comparison design）是指，從靜態的情境中，選擇受試者分為兩組，因為不是隨機分派，所以這兩組受試者的特徵並不相等。實驗組受試者接受實驗處理，控制組接受另一個實驗處理，然後比較這兩組受試者的後測分數。

這種實驗設計雖然對歷史（同時事件）、身心發展與成熟、測驗與統計迴歸等因素，能做較佳控制，但是，卻無法克服受試者的流失與各種特徵不相等的問題。

四、靜態組前測與後測設計

靜態組前測與後測設計（the static group pretest-posttest design）是指，未經隨機分派的兩組受試者，都接受前測與後測，如下圖所示：

	前測	實驗處理	後測
實驗組	○1	×1	○2
控制組	○3	×2	○4

例如：研究者欲探討心理衛生新教材（×1）是否優於舊教材（×2），就直接以某國中二年級學生為對象，其中二年甲班接受心理衛生新教材的教學，二年乙班接受心理衛生舊教材的教學，在學期初都先實施心理衛生測驗，學

期末再對這兩班學生實施測驗，如果二年甲班的心理衛生成績進步，大於二年乙班（即○2 －○1 ＞○4 －○3），研究者就可以指出心理衛生新教材優於舊教材。

雖然這種實驗設計可以探討心理衛生新教材的教學效果，可是影響心理衛生成績的因素很多，例如：學生的智商（IQ）、學習動機、學習方法、學習環境等，研究者對這些因素並沒有作嚴密控制。

貳、準實驗

準實驗是指，不能隨機分派受試者，以致於無法完全控制實驗誤差來源的實驗，所以準實驗只能盡量控制影響實驗內在效度的因素。在一般的情境下，有時不能隨機分派受試者至實驗組或控制組，在這種情形之下的實驗就是準實驗。雖然準實驗的結果並不如真正實驗可靠，但是對於受試者行為的了解，仍然有很大的幫助。

參、時間系列設計

時間系列設計（time-series design）最典型的例子，就是對一組受試者在實驗處理前、後，分別進行多次觀察或測量，如下圖所示：

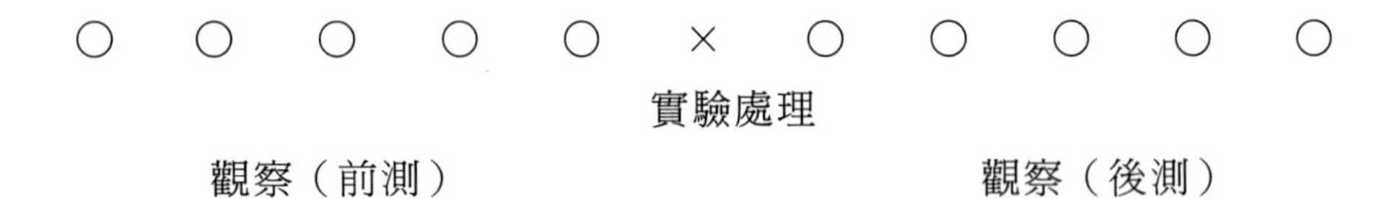

如果每一次前測所得到的分數大致相同，但是後測平均數高於前測，就表示該實驗處理所產生的正面效果，高於單一組的前測與後測。換言之，該實驗處理會產生持續的效果，例如：某教師想了解變態心理學課程採用新教學法的效果，於是在採用新教學法（×）之前連續五週，每週對任教班級學生實施測驗一次，在實施新教材法之後連續五週，每週對該班學生實施一次測驗，如果後測分數都高於前測，則實驗結果顯示新教學法有相當穩定的效

果。

時間系列設計有以下三個因素影響其內在效度：第一，在實驗處理之前，最後一個前測與實驗處理之後第一個後測之間，若有任何事情發生，都足以影響後測分數；第二，後測所使用的測驗工具或評分人員與前測不同；第三，受試者經歷多次測驗容易產生練習效果。

雖然時間系列設計是一種不錯的實驗設計，可是在變態行為研究中採用者並不多，因為同一種工具要對受試者多次測量，不但受試者會產生厭煩的心理，受試者之間也有個別差異存在，所以由實驗處理所產生的效果不十分穩定。

肆、真正實驗

真正實驗是指，研究者隨機分派受試者至實驗組或控制組，使這兩組受試者的各種特徵整體來講是相等的，所以這種實驗的內在效度比較高。真正實驗設計可細分成以下幾類：

一、實驗組與控制組後測設計

研究者從母群體中隨機抽取研究樣本，再以隨機法分派受試者到實驗組與控制組，實驗組接受實驗處理，控制組則否，然後對這兩組受試者在依變項上進行後測。在這種實驗設計中，受試者是隨機分派的，所以受試者身心發展與成熟、統計迴歸、測驗只實施一次，都控制很得當，只要每一組受試者至少四十人，就是一個很好的實驗設計。不過，這種實驗設計有以下幾個缺點：

1. 受試者容易流失。實驗組接受實驗處理，所以受試者流失率比控制組大，於是容易造成兩組接受後測的人數不相等。
2. 後測的測量工具如果其信度與效度都不高，則測量結果就不可靠。
3. 在實驗期間，除了實驗處理之外，同時可能有其他事件發生。
4. 實驗組與控制組之實驗者不同人時，也會影響實驗結果。

例如：研究者欲探討參加教師教學方法研習的效果，乃隨機選取一百二十名小學教師作為研究樣本，再隨機分派六十名至實驗組，六十名到控制組，實驗組教師接受教學方法研習，控制組教師不參加研習活動；研習結束前，再以問卷調查來分析這兩組教師的研習效果。

二、實驗組與控制組前測、後測設計

實驗組與控制組前測、後測設計，是隨機抽取研究樣本，再隨機分派至實驗組與控制組，實驗組與控制組都要同時接受前測與後測。這種設計兩組都有接受前測的經驗，可能產生警覺性並與實驗處理產生交互作用。大體來說，這種實驗適用於每一組少於三十人的實驗。

三、Solomon 四組設計

Solomon四組設計是前兩種實驗設計的合併，其主要目的在於比較有實施前測與無實施前測對實驗處理的影響。雖然這種設計的內在效度頗高，可是必須是大樣本才能分成四組，同時研究者需要花更多的心力才能進行實驗工作。

四、隨機取樣配對控制組後測設計

這種設計是從母群體中隨機抽取部分樣本，經配成若干對之後，再隨機分派到實驗組與控制組，這兩組受試者都接受後測，例如：假設某研究者欲探討心理衛生課程的教學，對國中二年級學生人格特質的影響，於是自某校三百名國中二年級學生中，隨機抽取六十人作為研究樣本，依照這六十位學生的學業成績配成三十對，再隨機抽取十五對分派至實驗組，另十五對分派至控制組，實驗組學生接受心理衛生教學，控制組則否。在學期末，同時對這兩組學生實施心理衛生學科測驗，如果實驗組的後測分數高於控制組，就顯示心理衛生學科教學對國中二年級學生的人格特質產生正面的效果。

伍、多因子實驗設計

在前述各種實驗設計中，研究者只操作一個自變項，再測量該變項對依變項的影響。可是在複雜的變態行為現象中，影響依變項的並不只有一個自變項，當研究者想探討兩個以上的自變項，各自對依變項的影響，以及每一個變項之間的交互作用時，就可採用多因子實驗設計。在變態心理學研究中，常使用的多因子實驗設計，可分為二因子與三因子實驗設計，茲分別說明如下：

一、二因子實驗設計

（一）獨立樣本受試者間設計

各組受試者彼此獨立，分別接受不同情境的實驗，稱為獨立樣本受試者間設計，例如：某研究者欲探討不同教材和不同領導方式對學生學習成就的影響，第一個因子 A（即第一個自變項）為教材，分為新教材（A1）與舊教材（A2）；第二個因子 B（即第二個自變項）為教師領導方式，分為權威型（B1）、放任型（B2）、民主型（B3），這種實驗設計 A 有 2 個水準（levels），B有 3 個水準，所以稱為 2×3 設計，也就是有六種（$2\times3=6$）實驗情境。假設研究者以隨機法自五百名學生中，抽取三十名當作受試者，再隨機分派到這六種實驗情境，每一個情境五個人，分別接受不同的實驗處理，實驗結果可以得到各種實驗情境受試者之學習成就分數，這種實驗設計就是二因子獨立樣本受試者間設計。

（二）相依樣本受試者內設計

相依樣本受試者內設計是指，每一名受試者重複接受各種不同的實驗處理。茲舉一個 2×2 設計的例子：如果研究者欲探討不同教材（A 因子）和不同上課時段（B 因子）對學生偏食效果的影響，於是以七名學生作為實驗對象。教材分為新教材（A1）、舊教材（A2），上課時段分為上午（B1）、下午（B2），每一名受試者分別各接受四種實驗情境，實驗結束時測量偏食改變的情形。

（三）受試者間與受試者內混合設計

若一個實驗有兩個自變項，其中一個是受試者間設計，但另一個是受試者內設計，則稱為受試者間與受試者內**混合設計**（mixed design），例如：研究欲探討不同教材和不同上課時段對學生學習成就的影響，於是以隨機抽樣方式，抽取十二名學生，再隨機分派六人至新教材組，另外六人分派至舊教材組，這十二名學生都分別接受兩個上課時段的實驗，在實驗結束前測量每一名學生的學習成就。在這個實驗中，A因子為受試者間設計，B因子為受試者內設計。

二、三因子實驗設計

（一）獨立樣本的受試者間設計

研究者若欲探討三個自變項（因子）對一個依變項的影響，每一名受試者只接受一種實驗情境，則稱為獨立樣本受試者間三因子實驗設計，這種設計屬於二因子實驗設計的擴展，例如：要探討不同教材（A 因子）、不同上課時段（B因子）和教學媒體（C因子）的有無對學生飲食習慣的影響。將第一個自變項教材分為新教材（A1）、舊教材（A2）；第二個自變項為上課時段，分為上午（B1）、下午（B2）；第三個自變項為媒體，分為有媒體（C1）、無媒體（C2），依變項為飲食習慣。研究者隨機抽取四十名學生，再隨機分派至這八種（$2\times2\times2=8$）實驗情境，分別接受不同的實驗處理，因此可得到三因子實驗設計的實驗結果。

（二）相依樣本的受試者內設計

若每一名受試者都接受三個自變項的實驗情境，而每個自變項分為兩類，則屬於$2\times2\times2$的受試者內設計，例如：研究者欲探討教材、教學媒體、上課時段對學生飲食習慣的影響。將教材分為新、舊教材；教學媒體分為有教學媒體、無教學媒體；上課時段分為上午、下午。研究者隨機抽取十名學生，每一位學生分別接受八種實驗情境，像這種實驗設計就是受試者內設計。

（三）獨立樣本和相依樣本混合設計

茲舉一個獨立樣本和兩個相依樣本混合設計的例子，如果研究者以個性不同的學生為實驗對象，探討其對不同教學方式之三種學科成績的差異。個性分為內向、外向；教學方式分為建構式教學、傳統式教學；學科分為國文、英文、數學。四名內向組學生分別接受建構式三個學科的教學，以及傳統式三個學科的教學，四名外向組學生也是一樣，這種實驗設計就是屬於獨立樣本和相依樣本混合設計。

三、階層實驗設計

階層實驗設計（hierarchical experimental design），又稱為**分隔設計**（nest design）。這種設計是指，B因子的一些**水準**（level）只在A因子的A1 水準出現，而B因子的其他水準則只在A因子的A2 水準出現，這是一種特殊的實驗設計，例如：研究者欲探討建構式教學法與傳統式教學法對國中學生心理健康的影響，乃自某城市三十所國中隨機抽取六所做為實驗學校，經與校方接洽之後，每校只願接受一種教學方式的實驗，於是以隨機法抽選三所國中採用建構式教學法，另外三所國中採用傳統教學法，這種實驗設計就是屬於階層實驗設計。

四、對抗平衡設計

對抗平衡設計（counter-balance design）是指，每一組受試者都接受各種實驗處理，惟次序不同，其目的在消除由實驗順序所造成的誤差；當實驗處理在三個或三個以上水準時，又稱為**拉丁方格**（Latin square）。茲舉例如下：

第 1 組	×1	○	×2	×3	○
第 2 組	×2	○	×3	×1	○
第 3 組	×3	○	×1	×2	○

×：實驗處理　○：後測

研究者比較各組在實驗處理×1、實驗處理×2，和實驗處理×3 後所測量之平均數，就可以了解哪一個實驗處理比較有正面的效果。這種實驗設計可以對影響內在效度的受試者特徵，作良好的控制；但是前面的實驗處理（例如：×1、×2），會影響受試者在以後實驗處理（例如：×3）的表現。

陸、單一受試者設計

有一些研究不適合以團體作為實驗對象，或研究對象人數很少時，採個別觀察或實驗比較恰當，這種研究設計特別適用於特殊兒童的研究，例如：視覺與聽覺障礙兒童只有八人，如果將他們分為兩組進行實驗，則無實質的意義，因此可採用單一受試者設計來進行研究，比較能收到實際效果。單一受試者設計有許多類型，在此僅提出以下幾類，加以說明：

一、A－B 設計

A－B 設計係比較同一個受試者，在 A 與 B 兩種情境之下的行為表現，情境 A 是基準線期間，研究者多次觀察和記錄受試者的行為，一直到受試者的行為表現呈現穩定狀態為止；接著施與實驗處理，這段期間稱為情境 B，研究者在情境 B 多次觀察或測量受試者的行為。

如果受試者在 B 階段的行為表現比 A 階段優良，則研究者可以說該實驗處理產生正面效果，例如：有一位罹患強迫症的學生，心理治療師經過五週的觀察發現，強迫行為沒有明顯進步，後來這位老師在該學生強迫行為改善之後，就立刻給予讚美，經過六週之後，其強迫行為則有明顯進步。

二、A－B－A 設計

A－B－A 設計又稱**倒返設計**（reversal design），這種設計是在 A－B 設計之外，再加上基準線期間。如果在實驗處理期間 B，受試者所表現的行為顯著地優於基準線期間的 A 行為，則研究者就有充分的證據說，該實驗處理產生正面的效果，例如：有一位學校恐懼症的學生，從開學到第四週，恐懼上學的心理沒有明顯進步，教師自第五週起連續四週，都對其上學行為給予讚美，結果發現其上學的行為顯著進步；可是在第九週至第十二週都不對其上學行為給予讚美，研究者發現該生上學的行為顯著退步，與開學至第五週前的表現差不多。由此可見，實驗處理確實有正面的效果。

三、A－B－A－B 設計

A－B－A－B 設計包含兩個基準線和兩個實驗處理，這種設計因為經過兩次實驗處理，所以更能證明實驗處理的效果。如果受試者在兩次實驗處理期間所表現的行為，都顯著優於基準線期間，則顯示該實驗處理產生正面的效果，例如：有一位選修小提琴課程的學生，開學已經一個月，拉小提琴進步有限，於是教師自第五週起連續四週，都對該生拉小提琴的行為加以讚美，結果發現這期間拉小提琴的技能明顯進步。接著在第九週至第十二週，不對其拉小提琴加以讚美，該生拉小提琴的行為表現又回到原點，最後在第十三週至第十六週，教師又對該生拉小提琴的行為給予鼓勵、稱讚，結果發現這名學生拉小提琴的技能顯著進步了。

四、多基準線設計

多基準線設計（multiple-baseline design），適用於探討同一個受試者，在不同時段實驗處理所產生的效果，例如：研究者欲探討教師實施處罰對某生：

上課遲到、不守規矩、遲交作業等行為的效果。教師對這三種行為處罰的順序，先由第一種行為，再到第二種行為，最後到第三種行為。學生不良行為消失愈多，就表示處罰愈有效果。

柒、實驗研究法的優點與限制

一、實驗研究法的優點

1. 實驗研究法最合乎科學，實驗結果可以驗證。
2. 實驗研究法能夠發現自變項與依變項的因果關係。
3. 嚴謹的實驗設計，能夠發現問題的真相。

二、實驗研究法的限制

1. 人類的行為相當複雜，很難以實驗法探討所有變項的關係。
2. 在實驗過程中，受試者的人格特質會影響其接受實驗的態度。
3. 不容易複製相同情境來進行實驗。
4. 實驗者與受試者彼此容易產生互動，因而影響實驗結果。
5. 真正的實驗必須隨機抽樣分派受試者到實驗組或控制組，這樣會妨礙正常的教學活動。
6. 心理變態者，含有價值判斷系統，不易分割成若干變項來進行實驗。

第七節　因果比較研究法

壹、因果比較研究的涵義

因果比較研究（casual-comparative research）是指，在研究問題發生之後，探討造成此問題的原因，這種研究又稱為**事後回溯**（ex-post facto）研究。ex-post facto 是拉丁語，其意思是指：事實發生之後。在心理學、社會學、教育學、醫學行為科學等領域中，也常採用因果比較研究法，例如：心理學者欲研究吸菸者的人格特質，但無法操弄實驗變項使受試者成為吸菸者，只能夠以有多年吸菸習慣者為對象，研究其人格特質。

因果比較研究者，常以不同組別受試者為對象，比較受試者在依變項上的差異，藉以探討造成此差異的原因，其研究過程與實驗研究不同。因為實驗研究只對實驗組受試者實施實驗處理之後去分析依變項，可是因果比較研究不能操弄自變項，只能由依變項去探求自變項。

貳、因果比較研究的目的

因果比較研究旨在發現問題的源頭，藉以了解問題的來龍去脈。就研究結果的應用而言，不但可以預防此問題再度發生，而且可以根據研究結果來提升教育品質，例如：利用因果比較研究發現，中途輟學學生大多出自於問題家庭，則研究者可以建議學校加強辦理親職教育活動，同時建議教師多了解學生的家庭背景，並多與家長聯繫，這樣就可減少學生輟學。

參、因果比較研究的適用時機

一、研究者無法操弄自變項時

研究者從事變態行為研究時，若無法操弄自變項，例如：受試者的性別、智力、性向、興趣、人格特質等，在探討這些變項與依變項的關係，或這些變項對依變項的影響時，皆適合採用因果比較研究，例如：研究兒童的智力對學業成就的影響，就可以採用因果比較研究。

二、操弄自變項違反研究倫理時

有一些研究如果操弄自變項，就能夠發現自變項與依變項有何關聯；可是基於人道立場的考量、倫理道德或法律的約束，研究者不可以任意操弄自變項，在這種情況之下，就可採用因果比較研究，例如：研究噪音強度對兒童閱讀速度的影響，研究者雖然可以讓兒童在不同噪音之下進行閱讀，然後測量其閱讀速度，但是這種研究違反人道精神；因此，研究者可改採因果比較研究法，在不同噪音強度的小學，分別測量兒童的閱讀速度，經過統計分析之後，就能發現噪音強度對兒童的閱讀速度有何影響了。

三、有現成的研究資料可供分析時

研究者可以直接利用許多現成的教育資料來進行因果比較研究。現成的教育資料很多，諸如學生學業成績、請假次數、家庭背景、學校規模、學校所在地……等，例如：以提早入學兒童的學業成績，與正常入學兒童的學業成績進行比較，就可以發現提早入學的利弊得失。

肆、因果比較研究的設計

變態心理學者常使用的因果比較研究，可分為關係性研究與**標準組設計**（criterion-group design），以下分別說明這兩種設計方法：

一、關係性研究

關係性研究係蒐集一組受試者，在二或三個以上變項的資料，經統計分析之後，就可發現這些變項之間的關係，例如：由五十名學生的身高與學業成績，就可以求得這兩個變項之間的相關。但是，在相關性研究中，研究者並無法操弄學生身高這一個變項，研究結果只能說這兩個變項之間相關的大小，並不能說這兩個變項具有因果關係。雖然如此，關係性研究的結果，仍然有其價值。

二、標準組設計

研究者可選取某一個變項不同的兩組受試者，然後比較這兩組受試者在其他變項上的差異情形。其中一組擁有某一個**特徵**（characteristic，以 C 表示之）者可作為標準組，另一組不具有該特徵者可作為參照組。

伍、因果比較研究的步驟

一、陳述研究問題

研究者由文獻或日常生活中觀察的事件，明確提出所要研究的問題，例如：要研究學生逃學問題，則需對研究問題提出以下陳述：

1. 逃學學生的學業成績如何？
2. 逃學學生具有何種人格特質？
3. 逃學學生與家庭因素有何關聯？
4. 逃學學生的同儕關係如何？

二、提出研究假設

在陳述研究問題之後，可以進一步提出假設，由上述的研究問題可以提出以下假設：

1. 逃學學生的學業成績與一般學生有差異。
2. 逃學學生的人格特質與一般學生有差異。
3. 逃學學生與家庭因素有密切關聯。
4. 逃學學生的同儕關係與一般學生有差異。

三、選取研究樣本

研究者針對研究目的，以合適的取樣法抽取若干名受試者作為研究樣本，再抽取和研究樣本同質性的受試者作比較樣本。選取這兩種樣本可以採用配對法或**極端組法**（extreme-groups method）。極端組法是指，研究樣本和比較樣本的各種特徵完全相反，例如：高焦慮與低焦慮、智能不足與資賦優異、高創造力與低創造力等。如果研究對象為國中三年級數學低成就學生，可以簡單隨機抽樣法，自國中三年級學生中抽取五十名作為研究樣本，再自國中三年級數學優異學生中，隨機抽取同性別學生五十名，作為比較樣本。

四、使用研究工具

因果比較研究常使用的工具，包括：標準化成就測驗、人格測驗、投射測驗、問卷、量表、訪談、觀察等。不論採用哪一種工具，都需要有高度的信度與效度。

五、資料分析

因果比較研究之資料分析，當樣本人數少於三十人時，宜採用*t*檢定法或卡方檢定，比較兩組受試者在各依變項上的差異。當樣本人數大於三十人時，可以採用 z 分布檢定法。在使用 *t* 檢定時，必須符合以下三個假定：

1. 分數為等距或比率變數。
2. 分數呈常態分布。
3. 各組受試者分數之變異量相等。

當研究者要比較兩組以上受試者，在某變項之平均數量是否有顯著差異時，可以採用**單因子變異數分析**（one-way analysis of variance，簡稱 ANOVA）；假定變異數分析達到統計上之顯著水準，就可進一步以 Scheff'e 法、Tukey法、Duncan法進行事後比較。此外，若因果比較研究之研究結果不推論到母群體，則可採用**無母數統計**（nonparametric statistics），例如：Mann Whitney U test 或 Wilcoxon signed rank test。但是，當自變項與依變項大於 2 時，就宜採用**多變量分析**（multivariate analysis）。上述幾種統計方法，請參閱統計學的相關書籍。

六、研究結果的解釋

由於因果比較研究不如實驗研究法那麼嚴謹，研究者不能隨機分派受試者，也無法操弄自變項，所以在解釋研究發現時，應相當謹慎小心，不可以隨意說自變項與依變項之間有因果關係。大體來說，在解釋研究發現時，應注意以下幾個原則：

1. 查明有無共同原因：假設研究者發現，某國中近年來轉學生人數相對減少，不良適應學生人數也跟著減少；經進一步研究發現，該國中新校長上任之後，相當重視學生輔導工作，使得不良適應學生人數減少，所以轉學生人數減少。但這兩者並無因果關係，而是這兩個變項擁有共同的原因——學校校長重視學生輔導工作。
2. 勿使因果混淆不清：因果比較研究切莫倒果為因，有時研究問題並無必然的因果關係，例如：研究者發現蹺課學生的學業成績比較低，不可因此就下結論說：「蹺課是造成學業成績低落的原因」，因為也有可能是因為學業成績不良才造成蹺課的。
3. 查明其他自變項的影響：有些研究問題不只一個自變項在影響依變項，研究者在詮釋研究結果時宜慎重，例如：某研究者發現，某所大學有幾名教師對校長辦學績效表示肯定，研究者不可據此就貿然下結論說：「校長辦學成績優良」，因為說不定這些教師與校長有私交，或者是同學、校友、同鄉，或親戚朋友。

陸、因果比較研究的效度

由於因果比較研究的受試者並非隨機抽樣而來，且研究者也無法操弄自變項，所以影響因果比較研究之效度因素頗多，茲簡述如下：

一、受試者的特徵

因果比較研究之受試者無法隨機取樣，標準組與參照組的許多特徵不同，會降低其內在效度。減少標準組與參照組之誤差，進而提高因果比較研究的效度，有以下兩個方法：

（一）將受試者配對

在選取參照組受試者時，其各種特徵應盡量與標準組相同，例如：性別、年齡、智商、學業成績等，盡量讓兩組都相同，如此便可減少受試者間的誤差。

（二）使受試者具同質性

有時受試者並不容易進行配對，但是研究者應設法使標準組與參照組具同質性，例如：研究焦慮程度對學業成績的影響時，可以將一個班級學生的學業成績分為高、中、低，然後比較成績高與低兩組學生考試焦慮的差異情形。

二、受試者所屬地區

如果標準組與參照組之受試者分別屬於不同地區，即使其他特徵相似，也會降低內在效度，例如：標準組之受試者為台中市西區〇〇國小中途輟學學生，參照組之受試者為台中市東勢區××國小中途輟學學生，這兩個學校之地理環境與人文特色皆不同，因此不宜拿來直接相互比較。如果研究對象為同一個學校之中途輟學學生與一般學生，這樣作比較的內在效度才會提高。

三、研究者的態度

研究者在對標準組與參照組之受試者，進行訪問、測驗、實施問卷調查時，如果態度客觀、中立，也可以提高研究結果之內在效度。

四、其他因素

其他因素包括：受試者合作意願高，測量工具之信度、效度高等，都會提高研究結果的內在效度。

柒、因果比較研究的優點與限制

一、因果比較研究的優點

1. 因果比較研究適合於不能使用實驗研究法的情境。
2. 因果比較研究在無法如同實驗法那樣嚴謹控制變項的情境之下，也能發現變項之間的因果關係。
3. 因果比較研究較不會違背研究者應遵守的倫理道德。
4. 因果比較研究需要的時間與經費，比實驗法較少。

二、因果比較研究的限制

1. 研究者無法操弄自變項，因此由因果比較研究所得到的結果，並不能證明自變項與依變項之間確實具有因果關係。
2. 研究者無法隨機分派受試者至實驗組（標準組）或控制組（參照組），因此這兩組受試者的各種特徵並不相等。
3. 除了自變項之外，尚有許多其他變項與依變項有密切關係，但研究者可能沒有發現。
4. 若研究結果發現自變項與依變項之間有相關存在，研究者想要確定何者為因、何者為果時，須利用**路徑分析**（path analysis），否則會發生困難。

本章摘要

1. 觀察研究的特徵：(1)觀察研究適用於特殊對象，例如：精神病患者、兒童、無法口語表達者；(2)觀察法不經語文媒介就能蒐集到研究資料；(3)觀察研究必須針對研究問題，訂定周詳的計畫來實施；(4)觀察是質性研究之重要方法；(5)觀察資料也可以數量化。
2. 觀察法可以分為：(1)自然情境與人為情境觀察；(2)結構式與非結構式觀察；(3)參與與非參與觀察；(4)直接與間接觀察。
3. 觀察可以採取幾種策略：(1)時間取樣，依照時間樣本來觀察受試者的行為；(2)事件取樣，對受試者表現出某特定行為之後，就立即加以觀察；(3)變態心理學研究，觀察者應事先接受專業訓練，比較能夠得到真實可靠的資料；(4)觀察地點如在醫院內長期觀察，觀察者的身分不要曝光，也能得到真實的資料；醫院外的情境，比較能夠蒐集到真實的行為資料；(5)觀察者使用錄影機或錄音機將實況錄製下來，更能夠得到真實的資料；(6)在進行結構式觀察時，通常需要有明確的觀察項目和紀錄表格，以方便觀察記錄；觀察紀錄工具可以分為診斷標準與評定量表。
4. 觀察者個人的經驗、認知或偏見，都容易影響觀察結果，造成觀察誤差。觀察者使用評定量表來記錄時，常見的觀察誤差有以下四種：(1)寬鬆誤差；(2)嚴格誤差；(3)集中誤差；(4)月暈效應。
5. 雙變項相關統計法因變項屬性的不同，可細分為十一類：(1)積差相關；(2)等級相關；(3)肯氏tau相關；(4)二系列相關；(5)點二系列相關；(6)廣布二系列相關；(7)phi相關；(8)四分相關；(9)多系列相關；(10)列聯相關；(11)相關比。
6. 多變項相關分析包含：(1)多元迴歸分析；(2)區別分析；(3)典型相關分析；(4)路徑分析；(5)淨相關。
7. 個案研究法的特徵：(1)注重個體的研究；(2)以多元方法蒐集個案資

料；(3)對個案進行深入分析研究；(4)研究問題不只限於異常行為。

8. 個案研究的目的：(1)找出問題的原因；(2)提出解決問題的方法；(3)提供預防措施；(4)協助案主充分發展潛能；(5)提升組織機構的績效。
9. 蒐集案主資料的方法：(1)文件法；(2)訪問法；(3)問卷調查；(4)觀察法；(5)心理測驗法；(6)家庭訪問。
10. 了解與分析案主的方法：(1)案主個人基本資料；(2)父母管教態度；(3)家庭環境；(4)父母婚姻與感情生活；(5)手足之間的感情；(5)學校教育方面；(6)社會生活方面；(7)由訪談來了解案主。
11. 邀請臨床心理學家、精神科醫師、社會工作人員、教師、諮商輔導員、學校行政人員、學科專家、醫師、律師、護士等人員，共同組成一個小組開案主會議，運用這些專業人員的智慧集思廣益，來對案主的問題從各個角度分析、診斷，進而提出輔導或治療的策略。
12. 實驗研究法旨在探討自變項與依變項之間的因果關係。在實驗之前應先將受試者隨機分為實驗組和控制組，使這兩組受試者的各種條件相等，然後對可能影響依變項的無關干擾變項作適當控制，或使其保持恆常，接著對實驗組進行實驗處理，最後比較實驗組與控制組的受試者，在依變項得分的差異，就能發現自變項與依變項之間的關係。
13. 實驗研究的步驟：(1)確定研究題目；(2)提出研究假設；(3)對研究變項提出操作型定義；(4)準備實驗器材；(5)控制無關干擾變項；(6)實驗設計；(7)受試者的抽樣與分派；(8)進行實驗；(9)資料處理與分析；(10)撰寫研究報告。
14. 實驗研究法的種類：(1)準實驗與真正實驗；(2)試探性實驗與驗證性實驗；(3)實驗室實驗與實地實驗；(4)初步實驗與正式實驗。
15. 實驗的效度分為內在效度與外在效度。
16. 影響實驗內在效度的因素分為十三項：(1)歷史（同時事件）；(2)身心發展與成熟；(3)測驗；(4)工具；(5)統計迴歸；(6)選取樣本的偏差；(7)受試者的流失；(8)樣本選擇與成熟之間的交互作用；(9)實驗的處理擴

散；(10)強亨利效應；(11)實驗處理的平等補償；(12)控制組士氣低落；(13)實驗者的偏見。

17. 實驗的外在效度分為兩類：(1)母群體效度：一個實驗結果可以推論到母群體的程度；(2)生態效度：一個實驗的結果可以推論到不同情境的程度。
18. 影響一個實驗的生態效度之因素分為十項：(1)實驗處理明確敘述；(2)多重實驗處理的干擾；(3)霍桑效應；(4)新奇性與中斷效應；(5)實驗者效應；(6)前測的敏感性；(7)後測的敏感性；(8)實驗處理與實驗期間的交互作用；(9)測量時間與實驗處理效應之間的交互作用；(10)依變項的測量。
19. 控制干擾變項的方法：(1)使用受試者自身控制；(2)將受試者進行配對；(3)將某變項保持恆定；(4)隨機分派；(5)將變項納入實驗設計中；(6)使用共變數分析。
20. 教育的實驗設計，可依設計之嚴密程度和資料蒐集方法分為：(1)單組個案研究設計；(2)單組前測與後測設計；(3)靜態組比較設計；(4)靜態組前測與後測設計。
21. 準實驗是指，不能隨機分派受試者，以致於無法完全控制實驗誤差來源的實驗，所以準實驗只能盡量控制影響實驗內在效度的因素。在實際教育的情境下，有時不能隨機分派學生至實驗組或控制組，在這種情形之下的實驗就是準實驗。
22. 時間系列設計最典型的例子，就是對一組受試者在實驗處理前、後，分別進行多次觀察或測量。
23. 真正實驗可細分為：(1)實驗組與控制組後測設計；(2)實驗組與控制組前測、後測設計；(3)Solomon 四組設計；(4)隨機取樣配對控制組後測設計。
24. 在變態心理學研究中，常使用的多因子實驗設計，可分為二因子與三因子實驗設計。

25. 階層實驗設計又稱為分隔設計，這種設計是指，B 因子的一些水準只在 A 因子的 A1 水準出現，而 B 因子的其他水準則只在 A 因子的 A2 水準出現，這是一種特殊的實驗設計。
26. 對抗平衡設計是指，每一組受試者都接受各種實驗處理，惟次序不同，其目的在消除由實驗順序所造成的誤差；當實驗處理在三個或三個以上水準時，又稱為拉丁方格。
27. 單一受試者設計有：(1)A － B 設計；(2)A － B － A 設計；(3)A － B － A － B 設計；(4)多基準線設計。
28. 因果比較研究法是指，在研究問題發生之後，探討造成此問題的原因，這種研究又稱為事後回溯研究。因果比較研究旨在發現問題的源頭，藉以了解問題的來龍去脈。無法操弄自變項時適用因果比較研究。
29. 變態心理學者常使用的因果比較研究，可分為關係性研究與標準組設計。
30. 因果比較研究的步驟：(1)陳述研究問題；(2)提出研究假設；(3)選取研究樣本；(4)使用研究工具；(5)資料分析；(6)研究結果的解釋，
31. 影響因果比較研究之效度因素如下：(1)受試者的特徵；(2)受試者所屬地區；(3)研究者的態度；(4)其他因素。

Chapter 3

精神官能症

精神官能症（psychoneurosis）是屬於輕型的精神疾患，尚未達到精神崩潰的程度，患者常感覺身體不適，但大都不是生理上的因素，所以又稱為心理症或**神經質**（neurosis）。近幾年，根據台灣心理學者所做的大型統計發現，罹患精神官能症現象者，高達總人口的四分之一，而且此類患者仍有逐漸增加的趨勢。精神官能症患者時常為疾病所困擾，很多人不知道該到何處求診，也有很多患者害怕到精神科或身心科求診，擔心被冠上精神病的標籤。有些患者誤以為是神經衰弱，於是服用各種補品想要滋補神經，但仍無法解決困擾的問題。但事實上，精神官能症不是精神病！這種患者常到一般診所或大型醫院內科求醫，因為做了身體檢查卻找不出生理上的病因，所以醫師大多開鎮靜劑給患者服用，但是這種疾病與心理壓力有密切關係，故即使服藥也很難治癒，導致患者更擔心自己不知道得了什麼怪病。

在臨床上比較常見的精神官能症，包括：焦慮症、恐懼症、強迫症、慮病症、虛弱症等。精神官能症的臨床特徵，常表現出過度的焦慮及憂慮，同時也會出現身體官能上的症狀，例如：頭痛、頭暈、冒冷汗、手腳顫抖、心跳急促、心悸、呼吸困難、胸悶、胃部脹痛、腹瀉或便秘、頻尿、全身酸痛、口乾舌燥、耳鳴、擔心自己會死亡、害怕自己會發瘋等；心理上容易出現注意力無法集中、焦躁不安、鬱悶、情緒不穩定，甚至對以往喜歡做的事情都提不起興趣，感覺工作能力漸漸不如從前，想振作卻總是欲振乏力，對自己的未來感到相當悲觀，過度自責，甚至感覺非常無助。以下就常見的精神官能症，分別說明之：

第一節　廣泛性焦慮症

壹、廣泛性焦慮症的特徵

焦慮（anxiety）是指，緊張、坐立不安、心情紊亂、注意力不集中、恐懼、煩躁等情緒狀態。當個人焦慮時，通常有心悸、失眠、作惡夢、胃痛、身心疲勞、頭暈、噁心、呼吸不順、冒汗、肌肉酸痛、發抖、無端恐懼與不合理的思想，無法專心工作。患者常有說不出的恐懼，很像小說中常說的「愁來無方」。嚴重者有全身疲乏、記憶力遲鈍的現象。

焦慮與**恐懼**（fear）兩者不同，焦慮是個體面對不明確對象呈現出擔心不安的心理反應；恐懼通常是有明確的對象，例如：看見毒蛇、猛獸、強盜、閃電等，而產生心理上的惶恐害怕。

廣泛性焦慮症（generalized anxiety disorder，簡稱 GAD）是指，患者擔憂的事情並不明顯，長期莫名其妙的擔心，似乎害怕什麼事將會發生，可是自己又說不上來。患者作息不正常，注意力不集中，無法排除內心的不安或急躁。多數患者常常肌肉緊繃、有睡眠困擾，隨時覺得不幸的事會降臨到自己身上。患者常回憶不愉快的往事，在回憶中，使心情會更加沉重，對自己的未來常感到徬徨不安。這些症狀至少持續六個月。許多廣泛性焦慮症患者同時也有憂鬱的症狀。廣泛性焦慮症患者所焦慮的事物游移不定，因此又稱為**漂浮性焦慮症**（free-floating anxiety disorder）。

貳、廣泛性焦慮症的症狀

根據 DSM-IV-TR 的統計報告，患者在該診斷標準如具有以下症狀，即是罹患廣泛性焦慮症：

1. 過度擔憂：長期心神不寧，對尚未發生的事情擔憂不已，對大小事情都過度煩惱，覺得自己身體虛弱，長期持續焦慮、煩躁不安，至少持續六個月以上。

2. 過度警覺：患者對任何事情都過度敏感，時常坐立不安、呼吸急促、容易疲勞、肌肉緊繃、睡眠障礙，有時會覺得大禍即將臨頭，死神將要來臨，感覺身不由己等症狀。
3. 生理症狀：患者感覺全身乏力、食慾不振、失眠、口乾、肌肉緊繃或酸痛、容易疲勞、頻尿、心悸或心律不整、頭暈目眩、胃腸不舒服、耳鳴、注意力不集中、無精打采，以及身體有些部分疼痛等現象，嚴重者會有盜汗、抽筋、四肢顫抖、噁心、拉肚子、高血壓、沮喪、做惡夢等現象。經過醫師診斷之後，若找不出生理上的任何病因，醫師通常會給予鎮靜劑，而容易忽略患者情緒上的困擾，其實只是一種神經質的心理狀態。
4. 造成極大的痛苦與身心功能的損傷。

參、廣泛性焦慮症的病程與流行率

廣泛性焦慮症是精神科門診最常見的心理疾病之一，根據 DSM-IV-TR 的統計報告，廣泛性焦慮症一年的流行率大約 3%。根據調查研究，廣泛性焦慮症在台灣地區的流行率，個人終身流行率大約 7.75%（湯華盛、葉英堃，2003）。廣泛性焦慮症與弱勢族群、教育程度低、收入微薄、失業、離婚有關，患者以住在小城鎮或大都會的居民占多數。

肆、廣泛性焦慮症的診斷

一、廣泛性焦慮症的診斷標準

根據 DSM-IV-TR，廣泛性焦慮症的診斷標準，包括以下六項：

1. 自己無法控制所擔憂的事情。
2. 經常擔憂某些事，至少六個月以上。
3. 除了焦慮與擔憂之外，至少要有以下任何三種症狀：

(1)情緒起伏不定。

(2)很容易疲勞。

(3)注意力不集中。

(4)很容易發脾氣。

(5)肌肉緊繃、酸痛。

(6)很難入睡或失眠。

(7)呼吸急促。

(8)脈搏加速、心悸。

(9)胃腸不適。

(10)冒汗、雙手濕冷。

(11)頻尿。

(12)口燥脣乾。

4. 焦慮的症狀並沒有明顯的生理因素。
5. 焦慮導致社會人際關係、職業或其他生活功能的負面影響。
6. 焦慮的原因與生理疾病、藥物濫用無關。

二、廣泛性焦慮症與其他心理疾病的區別

（一）廣泛性焦慮症與恐懼症的區別

廣泛性焦慮症患者，其焦慮的感覺是長期的，沒有具體的生理因素；有些患者經常很緊張，心理壓力很沉重，容易驚慌失措。恐懼症患者的焦慮感，有時會突然發生，在很短暫的時間內就極端恐慌，經過一段時間又逐漸消失。此外，恐懼症患者對抗憂鬱藥物有良好的反應，但是廣泛性焦慮症的患者只對抗焦慮藥物有良好的治療效果。

（二）廣泛性焦慮症與胃腸不適的區別

有些廣泛性焦慮症患者，會有胃腸不適的現象，例如：胃痛、腹瀉、胃漲、胃酸過多、便秘、解尿不正常等症狀，因此醫師很容易誤診，以為患者有胃腸疾病。患者宜告訴醫師自己緊張的情緒或生活上的壓力，以便醫師做

正確的診斷。

（三）廣泛性焦慮症與頭痛的區別

有些廣泛性焦慮症患者會抱怨頭痛，吃止痛藥也不見得有效，因而擔心是否罹患腦部的疾病；其實頭痛的原因相當多，除了生理因素之外，長期頭痛與焦慮有密切關係。事實上，有些廣泛性焦慮症患者的頭痛，大多數是因為壓力過大、責任心重、做事力求完美，造成長期肌肉緊繃，肩膀或頸部酸痛，尤其在焦慮緊張的時候，頭痛會更為明顯。雖然服用肌肉鬆弛劑或鎮靜劑可以暫時紓解頭痛現象，但一直無法根治。

（四）廣泛性焦慮症與甲狀腺機能亢進的區別

有些患者因為甲狀腺機能亢進，導致甲狀腺荷爾蒙分泌過多，進而造成焦慮現象（張典齊，1998）。廣泛性焦慮症與甲狀腺機能亢進患者，都有緊張不安、冒汗、失眠、心悸、體重減輕、手顫抖等現象，可是，廣泛性焦慮症患者出現上述現象，主要是來自於心理因素。醫師要判斷患者是否有甲狀腺機能亢進，可以要求患者接受抽血檢驗，以便做正確的診斷。

伍、廣泛性焦慮症的原因

一、生物因素

人類與生俱來的氣質或個性，可能發展成焦慮（Rosenbaum, Lakin, & Roback, 1992）。根據心理學者的研究發現：多愁善感的人，對於身體內在疾病過分敏感，最後容易導致焦慮（Fowles, 1993; Reiss, 1991）。另外，大腦內部神經化學傳導物質的不平衡，特別是**伽瑪氨基丁酸**（gamma-aminobutyric acid）濃度太低，大腦的活動頻繁且保持高度警戒狀態，也是造成焦慮的重要因素（Hoehn-Saric, 1993）。由腦部**核磁共振攝影**（magnetic resonance imaging，簡稱 MRI）資料顯示，廣泛性焦慮症與患者大腦額葉皮質和邊緣系統的神經傳導物質，失去平衡有密切關係（Nutt, 2001）。

廣泛性焦慮症與家族遺傳有密切關係，根據研究發現，同卵雙胞胎中若一人罹患廣泛性焦慮症，另外一個人發病的機率大約 50%；異卵雙胞胎其中一人罹患廣泛性焦慮症，另外一人發病的機率大約 15%（洪國翔、馮煥光，2001）。簡言之，血緣關係愈接近者，罹患廣泛性焦慮症的機會就愈大。

二、學習因素

根據學習心理學的理論，人類的行為或習慣，不論是適應的或不適應的，都是由學習歷程所形成。學習過程至少涵蓋三種方式：(1)古典制約學習；(2)操作制約學習；(3)觀察學習。以恐懼症為例，這種症狀由古典制約歷程即可形成，例如：有一名兒童原來看到穿白色衣服的護士毫無恐懼感，可是每當看到護士小姐就要被打針，白色衣服與打針經常同時出現，於是這名兒童以後只要看到穿白色衣服的護士小姐，就會產生恐懼感。由此推論，個人對原來不具傷害性的中性刺激，經由學習歷程就會產生恐怖的心理反應，例如：有一個人對某些特定動物、高處、黑暗、血液等恐懼，都是經由古典制約學習而來的。

三、認知因素

一般人對某些負面事件的看法或認知，也可能產生焦慮的心理。例如：美國牛肉含瘦肉精的事件，經過各大媒體大肆報導之後，很多人不但不敢吃美國牛肉，同時也不敢吃紐西蘭、澳洲等地區進口的牛肉。甚至對沒有瘦肉精的台灣土產牛肉也很排斥。又如，台灣九二一大地震雖然距離現在已經超過十年，但是有些人仍然焦慮不安，有一名患者到現在，每天晚上都穿著牛仔褲睡覺，因為他擔心大地震來襲時會來不及穿衣服逃向室外，這也是一種焦慮過度的現象。

四、社會文化因素

不同社會文化背景的人，對生理現象有不同的解釋，例如：很多中國人認為手淫會導致陽萎早洩，因此在手淫之後就容易產生焦慮。近幾十年來，由於社會快速變遷、工作壓力上升、生活競爭劇烈，物價不斷上漲，只有薪水不漲，造成許多人失業、休無薪假、貧窮，於是易對未來充滿焦慮不安。

有些患者因為長期的工作壓力過大、收入減少、生活負擔沉重、產生身心疾病、學業壓力過大、人際關係失調、長年失業、離婚或貧窮等，因而導致廣泛性焦慮症的產生。

五、人本理論的觀點

人本理論的心理學者認為，當人們發現在現實與理想自我之間有很大的差距的時候，容易因為無法達成自己的目標與理想，而產生焦慮。

六、心理分析理論的觀點

佛洛伊德（S. Freud）的心理分析理論認為，焦慮是來自**本我**（id）與**超我**（superego）之間的衝突。「本我」是指，個人與生俱來生理的需求，「超我」屬於人格結構中的道德部分，受完美原則支配。「超我」傾向與「本我」的原始渴望常相抗衡，例如：一個登山客肚子很餓，看到路邊一棵樹長滿水果，想要摘下水果來吃，這是本我的衝動；可是正當要去摘時，就產生「偷水果是不道德及違法的行為」之念頭，這是來自於超我的衝動，於是「本我」與「超我」的衝突就產生了焦慮。

七、人格因素

廣泛性焦慮症患者大多具有神經質的傾向，他們比較缺乏安全感，充滿罪惡感、悲觀、沮喪、過度內向、情緒不穩定、缺乏自信、個性頑固、做事力求完美、潔癖、吝嗇、嘮叨等性格，患者對任何事物或情境都過分敏感。

八、壓力

一個人如果長期處於心理壓力過大的情形之下，當這個壓力大過其所能承擔的範圍時，就很容易產生廣泛性焦慮症。有學者研究發現，壓力過大會使人感覺身體某部位產生疼痛。布拉折等人（Blazer, Hughes, & George, 1987; Blazer, Hughes, George, Swartz, & Boyer, 1991）的研究發現，心理壓力過大的人罹患廣泛性焦慮症的機率是一般人的8.5倍；這些人經常覺得渾身不對勁，到處求醫、吃藥，但其實真正的原因在於心理壓力，而非生理機能上的疾病。

陸、廣泛性焦慮症的治療

一、生物治療

在1950年代之前，最常以**巴比妥酸鹽**（barbiturates）來治療廣泛性焦慮症，這種藥物具有鎮靜與安眠的效果，但是使用過量會有導致昏睡或死亡之虞，而且會產生藥物依賴現象。到了1980年代，醫藥界已經研發出幾種抗焦慮劑，這些藥物可以減輕焦慮所引起的生理症狀。精神科醫師在治療廣泛性焦慮症患者時，通常使用抗焦慮劑，例如：Valium、Ativan、Librium、Xanax、Akamon、Bromazin、Bropan、Bromazopan、Lexotan、Serenal、Inderal 等藥物，患者在服用上述藥物二至三週之後，各種焦慮所引起的生理症狀會逐漸緩和下來，等到病情減輕之後再逐漸減少藥量。雖然藥物治療對於患者過度擔憂、緊張、容易發脾氣等情形，大多有明顯治療效果，但是患者如果長期服用抗焦慮劑，容易產生藥物依賴，甚至造成上癮的現象。

二、心理治療

（一）認知治療

艾理斯（Albert Ellis）認為，焦慮是來自於**非理性的信念**（irrational belief）。心理師幫助患者認清焦慮來自不合理的思考、過度誇大危險程度，或認為自己無法面對出錯的狀況，在導正患者不合理的思考之後，其焦慮現象自然降低，例如：有一個媽媽每天在孩子下課回家前，就先到學校門口等候孩子，因為她擔心讓小孩自己走回家，會發生車禍。心理治療師要她改變想法，就是孩子不可能一輩子都由媽媽護衛著，只要教導孩子遵守交通規則，就能避免發生車禍。當這位媽媽接受心理師的觀念之後，其焦慮的心理就大大的降低了。

（二）人本主義治療

該學派認為，廣泛性焦慮症來自於缺乏他人**無條件的正向關懷**（unconditional positive regards）、接納、**同理心**（empathy）與**一致性**（congruence）對待。因此，心理治療師必須對**案主**（client）無條件積極關懷、真誠對待、接納與感同身受，讓案主在接受心理治療過程中，充分感受到安全感，進而願意坦然面對自己的問題。

（三）心理分析治療

心理分析治療又稱為**心理動力治療**（psychodynamic therapy），是由心理分析師協助患者，探討產生焦慮內在衝突的潛在原因，使案主在經歷焦慮的歷程中，了解其焦慮心理的來龍去脈，而逐漸提高對焦慮的忍受力，領悟焦慮並非完全來自生理因素，所以藥物治療並不能根治。

（四）行為治療

患者在了解產生焦慮的內在衝突後，願意採用身體放鬆訓練、冥想或**生理回饋**（biofeedback），讓心理師協助患者處理與面對各種壓力，建立其自信心，以消除焦慮心理，就能夠逐漸剷除內心的焦慮。

（五）存在主義治療

該學派學者認為，廣泛性焦慮症患者有**存在的焦慮**（existential anxiety），對於自己應負的責任產生焦慮，總是覺得人生結局就是死亡，人活著有何意義？人生還有什麼希望？無法體驗人生的價值與意義。心理治療師應協助患者對自己的行為負起責任，發現有意義的生活方式，重新體驗生命的價值與意義，如此一來，內心的焦慮就會逐漸消失。

第二節　恐懼症

壹、恐懼症的特徵

恐懼症（phobic disorder）又稱為恐慌症或恐怖症，患者有持續惶恐的心理。「恐慌」這個名詞是來自於Pan這個字，Pan是希臘神話中長得很像羊的神，牠會用令人毛骨悚然的尖叫聲來嚇阻闖入者，所以恐慌就好像突如其來的驚嚇感覺。**恐慌發作**（pan attack）時，患者會在一瞬間感受到非常焦慮、害怕或不適。恐懼症的基本特質為，患者會重複經歷到非預期的恐慌發作，而且必須持續關心下一次發作時的可怕後果，例如：當恐慌發作時，自己將失去控制或發瘋，沒有人可以來援助；而這種擔心可能形成另一種恐慌，此症狀至少需持續一個月以上。

一般人對某些特定的事物或情境有短暫的恐懼，例如：年輕人對蛇、高處、社會情境的恐懼居多；兒童對黑暗、陌生人、看醫師大都存有高度的恐懼；老年人對疾病、孤獨、死亡的恐懼比較多。如果一個人的恐懼心理長期存在，且覺得困擾不已，就有可能罹患了恐懼症。

貳、恐懼症的流行率

根據DSM-IV-TR，恐懼症的終身流行率介於1.5至3.5%之間。大約有9%的人在成人之前，會經歷到一次或多次的恐慌發作，但是大約只有1至2%的人，會真正罹患恐懼症。大多數恐懼症患者，都伴隨出現外出恐懼症，其中以女性患者居多，老年人比較少。恐懼症第一次發生的年齡差異很大，但大多數出現在青少年時期，有些憂鬱症患者亦會伴隨有恐懼症。

參、恐懼症的診斷

恐懼症是指，患者對於毫無危險的情境或事物，會持續且不合理的懼怕，以致妨礙其日常生活，進而造成心裡的焦慮不安。患者經常想辦法逃避其所害怕之情境，有時甚至會出現嚴重顫抖、強烈害怕等現象。根據 DSM-IV-TR 的診斷標準，恐懼症發作時，至少有以下症狀中之四項症狀：

1. 心跳加快或心悸。
2. 冒汗。
3. 發抖或顫抖。
4. 呼吸困難又有窒息感。
5. 鼻塞、呼吸不順。
6. 胸部不適或疼痛。
7. 腹部不適或疼痛。
8. 頭暈、頭昏。
9. 失去自我感，或失去現實感。
10. 害怕失去控制或即將發狂。
11. 害怕會死亡。
12. 有麻木或刺痛感。
13. 臉潮紅。
14. 不寒而慄。
15. 強烈的焦慮。

肆、恐懼症的種類

恐懼症的種類很多，比較常見的有以下幾種：

1. **幽閉恐懼症**（claustrophobia）：是指患者對狹窄或密閉空間的恐懼，例如：不敢獨自搭乘電梯，避免乘坐汽車、飛機、捷運、地鐵，害怕經過隧道等。

2. **空曠恐懼症**（agoraphobia）：是指患者對寬闊空間的恐懼，或因在公共場所害怕災難時無法立即逃離現場，而產生的過度恐慌；患者害怕出外旅行，會避開擁擠的商店或商場、避免搭乘公共汽車、地鐵、飛機、巴士、逛街，單獨一個人外出時就會有強烈的不適感。患者會嚴格限制自己不要外出，因而社交生活減少，以女性患者居多，嚴重的案主不敢離開家門，甚至辭去工作。
3. **懼高症**（acrophobia）：是指患者站在高的地方時，就會產生極端恐懼，甚至頭暈目眩、全身發抖、無法站穩。
4. **動物恐懼症**（zoophobia）：是指患者對某一類動物有極端的恐懼，例如：看到蟑螂、毒蛇、野狗、老鼠、蜘蛛、蜥蜴、老虎、獅子等，會立即產生極端恐懼感。
5. **黑暗恐懼症**（nyctophobia）：是指患者害怕獨自居住在黑暗的地方。
6. **懼水症**（hydrophobia）：是指患者懼怕接觸到水，例如：不敢去游泳、不敢泡溫泉。
7. **單獨恐懼症**（monophobia）：是指患者害怕獨處，到任何地方都要有人陪伴。
8. **飛行恐懼症**（aerophobia）：是指患者對於搭乘飛行機具，懷有極端恐懼的心理，例如：有一名學生要到美國留學，因為不敢搭乘飛機而改搭輪船，由基隆港出發經過將近二個月才到達美國。
9. **懼火症**（pyrophobia）：是指患者懼怕火，例如：看到火災就暈倒。
10. **陌生人恐懼症**（xenophobia）：是指患者害怕遇到陌生人。
11. **疼痛恐懼症**（algophobia）：是指患者懼怕痛苦。
12. **雷電恐懼症**（astraphobia）：是指患者懼怕暴風雨、閃電、打雷。
13. **血液恐懼症**（hematophobia）：是指患者懼怕看到血液。
14. **骯髒恐懼症**（mysophobia）：是指患者懼怕看到骯髒東西。
15. **擁擠恐懼症**（ochlophobia）：是指患者懼怕擁擠的群眾。
16. **患病恐懼症**（pathophobia）：是指患者懼怕感染疾病。
17. **梅毒恐懼症**（syphilophobia）：是指患者懼怕罹患梅毒。
18. **社交恐懼症**（social phobia）：是指患者害怕參加任何社交活動，不喜歡與陌生人互動，擔心自己會表現丟臉。

19. **駕駛恐懼症**（drive phobia）：是指患者即使有汽車駕駛執照，仍然害怕開車上路。
20. **做決定恐懼症**（decidphobia）：是指患者對於要做重大事情的決定時，會有強烈的恐懼感。

伍、恐懼症的原因

一、心理分析理論的觀點

心理分析學者佛洛伊德認為，小男孩在性器期（大約在三歲的時候）對母親會產生愛慕心理，這就是**戀母情結**（Oedipus complex）。如果父母在小男孩不聽話的時候說：「你再不乖，我就要割掉你的生殖器官」，如此將使其產生被閹割的恐懼心理。若一個人在小時候曾經有過很不愉快的恐怖經歷，會形成潛意識，以致於對某些場合或事物非常畏懼。心理分析學者也認為，一個人幼年時期，如果有過心理上的創傷經驗，長大成人之後就容易產生變態心理，例如：有一個女孩小時候有一次沒有聽從媽媽的話，因而被關進衣櫥裡面，長大之後罹患幽閉恐懼症，而不敢獨自一個人去搭乘電梯。此外，有些心理分析學者認為，恐懼症是由內在的恐懼投射到外在事物所造成的，「杯弓蛇影」就是一個很好的例子。

二、行為理論的解釋

根據行為理論的解釋，個人恐懼的心理可能是來自於**古典制約作用**（classical conditioning），例如：每當小孩在逗弄一隻小白兔時，實驗者就出現一種恐怖的聲音，經過許多次配對之後，這個小孩看見小白兔時，自然就產生恐懼感。此外，恐懼的心理可能是來自於**刺激類化**（stimulus generalization），當小孩對小白兔產生恐懼感之後，這個小孩看見類似小白兔的白老鼠，也會產生恐懼感。

有些案主亦可能從逃避其所害怕、焦慮的情境，而產生**次級收穫**（secondary-gain），例如：有一位家庭主婦患有駕駛恐懼症，而因為她長期對丈夫有不滿的心理，如果她不敢開車去接送小孩或到超級市場購物，無形中也可以達到懲罰丈夫的目的，如此一來，她的恐懼症就很容易維持下去。

三、不良認知循環模式

根據克拉克（Clark, 1996）的**不良循環理論**（the vicious cycle theory），恐懼症的心理因素，是由於患者在面對一些內外在刺激時，察覺到身體不舒服，為了解除身體的不舒服，於是到處尋求醫療。可是當醫療效果不如預期，不舒服的症狀似乎沒有明顯改善時，就容易產生無助感，進而對不舒服的感覺作錯誤的解讀，認為大事不妙，例如：認為自己得了嚴重疾病，如此一來，又會產生更嚴重的心理恐慌，結果又出現生理上的訊號，如此惡性循環的結果，就演變成恐懼症（如圖 3-1 所示）。

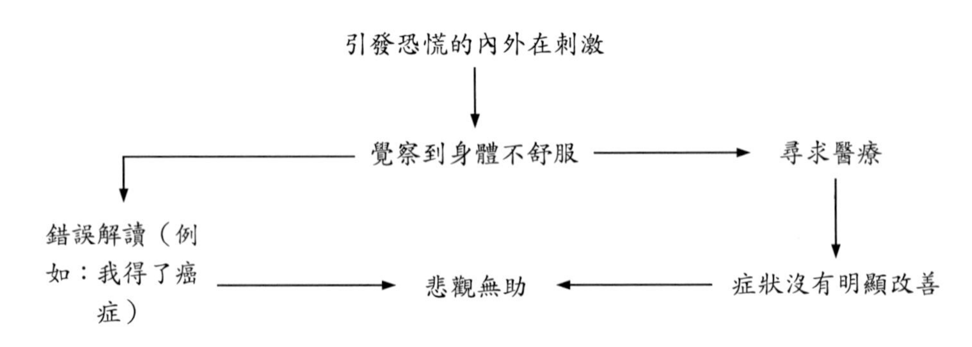

圖 3-1　恐懼症的不良認知循環模式

四、家庭的影響

父母的教養方式、家庭的結構、兄弟姊妹相處的經驗，都對社交恐懼產生一定的影響，例如：在家裡常常受到父母或家人批評、懲罰，或得不到疼愛的孩子，長大後就不容易信任他人，缺乏與他人建立親密關係的能力，只能與他人在表面層次交往，這種人容易產生社交恐懼症。

五、生物因素

古曼等人（Gorman et al., 2001）認為，一個人腦部結構異常或神經傳導物質不平衡，可能是受到家族性遺傳因素的影響，導致個人對內外在的刺激過度敏感，因而對某些刺激引起恐慌。有一個研究發現，在同性別雙胞胎中，其中一人罹患恐懼症，另一人也罹患恐懼症的機率大約 24%；在不同性別雙胞胎中，其中一人罹患恐懼症，另一人罹患恐懼症的機率大約 11%（Kendler, Neale, Kessler, Heath, & Eaves, 1992）。

陸、恐懼症的治療

患者對於某種特定事物有非理性的恐懼，例如：害怕黑暗、害怕血液、害怕打針、害怕蛇、懼高，此稱為特定恐懼症，特定恐懼症患者很少會主動去求醫。認知行為治療與藥物治療對特定恐懼症有相當好的治療效果。

一、認知治療法

心理師教導恐懼症患者了解恐慌發作的一般現象、身體感覺的原因，以及明白自己對恐慌所做的錯誤解釋。治療者可以教導患者在面對壓力情境時，以生理回饋法訓練患者身體放鬆、以腹部呼吸法來減輕緊張或過度換氣，也可藉著與他人交談，來轉移對自己身體恐慌的注意力。

根據研究，以上述方法來治療恐懼症，大約有 85%的患者在兩年之後就能獲得痊癒（Clark & Wells, 1995）。有些心理治療師除了使用上述的治療方法外，也會讓患者暴露在恐慌的情境之下，然後給予解釋、安慰、鼓勵，並且增強其自信心，結果發現治療效果更好。

二、行為治療法

（一）系統減敏感法

心理治療師常利用歐爾培（J. Wolpe）所提倡的**系統減敏感法**（systematic desensitization），幫助患者減少對某些恐懼情境的反應，逐漸消除不合理的懼怕與焦慮。這是利用**反制約**（counter conditioning）與**交互抑制**（reciprocal inhibition）的原理，使案主的懼怕或焦慮等異常行為，逐漸成為正常的行為。一般人常有焦慮與恐懼的情緒困擾，這些困擾大都是個人在生活經驗中，經由古典制約的歷程學習而來。因此，讓案主學習與焦慮、恐懼相反的行為，就可以消除不良適應的行為。治療者實施系統減敏感法，常採取以下幾個步驟：

1. 協助案主確定焦慮階層

焦慮階層（anxiety hierarchy）是指，案主面對特定事物，而引發不同程度的焦慮層次，例如：有一位案主非常害怕看見蛇。心理治療師請案主將自己對某一刺激所引起的懼怕，由最輕微依序排列至最嚴重的程度，每一項恐懼的事物屬於一個階層，如表 3-1 所示。

表 3-1　焦慮階層

階層	懼怕的程度
1	看見蛇的圖片
2	看見蛇的影片
3	看見鐵籠子裡面的蛇，距離 15 公尺
4	看見鐵籠子裡面的蛇，距離 10 公尺
5	看見鐵籠子裡面的蛇，距離 5 公尺
6	看見玩具蛇
7	玩具蛇放在他的脖子上
8	沒有毒性的蛇放在他的脖子上

2. 對案主實施放鬆訓練

當一個人恐懼時，全身肌肉通常很緊繃，藉著身體完全放鬆，就能夠克服恐懼感。放鬆訓練有很多種方法，例如：瑜珈術、坐禪、肌肉鬆弛等。有些臨床心理學者會以**生理回饋**（biofeedback）儀器，讓患者從該儀器所顯示的資訊，立即知道自己的心跳、呼吸，以及血壓狀況，也就是了解身體是否處於緊張狀態。在實施**肌肉放鬆訓練**（muscle relaxation training）前，讓案主坐在舒適的座椅上，房間布置典雅，燈光微亮，而且寂靜無聲，讓案主聆聽肌肉放鬆的音樂，請案主依照內容來進行。

全身放鬆通常分成幾個部位：(1)臉部、頸部、上背部肌肉；(2)胸部；(3)腹部；(4)臀部；(5)腿部。由第一個部位漸次到第五個部位，每個部位重複實施，大約各做十分鐘，放鬆的方法都相同。

以頸部放鬆為例，其步驟如下：

(1)將注意力集中到頸部的肌肉。

(2)盡力將頭朝下，將下巴頂住胸部，頂緊、頂緊、再頂緊……把頭回復到原位，放鬆、放鬆、再放鬆。

(3)盡力將頭向後仰，用力、用力、再用力，感覺頸部的緊張，放鬆、放鬆、再放鬆。

(4)把頭盡力向左彎，用力、用力、再用力，感覺頸部的緊張，放鬆、放鬆、再放鬆。

(5)把頭盡力向右傾，用力、用力、再用力，感覺頸部的緊張，放鬆、放鬆、再放鬆。

當案主身體完全放鬆時，讓他從恐懼的事物階層 1 開始，想得愈逼真愈好，一直到對該恐懼的事物不再擔心時，才可進入焦慮階層 2，接著訓練身體放鬆來克服階層 3 的恐懼事物，當身體放鬆能克服階層 3 的恐懼事物時，接著訓練身體放鬆來克服階層 4 的恐懼事物，依此方法循序漸進，一直到對所有的恐懼事物都不再懼怕為止。另外，有些學者認為利用靜坐**冥想**（mediation），也可以達到身體深度放鬆的效果。

有些恐懼症患者在恐慌的時候會**過度換氣**（hyperventilation），這種現象是由呼吸太急促與太快所造成的。過度換氣的患者，由於供應血液到大腦的動脈迅速收縮，而產生心跳加速、口乾舌燥、手心冒汗，以及頭昏眼花的情形，有些患者誤以為自己心臟病發作，因而更加恐慌。心理治療師可以教導患者做深呼吸，將身體逐漸放鬆之後，恐懼感也會隨之降低。

（二）洪水法

洪水法（flooding）是指，讓患者勇敢面對自己所害怕的東西，一次給予最震撼的恐懼感，讓患者了解他所懼怕的事情，只是自己杞人憂天、不切實際的情境，因而從此不再懼怕，例如：有一位患者極端害怕蛇，心理治療師就把一條玩具蛇放在患者脖子上，讓患者體驗到其實沒什麼好懼怕的，不過有心臟病或高血壓的患者，則不適用此種方法。

三、藥物治療

目前治療恐懼症，主要有以下三類藥物：

（一）三環類抗憂鬱劑

三環類抗憂鬱劑（tricyclic antidepressants，簡稱 TCA），是第一種被證明治療恐懼症有效的藥物，其中最常應用在恐懼症上的是imipramine，患者服用這種藥物會出現口乾舌燥、便秘、視線模糊等副作用，不過這些副作用通常幾個星期內就會慢慢消失。患者應該先從每日小劑量開始服用，隨後每隔幾天慢慢增加，直到發現有效的劑量為止。

患者服用 imipramine 時，通常要花上幾星期的時間才會對恐懼症產生效用，大多數服用imipramine的患者，經過約幾星期或一個月就不再恐慌。治療時間通常要持續半年到一年，也可能更短。但是，患者一旦停止服用 imipramine，恐懼症復發的機率就很高。如果服用時間延長半年甚至一年，則復發的風險就會減少許多。當恐懼症治療效果明顯出現時，imipramine的劑量應慢慢減少。

（二）苯二氮泮類

苯二氮泮類（High-potency benzodiazepines）是有效降低焦慮的藥物，Alprazolam、clonazepam，還有 lorazepam 都是屬於這類的藥物。它們的藥效快速，而且副作用比較少，然而酒精或是藥物成癮的患者，可能容易對 benzodiazepines 產生上癮的症狀。

精神科醫師使用苯二氮泮類的治療方式，通常持續半年至一年，先從低劑量開始，再逐漸增加劑量，直到恐慌停止，這樣可以減少副作用的發生。這種藥的缺點是當患者中斷治療時，就可能會出現不舒適感、虛弱，還有一些不舒服的症狀，如果逐漸減少劑量，才能減低這種副作用發生。當停止服藥之後，恐懼症有可能再度復發，所以患者何時才能停止服藥，必須由主治醫師來決定。

（三）單胺氧化酵素抑制劑

單胺氧化酵素抑制劑（monoamine oxidase inhibitors，簡稱 MAOI）被認為是對付恐懼症十分有效的抗憂鬱劑，phenelzine 是最常被使用的藥物。使用 phenelzine 治療恐懼症時，宜先從較少劑量開始，隨後劑量慢慢增加，直到恐慌停止，最高劑量每日 100mg。

患者服用 phenelzine 或是其他 MAOI，都需要先徵詢主治醫師的意見，確實配合飲食應注意的事項，因為許多食物或藥品，都可能和MAOI化合之後，造成突然的高血壓。近年來研發的 fluoxetine 抗憂鬱劑，對某些恐懼症患者十分有效，但是使用時跟其他藥品一樣，應先從小劑量開始服用，然後由主治醫師評估逐漸增加。

四、其他治療法

有些心理治療師會使用**真實情境法**（in vivio method），讓案主在治療師的陪同之下，鼓勵他逐步接近或直接面對所恐懼的事物。另外，有一種**思考**

停止（thought stopping）治療法，心理治療師讓患者在恐懼時，在心裡對自己說出「停止！」以終止恐慌的心理。另外，使用**壓力預防**（stress inoculation）訓練，讓案主遇到恐懼情境時，以適當的自我陳述來克服恐懼心理，例如：「我有勇氣面對困難」、「神一定會幫助我度過難關」。

第三節　強迫症

壹、強迫症的特徵

強迫症（obsessive-compulsive disorder，簡稱OCD）是指，患者藉著持續的思想或行為，來減輕內心焦慮的症狀，雖然明知不必要，但無法抗制自己的想或行為，這種人大約占總人口數的2至4%。強迫症是一種慢性病，症狀時常起伏不定，大約只有30%的案主可以完全治好，另外70%的案主則是時好時壞（Karno & Golding, 1991）。

強迫症的患者常有非自願重複的想法與行為，而且一直無法擺脫它，會嚴重干擾日常生活。很多強迫症患者會不斷地重複想一件事或做同樣行為，在強迫之後可以減輕焦慮感，例如：一疊鈔票要數算幾十次才能放心，所以無法專心完成工作。

長期以來，許多人認為強迫症是一種少見的疾病，但是這個疾病的人數經常是被低估的，因為患者會隱瞞病情而不去尋求治療。估計在全國的人口中，一生罹患強迫症的機率在2%至3%，依照這個比率來計算，台灣地區大約有四十萬至六十萬的強迫症患者，這個比率遠高於精神分裂症、躁鬱症、恐懼症。而兩性罹患這個疾病的機率差不多，男性的比率略高於女性。

大部分強迫症患者在青少年或成年早期（二十五歲以前）發病，有些患者有婚姻適應困難的問題，也容易併發憂鬱症狀（Sturgis, 1993），但是，也有學齡前發病的例子。研究結果顯示，成年人的強迫症大約有三分之一的患者，是在兒童時期發病。如果兒童早期出現強迫症，將會影響以後的學習與發展，所以兒童若罹患此症，應及早接受專科醫師的診斷與治療。

貳、強迫症的類型

一、強迫思想

強迫思想（obsessive thought）是指，患者無法控制自己的心思意念，時常重複出現不合理的想法，患者對這種想法會感到很困擾。常見的強迫思想有以下四類：

1. 強迫衝動，例如：「反覆想到自己，就在廟裡大哭」、「一走進廚房，就想到會不會拿起菜刀殺太太」，於是在家裡把刀子藏起來，使自己找不到，又擔心孩子拿到刀子，所以不斷檢查刀子是否藏好。
2. 強迫懷疑，例如：「我的手很髒，我必須去洗手」、「我可能沒關好瓦斯」、「懷疑自己遭受到輻射污染」、「擔心自己做了一個重大錯誤的決定」，或「到了辦公室就一直擔心車子沒有鎖好」。有一名患者到餐廳用餐，就會想到湯裡是否有放毒物，所以一直不敢喝湯。
3. 強迫希望，例如：「反覆希望婆婆死掉」、「一直認為自己會中威力彩的頭彩」。
4. 強迫影像，例如：「反覆想到性方面的禁忌」。

以上這些想法都是不切實際，可是卻會不斷重複出現在患者腦海裡，自己無法控制，因而產生高度的焦慮。

強迫思想常以想到自己的失敗、別人要陷害他、自殺或性的問題居多，這些不合理的思想會不斷地重複出現，自己卻又無法控制。

二、強迫行為

強迫行為（compulsive behavior）是指，患者不由自主地重複做某些行為，藉以暫時降低強迫思想所產生的焦慮，因而不斷重複表現強迫行為。最常見的強迫行為可以分為以下五類：

（一）強迫清洗（cleaning compulsions）

患者會強迫自己去清洗東西，例如：一件衣服重複刷洗數十次，時常去洗手、清洗衣物或房間，而且一天要不斷重複同一種行為數十次或幾百次。

（二）強迫檢查（clecking compulsions）

患者會強迫自己去檢查某些東西，例如：不斷檢查門窗、門鎖，去看門有無上鎖、瓦斯爐有沒有關好、檢查數字有無算錯、重要文件有沒有藏好。這些行為是想免除對自己或他人的傷害，或者無法擺脫不合理的責任感。

（三）強迫性儀式（compulsive ritual）

患者重複某些儀式的行為，可以暫時降低自己的焦慮。有些患者試圖抗拒強迫性行為時，其焦慮感反而會明顯升高。

（四）強迫性規則（compulsive rule）

患者的行為必須依據特殊的規則來進行，例如：每次洗手一定要洗五十次才停止，也就是說，如果每次洗手在五十次以下，就會覺得洗不乾淨而無法忍受。有些強迫症患者會以一定的次序或規則來擺放物品，例如：拖鞋一定要放在床鋪邊緣的中央位置、書本一定要放在書桌的中央、衣櫃裡的衣服一定要擺得很整齊。又如，某位患者在街道上走路，會強迫自己數水泥磚有幾塊，當走到盡頭如果感覺沒有數清楚，就會回頭再算一次，有時一段路要來回數水泥磚好幾次，才能感覺自在。

（五）強迫性賭博（compulsive gambling）

有一些患者好賭成性，不賭不快，最後甚至會傾家蕩產，還到處向人借錢來賭博。

參、強迫症的原因

一、心理動力的觀點

心理動力學派認為，一個人的本我衝動常以強迫思想來表現，強迫症患者常採取**隔離**（isolation）、**抵消**（undoing），以及**反向作用**（reation formation）等自我防衛機轉。當個人使用隔離機轉，要將不愉快的刺激隔離時，就有可能產生強迫思想。當個人使用抵消機轉，要將不愉快的刺激消除時，不能接受本我的衝動，就有可能產生強迫行為，例如：有一位反覆洗手的案主，在無法排除本我的衝動之下，就以反覆洗手來抵消本我的衝動。此外，個人為了抗拒本我的衝動，可能強迫自己採取相反的行為，來減輕內心的焦慮。

佛洛伊德（S. Freud）認為，大約在兩歲的**肛門期**（anal stage），父母對幼兒解大小便衛生訓練太早或太嚴格，容易導致幼兒憤怒而產生**本我攻擊衝動**（aggressive id impulsive），幼兒為了控制好自己的衛生習慣，但是生理發育尚未成熟，所以只能強迫自己所表現的行為能夠符合父母的期望，在這種情境之下就容易發展出強迫症。

二、行為主義的觀點

行為主義學者認為，若一個人反覆表現某行為，而得到預期的結果，則個人表現該行為就得到增強，因此他們在相同的情境之下，會再表現出相同的行為。患者的強迫行為可以使其減輕焦慮，例如：有一個足球隊連續六次都輸球，隊長想起來或許與他每次出場比賽，都先穿左腳的襪子，再穿右腳的襪子有關。於是從第七場比賽開始，他先穿右腳的襪子，然後穿上左腳的襪子，結果連續幾次比賽都贏球，從此以後他出場比賽前，都一定要先穿右腳的襪子，再穿上左腳的襪子。其實這位足球隊隊長，是藉著強迫行為來減輕會輸球的焦慮。

有些人因為做某件事而產生預期的結果，就相信這種行為一定會帶來好運，因此在相同情境之下就重複表現該行為。嚴格來說，迷信行為也是一種強迫症，但到底如何判斷一個人的想法或行為是迷信？就科學的角度來說，一個人做一件事，如果連續超過五十次以上（大樣本）都成功，最少也要三十次（小樣本）都成功，才可以信以為真，也就是說這樣才不是迷信，例如：某一家超商開出的統一發票，至少要超過三十人次以上都中頭獎，才能說這家超商真的會給人帶來中大獎的好運。又如，你向神明祈求，超過三十次以上都能達成心中的願望，才能說神垂聽了你的祈求，也就是你信的神真的顯靈；如果向神祈求，達成願望的次數低於三十次以下，這只能說是巧合而已。

三、認知的觀點

認知理論學者認為，有些人擔心自己會表現出不被社會所接受的行為，為了避免該行為所帶來的可怕後果，於是就想出一些方法來減輕內心的焦慮，例如：經常去洗手或檢查門窗是否已經鎖好，如此就容易形成強迫性思想。有些人常抱持負面的想法、高道德標準，擔心負面的想法會傷害自己與他人，於是努力想辦法要去消除負面的想法，進而產生強迫症。

四、生物學的觀點

有些生物學者認為，**血清素**（serotonin）不足會導致神經傳導物質異常，此外，腦部的重要部位功能異常也會產生強迫症，例如：前腦皮質區以及**尾狀核**（caudate nuclei），這兩個區域的腦部迴路，可以將感覺訊息轉變為思想與行動功能，如果異常就會產生強迫症。

五、人格特質

有些人格心理學者認為，強迫性格者具有完美主義性格，這種人從小時候到成人都具有以下的人格特質：

1. 過度小心謹慎。
2. 完美主義，做事力求盡善盡美。

3. 高度責任感、常自責。
4. 凡事過度專注細節、規則、順序。
5. 思想僵化與固執，無法應付環境突然的改變。

肆、強迫症的治療

強迫症的治療或許有人推薦一些妙方，例如：中藥、民俗療法或宗教療法，這些方式也許有用但是並非正途。因為在中藥或民俗療法方面，很少針對強迫症的特效藥，宗教療法也只對虔誠的教徒有些許心理上的幫助，但卻無法放諸四海皆準。最有用的方式，還是使用抗憂鬱藥物加上心理治療，茲說明如下：

一、心理動力治療

心理分析師常以自由聯想法，讓案主將潛在的心理衝突與心理防衛顯現出來，然後經過心理分析師的闡釋，幫助案主領悟到自己的強迫性思想或行為是荒謬的，因而願意去改善它，不過這種傳統治療的效果並不明顯；有些心理治療師認為，自由聯想法反而有可能造成患者想太多的反效果。目前有些精神分析師採用短期心理動力治療，直接勸導患者放棄使用強迫的心理防衛機轉，並協助患者建立自我管理與控制的自信心。

二、藥物治療

強迫症患者採用抗憂鬱劑，例如：clomipramine 與 fluoxetine（商品名為 Anafranil and Prozac），可以減輕強迫思想與強迫行為的症狀。新一代抗憂鬱劑的藥理作用，在於血清素再吸收的阻斷，以致於讓神經細胞間隙的血清素濃度增加，利用高濃度的血清素，來讓強迫症狀減輕。患者最好服用足量的藥物達三個月，加上認知行為治療團體三個月，再追蹤三個月之後開始減低藥量。患者接受合格臨床心理師的治療，加上自己有強烈改變的意願，以及與家屬的支持合作，才能對強迫症狀有最大的幫助。

三、認知行為治療

訓練強迫症患者與其強迫行為和平共存，但是不隨著強迫所引起的焦慮起舞，例如：摸到髒東西不要馬上去清洗，讓自己的焦慮在三十分鐘之後逐漸消退。案主因此能學習到「不理會它」也是有效，焦慮不會往上升高反而會下降（Salkovskis & Westbrook, 1989）。另外一種方法，就是訓練患者將強迫性思想保留一段時間，或者將自己強迫的想法錄下來，然後常常去聆聽自己強迫的聲音，進而領悟該強迫的想法是荒謬的。

四、行為治療

心理師常採用暴露法，故意安排患者暴露在其害怕的情境，訓練患者不要有逃避的行為反應，例如：患者平時看見髒東西就會經常去洗手，因此心理師訓練患者克制自己不去洗手，每當行為進步時，就給予獎勵。或是採用**饜足原理**（satiation principle），讓患者一直重複其強迫行為，進而產生厭倦，而停止該行為，例如：有一位精神分裂症住院患者，強迫自己把同寢室患者的毛巾拿到床上，行為治療師就要他每天一直重複該行為好幾百次，一直到產生厭煩為止；當強迫行為有進步時，就給予獎勵，後來這個患者就不再去把同寢室患者的毛巾拿到床上了。另外，利用懲罰或**負增強**（negative reinforcement）也可以改善強迫行為，例如：有一位國小學生喜歡抓人家的頭髮，而且一抓就不放手。心理治療師留著短髮，在治療室看到這位學生就故意把頭向前傾，該生就伸手要抓治療師的頭髮，治療師在該生未抓到頭髮之前就用小木棒打他的手，當該生不抓治療師頭髮時，就給予獎勵，這樣經過一段時間之後，就可矯正其強迫行為。行為治療的原則如下：

1. 不管別人有多好，只跟自己比較。
2. 不要放棄，學習放下。
3. 不要替自己找尋逃避的藉口。
4. 凡事要說到做到，只是想沒有用。

5. 要努力工作，讓自己有成就感。
6. 將成功的經驗記錄下來，不斷地勉勵自己。

第四節　創傷後壓力症

創傷後壓力症（posttraumatic stress disorder，簡稱 PTSD）根據 DSM-IV-TR 的定義，創傷事件必須包括死亡或受到嚴重的傷害，個人親身經歷極大的心理創傷事件，例如：經歷戰爭、大地震、洪水、火災、大海嘯、嚴重車禍、颶風、被強暴、被搶劫、被綁架、被嚴刑拷打、被拘留在集中營或難民營等事件，雖然事過境遷，但產生的巨大恐懼陰影一直揮之不去。有一些學者認為，不是每一個經歷過創傷事件的人，都會產生創傷後壓力症，如果在創傷後壓力症之前，就已經有心理困擾或人格異常，或在創傷後精神上沒有得到支持的人，才會出現創傷後壓力症。常見的創傷後壓力症有以下三類：

1. 反覆感受到創傷的事件，常常想到當時恐怖的場景，或常常為了創傷事件而做惡夢。
2. 對於與創傷事件相關的事情，採取逃避的態度，例如：有一位飽受大地震驚嚇的災民，在大地震結束很多年之後，仍然不敢在屋內睡覺。
3. 經常出現過度焦慮、驚恐、注意力無法集中或失眠的現象。

美國不少參加越南戰爭及波斯灣戰爭的退伍軍人、台灣經歷過九二一大地震與八八風災的災民、美國遭受九一一恐怖攻擊的生還者，到現在雖然已事過境遷，可是那些人的心靈嚴重創傷，在內心深處留下永遠難以磨滅的烙印。患者時常做惡夢、容易驚嚇、嚴重失眠、注意力無法集中、容易憤怒，常常有自殺的念頭，有些人也會有頭痛、背痛、胃腸不適的問題，這些人經常出現**創傷經驗再現**（re-experience of the trauma），他們的感覺就好像真實恐怖的事情再次發生，這種**經驗再現**（flashback），常會因一些有關聯的情境而再度引發，有些創傷後壓力症的患者，甚至會有酗酒或藥物濫用的行為。

創傷後壓力症如果持續很多年，就需要接受心理治療。心理分析學派的學者強調，治療時可以請案主想像或者說出原來創傷的事件，然後讓案主**宣洩**（catharsis），並且給予精神上的支持。藥物治療則以抗憂鬱劑為主，藉著長期服用這類抗憂鬱藥物，可以減輕創傷後壓力症所引起的焦慮或恐慌的心理。

本章摘要

1. 精神官能症是屬於輕型的精神疾患，簡稱心理症或神經質。比較常見的精神官能症，包括：焦慮症、恐懼症、虛弱症、強迫症、慮病症等。
2. 廣泛性焦慮症是指，患者擔憂的對象並不明顯，長期莫名其妙的擔心，似乎害怕什麼事將會發生，可是自己又說不上來。患者作息不正常，注意力不集中，無法排除內心的不安，隨時覺得不幸的事會降臨到自己身上。患者常回憶不愉快的往事，在回憶過程中，使心情更加沉重，對自己的未來常感到徬徨。
3. 廣泛性焦慮症的症狀：(1)過度擔憂；(2)過度警覺；(3)生理症狀。
4. 廣泛性焦慮症與弱勢族群、教育程度低、收入微薄、失業、離婚有關。
5. 根據DSM-IV-TR，廣泛性焦慮症的診斷標準包括：(1)自己無法控制所擔憂的事情；(2)經常擔憂某些事，至少六個月以上；(3)除了焦慮與擔憂之外，至少要有以下任何三種症狀：①情緒起伏不定；②很容易疲勞；③注意力不集中；④很容易發脾氣；⑤肌肉緊繃、酸痛；⑥很難入睡或失眠；⑦呼吸急促；⑧脈搏加速、心悸；⑨胃腸不適；⑩冒汗、雙手濕冷；⑪頻尿；⑫口乾舌躁；(4)焦慮的症狀並沒有明顯的生理因素；(5)焦慮導致社會人際關係、職業或其他生活功能的負面影響；(6)焦慮的原因與生理疾病、藥物濫用無關。
6. 廣泛性焦慮症的原因：(1)大腦額葉皮質和邊緣系統的神經傳導物質失去平衡，與家族遺傳有密切關係；(2)個人對原來不具傷害性的中性刺激，經由學習歷程會產生恐懼的心理反應；(3)把事情看得太嚴重，誇大潛在威脅的人，比較容易罹患廣泛性焦慮症；(4)長期的工作壓力、經濟生活負擔沉重、學業壓力過大、人際關係失調、失業、離婚或貧窮等；(5)現實與理想自我之間有很大差距時，容易因為無法達成自己的目標與理想，而產生焦慮。
7. 佛洛伊德認為，焦慮是來自「本我」與「超我」之間的衝突。廣泛性焦慮症患者大多具有神經質的傾向，缺乏安全感，充滿罪惡感、沮喪、內向、情緒不穩定、缺乏自信、個性頑固、缺乏彈性、做事力求完美、潔癖、吝嗇、嘮叨、強烈要求他人的注意等人格特質，對任何事物或情境都過分敏感。

8. 一個人如果長期處於心理壓力之下，而這壓力大於其所能承擔的範圍，就很容易產生廣泛性焦慮症。
9. 廣泛性焦慮症治療方法：(1)使用抗焦慮劑；(2)生理回饋讓患者知道自己的生理狀況，了解身體是否處於緊張狀態，然後進行放鬆訓練；(3)幫助患者導正不合理的思考；(4)治療師對案主無條件的正向關懷、接納與感同身受，讓案主在接受心理治療的過程中，充分感受到安全感；(5)心理分析師協助患者了解其焦慮心理的原因，使其在經歷焦慮的歷程中，領悟焦慮並非完全來自生理因素，患者在了解產生焦慮的內在衝突後，善於處理與面對各種壓力，建立自信心以消除焦慮心理；(6)心理治療師協助患者為自己的行為負責，發現有意義的生活方式，重新體驗生命的價值與意義，內心的焦慮將逐漸消失。
10. 恐懼症是指，患者對於毫無危險的情境或事物，會持續且產生不合理的懼怕，以致妨礙其日常生活，進而造成心理焦慮不安，患者常想辦法逃避其所害怕的事物，有時會出現嚴重顫抖、強烈害怕等現象。
11. 恐懼症的終身流行率介於 1.5 至 3.5%之間。大多數患者都有伴隨出現外出恐懼症，其中以女性患者居多，老年人較少。恐懼症第一次發生的年齡差異很大，但是大多出現在青少年時期。
12. 比較常見的恐懼症有：(1)幽閉；(2)空曠；(3)懼高；(4)動物；(5)黑暗；(6)懼水；(7)單獨；(8)飛行；(9)懼火；(10)陌生人；(11)疼痛；(12)雷電；(13)血液；(14)骯髒；(15)擁擠；(16)患病；(17)梅毒；(18)社交；(19)開車；(20)做決定等恐懼症。
13. 佛洛伊德認為，男孩在戀母情結期間，父親威脅說要閹割其生殖器官，是造成恐懼症的原因。根據行為理論的解釋，個人恐懼的心理可能是來自於古典制約作用與刺激類化。

14. 在家裡常常受到批評、得不到愛的孩子，長大後不容易信任他人，缺乏與他人建立親密關係的能力，這種人容易產生社交恐懼症。

15. 一個人腦部結構異常或神經傳導物質不平衡，可能是家族遺傳因素的影響，導致個人對內外在的刺激過度敏感，因而對某些刺激引起恐慌。

16. 克拉克的不良循環理論認為，恐懼症的心理因素，是由於患者在面對一些內外在刺激時，察覺到身體不舒服，為了解除身體不舒服，於是四處尋求醫療，當醫療效果不如預期，不舒服的症狀似乎沒有明顯改善時，就容易產生無助感，進而對不舒服的感覺作錯誤的解讀，認為自己得了嚴重的疾病，如此又會產生更嚴重的心理恐慌，結果又出現生理上的訊號，惡性循環的結果，即演變成恐懼症。

17. 認知治療法教導恐慌症患者了解恐慌發作的一般現象、身體感覺的原因，以及明白自己對恐慌所做的錯誤解釋。同時教導患者在面對壓力情境時，以生理回饋法訓練身體放鬆、以腹部呼吸法來減輕緊張或過度換氣，也可藉著與他人交談，來轉移對自己身體恐慌的注意力。

18. 洪水法就是讓患者勇敢面對所害怕的東西，一次給予最震撼的恐懼，讓患者從此不害怕。

19. 利用系統減敏感法，幫助患者減低對某些焦慮情境的敏感反應，逐漸消除不合理的害怕與焦慮。

20. 治療恐懼症有以下三類主要的藥物：(1)三環類抗憂鬱劑；(2)苯二氮泮類；(3)單胺氧化酵素抑制劑。

21. 強迫症患者常有非自願重複的想法與行為，且一直無法擺脫它，嚴重干擾日常生活。強迫症患者藉著強迫思想或行為，來減輕內心的焦慮，這種人大約占總人口數的 2 至 3%。

22. 強迫症患者有強迫思想與強迫行為兩類。

23. 心理動力學家認為，一個人的本我衝動通常以強迫思想來表現，強迫症患者常採取隔離、抵消，以及反向作用的自我防衛機轉。當個人使用隔離機轉，要將不愉快的刺激隔離時，就有可能產生強迫思想。

24. 行為主義學者認為，若一個人反覆表現某行為，在表現該行為之後，得到預期的結果，則個人表現該行為就得到增強，因此他們在相同的情境之下，會一再表現相同的行為。

25. 認知理論學者認為，有些人擔心自己會表現出不為社會所接受的行為，為了避免該行為所帶來的可怕後果，於是就想出一些方法來減輕心理的焦慮。

26. 有些生物學者認為，血清素不足會導致神經傳導物質異常，此外，腦部的重要部位功能異常也會產生強迫症。

27. 人格心理學者普遍認為，強迫性格具有完美主義性格，這種人自小到大有以下的人格特質：(1)過度小心謹慎；(2)完美主義，做事力求盡善盡美；(3)高度責任感、常自責；(4)凡事過度專注細節、規則、順序；(5)思想僵化與固執，無法應付環境突然的改變。

28. 強迫症的治療或最有用的方式，是抗憂鬱藥物加上認知行為治療療效，大約可以改善八成左右的症狀。新一代抗憂鬱劑的藥理作用，在於血清素再吸收的阻斷，以致於讓神經細胞間隙的血清素濃度增加，利用高濃度的血清素，來讓強迫症狀減輕。

29. 目前有些精神分析師採用短期心理動力治療，直接勸導患者放棄使用強迫的防衛機轉。

30. 認知行為治療，能訓練強迫症患者習慣與強迫行為和平共存，但是不隨著強迫所引起的焦慮起舞。另外一種方法就是，訓練患者將強迫性思想保留一段時間，或將自己強迫的想法錄下來，然後常常去聆聽自己強迫的聲音，進而領悟強迫的想法是荒謬的。

31. 行為治療採用暴露法，故意安排患者暴露在其害怕的情境，訓練患者不要有逃避的行為反應。行為治療的原則如下：(1)不管別人有多好，只跟自己比較；(2)不要放棄，學習放下；(3)不要替自己找尋逃避的藉口；(4)凡事要說到做到，只是想沒有用；(5)要努力工作，讓自己有成就感；(6)將成功的經驗記錄下來，不斷地勉勵自己。

32. 創傷後壓力症（簡稱PTSD）是指，個人親身經歷極大心理創傷事件，例如：經歷戰爭、大地震、洪水、火災、大海嘯、嚴重車禍、被強暴、被搶劫、被綁架、被嚴刑拷打、被拘留在集中營或難民營等，產生很大的恐懼陰影一直揮之不去。

33. 不是每一個經歷過創傷事件的人，都會產生創傷後壓力症，如果在創傷後壓力症之前，就已經有心理困擾或人格異常，或在創傷後精神上沒有得到支持的人，才會出現創傷後壓力症。

34. 常見的創傷後壓力症有以下三類：(1)反覆感受到創傷的事件，一想到當時的恐怖場景就不停做惡夢；(2)對與創傷事件相關的事情採取逃避的態度；(3)經常出現過度焦慮、驚恐或失眠的現象。

35. 創傷後壓力症如果持續很多年，就需要接受心理治療。心理分析學派的學者強調，治療時可以請案主想像原來創傷的事件，然後讓案主宣洩（catharsis），並且給予精神上的支持。藥物治療則以抗憂鬱劑為主。

Chapter 4

身體型疾患與解離症

身體型疾患（somatoform disorder）是指，患者時常覺得身體不舒服，例如：頭痛、麻痺、腹漲、胸悶等，但是患者並非故意假裝有病，而是來自焦慮的神經質症狀。患者經常找醫師看病，可是醫師卻無法找出患者有任何生理的真正病因，但患者卻又相信自己確實有嚴重的疾病；這類患者在各大醫院和醫療診所的門診患者中，占很大的比率，患者大多在三十歲以前就發病。這種症狀與**心因性疾病**（psychosomatic disease）略有不同，心因性疾病是指，個體身體不適的部分原因係來自於心理或情緒的因素。

第一節　身體型疾患的種類

身體型疾患可以分為五類：**偽病症**（malinger）、**疼痛症**（pain disorder）、**身體化症**（somatization disorder）、**轉化症**（conversion disorders），以及**慮病症**（hypochondrasis）。茲分別簡述如下：

壹、偽病症

有些人會故意假裝生病或捏造身體的症狀，讓他人誤以為他真的生病了，以謀取個人的利益，例如：有一位青年為了逃避兵役，想獲得公立醫院開立的重大疾病診斷證明書，於是他去看精神科醫師的時候，就故意胡言亂語、裝瘋賣傻，以便取得醫師開立精神分裂症的診斷證明書，這類患者又稱為**病理謊言症候群**（Munchausen syndrome）。也有些人為了得到財務上的幫助（例如：想領取救濟金），就故意假裝生病或更改醫療病歷資料。如果醫師沒有明察秋毫，有時會讓這種人矇混過關。

有些偽病症患者會利用各種手法來產生疾病，例如：注射某些藥物，使身體持續發高燒，或服用瀉藥而產生長期腹瀉現象。根據某項研究，身體持續發高燒的患者有 9%以上是偽病症（Feldman, Ford, & Reinhold, 1994）。有些患者假裝身體非常不舒服，而住進醫院接受治療，當有人質疑他的疾病時，患者可能偽病而換到另外一家醫院治療。上述患者通常開始於成年早期，女性較男性普遍。根據 DSM-IV-TR 的診斷標準，偽病症的診斷標準如下：

1. 故意製造或捏造身體病徵或疾病。
2. 偽病的動機，是為了讓他人相信自己真的生病。
3. 在沒有外在誘因的情形之下，而產生疾病。

一般醫師對於偽病症患者所描述的病情，很難診斷其真偽。雖然偽病症的真正原因並不明朗，但仍可歸納成以下幾個因素：

1. 兒童時期體弱多病，父母過度關心與焦慮小孩的疾病。
2. 兒童時期曾受虐待或生活在充滿緊張氣氛的家庭。
3. 有過度依賴的人格特質。
4. 曾經當過護士、實驗室的技術人員，或醫學院教授的助理。
5. 缺乏社會支持，社會人際關係不良。

貳、疼痛症

身體型疼痛症（somatoform pain disorder）是指，患者感覺到身體有半年以上長期持續的疼痛，這種疼痛沒有明顯的生理病徵，而是來自心理上的因素，又稱為心因性疼痛症，例如：患者十二年前身體受傷的傷口雖然已經痊癒，但是一直感覺該傷口處還是很疼痛。一般人身體不舒服的疼痛，大多數是由於受傷所造成；可是，許多身體疼痛症患者的疼痛感覺，是來自個人主觀的感受，這種心理因素大多是由壓力過大所引起。

疼痛症患者常以身體疼痛來引人注意，或獲得他人的同情，甚至作為逃避參與社會活動的藉口；患者以女性居多，而疼痛的部位以胸部或身體的重要器官居多。疼痛症患者常到處尋求醫治，希望醫師開出藥方以解除身體的疼痛；有一些患者會因長期服藥而導致藥物上癮。根據 DSM-IV-TR 的診斷標準，疼痛症的症狀如下：

1. 患者感覺身體疼痛是真實的。
2. 患者感覺身體疼痛與心理因素有密切關係。
3. 自覺身體的疼痛，不是故意造假的。
4. 患者感覺身體相當疼痛，而影響日常生活。

參、身體化症

身體化症是指，患者身體不舒服是由心理因素所引起，以女性比較多；患者長期覺得頭痛、頭暈、疲勞、心悸、背痛、胃痛、胸悶、月經不順、泌尿系統或神經系統不舒服等。有些患者為了要解除身體上的不適，時常到處尋求醫師診治，甚至在同一個時段去看好幾位醫師。

身體化症大多起因於小時候人際關係不良、父母婚姻不美滿，這類案主常有逃學、藥物濫用，以及情緒困擾的紀錄（Golding, Smith, & Kashner, 1991; Kirmayer, Robbins, & Paris, 1994）。根據 DSM-IV-TR 的診斷標準，身體化症的症狀如下：

1. 持續幾年抱怨身體不舒服。
2. 至少有四種症狀，以及至少兩種胃腸症狀，一種性方面的問題，以及神經方面的症狀。
3. 身體不適並非由生理因素所造成。
4. 身體有顯著不舒服的症狀。

肆、轉化症

轉化症是指，患者沒有任何生理疾病，但是有某些身體功能的障礙。其身體功能的障礙是由心理嚴重衝突的問題、不安的情緒轉化為感覺或運動系統等生理疾病的現象，患者常因覺得身體不適而去看醫師。換言之，轉化症患者在生理上找不出明確的病因，通常以單一器官系統的疾病較為常見。以前該症又稱為**歇斯底里症**（hysterical disorder）。hyster 這個字源自希臘文 uterus，意即子宮。古希臘的醫師認為此疾病屬於女性的疾病，只要結婚就可以治療這種女性的病。到了中古世紀，歇斯底里症被認為與魔鬼、巫術有關。

茲舉一個例子如下：

從前有一個女孩因為家境貧困，父母把她送給別人當養女，長大之後與親生父母失去聯繫，有一天她從朋友得知親生父母的住址和電話，於是打電話回老家。在電話中媽媽要她回來照顧弟弟，這位女子聽到這句話，突然變成啞巴無法說話，經醫師檢查找不出生理上的疾病。因為她自認為小時候不但沒有得到父母的愛護，現在父母又要她回去照料弟弟，莫大的心理衝突造成語言障礙，對父母表示無言的抗議。但是她接到朋友的電話仍然可以正常交談，由此可見她身體的症狀發作，是由心理因素轉化而來。

轉化症患者常被誤診為神經系統的疾病，這一類患者經過醫師仔細檢查，身體器官與神經系統都沒有任何問題，但是患者身體不舒服的感覺，卻是真實的。

根據 DSM-IV-TR 的診斷標準，轉化症的症狀如下：

1. 自己覺得有異常的身體功能缺失。
2. 自覺異常的身體功能缺失，與心理因素有密切關係。
3. 自覺異常的身體功能缺失，並不是故意造假的。
4. 自覺異常的身體功能缺失，無法以一般醫學來解釋。
5. 患者對自己覺得有異常的身體功能缺失，感覺很痛苦。

轉化症的症狀，可以分為感覺的、動作的、身體的等三類症狀，茲分別說明如下：

一、感覺的症狀

1. **麻痺**（anesthesia），例如：嗅覺遲鈍、**痛覺消失**（analgesia）。
2. **感覺遲鈍**（hypesthesia），例如：視力模糊不清、聽力失常、嗅覺遲鈍。
3. **過度敏感**（hyperesthesia），例如：喉嚨不適、失聲、**無法說話**（mutism）。
4. **感覺異常**（paresthesia），例如：閱讀時焦距不準、白天弱視、視野窄化、對太陽光線極端敏感。

二、動作的症狀

轉化症患者可能出現以下症狀：手或腳癱瘓、顫抖、動作遲鈍、無法寫字、無法彈琴、無法走路、走路搖晃不穩、肌肉抽搐、手指或腳趾僵直不容易彎曲，例如：在前線作戰的士兵，看見敵人卻無法拿起步槍來射擊，但其實患者手部並沒有受傷。

三、身體的症狀

轉化症患者常見的身體器官症狀有：嘔吐、咳嗽、呼吸困難、頭痛等。患者在心理上藉著身體的疾病，來逃避各種壓力，例如：在與敵人作戰的士兵或戰鬥機飛行員，時常出現手腳**麻痺**（anesthesia）、視力模糊等身體症候群，因而被送至醫院治療，藉以逃避戰爭死亡的威脅。又如：身體不舒服的患者在住院期間，時常有同事或親友帶禮物到病房來慰問，使其生病的意念得到增強，因而在心理上得到好處，於是其轉化症就很難治好。轉化症可以利用心理測驗來診斷，患者大多容易接受他人的暗示，此類患者適合接受催眠治療。

轉化症通常是因為兒童期或青春期的壓力無法調適所造成的，在臨床病例中，女性多於男性（Faravelli et al., 1989）。佛洛伊德（S. Freud）認為，轉化症與戀父情結有關，患者身體的不適是由焦慮與心理衝突所引起。有一些憂鬱症、藥物濫用與人格異常者，也有轉化症的現象。

伍、慮病症

慮病症又稱為疑病症，是指患者經常擔心自己罹患重病，例如：擔心罹患各種癌症、心臟病、腎臟病等；在懷疑自己罹患重病的同時，又伴隨焦慮與情緒上的不安，而且到處去尋求醫師治療。曾經有一名慮病症患者，其姊夫因酗酒導致心臟病過世，他就懷疑自己常喝酒也會如此，於是到處尋求心臟科醫師診斷；每次看完醫師之後，醫師告訴他沒問題，可是過了不久，他又懷疑醫師的診斷太馬虎，接著又到別家醫院求診，終日惶恐不安，無心工作，看遍各大醫院的名醫仍不休止。

慮病症患者常抱怨身體某一個部位不舒服，可是卻不能對症狀做正確的描述。患者常喜歡閱讀雜誌中有關醫學的報導，相信各種媒體報導的藥物廣告，而且很容易確信自己所罹患的就是媒體報導的疾病，於是每天惶恐不安。患者時常伴隨著疼痛、強迫症、**憂鬱症**（depression），以及焦慮，他們常將自己的小毛病想像得很恐怖。一般來說，工作壓力太大、缺少運動，以及先天體質較差的人，罹患慮病症的機率比較大。根據 DSM-IV-TR 的診斷標準，慮病症的症狀如下：

1. 一直認為自己有嚴重疾病而產生恐懼。
2. 經過醫師診斷找不出身體疾病，卻仍然專注在這個疾病上。
3. 認為自己身上的器官有嚴重毛病。
4. 認為自己罹患嚴重的疾病，持續至少六個月以上。
5. 患者對自己身體的疾病，感覺相當痛苦與困擾。

第二節　身體型疾患的原因

壹、認知的觀點

有些認知心理學家認為，當個人認為以身體疾病來表達情緒的不滿或心中的憤怒、恐懼、嫉妒、罪惡感時，這種溝通方式是形成身體型疾患的原因。

一個人如果太在意自己的身體，注意力大多集中在自己身上，很少去關心自身以外的人、事、物，或是時常認為自己身體很虛弱，萬一自己死了，家人怎麼辦？或認為自己的願望還沒有實現，怎麼可以生重病？這種人比較容易得到身體型疾患。

貳、心理動力學派的觀點

佛洛伊德（S. Freud, 1984）認為，身體型疾患與潛意識有關。女孩在三歲至五歲的性器期中，**戀父情結**（Electra complex）的潛意識是轉化為身體症狀的主因，也就是兒童期所產生的潛意識衝突會引起焦慮，患者將此焦慮轉化為身體的症狀。有些歇斯底里症患者，會以身體的症狀來避開內在衝突，這是屬於**主要收穫**（primary gain），例如：有一名學生因生病而不必參加考試，在內心深處就產生生病是解除壓力或焦慮的良方。

有些人格理論學者認為，凡是具有過分自我關心、得失心很重、容易接受他人暗示、內向、消極悲觀、情緒不穩定、神經質個性的人，都比較容易得到身體型疾患。

參、行為學派的觀點

行為理論學者指出，個人身體疾病如果得到**正增強**（positive reinforcement），以後就容易產生身體疾病。反之，如果身體產生疾病受到懲罰或**負增強**（negative reinforcement），則個人的身體疾病比較不容易出現。

有些人在幼年生病時，父母過分關心呵護，叫孩子不必去上學，家人又給予過度的同情與愛護，甚至送給他很多玩具，於是患者覺得生病不但可以免除課業壓力，而且可以獲得額外的好處，這種現象稱為**次級收穫**（secondary gain）；這樣會在其潛意識裡，無形中認為生病並不是痛苦的事。有些人甚至因為生病，使自己逃過考試的壓力、事業上的挫折、婚姻的問題或家庭的責任；有些患者則是因為過分愛面子、擔心失敗，於是以身體疾病來當作藉口。在上述的情境之下，就容易產生身體型疾患。

第三節　身體型疾患的治療

身體型疾患患者大都深信自己的疾病是生理上的問題，所以會到處尋求醫師治療，經過長時間的醫學治療沒有明顯成效後，這時才會轉向尋求心理治療或精神科醫師的治療。

壹、心理動力治療

身體型疾患的心理治療有許多種方法，心理動力治療常採用**領悟**（insight）法，幫助患者認識引起焦慮的內在衝突。有些心理治療師應用催眠暗示對患者情緒上給予支持，在催眠過程中告訴他們身體的疾病會消失。

貳、行為治療

有些心理治療師採用行為主義學派的方法，對患者的患病行為不給予鼓勵或支持，只對其健康的行為給予獎勵，經過行為治療之後，通常能很快收到治療的效果。根據文獻記載，有些案主接受**洪水法**（flooding）治療，也有很好的效果。

參、藥物治療

目前有愈來愈多的精神科醫師，對身體型疾患的案主，採用抗憂鬱藥物的治療方式，這種治療方法確實可以減輕症狀，但是要完全治癒需要一段時間，並且配合心理治療、家族治療，在家人的鼓勵、支持之下，才能夠有明顯的治療效果。

肆、生理回饋訓練

心理師利用**生理回饋訓練**（biofeedback training），使患者立即察覺身體緊張的資訊，幫助患者學習放鬆的方法。經由多次生理回饋訓練之後，患者不但可以減少肌肉緊張和身體疼痛，同時對於治療心律不整、偏頭痛、氣喘、高血壓、口吃、腰酸背痛等，都有很好的治療效果。

第四節　解離症的種類

解離症（dissociative disorder）是指，案主將痛苦的記憶或不為人接受的慾念與衝動，從意識中脫離出去，藉以防衛自己，避免產生焦慮，但是卻因而導致自我功能解體，進而產生心理失常的現象。

在臨床上常見的解離症，包含：**解離性失憶症**（dissociative amnesia）、**解離性漫遊症**（dissociative fugue）、**多重人格**（multiple personality）、**自我感喪失症**（depersonalization disorder）等。茲簡述如下：

壹、解離性失憶症

解離性失憶症患者會遺忘個人記憶中的重要資料，通常不是由生理的因素所引起的。這種記憶力的喪失，不是由於腦部受傷或記憶力退化所產生，而是曾遭受過重大打擊造成內心重大的悲痛，或對自己家人極端不滿所造成的。常見的解離性失憶症有以下幾類：

1. 無法認出自己的朋友或家人。
2. 無法記住自己曾經做過的事。
3. 對原來熟悉的地方感到陌生。

4. 無法記住自己的重要資訊，例如：忘記自己的姓名、住址、父母親姓名、畢業的學校、家裡的電話號碼、金融卡密碼等。
5. 忘記自己做夢的內容。
6. 以前能夠輕易做的事情，現在卻不能。
7. 在開車旅途中，忘記這期間發生什麼事情。

根據 DSM-IV-TR 的檢核表，解離性失憶症有以下兩項特徵：

1. 一次或多次的發作，不能回憶起個人重要的資料，其失憶與創傷或過大的壓力有關，無法以一般人的遺忘現象來解釋。
2. 患者的解離健忘症與重大的痛苦或傷害有關。

解離性失憶症患者回想不起來的記憶資料，仍然存在潛意識中，如果經由催眠就可以想起來，其健忘現象是由於內心的壓力所造成，所以又稱為心理因素失憶症，簡稱心因性失憶症。這種失憶症可以分為以下四類：

1. 選擇性失憶：患者對自己在某個時段所發生的事情，會選擇性的記得某些部分，或選擇性的忘掉某些部分，例如：有一名案主參加岳母的喪禮之後，隔天睡醒只記得接到岳母死亡的訊息，對於葬禮過程中所發生的事情，都回憶不起來。
2. 局部性失憶：患者在某些創傷事件之後不久，腦海中一片空白，對某個時段所發生的事情完全想不起來。
3. 間斷性失憶：患者對某個時間點之前的事情，完全想不起來。
4. 全盤性失憶：患者對自己的身世與生活史，完全忘記，例如：記不得自己的姓名、年齡、教育程度、電話號碼、住址、父母或親友的姓名等。

貳、解離性漫遊症

解離性漫遊症是指，患者不但喪失記憶，而且會到處走動找不到自己的家。有的患者離開家到一個陌生的地方長達數年，後來從事新的職業並且過新的生活方式，但是都想不起來原來的家住在哪裡、自己叫什麼名字、父母親是誰；這種患者可能突然發現自己生活在一個陌生的地方，不知道是如何來的，對於自己漫遊的經驗完全失去記憶。曾有這類患者漫遊到國外，在那個地方採用新的名字，從事新的工作，結婚生子，最後因交通事故，警察發現這個人的身分可疑，而露出破綻，但也有些解離性漫遊症患者終其一生，在異鄉都沒有被人識破。

根據 DSM-IV-TR 檢核表，解離性漫遊症的患者具有以下三項特徵：

1. 突然離開家或離開工作的地方開始漫遊，而且無法回憶自己的過去。
2. 對自己的身分感到困惑，或改用新的身分。
3. 有嚴重的痛苦經驗或不堪回首的往事。

解離性漫遊症患者以遠離不愉快的環境，來逃避過去生活中內心的衝突與焦慮。不過，他會記得一些無關緊要的事，例如：自己機車或汽車的品牌、在家裡的出生序等。在經過一段時間之後，可能突然發現自己身處異鄉，而且忘記自己整個漫遊的經過，最後只記得在漫遊之前所發生的事情。

解離性漫遊症大多是由重大壓力事件所引起，例如：某位男性案主經歷多年的戰亂，後來工作儲蓄了一些錢，交女朋友打算要結婚了，可是不幸住家遭遇火災，全部家當毀於一旦，後來女朋友與他分手，他在重大打擊之下，大量飲酒來麻醉自我，然後遠走他鄉成為街友到處流浪。當警察發現他的時候，案主卻完全想不起來自己那一段不堪回首的往事。

參、多重人格

多重人格是指，患者同時具有二個以上的不同人格特質；換言之，多重人格是自我的解離。一個正常的人只有一種穩定的人格特質，對自己的姓名、記憶、行為特徵都很清楚；可是多重人格患者，在不同的時空裡，會出現不同的人格特質；當患者表現某一人格特質時，他渾然不知自己擁有其他的人格特質，甚至有時候不同的人格間會互為對手，試圖破壞對方。多重人格患者時常有自殺的企圖、暴力，以及自殘行為。

根據 DSM-IV-TR 檢核表，多重人格具有以下三項特徵：

1. 出現兩種以上不同的身分或人格狀態。

2. 至少有兩種以上的身分或人格狀態，長期左右此人的行為。
3. 不能回憶起個人的重要資料。

患者的每一個人格特質，都是相當穩定與獨立的，從一種人格轉換至另外一種人格特質的時間不一定，有的人十幾個小時，有的患者則要幾年，不過大多數患者屬於前者，例如：一位在白天內向、消極及悲觀的人，到了晚上就變換成相當外向、積極、樂觀、好客的人；又如，在外呈現正人君子的人格特質，在家裡卻經常打罵老婆出氣。

多重人格在小說、電影、電視中常被提及，但在臨床上並不多見。根據文獻記載，多重人格以女性居多，且在兒童期就發病，這些女性大多在兒童或青少年時期，曾經有被性侵害或身體被虐待的經驗，所以多重人格大致上是屬於心理創傷之後的人格解離。最具代表性的例子，是有一名希吉茉（Chris Sizemore）女性患者，她是《三面夏娃》（The Three Faces of Eve）故事中的女主角，這名患者具有白夏娃、黑夏娃，以及黑、白夏娃混合的人格特質，當出現白夏娃時，她表現出溫柔婉約、賢妻良母的個性；但是，當出現黑夏娃時，她表現出兇暴、失去理性與不負責任的行為。

《24個比利：多重人格分裂的紀實小說》（The Minds of Billy Milligan）（小知堂編譯組譯，2000）這本書敘述一則真實的故事。該書描述1977年，在美國俄亥俄（Ohio）州涉及連續強暴案的嫌疑犯——比利・密里根，遭警方逮捕，但他對自己曾犯下的罪行居然毫無記憶。事實上，在他的內心（包含比利在內）總共有二十四個人格存在，這些人格不僅在性格上，甚至連國籍、智商、年齡、性別等方面也都各不相同，因此比利非常痛苦，曾數度企圖自殺。他是美國歷史上第一位犯下重罪，卻獲判無罪的嫌犯，因為他是一位多重人格者。

近年來，由於生活競爭相當劇烈，很多人感受到很大的工作壓力，於是多重人格患者有日漸增加的趨勢。但是，許多人會誤將多重人格視為精神分裂症或被鬼附身的狀況。

肆、自我感喪失症

自我感喪失症是指，患者覺得自己不存在，感覺不能控制自己的思想與行為，或是覺得自己不是自己而是他人，或對本來很熟悉的地方卻感覺很陌生，甚至覺得自己置身於外星球，或自己漂浮在身體的上方。這種患者常抱怨暈眩、感覺渾身不對勁，有時覺得自己好像機器人，害怕失去理智，他們對外在事物常有失真的感覺。

自我感喪失症患者在青少年及成年早期比較容易發生，尤其在生活壓力過大卻無法面對時，發生的機率比較高，例如：一位國中三年級學生，為了要考上第一志願的明星高中，雖然很努力用功，可是學業成績一直不好；有一天早上他一走進校園，對自己每天上學的學校居然感到很陌生，好像自己從來沒有到過這個學校一樣，而且很擔心自己即將崩潰，這種情形可能是罹患自我感喪失症。

第五節　解離症的原因

壹、心理動力的觀點

心理動力理論學家認為，解離症是由不愉快生活經驗的**壓抑**（repression）所引起。壓抑是一種自我防衛機轉，它可以阻止痛苦的思想、記憶或衝動進入意識中，進而排除心裡面的焦慮不安。

根據心理動力的看法，解離性失憶症與解離性漫遊症，都是個人對某不愉快事件壓抑的結果，當不愉快事件壓抑至潛意識，就可以避免面對它的痛苦。這種壓抑的行為起源於兒童時期，父母對孩子本我衝動的制止，使得孩子害怕本我的衝動，因而對它們產生自我防衛。簡言之，壓抑可以使個人免於面對不愉快事件所產生的焦慮。

有些心理動力學者認為，過度壓抑會產生多重人格，尤其父母對孩子的嚴苛虐待，容易使孩子產生多重人格。因為孩子受到虐待的心理創傷，可能使他們以各種人格去面對它。但是，並非所有被父母虐待的孩子都會造成多重人格。

貳、行為主義的觀點

行為學家認為，解離症是由個人生活經驗中，從操作制約學習而來的。有些人在生活上經驗到恐懼的事件，當他們將注意力轉移到其他事物時，恐懼的心理就可以得到解脫。換言之，行為學家將解離看作是一種逃避行為，在解離過程中個人的行為就受到增強。

參、自我催眠

一個人接受催眠進入催眠狀態時，很容易受到催眠師的暗示，因此可能短暫失明、失聰、失去記憶或對痛楚沒有感覺，催眠師也可以幫助案主回憶起多年前已經遺忘的事件。解離性疾患與催眠的失憶，兩者頗為相似，這兩種情況都是人們在一段時間裡忘了某些事情，但是後來又能夠想起來，所以有些心理學者認為，解離性疾患可能是案主以**自我催眠**（self-hypnosis）來忘記某些不愉快的事件的方式。

有一些研究發現，自我催眠可以解釋多重人格，因為多重人格開始於六歲左右，在這個階段的兒童通常很容易受到別人的暗示，而且很容易被催眠，被虐待或遭遇到恐佈事件的兒童，很容易用自我催眠來逃避他人的威脅，常把自己的身體和心靈分開來，或把自己變成另外一個人。

第六節　解離症的治療

根據研究，不少罹患解離性失憶症與解離性漫遊症的患者，通常可以自己恢復正常，只有少數個案需要接受治療。可是，多重人格患者通常需要接受治療，以恢復其喪失的記憶，並且發展出統整的人格。大體來說，心理治療對解離性失憶症和解離性漫遊症的治療比較有效，對多重人格的治療效果比較差。

壹、解離性失憶症和解離性漫遊症的治療

解離性失憶症和解離性漫遊症主要的治療方式包括：心理動力治療、催眠治療，以及藥物治療等。心理動力治療師以**自由聯想**（free association）法，要求患者不論想到什麼就講出來，再從自由聯想的資料中來探尋其潛在意識，然後將患者把遺忘的經驗帶回到意識層面。簡言之，心理治療師試圖揭露患者所遺忘的記憶，使患者重新去面對與處理過去的創傷經驗，逐漸釋放負面的情緒，並學習正向的態度來處理自己的問題，之後就能朝著健全自我的方向去發展。

有些心理治療師會使用催眠法，將患者催眠之後，在進入深度催眠狀態之下，引導他們去回憶已經遺忘的事件，研究結果顯示，解離性疾患患者，對催眠有高度的感受性。因為解離性失憶症和解離性漫遊症的患者，都有可能是一種自我催眠的結果，所以催眠治療法通常可以產生很好的效果。

在藥物治療方面，醫師對上述患者將巴比妥酸鹽，如Amytal或Pentohl等藥物注射到患者的靜脈，可以有效恢復解離性失憶症和解離性漫遊症患者的記憶，因為這些藥物可以使人產生鎮定作用，使人減少抑制記憶的效果，但是藥物治療有時可以恢復過去事件的記憶，藥性消失之後又遺忘了，所以藥物治療之外，最好再配合其他治療方法，這樣比較能產生良好的效果。

貳、多重人格的治療

多重人格患者的治療，比解離性失憶症和解離性漫遊症較為困難。心理治療師通常設法幫助這類患者：(1)充分了解這種疾患的性質；(2)設法協助患者恢復已失去的記憶；(3)重整其不同的**副人格**（subpersonalities），變成一個統整的人格。一旦人格統整之後就教導他們社交生活技巧，以預防日後人格再度瓦解或解離，有一些個案研究報告指出，這種治療方式的成功率相當高。

本章摘要

1. 身體型疾患可以分為：偽病症、疼痛症、身體化症、轉化症、慮病症等五類。
2. 偽病症又稱為病理謊言症候群。
3. 身體型疼痛症是指，患者感覺到身體有半年以上長期持續的疼痛，這種疼痛沒有明顯的生理病徵，而是來自心理上的因素，又稱為心因性疼痛症。
4. 身體化症是指，患者身體上的不舒服是由心理因素所引起。患者長期覺得頭痛、頭暈、疲勞、心悸、背痛、胃痛、胸悶、月經不順、泌尿系統或神經系統等不舒服。
5. 身體化症大多起因於小時候人際關係不良、父母婚姻不美滿，這類案主常有逃學、藥物濫用，以及情緒困擾的紀錄。
6. 轉化症通常由於兒童期或青春期就開始產生的壓力無法調適所造成的。
7. 轉化症是指，患者沒有任何生理疾病，但身體上某些功能有障礙。其身體功能的障礙是由於心理上的問題轉化為生理疾病的現象，患者常因覺得身體不適而去看醫師。
8. 慮病症是指，患者經常擔心自己罹患重病，例如：擔心罹患各種癌症、心臟病、腎臟病等；在懷疑自己罹患重病的同時，又伴隨焦慮與情緒上的不安，且四處尋求醫師治療。
9. 身體型疾患的原因：注意力大多集中在自己身上；過分自我關心、內向、情緒不穩定、神經質個性；在幼年生病時父母過分關心，給予過度的同情與愛護，患者因生病獲得利益，無形中在潛意識裡產生「生病不是痛苦的事」之意念，甚至因生病使自己逃過考試的壓力、事業上的挫折、婚姻的問題或家庭的責任。有些患者因為過分愛面子、擔心失敗，於是以身體疾病來當作藉口。
10. 解離症係指，案主將痛苦的記憶或不為人接受的慾念與衝動，從意識中脫離出去，藉以防衛自己，避免產生焦慮，但是卻因而導致自我功能解體，進而產生心理失常的現象。

11. 常見的解離症有：解離性失憶症、解離性漫遊症、多重人格、自我感喪失症等。
12. 解離性失憶症患者，有時會突然喪失某方面的記憶，尤其是與自己過去生活有關的重要資訊。
13. 解離性漫遊症是指，患者不但喪失記憶，而且會到處走動卻找不到自己的家。
14. 多重人格是指，患者同時具有二個以上的不同人格特質，多重人格是屬於心理創傷之後的人格解離。
15. 自我感喪失症是指，患者覺得自己不存在，或是覺得自己不是自己而是他人，或對本來很熟悉的地方卻感覺很陌生，甚至覺得自己置身於外星球，或自己漂浮在身體的上方。
16. 生活在極端不愉快、充滿緊張氣氛的家庭，或者有性方面困擾的人，亦容易表現出解離症。
17. 解離症是由於個人所承受的心理壓力太大，而且為了逃離焦慮的情境所造成的。
18. 解離症的治療重點，在於協助患者內在自我各部分互相連結與整合，治療過程首要步驟為：讓患者能夠在情境中，重新去面對與處理過去的創傷經驗；其二是透過治療過程，逐漸釋放受創當時，其藉著解離的方式去逃避難以承受的負面情緒。
19. 負面的情緒經過充分的處理與釋放之後，患者即能卸下解離的面具，一旦內在自我各部分都感覺到被接納與認可，即可學習釐清這些複雜的情緒，並以適當的方式表達與處理問題，就能朝著健全自我方向去發展。

Chapter 5

情感性異常

每一個人在日常生活中，免不了有情緒的起伏與變化。有時候情緒特別好，神清氣爽、意氣風發、工作起勁，甚至對周圍的人、事、物，都覺得充滿光彩與希望。可是，有時候情緒卻會特別低落，不但心情沮喪、意興闌珊、工作倦怠，對人、對事，甚至對周圍的世界，都充滿悲觀與絕望；不過這種極端興奮或悲傷的生活經驗，通常很短暫就會過去，此時自然不會被視為異常或變態。情感性異常的人，其情緒會嚴重影響到與他人的互動，甚至會影響到正常的工作與生活，而且這種情緒會維持一段很長的時間。

一般人平時的情緒起伏不大，大多處於喜樂與絕望之間，但是如果長期情緒非常低落、哀傷、沮喪、意志消沉、萬念俱灰、對生活與工作失去興趣，或情緒極端興奮，而影響日常生活及人際關係，就可能是**情感失常**（affective disorder）。情感性異常至少可以分為：憂鬱（又稱為抑鬱症）、**躁鬱症**（manic-depression disorder）、**自殺**（suicide）等，茲分別敘述如下：

第一節　憂鬱症

壹、憂鬱症的特徵

憂鬱症是一種情感性精神疾病，又稱為心靈感冒，全世界大約有 17%的成人，在其一生中經歷過憂鬱症（Angst, 1999）。在美國，憂鬱症患者罹患此症的平均年齡大約為二十七歲，女性罹患率大約為男性的兩倍，憂鬱症患者在不同社會階層的發生率，並無顯著差異。由於嚴重憂鬱症患者自殺的機率很高，因此憂鬱症已經成為人類十大死亡原因之一，而且憂鬱症是現代社會中罹患率最高的一種精神疾病。近年來，世界各國憂鬱症患者有日益增多的趨勢，有些患者因為長期失業、貧窮、破產或親友死亡、感情挫折或學業失敗，而導致憂鬱症。由於憂鬱症患者無法專心工作，所以會造成嚴重的經濟損失。據說歷史上有些名人都曾罹患憂鬱症，例如：美國總統林肯、英國女王維多利亞、作家海明威等。

憂鬱症患者長期籠罩在情緒低潮狀態之中，低落的情緒長期揮之不去，而且當個人再度遭遇重大壓力時，復發率很高。人是情感的動物，在每個人一生中，難免因為個人、家庭、人際、經濟、工作、婚姻或學業等因素，產生挫折與壓力，因而產生情緒低落、消沉、沮喪的心情。一般人在壓力消除之後，心情逐漸恢復正常；可是，有些人因為遺傳因子、個性或壓力的累積，而又缺乏適當的情緒調節與良好的社會支持，情緒無法獲得有效的紓解，週而復始一再累積，就容易產生憂鬱症。

憂鬱症即使在輕微的患者身上，也會造成重大痛苦，或在其社交、職業或生活方面造成損害，如果損害程度嚴重，患者可能無法與人互動，或喪失工作能力。**重度憂鬱症**（major depression）的患者，無法做好最基本的自我照顧（例如：自己進食或穿衣），或維持最起碼的個人衛生。憂鬱症最令人遺憾的後果是「自殺」！根據臨床心理學者的統計，大約三分之二的憂鬱症患者有自殺的意念，大約 10%的憂鬱症患者會有自殺行為。憂鬱症通常是由輕度逐漸轉變為重度，如果在輕度憂鬱的時候，能及早發現與適當治療，預後通常會比較好，而且可以縮短治療時間。

貳、憂鬱症的徵兆與症狀

一、憂鬱症的徵兆

憂鬱症最主要的徵兆是憂鬱的情緒，以及明顯的焦慮，然而憂傷情緒的表達可能不被容許，進而被壓抑下來或加以否認，導致不容易被他人覺察到，所以憂鬱的人其症狀表現常常不是以憂傷情緒為主，可能只是抱怨有很多身體症狀（例如：身體酸痛、耳鳴），卻不提及憂傷的感受。甚至很容易大發脾氣，持續地憤怒或與人爭吵以表現內在的憂鬱情緒症狀。不過，憂鬱情緒通常可經由進一步的晤談而表現出來。

此外，憂鬱症患者的臉部表情以嘴角下垂、沒有笑容，或笑得很勉強較為常見，且無法安靜坐著；語言、思考及身體動作變得緩慢；語言的音量、抑揚起伏很大，不喜歡講話或沉默不語等居多。因此，如果發現周遭的人有某些不對勁的表現，可能要特別注意他的一舉一動，或與他建立良好的溝通管道，誘導他去多談一談自己的困擾，並且給予適當的社會支持，協助其尋找適當的求助管道。

憂鬱症患者的其他症狀包括：睡眠異常、失眠或嗜睡等問題；平時失去活力或極度疲勞；對自己存在的價值有不切實際的負面評價（例如：認為自己一無是處）；對於過去的失敗有罪惡感，或常常去回想不如意的往事。記憶困難或健忘，從事需智力配合的學業或職業時，經常表現不如往常，或抱怨以前所學的知識或技能不管用，甚至擔心智力退化。憂鬱症患者在兒童或青少年時期，學業成績常急轉直下，而老年憂鬱症患者主要抱怨是記憶困難，有時可能被誤認為是癡呆的早期徵兆。如果這些憂鬱症患者能夠成功地被治療，那麼記憶通常可完全恢復。

憂鬱症患者常有死亡想法、自殺意念或自殺企圖，相信自己死去會對他人比較好，常重複出現自殺的念頭，甚至擬定自殺計畫。自殺動機包含自覺無法克服的人生障礙，意圖放棄一切希望與永無止境的痛苦。患者想要自殺之前，通常會發出求救訊號。

根據臨床經驗，自殺企圖比較薄弱的人，發出的求救訊號較容易辨識且較為強烈，且較不會去嘗試，或較不容易自殺成功；而自殺企圖很強烈的人，通常所發出的求救訊號極其微弱，讓人很難辨識，甚至自殺意圖的產生與自殺行動出現的時間間隔會縮短。對於後者，自殺危機的辨識與處理較為困難，且要謹慎小心，最好能夠求助於專業人員。自殺獲救者，通常會很後悔自殺的舉動，因為自殺是很痛苦的，而且自殺未成功可能會有後遺症。憂鬱症患者自殺通常只是一時的衝動，如能停下來稍微想一下「為什麼要自殺」，或許自殺念頭就可以打消了。

家人經由平時仔細的觀察，通常都可以透過患者的症狀表現，來判斷是否可能罹患憂鬱症。一旦懷疑有此可能性，就需要尋求專業的診斷與治療。

二、憂鬱症的症狀

大多數憂鬱症患者會感覺生活空虛、悲傷與沮喪，他們很難透過任何事情得到快樂；大多數患者會經歷到焦慮、憤怒、失落、寂寞或情緒激動。患者不喜歡說話、不喜歡上班、對任何事情都失去上進心、自發性與進取心，甚至對吃飯、和朋友說話也提不起興趣，只想獨處不想做任何事情，甚至有些人希望死亡或自殺。根據估計，美國人大約有 6 至 15%憂鬱症患者是因罹患重度憂鬱症而自殺（Inskip, Harris, & Barracloagh, 1998）。憂鬱的症狀是多樣化的，病患的感受及症狀的描述，也隨著憂鬱症的輕重程度、病程、性別與年齡等因素，而有所不同。

嚴重憂鬱症患者會伴隨無用感、罪惡、懲罰、疾病、貧窮、幻聽、妄想等症狀，醫師常容易誤診為精神分裂症。患者對原來嗜好的興趣減退，對以前感到興趣的事再也提不起勁，對以往的娛樂不再感覺愉快，甚至什麼事都不想做。家人通常可觀察到其社交退縮的表現，或放棄任何休閒、娛樂的活動。憂鬱症患者常見的症狀，如表 5-1 所示。

表 5-1 憂鬱的症狀

層面	憂鬱症狀	
生理方面	1. 食慾減退或增加 2. 體重增加或降低 3. 容易疲倦 4. 頭痛、頭暈 5. 心悸	6. 缺乏性趣 7. 心理動作遲緩 8. 失眠或過度睡眠 9. 胃漲 10. 頻尿
認知方面	1. 注意力不集中 2. 無價值感 3. 消極、悲觀 4. 厭世 5. 自覺無能、無奈	6. 思想遲緩 7. 有強迫性思考 8. 想孤立自己 9. 有自殺的念頭
情緒方面	1. 悲觀、憂傷 2. 容易發怒 3. 心情浮躁 4. 常想哭泣 5. 自責	6. 寂寞 7. 不快樂 8. 過度敏感 9. 失望或絕望
行為方面	1. 無法專心做事 2. 對日常活動不感興趣 3. 不喜歡與人交往 4. 動作緩慢	5. 說話次數少 6. 有攻擊行為 7. 記憶力變差 8. 有自殺行為

三、兒童與青少年期常見的憂鬱症狀

有些兒童或青少年功課突然退步、突然顯得坐立不安、身體動作突然變慢、講話音調變單調，或變得沉默不語、情緒激動、時常哭泣、常常顯得很害怕或緊張、突然變得有攻擊性、有反社會行為、不停抱怨身體某個部位疼痛不適，而醫師診斷也找不到真正的病因，患者開始喝酒或使用其它成癮性物質，此時就要懷疑是否罹患憂鬱症。

參、憂鬱症的臨床診斷

一、重鬱症

所謂重度憂鬱症，通常其憂鬱症特徵維持至少兩個星期，有些患者的憂鬱現象超過五個月；大約三分之二的重度憂鬱症患者即使其病情有所改善，但是在往後的人生旅程中，仍然會出現憂鬱的行為（Judd, 1995）。根據DSM-IV-TR的診斷標準，患者在兩週以內出現下列五種以上症狀，就可以認定為重鬱症：

1. 每天大部分時間心情煩悶。
2. 對任何事情缺乏興趣，甚至對親密的人感到厭煩。
3. 經常失眠或睡眠時間過長。
4. 時常疲倦不堪，注意力無法集中。
5. 每天心神激動或遲鈍。
6. 每天覺得自己沒有價值，對未來充滿悲觀與絕望。
7. 時常存有自殺的念頭。
8. 時常懶散、動作緩慢或急躁不安。

二、輕鬱症

輕鬱症（dysthymic disorder）是指，患者憂鬱程度比較輕微，但是經常愁容滿面、不快樂的時間比快樂的時間多，雖然能夠繼續工作，但常擔心自己能力不足，覺得做事情比一般人辛苦得多。

輕鬱症屬於長期的憂鬱情緒，通常與慢性環境壓力或人格特質有關，如果憂鬱的情緒持續兩年以上，至少有兩種以上憂鬱症的症狀，但是在臨床上尚未達到重鬱症的嚴重程度，即可能患有輕鬱症。輕鬱症常在青少年時期開始出現。大部分的時間都處於輕度的憂鬱症，但如果持續憂鬱就需去看精神科醫師。憂鬱心情常合併不適當的感覺，例如：低自尊、自我貶抑、無法做決定、無法集中注意力、缺乏效率或無創造力、社交退縮、對未來非常悲觀、對過去的事情感到悲傷、為自己難過、突然吃太多或吃不下飯、睡太多或睡不著、感覺疲倦缺乏精力。

一般而言，輕鬱症患者較有病識感，較少出現自殺意念，但值得注意的是：輕鬱症患者如果沒有進行適當的治療，就容易轉變成重鬱症。根據DSM-IV-TR 的診斷標準，輕鬱症的症狀如下：

1. 大多數時間有憂鬱的情緒，持續至少兩年。
2. 憂鬱時至少有以下兩種症狀：缺乏食慾或吃得過多、失眠或嗜睡、感覺疲憊、缺乏活力、注意力不集中、低自尊、對未來缺乏希望、對重要事情難以做決定。
3. 近兩年期間，沒有憂鬱症症狀產生的時間，每次不超過兩個月。
4. 沒有狂躁發作的病史。
5. 明顯感受到身心的痛苦與煎熬。

肆、憂鬱症的類別

憂鬱症是一個集合名詞，包括不同類型的憂鬱症。依據臨床的診斷，憂鬱症約略可以分成以下幾類：

一、季節性憂鬱症

季節性憂鬱症（seasonal depression）是指，憂鬱症的發作與季節有關。在秋、冬季節交替之際，有些患者特別容易產生憂鬱症，此時，患者時常有倦怠、嗜睡、暴食等症狀。**冬季憂鬱症**（winter depression）是**季節性情感異常症**（seasonal affective disorder，簡稱 SAD）之中最常見的一種，通常在晚秋或初冬開始，而在夏季之前消失。罹患冬季憂鬱症的比率大約是 4 至 6%，女性病患是男性的四倍，而且居住在地球緯度愈偏北方，發生的機率愈大。

冬季憂鬱症常見的症狀包括：胃口改變（尤其是特別喜愛甜食或澱粉類食物）、體重增加、感覺手腳沉重、意興闌珊、疲倦不堪、睡眠過長、精神不容易集中、容易發怒、對於被他人排斥特別敏感、逃避社交場合、對原來有興趣的事物毫不動心、充滿無助或沒有希望的感覺，或是有頭痛、胃痛等身體症狀。

一個人若缺乏日光照射，就容易導致秋冬季節的憂鬱症。近來醫學研究成果指出，憂鬱症是大腦的一種疾病，由於大腦是人類內在心理世界運作的場所，包括生理、心理及社會等因素，都可能對大腦造成影響，例如：受到嚴重驚嚇或心理創傷，腦細胞迴路就會留下痕跡，變成記憶儲存在大腦裡，進而影響個人的行為、思考與情緒；或是遭受外來的巨大壓力時，會使神經傳導物質失去平衡，像決堤般崩潰，而發生失眠、心悸、食慾不振、無精打采等現象，嚴重的還會因此產生揮之不去的自殺念頭。因此，憂鬱症患者除了藥物控制外，還需要接受心理治療。

憂鬱症患者如果能夠自我肯定，加上周遭的人能給予正向的鼓勵、關懷與讚美，營造出一個正向的支持系統，使其感受到人間的溫暖，對自己逐漸產生自信心，才是遠離憂鬱、獲得喜樂的最好方法。

二、產後憂鬱症

產後憂鬱症（postpartum depression）是指，婦女在小孩出生後因為壓力過大而產生的憂鬱症。導致產後憂鬱症的原因包括：工作負荷過重沒時間照料小孩、丈夫不能協助家務事、家庭經濟困難、失業、健康情形欠佳、夫妻感情不好、婆媳不和、子女很多等因素。

三、退化性憂鬱症

退化性憂鬱症是指，老年人因為年紀很大，造成生理機能及認知功能退化，所引起的憂鬱症。通常慢性疾病纏身、子女不孝順、貧困，且無子女依靠的老人，比較容易罹患退化性憂鬱症。

四、外生憂鬱症

外生憂鬱症是指，由外在生活環境所引起的憂鬱症，例如：某個家庭原來其住家四周環境很安靜清幽，後來住家對面蓋了一座廟，造成空氣與噪音污染。二年之後，隔壁空地又規劃為夜市，空氣與噪音污染更加嚴重，這個家庭中，因此有人產生憂鬱症。

五、內生憂鬱症

內生憂鬱症是指，一個人由內部生理因素或疾病所引起的憂鬱症，例如：有一個人罹患一種慢性病，患者因為長期受到疾病的煎熬，經過許多年的治療卻毫無起色，因而產生久病厭世的心理，進而導致憂鬱症。

伍、憂鬱症的原因

一、生理因素

根據許多研究報告顯示，憂鬱症與遺傳因素之間，彼此有顯著的相關。同卵雙生子其中一人如果罹患憂鬱症，另一個人有三分之二以上的機率會罹患此症；而同樣的情形，異卵雙生子只有 15%。研究亦指出，憂鬱症有 70% 來自遺傳，30%係受環境的影響（Nurnberger & Gershon, 1992）。有一個調查研究發現，父母罹患重度憂鬱症，其親生子女罹患重鬱症的機率，比養子女高出許多。由此可見，遺傳在憂鬱症扮演重要角色。

根據最新的醫學研究發現，大腦內的**正腎上腺素**（norepinephrine）、**多巴胺**（dopamine）、**血清素**（serotonin）與**乙醯膽素**（acetylcholine）等神經傳導物質，會影響一個人的情緒。這些物質位於掌理飢餓系統與下視丘之間，尤其是正腎上腺素與血清素分泌不足，會導致憂鬱症（Delgado, Price, Heninger, & Charney, 1992）。另外有學者研究發現，**褪黑激素**（melatonin）分泌不足也會導致憂鬱症。

憂鬱症患者的大腦前額葉皮質與海馬迴縮小，從腦部**核磁共振攝影**（MRI）即可發現，憂鬱症患者大腦皮質的活動量比一般人低，但是大腦杏仁核的活動量有時反而會增加；此外，憂鬱症患者的腦中會一直盤據著痛苦的記憶，因而導致腦神經系統壞死的現象。而個人如果腦神經病變，例如：腦瘤或自律神經失調等，也有可能導致憂鬱症。

根據最新的醫學研究，大腦中腎上腺素、血清素、多巴胺與乙醯膽鹼等四種化學傳導物質不平衡，會影響個人的感情。其中腎上腺素與狂躁症有密切關聯，血清素與憂鬱症有連帶關係（Delgado et al., 1992）。因此，服用抗憂鬱劑大約三週以後，就會逐漸看到效果。罹患癲癇、甲狀腺功能失調、癌症、心臟疾病、新陳代謝異常、嚴重外傷或久病不癒等因素，也都有可能導致情感性異常。

二、心理因素

（一）心理動力取向的觀點

心理分析學者佛洛伊德認為，憂鬱症患者大多有不愉快的童年，無法發展出正向的自我觀念。許多憂鬱症患者因為父或母早逝，對於親人離去所產生的失落，內心無法接受這個事實，於是把自己與失去的親人連結在一起，轉向歸咎自己，這種過程稱為**內射**（introjection）。如果悲傷一直存在，患者便會退化至口腔期，因為口腔期父母能夠滿足他的需求，也就是能得到愉快的感覺；但對於親人的離去會感覺空虛、沒有安全感與無奈，最後轉變成憂鬱的情緒，尤其在嬰兒期對父母過度依賴的人，或童年期間失去親人，都有可能產生憂鬱症。

佛洛伊德認為，除了喪失親人之外，一個人遺失貴重物品、事業失敗、破產、失戀，或寵物過世，就好像失去親人一樣，也都會產生失落感，這種現象稱為**想像的喪失**（imagined loss）。另外，有些過度依賴父母或過度自立的人，當他們失去重要的人際關係時，也可能產生憂鬱症。

（二）認知的觀點

憂鬱症患者大多缺乏**正向思考**（positive thinking），對自己或其他人、事、物，抱持負面的思考模式或錯誤的推論，常常責備自己的不是，很少肯定自己的成就，對任何事情皆抱持著悲觀的態度，認為自己的問題永遠無法獲得改善，於是產生絕望與無助感。簡言之，憂鬱症患者有認知的扭曲，只注意自己的缺點，而忽略自己的優點，所以憂鬱症也是一種思考性的疾病，患者常被習慣性的錯誤思考所控制。憂鬱症患者常見的認知扭曲，如表5-2所示。

表 5-2　憂鬱症患者認知的扭曲

認知扭曲	特徵
二分法	對任何事情的看法很極端，例如：非對即錯；不是成功就是失敗。
以偏概全	遇到一點小挫折就認為全完蛋了，例如：有一科考不及格，就認為自己一定會被退學。
悲觀	對人生很悲觀，認為努力也沒用，例如：覺得自己的病不會痊癒。
偏激	只注意某一方面，例如：只注意別人的批評，卻忽略他人的關懷。
誇大	將一個小問題過分誇大，例如：呼吸不順就認為得了肺癌。
妄下結論	沒有明確證據就輕易下結論，例如：頭痛就認為是腦瘤。
自責	責怪自己能力不好，例如：因為自己很笨所以成績差。
責怪他人	認為今天的我是別人造成的，例如：我生病都是媽媽害的。
錯誤歸因	對事情因果關係作錯誤推論，例如：我失敗因為沒有靠山。
宿命觀	認為命運是老天註定的，例如：老天對我不公平。

憂鬱症患者常對自己或其他人、事、物做負面的解釋。貝克（Aaron Beck）認為，**負面思考**（negative thinking）是產生憂鬱症的主要因素；艾理斯（Albert Ellis）主張，不理性的想法、不適當的態度，或錯誤的思考方式，對事情做出負面的推論，或預期自己一定會失敗，上述三者都是導致憂鬱症的原因，他稱之為**認知三角**（cognitive triad），例如：某些人認為「我必須成為一個受別人讚賞的人，否則人生就沒有意義。」這就是由錯誤的思考方式所引起的。

貝克發現，憂鬱症患者會持續認為自己不好，對未來失去希望，稱之為**自動化思考**（automatic thoughts），例如：「我是家人的重擔」、「我害慘了家人」、「我是個廢人」、「我沒救了」……等。換言之，憂鬱症患者長期存有負面的態度。

一個人在罹患疾病、貧窮、事業不振、婚姻破裂、與異性朋友分手、失業、考試失敗、破產、投資失敗等困境時，就會很容易想到：「我真歹命！」、「我不夠聰明！」、「我沒有辦法！」、「好事為什麼不會發生在我身上？」、「我永遠不會成功！」、「我不行！」、「我真衰！」、「父母為什麼不幫助我？」、「我很糟糕！」、「我完蛋了！」、「我沒救了！」等話語。以上這些負面的想法，會像種子一樣在潛意識裡發芽、生根、長大，這種自我應驗的預言，將會成為自己邁向成功的絆腳石，逐漸朝向失敗、落魄、死亡的道路邁進。所以，一個人在逆境中所說的話，不要低估它的影響力。

有些案主抱怨自己小時候很厲害，為什麼現在會變成這個樣子？是上帝不愛我嗎？當然不是！這種現象就好像是一台電腦灌了錯誤的軟體，所以電腦當機，無法發揮電腦正常的功能，而不是那一台電腦不好。錯誤的軟體就好像是人類錯誤或負面的思考，會使人產生自信心低落、憂慮、恐懼、不安的情緒，導致人際關係不好、任何事情都不順利，而不是電腦本身不好，所以必須更新電腦軟體，才能使電腦正常運作。

人類的身體就像電腦，本來都是好的，但如果經常去做負面思考，如：「別人對我不好」、「我為什麼會落到今天的地步」、「上帝不公平」等，就會產生生氣、憤怒、焦慮。憂鬱症患者該如何才能夠使自己有健康、幸福、事業成功的未來？首先要改變錯誤的思維模式。在人生遭遇到困難的時候，要選擇正面的思考，任何事情感恩惜福，內心就會有平安，而且就能逐漸發揮自己的潛能，將來的人生就可以超乎所求、所想。

有些患者會將各種人生不如意的事情，歸咎於自己的生理因素，例如：虛弱多病，認為自己永遠是一位失敗者。患者無法面對與解決壓力，從生活中產生**習得無助感**（learned helplessness）。希力曼（M. E. Seligman）提出習得無助感理論，他主張一個人如果認為無助感完全是自己的責任，就會產生憂鬱。憂鬱症患者大多具有完美的性格，把什麼事情都看得很重要，太專注於自己的一切，案主常對生活中成功的經驗予以忽視，對失敗的痛苦則加以誇大。

當患者無法達成自己理想的目標時，就會嚴重責備自己，在自己面對的處境又無能為力時，就很容易產生情感症，例如：某高中資優生參加大學入學考試，沒有考上第一志願，在認知上過分誇大失敗經驗，於是產生自暴自棄的心理，整天鬱鬱寡歡、自卑自責，完全忽略了個人優點與生命價值，最後以自殺來結束自己的生命。

（三）行為取向的觀點

行為主義學者認為，一個人在生活中正面的增強物若減少或消失，就有可能產生沮喪的情緒，嚴重者會導致憂鬱症，例如：一位上了年紀的棒球明星，由於球技明顯退步，於是失去高額的年薪與獎金；在這種情境之下，如果又缺乏親人或其他重要他人的關懷、肯定與支持，就容易變得沮喪，甚至產生憂鬱症。

（四）社會文化的觀點

有些社會心理學者認為，因為社會結構的重大改變，容易使人產生憂鬱症。在早期農業社會的大家庭裡，一般人的生活受到大家庭的保護，家族成員互通有無、各取所需、相互照料，即使個人發生重大的問題，也很容易度過難關。可是在現代社會裡，鄉下的年輕人為了生活，離鄉背井到都市謀生，還要賺錢寄回家鄉奉養父母，當結婚之後的小家庭遭遇到重大事故時，經常求救無門，難免產生憂鬱的情緒。

憂鬱症與個人所處的社會文化背景有密切關係，例如：東方國家的憂鬱症患者，其身體常見的症狀，以睡眠障礙、虛弱、疲憊和體重減輕居多；西方國家的憂鬱症患者，以自責、罪惡感等症狀較常見。此外，一個人是否獲得社會支持與憂鬱症有關，通常分居與離婚者，以及人際衝突又缺乏社會支持者，在孤立無援的情況之下，罹患憂鬱症的機率比較高。

（五）性格因素

憂鬱症患者大多具有完美主義的性格，太專注於自己的一切，如果無法達成自己理想的目標時，就嚴重責備自己。當這種性格的人在生活中遭遇到重大的壓力，例如：大地震、洪水、喪失親人或寵物、離婚、失業、破產、犯罪、被退學、失戀、火災、法律訴訟、被虐待等，若再加上人際關係不好、內向退縮、缺乏信心、情緒不穩定、有自卑感、依賴以及攻擊等人格特質，就無法有效因應，而產生挫敗感，想逃避壓力卻又無法避免，必須努力去面對痛苦的情境，便容易導致習得無助感與失落感。

三、家庭社經地位

家庭社經地位包括：學歷高低、家庭收入、父母教育程度、居住環境、工作職位等指標。家庭社經地位低的人，以貧窮、失業者居多，這些人的家庭經濟困難，生活困苦、無錢就學或就醫，難免心情沉重，例如：在全球金融海嘯衝擊之下，經濟不景氣、百業蕭條，許多公司員工放無薪假，自殺人數明顯增加。

憂鬱症患者以家庭社會經濟地位低者居多（Kessler, 2003），這類患者企圖自殺的比率，為正常人的二十五倍（Goodstein & Calhoun, 1982）。由此可見，憂鬱症與社會經濟地位有密切關係。

四、性別

憂鬱症患者女性多於男性，特別是已婚的年輕女性或單身女性。許多已婚女性，除了上班之外還要忙家事、照顧小孩，如果丈夫不能體諒與分擔，加上婆媳失和，在繁重的壓力之下，又無發洩情緒的管道，就容易產生憂鬱症。

根據心理學家的研究，在全部人口中，大約有 25%的女性曾經罹患憂鬱症，而男性大約占 10%。為何有這麼大的差異？根據心理學家的解釋，男性生活的活動層面比較廣，遇到心情苦悶的時候，會藉著抽菸、喝酒、其他活動來解除心中的煩悶，無形中分散了對不愉快事情的注意力，淡化了痛苦的情緒。

反之，女性活動的範圍比較小，而且還要照顧家庭、小孩，遭遇到生活困境時，容易鑽牛角尖，專注於自己痛苦的情緒，並且喜歡藉由哭泣或向他人訴苦來減輕痛苦，結果其困擾的情緒無法完全獲得紓解，久而久之，就易形成憂鬱症（Nolen-Hoeksema, 1987）。此外，女性產後憂鬱症與生產之後賀爾蒙的改變有關（Ingram, 1990）；而老年人如果兒女不孝順、生活艱困、久病厭世，也有可能產生憂鬱症。但根據統計，男性憂鬱症患者自殺死亡的比率高於女性。

五、季節

有一些情感性異常患者容易在秋冬季節交替之際發作，因為這兩個季節日照時間較短、戶外活動時間減少，而且樹葉凋零，感覺各種生物蕭條缺乏活力，所以心理容易發愁，「愁」這個字是由「秋」與「心」合起來的，如果在秋冬季節又遇到寒流來襲，心理上的壓力更加沉重，就容易使憂鬱症發作；另外，也可能使人的大腦松果體分泌**褪黑激素**（melatonin）不足，因而引發憂鬱症。

六、壓力

許多憂鬱症患者由於在生活中承受過大的內外在壓力，卻無法對這些壓力作良好的適應。根據研究發現，憂鬱症患者在憂鬱症發作的前一個月，大都有生活上或工作上的極大壓力，有些人則有親子關係不良、經濟困頓或身體疾病的壓力。第二次世界大戰以後出生的人，罹患憂鬱症的比率比較高（Smith, 1993）。自從 20 世紀中葉以來，大多數國家重度憂鬱症患者，都有逐年增加的趨勢，同時罹患重度憂鬱症者，也有逐漸年輕化的現象（Klerman, 1988），這種現象可能與現代人心理壓力不斷升高有關。

七、失落與痛苦的經驗

在憂鬱症患者的童年生活經驗中，常有較多**失落**（loss）的痛苦經驗，例如：喪失父母、被父母或養父母虐待、得不到父母的疼愛、受到教師嚴厲懲罰、在同儕中受到欺負或霸凌等，都會形成童年失落的痛苦經驗。根據精神分析理論的解釋，這種痛苦經驗會潛藏在內心深處不容易遺忘，長期下來就會壓抑成為潛意識。在其成年後，渴望得到他人的愛與支持，如果在生活中又遭遇挫折與失敗，其失落感便會再度浮現出來，情緒陷入谷底。案主為了減輕失落感，於是在心理上產生自我防衛作用，將失落的原因歸咎於自己，例如：學業成績不及格，先是怪罪、討厭老師，但無法報復老師，之後反而歸咎於自己，怨恨自己不夠聰明、恨自己的環境不適合讀書，自責的結果致使情緒愈陷入低潮。

一般人在遭遇到重大災變之後，容易產生失落感。常見的重大災變，例如：親人死亡、愛人傷亡、房屋倒榻、一生積蓄遺失或被詐騙、寵物過世、中年失業、重大投資失利、老年喪子等，這種失落經驗如果無法有效調適，便容易產生情感性異常。有些人對父母過度依賴，在失去父母之後就容易陷入憂鬱的情緒。

陸、憂鬱症的治療

憂鬱症不只是單純的心理問題，通常是由於外在壓力、性格及體質等三方面交互造成，但不論其原因為何，憂鬱症與大腦內分泌物不平衡有關，因此治療上仍以藥物為主，再輔以心理治療，以及動用社會支持網絡，協助排除外在壓力事件；通常有 70 至 85%的憂鬱症患者，可獲得明顯改善。憂鬱症的治療方法如下：

一、藥物治療

生物與生理學的研究發現，憂鬱症患者腦中的神經傳導物質低於正常人，因此若服用抗憂鬱劑，例如：**百憂解**（Prozac）、**千憂解**（Cymbalta、Duloxetine）、鎮靜劑、安眠藥、抗精神病藥物等，可以使腦內的神經傳導物質逐漸恢復正常濃度。憂鬱症患者在藥物方面的治療，需要由精神科醫師開立處方箋。一般患者接受抗憂鬱藥劑的治療，在二至三週內就會看見效果，六至八週左右，憂鬱症狀就可以獲得明顯改善；但在症狀消除後，最好持續服藥三至六個月，以預防憂鬱症復發，六個月之後，再由醫師慢慢減低藥量以至於停藥，只有少數案主需要長期接受藥物治療。

很多患者認為，長期服用抗憂鬱劑會對肝臟、腎臟造成傷害，於是憂鬱症狀一旦好轉就自動停藥，這樣一來會使治療結果大打折扣。其實一般抗憂鬱劑長期服用並不會上癮，抗憂鬱藥物的有效率大約 70%，所以服用三至四週後，如果仍然沒有效果，可能就需要調整劑量或改換藥物，而且患者必須配合醫師處方箋，服用足夠劑量、足夠時間才能有效。

如果經過一段時間，藥物治療仍然無效，就可以考慮使用**電擊治療**（electro-convulsive therapy，簡稱ECT）。電痙攣治療相當有效而且快速，治療時將電極黏貼於患者頭皮上，以一百伏特的電流通過腦部，就會誘發痙攣大約持續一分鐘，每週約三次，持續治療三週，比抗憂鬱劑或心理治療更有效，唯一的缺點就是在治療期間，會影響記憶力。

根據最近的醫學研究顯示，僅使用抗憂鬱藥物來幫助控制憂鬱情緒，大約只有對三分之二的患者有效；因為抗憂鬱劑主要是在幫助恢復重要的生理功能，例如：吃飯和睡覺等，其次才是「改善情緒」和「重建自信」。有不少患者即使按時服用醫師處方開立的藥物，憂鬱症痊癒後又再復發的比率也高達三分之二。因此仍需要配合其他治療法，才能收到更好的效果。

二、心理治療

心理治療師對憂鬱症患者常採用以下幾種心理治療方法：

1. 人際關係治療：強化患者的人際關係，鼓勵患者與親戚朋友、家族以外的人多接觸，家人也需要多花一點時間陪伴。
2. **支持性治療**（supportive therapy）：給予患者情感上的支持、勸勉和輔導，這種治療除了心理師之外，教會的神職人員、生命線、社區心理衛生中心或自殺防治中心的專業人員，都可以提供協助。
3. **行為治療**（behavior therapy）：強化患者在生活環境中的正向回饋，給予愈多的獎勵性經驗，愈會激發其正面的思考。
4. **認知治療**（cognitive therapy）：因為患者認知扭曲與負面思維，導致自責、絕望與無助感。在進行認知治療時，心理治療師會教導患者，在遭遇到任何困難時，都必須以正面思考來取代負面思考。通常每週只要與心理師會談一次，每次大約五十分鐘，經過八至十二次的療程，患者就能逐漸解開心中的鬱結，改善憂鬱的情緒，以及重新恢復正常的生活，進而消除憂鬱的症狀。

三、運動治療

多活動身體可使心情得到放鬆，所以運動對於憂鬱症患者的治療也有輔助效果，例如：慢跑、體操、打球、游泳、跳舞、騎單車等運動，可以使心跳的頻率增加，增加氧氣吸入血液中。根據醫學研究，憂鬱症患者早睡早起，定時做有氧運動與規律生活，對於對抗憂鬱也有很好的效果。

四、社會支持

憂鬱症患者需要多和親戚、朋友往來，把心中的苦悶傾吐出來。在家人、親戚與朋友的鼓勵、陪伴與支持之下，逐漸得到自我肯定與恢復其自信心；因此，參加各種社團活動，擴展人際關係，加上他人的關懷，對於憂鬱症的恢復有很大的幫助。

五、光照治療法

如果憂鬱症的發作屬於季節循環型，也就是容易在秋末冬初發作，可以採紅外線光照機，每天照射患者頭部半小時，大約持續三週，或鼓勵患者多從事戶外活動直接照射陽光，陽光中的紫外線可以改善一個人鬱悶的心情。

六、電擊治療

重度憂鬱症患者在接受藥物治療之後，若是毫無效果，醫師可能建議實施電痙攣治療，治療時有兩個電極附著在患者頭上，先連續使用六至十次電痙攣治療，每次六十五至一百四十伏特的電流導入腦部，持續二十五秒至幾分鐘。有些人認為這種治療法會傷害記憶或對神經系統造成損傷，但它對治療憂鬱症快速且有效。如果配合藥物治療法，幫助患者入睡與肌肉放鬆，治療期間使用氧氣保護患者腦部免受傷害（給藥劑量不宜超過七天），效果會更好。

七、另類治療

治療憂鬱症目前有許多另類療法，例如：針灸、靜坐、冥想、長途旅行、打太極拳、芳香精油、養寵物、藝術欣賞、音樂欣賞、民俗療法，以及團體擊鼓等治療法，都被納入非正統醫療體系，用來治療憂鬱症疾患，但是這些治療方法是否能夠產生療效，大多未獲得醫學上的證實。

八、預防復發

抗憂鬱症藥劑的治療，通常需要二至三星期才能產生明顯的效果，而且需服用足夠的抗憂鬱藥物劑量。憂鬱症若未經適當治療，容易導致慢性化且再復發，因此適當的預防是有其必要的。通常第一次發病時，持續藥物治療的時間約需半年至一年，若多次發作或病症嚴重，則需更長的時間做預防性治療。

第二節　躁鬱症

壹、躁鬱症的特徵

躁鬱症（manic depressire disorder）的典型症狀，患者會不斷經歷躁（mania）與鬱（depression）兩種相反的極端情緒狀態，通常狂躁期與憂鬱期會循環出現。患者在狂躁期的時候，情緒會過度興奮、睡眠需要減少、活動量增加、容易發怒、喜好與人爭論、過分慷慨、喜好講話、注意力分散不易集中、隨意花錢、自認能力很強或言行誇張，有誇大妄想、虛妄而且不切實際的行為。反之，患者在憂鬱期的主要病徵為：情緒低落，心情鬱悶、悲觀、失眠、早醒、食慾減少、興趣減退，對任何事情都提不起興趣，缺少決心和勇氣、行動遲緩、常呆坐，有時整天躺在床上不動、變得沉默寡言、思考遲鈍、內容貧乏。嚴重時，患者會產生絕望、「不如死了還好一點」的自殺念頭，甚至會付諸行動。

狂躁發病年齡大約在二十歲，憂鬱發病年齡約在三十歲。若不加以治療，狂躁症可以持續三至六個月，憂鬱症可以長達六至九個月。如果察覺到患者突然過分興奮、精力充沛、喜好與人爭論、容易與他人起衝突、過分慷慨、熱心，這就是情緒高昂的開始，也是躁症的徵兆。如果患者沒有接受治療，該疾病復發的機率很高。

貳、躁鬱症的症狀

躁鬱症又稱為**兩極化情感症**（bipolar mood disorder），也就是個人的情緒狀態有時陷入極端興奮，有時則陷入極端憂鬱，也就是**循環型情感性障礙**（cyclothymic disorder）。根據 DSM-IV-TR 的診斷標準，躁鬱症患者在狂躁時期，至少出現三種以下行為特徵：

1. 精力充沛，不感覺疲勞。
2. 喜好說話，滔滔不絕。
3. 思想跳躍，自以為是。
4. 睡眠時間減少。
5. 話語充滿自信且誇大其詞。
6. 注意力無法集中。
7. 喜歡從事各種冒險活動。

躁鬱症患者其情緒極端興奮時，稱為狂躁，狂躁期大約維持一個星期，輕躁週期大約維持四天。狂躁期在行為上，有以下的特徵：食慾大增、好管閒事、性慾增強、抽菸與喝酒次數倍增，或買許多彩券、看見人就送東西，或瘋狂購物，例如：輕言承諾訂購高級別墅、名貴轎車、鑽石、高級手錶，可是到時卻無法付款而違約。

患者興奮高昂的情緒維持一段時間後，就陷入極端的憂鬱，憂鬱時不喜歡說話、不理會他人，有時甚至會傷害自己；再過一段時間之後，又轉入另一個極端興奮的狂躁狀態，其狂躁與憂鬱呈週期性循環。患者在狂躁期創作力特別強，例如：德國作曲家舒曼（Robert Schumann），在狂躁期都有令人震撼的演出（Jamison, 1993）。但是這一類患者很少見到，患者發病率則以二十至二十九歲之間達到高峰期（Goodwin & Jamison, 1990）。

躁鬱症可以分為兩個類型：**第一型單極症**（bipolar 1 disorder）的患者，其狂躁期非常明顯，而**第二型單極症**（bipolar 2 disorder）的患者，躁期比較輕微，其心情會隨著輕度憂鬱與輕微躁狂的循環而轉換著。

躁鬱症是一種週期性情緒過度高昂或低落的疾病，屬於情感型精神病，它是僅次於精神分裂症之第二種常見的精神病。在每個人一生中，可能罹患躁鬱症之機率為 0.4%。躁鬱症的病因目前有很多理論，其中以生物學或俗稱體質病因理論較受重視，與一般認為受壓力或刺激才生病之觀念，有很大的差距。事實上，躁鬱症是指狂躁和憂鬱的交替或混合發作。

雖然每個人在日常生活中，都曾經歷過情緒的起伏，但是這和躁鬱症的情緒起伏並不相同，後者不論是在情緒強度或是持續時間上，都比一般的情緒起伏極端許多。值得注意的是：罹患躁鬱症的人會感到狂躁與憂鬱，但有時也會處於這兩者之間的灰色地帶。

參、躁鬱症的原因

一、遺傳因素

許多研究報告顯示，躁鬱症與遺傳因素之間，彼此有顯著的相關。同卵雙生子其中一人如果罹患躁鬱症，另一個人有 58%的可能性罹患此症；同樣的情形，異卵雙生子罹患此症的機率只有 15%。躁鬱症受遺傳的影響大於憂鬱症，憂鬱症 70%來自遺傳，30%受環境的影響；而躁鬱症受遺傳的影響大約 85%（Nurnberger & Gershon, 1992）。如果父母雙方都患有躁鬱症，子女罹患率是 50%。躁鬱症患者的一等親，罹患躁鬱症的機率是一般人的五至十倍（First & Tasman, 2004）。研究發現，躁鬱症患者的第十一對染色體有特殊的基因，但是並非所有個案都是如此；由此可知，躁鬱症與遺傳基因之間的關係，尚有待進一步研究。此外，各種基因異常可能結合而產生躁鬱症（Meltzer, 2000）。

二、神經生物因素

躁鬱症的發病與大腦血清素與正腎上腺素傳導物質不平衡有關，有精神醫學者認為，腦部**血清素**（serotonin）偏低與正腎上腺素分泌過多，容易引起狂躁症；血清素偏低與正腎上腺素分泌過少，容易引起憂鬱症。躁鬱症患者發作時，大腦杏仁核的活動量升高。另外，有學者認為，神經元細胞膜不正常，導致離子無法正常輸送，是引起躁鬱症的主因。透過腦部核磁共振攝影可以發現，躁鬱症患者大腦前額葉皮質與海馬迴有縮小的情形。

三、心理社會因素

在躁鬱症患者中，有超過 60%的人在發病前三個月內，曾經發生過生活中的重大創傷，也許是一個急性創傷，或是長期累積的慢性壓力，或者缺少社會的支援等。創傷指數以親人死亡、離婚、感情失落、破產及失業為排行前五名。

肆、躁鬱症和癲癇的相關性

躁鬱症和癲癇有一共同的病因，就是腦部過度放電，其核心症狀是一種突然的、複雜而且不安的情緒所引起，會反覆出現適應不良行為，有時好像強迫行為，無論是家人或患者本身都無法了解。癲癇和躁鬱症發作前，會有預感的前驅期發生，例如：頭痛、暈眩、表現突發性失控行為，例如：將茶杯摔到地面上；待情緒發洩後平靜下來，感覺心裡的壓力頓時緩解，卻不記得發生什麼事。其誘因常因失眠、壓力，過度疲勞及過多的感官刺激所引起，例如：聞到香味、看到紅色光，或有巨大聲響。但是躁鬱症在發作時，腦電波圖上少有異常的波型，這是與癲癇之不同處。

鋰鹽及其他抗癲癇藥，例如：Tegretal、Depakine 等，都可以保護神經細胞，免於受到過度放電所帶來的傷害。躁鬱症是精神疾病中較嚴重的一種，但其發病的時程比較短，不發病時生活機能不受影響，雖然大部分患者可以完全復原，但復發的可能性是相當高的。

伍、躁鬱症的治療

一、藥物治療

躁鬱症是否能夠根治？由於躁鬱症的病因尚不十分清楚，因此目前仍然無法完全根治，但是可以使用藥物治療控制，減輕症狀或發作次數，病情穩定時與一般人相似。患者如果及早接受治療，並且規則服藥，不因病情穩定而自動停止治療，可使患者維持正常穩定的生活與工作。

在急性發病期過後，患者通常會恢復到平常的狀況，躁鬱症患者的預後比精神分裂症較好。然而，有些患者及其家屬對躁鬱症缺乏正確的認識，因而自行停藥，結果使躁鬱症再度復發。

由於躁鬱症的病因主要來自生物學因素，因此治療以藥物為主。目前躁症的藥物治療，又以情緒穩定劑為主，包括：**鋰鹽**（Lithium）、**帝拔癲**（Sodium Valproate; Depakine），以及**癲通**（Carbamazepine, Tegretol）等，雖然後兩者屬於抗癲癇藥劑，但是對於躁鬱症都有很好的治療效果。患者持續服用鋰鹽六至九個月，才可見效。但是長期服用高劑量者，要驗血以防止中毒，持續治療至少要五年，通常可免除復發，抗鬱治療也是要持守此原則，如果冒然停藥，會有高度復發的可能。

躁鬱症患者服用鋰鹽，大約可以達到 70%預防發病效果，如果兩年之內發作兩次以上，就應考慮長期服用鋰鹽；但有腎功能障礙或嚴重心臟病患者，不適合使用鋰鹽治療。患者初期服用鋰鹽，常常會有手微抖、口渴、噁心、頻尿、腹部不適、大便稀少等症狀，在持續服用鋰鹽一段時間之後，通常會自行改善。長期服用鋰鹽，少數人會有輕微甲狀腺腫大，需抽血檢查及治療。患者如果有口齒不清、嗜睡、嘔吐、暈眩或腹瀉等情形出現，可能是血中鋰鹽濃度過高所起的中毒現象，必須緊急送醫。

二、心理治療

躁鬱症發作時，特別是在輕躁期間，因為患者會自覺只是情緒高亢，不知道必須就醫，因此心理治療在此時最重要的，就是建立病識感，也就是提醒患者應該去就醫。

患者急性發病期過後，通常會恢復至平常的狀況，但若因患者及其家屬對疾病缺乏正確的認識，而自行停藥，反易促使病症復發；也有少數患者因服用鋰鹽造成身體不適而停藥，因而導致再度發病。此時，心理治療師應給予患者適度教育，以建立其對疾病之正確觀念，並告知家屬如何給予患者適當支持，幫助患者養成服藥習慣。若是家人對患者採取敵視、批評或干涉之態度，反而容易導致舊病復發或原有病況惡化的現象。

第三節　自殺

有些人遇到挫折或不易解決的困擾及問題時，一時想不開就想以**自殺**（suicide）來結束生命，以為這樣就可以一了百了完全解脫痛苦，其實這是非常幼稚的想法；因為自殺並不是在解決問題，而是在製造更複雜的問題，因為自殺只會帶來家人與親友無限的傷痛。每一個人的生命來自父母，不是我們自己花錢買來的，也不是自己生產製造出來的，所以必須更加珍惜與愛護。由於個人生命結束之後不可能重生，所以必須特別愛護它、珍惜它，千萬不可用自殺來結束生命，這樣才不會愧對父母。誠如孔子說：「身體髮膚，受之父母，不敢毀傷，孝之始也。」

根據世界衛生組織（WHO）1992年的統計資料，英國的自殺率每十萬人有九人，美國和加拿大的自殺率每十萬人大約有十二人，蘇俄、德國、芬蘭、丹麥、日本、中國、匈牙利等國，自殺率每十萬人中超過二十人，台灣大約平均每三小時，就有一人因為自殺死亡。由此可見自殺與社會文化背景有關。此外，自殺與婚姻狀況有關，根據McIntosh（1991）的研究，在每十萬個美國人中，離婚自殺者37.3人，寡居者21.8人，單身者18.4人，已婚者12.4人。就性別來說，男性傾向使用較激烈的手段自殺，例如：槍擊、上吊或刀刺，女性則以服藥過量自殺者居多；女性企圖自殺的人數是男性的三倍；有虔誠宗教信仰的人較少自殺行為。

壹、自殺的原因

人類自殺的原因相當複雜，但至少有以下幾個重要因素：

一、心理因素

（一）認知偏差

有些自殺高危險群者，希望藉著自殺來達到懲罰重要他人的目的，使其產生罪惡感，重要他人包括：父母、情人、配偶、親友、政敵等。此外，企圖自殺者面對情緒的困擾時，常因認知的扭曲而自殺，例如：「我做任何事一定都會失敗」、「沒有人會喜歡我」、「我考試失敗，爸爸媽媽一定不會饒恕我，永遠不再愛我」、「我有缺陷，別人一定瞧不起我」等，因而自暴自棄、自責自怨。企圖自殺者常感內心孤單寂寞，認為沒有人能夠理解他，誰也幫不了他，在這個世界上只有自己最痛苦、最不幸，因此，想以死來解脫人生的困境。此外，有些人認為，死亡之後就可以到西方極樂世界，或相信死亡可以脫離人生苦海，在這種錯誤認知情境之下也可能自殺。

（二）完美主義性格

不少人不明白人生的意義，當遇到挫折時，就選擇「自殺」。他們常把「一小部分」看成是人生的「全部」，這是掉入死胡同裡或鑽牛角尖。男人常把「事業」當成人生的一切，女人常將「愛情」當做人生的全部；當事業不如意、愛情破滅或失戀時，就覺得人生活著還有什麼意義。此外，當一個人有高度的期望，但卻無法達成心中的願望時，如果因此嚴重自我責備，就可能產生萬念俱灰的念頭，最後走上自殺的絕路。

（三）習得無助感

自殺者大多性格內向、孤僻、自我中心，很難與他人建立正常的人際關係。當其遭遇到重大困難問題時，如果又缺乏家庭的溫暖和愛護，缺乏朋友師長的鼓勵與支持，就會產生**習得無助感**（learned helplessness），失去自我價值感，對自己未來的希望破滅，例如：久病厭世、貧病交加，就可能採取自殺行動。

（四）衝動行為

有些想自殺的人內心裡充滿矛盾，一方面想死，另一方面渴望獲得他人的幫助，常在很短的時間內形成自殺意念，因情緒激動而導致衝動行為，一想到「死」，馬上就採取行動。他們對自己面臨的危機狀態，缺乏冷靜的分析和理智的思考，往往認定沒辦法了，只有死路一條，以為一了百了就可以得到解脫，思考變得非常狹隘；在他們發出求救信號之後，若沒有得到他人善意的協助，就可能採取自殺行為。

（五）模糊的死亡概念

企圖自殺的人對死亡的概念比較模糊，部分的人甚至認為死亡是可逆的，是暫時性的，死後還可以輪迴、投胎轉世或上天堂；對自殺的後果沒有正確了解，因此可能產生自殺的意念或行為。

二、神經生理因素

有些學者研究發現，自殺與部分遺傳因素有關。同性別雙生子自殺率高於不同性別雙生子。有些學者研究發現，血清素與遺傳有關，因為血清素不足容易導致憂鬱症，而遺傳基因會調節血清素。根據心理學者的研究，自殺死亡者大都曾經接受過精神科治療，被主治醫師診斷為憂鬱症者約占70%。

三、社會文化因素

自殺者通常沒有正常的家庭生活，或極少參與各種社會團體活動。在快速變遷的社會裡，許多人因道德規範喪失所引起的疏離感與漫無目的的失落感，缺少正當的社會支持，或長期失業而產生自殺的念頭；有些人為了追求社會正義或得到自由而殉道；也有少數宗教極端狂熱者，誤解聖經的教義，認為世界末日快要到了，於是產生集體自殺行為。

貳、自殺的預防

一生中，每個人都難免遭遇困難或災難，當困難或大災難來臨時，支持一個人活下去最大的力量，就是自信心。如果一切財物或親人都不見了，苦難者只要相信「我活著就有希望，就有明天」，這樣就不容易陷入憂鬱的漩渦裡，也不會導致自殺。

當遭遇到人生的困境時，該如何脫離想自殺的陰霾？首先要建立良好的人際關係；其次思考要靈活，要了解學業、事業、婚姻與愛情等都只是人生的一部分，而非全部。這項不如意，還可以發揮其他的部分，這方面輸給別人，在別的地方可以贏過別人。此外，要體認到，這個世界上比我們更痛苦、更不幸的人還很多，當有自殺意念時，務必求助父母、親友、老師或生命線。

人生是由許多部分所串聯起來，不要因為一時的挫敗就迷失其中。人要尊重生命，因為生命無價！要清楚人生，才有意義！要明白生命，才能自在！要幫助別人，才會快樂！

家屬或親友宜對有自殺傾向者，提供必要的心理支持，多聆聽、多關懷，協助案主接受必要的治療並維護其所處環境的安全，移開可能致命的器具，不宜與案主爭辯自殺是對或錯。學校應加強生命教育，多舉辦自殺預防的宣導活動，使學生充分了解生命的意義，進而達到愛護生命、珍惜生命的效果。在社會教育方面加強宣導欲自殺者多利用生命線、多走入人群、多參與各種社會活動，以獲得更多人的關懷與協助。經過通報或尋獲的自殺案主，給予適當的諮商、輔導與陪伴。此外，可以提供網站服務，例如：說明憂鬱和自殺的問題與解答，提供自殺傾向者自我篩檢、自殺防治中心網站連結；成立生命關懷協會，培訓自殺倖存者擔任志工，幫助想自殺者找到人生的意義與目標。

本章摘要

1. 憂鬱症是一種情感性精神疾病，女性罹患率高於男性。由於嚴重憂鬱症患者自殺的機率很高，因此憂鬱症已經成為人類十大死亡原因之一。
2. 有些人因為遺傳因子、壓力的累積，又缺乏適當的情緒調節與良好的社會支持，情緒無法獲得有效紓解，就容易產生憂鬱症。如果在輕度憂鬱時，能及早發現與適當治療，預後通常會比較好，而且可縮短治療時間。
3. 兒童與青少年期罹患憂鬱症，可能症狀有：功課突然退步、突然顯得坐立不安、身體動作突然變慢、講話音調變單調，或變得沉默不語、情緒激動、常顯得很緊張、有反社會行為、不停抱怨身體某部位疼痛不適。
4. 患者對原來嗜好的興趣減退，對以前感到興趣的事再也提不起勁，對以往的娛樂不再感覺愉快，甚至什麼事都不想做，家人便可觀察到其社會退縮的表現或放棄消遣活動。
5. 憂鬱症患者常有自殺意念或企圖。這些想法的範圍由「相信自己死去對他人較好」，到「短暫但重複出現的自殺意念」，以致於「實際而特定的自殺計畫」。經由仔細的觀察，通常可以經由患者的症狀來判斷是不是罹患憂鬱症。一旦懷疑有此可能性，應立即尋求專業的診斷與治療。
6. 重鬱症在兩週以內會出現下列五種以上特徵：(1)每天大部分時間心情煩悶；(2)對任何事情缺乏興趣；(3)經常失眠或睡眠過長；(4)時常疲倦不堪；(5)每天心神激動或遲鈍；(6)每天覺得沒有價值感，對自己的未來充滿悲觀與絕望；(7)時常存有自殺的念頭；(8)時常懶散、動作緩慢或急躁不安。
7. 輕鬱症患者，其憂鬱程度比較輕微，但經常愁容滿面、不快樂的時間比快樂的時間多，雖然能夠繼續工作，但總擔心自己能力不足，覺得做起事情比一般人辛苦得多。

8. 輕鬱症的診斷標準如下：(1)大多數時間有憂鬱的情緒，持續至少兩年；(2)憂鬱時至少有以下兩種症狀：缺乏食慾或吃得過多、失眠或嗜睡、感覺疲憊、缺乏活力、注意力不集中、低自尊、對未來缺乏希望、對重要事情難以做決定；(3)在兩年期間，沒有憂鬱症狀況的時間每次不超過二個月；(4)沒有狂躁發作的病史；(5)明顯感受到身心的痛苦與煎熬。
9. 憂鬱症的藥物治療，包括抗憂鬱劑、鎮靜劑、安眠藥、抗精神病藥物等。使用抗憂鬱藥劑的治療，一般六至八週左右症狀就可改善，症狀消除後，最好持續服藥三到六個月，以預防復發。如果藥物治療經過一段時間仍然無效，就可以考慮使用電痙攣治療。
10. 使用抗憂鬱藥物來幫助控制憂鬱情緒，只對大約三分之二的患者有效，有不少患者即使按時服用醫師處方開立的藥物，憂鬱症痊癒後又再復發的比率，仍高達三分之二。
11. 憂鬱症心理治療包括：(1)人際關係治療；(2)支持性治療；(3)行為治療；(4)認知治療。
12. 憂鬱症患者需要多和親友往來，傾吐心中的苦悶。在家人、親戚與朋友的鼓勵、陪伴與社會支持之下，逐漸恢復自信心。
13. 憂鬱症若未經適當治療，容易導致慢性化且容易復發，因此適當的預防是必要的。通常第一次發病時，持續藥物治療的時間，約需半年至一年；若多次發作或病症嚴重，則需更長時間的做預防性治療。
14. 憂鬱症與遺傳因素之間，彼此有顯著的相關。同卵雙生子其中一人如果罹患憂鬱症，另一個人有三分之二以上的可能性罹患此症。
15. 重度憂鬱症患者在接受藥物治療之後，若是毫無效果，醫師可建議實施電痙攣治療。治療時有兩個電極附著在患者頭上，先連續使用六至十次電痙攣治療，每次以六十五至一百四十伏特的電流進入腦部，持續二十五秒至幾分鐘。

16. 如果憂鬱症發作屬於季節循環型，也就是容易在秋末冬初發作，可以採紅外線光照機，每天照射患者頭部半小時，大約持續三週，或鼓勵患者從事戶外活動直接照射陽光。
17. 躁鬱症又稱為兩極化情感症，個人的情緒狀態有時陷入極端興奮，有時則陷入極端憂鬱，DSM-IV-TR 把它診斷為循環型情感障礙。
18. 躁鬱症患者在躁期的時候，情緒會過度興奮、睡眠需要減少、活動量過分增加、精力旺盛、容易發怒、容易與人起衝突、過分慷慨、愛講話、注意力不易集中、盲目投資、自認能力很強或言行誇張，有誇大妄想、虛妄且不切實際的行為。
19. 躁鬱症患者在鬱期的主要病徵為：情緒低落、心情鬱悶、悲觀、失眠、早醒、食慾減少、興趣減退，對任何事情都提不起興趣、缺少決心和勇氣、優柔寡斷；對自己的能力及將來毫無信心；行動遲緩、常呆坐，有時整天躺在床上不動；變得沉默寡言甚至無言，思考遲鈍、缺少活力。
20. 躁鬱症的發病與大腦血清素及正腎上腺素傳導物質不平衡有關，有精神醫學者認為，腦部血清素偏低與正腎上腺素分泌過多，容易引起狂躁症。
21. 躁鬱症患者發作時，大腦杏仁核的活動量升高。有學者認為，神經元細胞膜不正常，導致離子無法正常輸送，是引起躁鬱症的主因。從腦部核磁共振造影可以發現，躁鬱症患者的大腦前額葉皮質與海馬迴縮小。
22. 在躁鬱症患者中，有超過 60%的人在發病前三個月內，生活中曾有重大創傷。創傷指數以親人死亡、離婚、感情失落及失業者居高。
23. 躁症的藥物治療以鋰鹽為主，須持續服藥六至九個月，但要預防長期服用高劑量導致中毒，因此要驗血；維持治療最好有五年時間，可免復發，抗鬱治療也是持此原則，冒然停藥有高度復發危險。
24. 躁鬱症患者急性發病期過後，通常會恢復至平常的狀況，但切勿自行停藥，否則容易復發。

25. 躁鬱症發作時，特別是在輕躁期間，因為患者會自覺只是情緒高亢，不知道必須就醫，心理治療在此時最重要的是建立病識感，提醒患者必須去就醫。

26. 自殺的心理因素包括：(1)認知偏差；(2)完美主義性格；(3)習得無助感；(4)衝動行為；(5)模糊的死亡概念。

27. 自殺與部分遺傳因素有關。同性別雙生子自殺率高於不同性別雙生子。有學者研究發現，血清素與遺傳有關，因為血清素不足容易導致憂鬱症，而遺傳基因會調節血清素。

28. 自殺的社會文化因素：有些人為了追求社會正義或得到自由而殉道。在快速變遷的社會裡，許多人因道德規範喪失所引起的疏離感與漫無目的的失落感，而產生自殺的念頭。也有一些宗教狂熱者，認為世界末日到了，於是產生集體自殺行為。

29. 自殺的預防：要體認這個世界上比我們更痛苦、更不幸的人還很多，當有自殺意念時，必須求助父母、親友、老師或生命線。平時要建立良好的人際關係，其次思考要靈活，並且建立自信心，要了解學業、事業、婚姻與愛情等都只是人生的一部分，而非全部。此外，家屬應多陪伴與心理支持，移除可能自殺的器具，協助案主接受治療；學校應多舉辦自殺預防宣導活動；社會教育宜多宣導使用生命線或自殺防治中心的資源。

Chapter 6

飲食性異常症

俗話說：「吃飯皇帝大」、「民以食為天」，由此可見，飲食是人類最基本的慾望，也是最重要的生理需求。然而，飲食卻成為某些人最大的困擾，對於這些人來說，飲食型態的不當已經成為病態的行為。

自從1970年代以後，歐美地區這類案主明顯增加，因治療無效常導致高死亡率和慢性病。近年來，由於國人經濟富裕又受到西洋文化的影響，飲食性異常的人數不少；精神科門診也逐漸發現此類案主，並且有逐漸增加的趨勢。

飲食是人類及所有動物生存的基本條件，食慾與身心健康息息相關。罹患糖尿病、甲狀腺機能亢進（或低下），或神經系統器質性病變，例如：腦瘤、大腦病變或癲癇、精神分裂症、躁鬱症等疾病患者，常導致食慾降低，但只要經過醫療控制病情，大都可以恢復正常的食慾。

第一節　飲食障礙的種類

關於飲食障礙，常見的有下列幾種：神經性厭食症、暴食症、偏食症、節食症，以及異食症等五類，茲分別說明如下：

壹、厭食症

一、厭食症的特徵

厭食症（anorexia nervosa）是指，害怕肥胖或其他情緒問題而蓄意節食，導致發育遲鈍、頭暈、便秘、貧血、脫水、胃炎、情緒不穩、失眠等現象。許多患者為了追求身材苗條，堅持要達到自己心目中的理想體重，所以採取節食或使用瀉藥的方式，使得體重至少減少 25%以上。厭食症盛行於西方國家，近年來由於大眾價值觀過分強調苗條身材，所以厭食症患者有愈來愈多的趨勢。

根據統計，患者的年齡以十五至三十五歲居多，女性多於男性，男女患者的比率大約 1：20，並且以中上社會階級的人居多。其中，以模特兒、舞者、電視明星、電影明星、歌星等，為了保持魅人的身材，最容易罹患此症。他們會花很多時間專注在食物上，研究食譜和烹飪方法，或閱讀有關減肥的書籍，然後依照計畫來微量膳食。這類患者以青少年、家庭生活不美滿的人居多數。厭食症患者以女性居大多數，在北美洲、歐洲以及日本等先進國家，人數正在逐漸增加，其中女性約占 95%，男性約占 5%。

二、厭食症的診斷

根據 DSM-IV-TR 的診斷標準，如有以下症狀，即為厭食症：

1. 拒絕維持與自己年齡、身高相當的正常體重水準。
2. 即使體重過輕，仍然強烈害怕體重增加。
3. 對身體的知覺出現障礙，對自己體重與身材有不適當的評價，或否認當前體重過低的嚴重性。
4. 進入月經週期年紀的女性，卻因過瘦、營養不良而無月經現象。

三、厭食症的原因

厭食症患者一般都認為自己長得太肥胖，且高估自己身材的尺寸，他們對身材有不適當的態度和錯誤的知覺，甚至認為吃東西會產生罪惡感。患者通常具有完美主義性格，過度追求瘦身的理想，希望身材苗條之後一切都會變得很美好； 有些患者家庭社會經濟地位偏高，為了自己在各方面要給別人留下美好的印象，對飲食行為產生過度的講究。他們通常在某個時間內會短暫且大量的進食，然後設法把食物嘔吐出來；厭食症患者容易產生貧血、脫水、營養極端不良、內分泌異常、心臟血管功能異常，其死亡率接近 5%。

有些厭食症患者伴隨有輕度憂鬱症、強迫症、焦慮症，以及低自尊的心理，也有些患者會出現失眠與睡眠障礙的問題，有些則有物質濫用的習慣。家庭在飲食性疾患上扮演重要的角色，如有人特別重視苗條、身材外觀及節食的行為，或是家人互動、溝通不良，都有可能使子女產生厭食症。

四、厭食症的治療

厭食症容易造成月經停止、血壓偏低、骨質密度下降、心跳緩慢、新陳代謝，以及電解質不平衡，並且可能因為循環系統或心臟衰竭而死亡。嚴重的厭食症患者，其身體缺少營養，會引起皮膚乾燥、手腳冰冷、容易掉頭髮等問題，所以患者應接受心理治療。

心理師應幫助厭食症患者認識他們獨立自主的需求，並教導他們以更適當的方式去練習管理與監控自己的飲食；治療師應教導他們認識並信賴其體內的知覺和感覺。厭食症的治療方法如下：

（一）行為治療法

有些治療師會採用獎懲方式來改變患者的飲食習慣，當他們正確飲食或體重增加時就給予獎勵，如果不遵照勸導，就給予懲罰；對於拒絕進食者，為避免威脅其生命，可以採取強制手段使用管子餵食或靜脈注射的方式，但是這種方法容易引起患者的抗拒。

（二）認知治療法

有些心理治療師會採用認知治療方式，幫助患者改變對飲食和體重錯誤的態度和觀念，引導患者去改變「我必須苗條身材的觀念」，協助他們對自己的身材作正確的評價。

（三）家族治療法

心理師治療可以採用家族治療法，把家族當作一個整體，在治療過程中發現家庭成員溝通的方式、父母對食物或飲食及體型等態度，以幫助案主了解厭食症的原因，使患者願意做適當的改變。

厭食症患者除了需要接受藥物治療、心理治療之外，日常飲食及生活應多注意以下幾點：

1. 多補充蛋白質、脂肪和碳水化合物，例如：多吃肉類、蛋、奶類及蔬果等。
2. 三餐定時、定量進食，必要時上、下午可各增加一次點心。
3. 隨時保持心情愉快、生活規律。
4. 培養正確的審美觀，不要盲目追求瘦身的時尚。
5. 當無法自我控制時，必須及早就醫治療或住院治療。

貳、暴食症

一、暴食症的特徵

暴食症（bulimia nervosa）又稱為「貪食症」，患者食量大增，但是擔心被他人發現，所以常偷偷躲著進食。暴食症患者飲食過量，但無法控制且反覆發生，患者通常以女性居多，大約 90 至 95%的案主屬於女性，開始於青春期與成年初期，多數介於十五至二十一歲之間。患者的暴食行為可能持續幾年，而有些患者是在極端節食之後，出現暴食行為。暴食症患者通常在一段時間之內會吃下大量食物，自己無法節制飲食。

有些嚴重的暴食症患者每週出現大約十次的暴食行為。患者不細嚼慢嚥，常快速吞下大量食物，且通常是一些甜食，例如：冰淇淋、甜甜圈、蛋糕、餅乾、巧克力等；有些暴食症患者，一次可以吃下一千五百卡以上的食物。在暴食之前，通常有強烈的緊張感，暴食之後可以短暫降低緊張，但卻會產生嚴重自責、罪惡感或憂鬱情緒。多數患者為了補償暴食行為、消除上述情緒，於是使用催吐、瀉藥、灌腸、禁食、節食等方法，反而導致身體虛弱、胃腸疾病、腎臟病或心臟病，有些患者反覆催吐的結果產生更大的飢餓感，對飲食失去自我控制能力，最後，甚至可能發展出強烈暴食與補償行為的惡性循環。

二、暴食症的診斷

根據 DSM-IV-TR 的診斷標準，暴食症有以下症狀：

1. 定期發生暴食行為。
2. 暴食之後以各種方法來減輕體重。
3. 暴食症狀平均持續每星期兩次，合計達三個月之久。
4. 因為體重與身材不適當，而影響自我概念。

三、暴食症的原因

（一）社會壓力

根據研究，暴食症患者和厭食症一樣，大多有扭曲自己身體形象，或極端追求美好身材且害怕肥胖的心理；此外，暴食症患者大多有不健全的人格特質。近代西方國家的女性，受到時裝模特兒、戲劇演員、電視明星、運動員等身體形象的影響，致使偏愛苗條的身材成為一種風尚。有一個以美國十所大學 1,443 位運動員為對象的問卷調查結果顯示，超過 9%的女大學生運動員罹患暴食症（Johnson, 1995）；而另一項以體操選手為對象的調查結果顯示，20%的體操選手有飲食性的疾患。

飲食性疾患的患者，在美國以高社會經濟地位白人的女性比較普遍；這種疾病主要受到美國社會，對女性比男性更強調重視苗條身材的影響。

（二）家庭環境

某些家庭的母親重視苗條身材，於是養成節食習慣，無形中對兒女的飲食行為產生影響。有一項研究發現，如果家人之間有不良的互動或溝通方式，家庭失去正常功能，家人過度關心彼此的體重，或父母過度干預孩子的飲食，也都可能導致家人產生暴食症。

（三）自制力

暴食症的發病過程通常是先從節食行為開始，患者節食之後陷入飢餓狀態，但又無法減輕體重，於是產生心理挫折、無助、失落的感覺，這時會開始藉著暴飲暴食來填補內心的空虛。但在暴飲暴食之後，為去除內心的罪惡感，又設法把食物催吐出來；如此惡性循環，一直到出現食道炎、腸胃炎、全身乏力為止，於是患者羞於見人或逃避人群，卻仍然無法控制自己暴飲暴食的行為。

有些父母沒有正確了解孩子內心的需要，在孩子飢餓時只給予安撫卻不給食物，在孩子心理焦慮時給予食物而不是安撫，或在孩子吃飽了仍要求他們繼續吃下大量食物……，而孩子會以為聽從父母的話，吃下大量的食物才是孝順父母；這也就是說，父母不懂得在適當的時機，對孩子的需要做出適當的回應，當孩子長大之後，就不知道何時飢餓或何時飽足，因此對於自己的飲食無法有效的節制。

（四）生物因素

不少暴食症患者有憂鬱的症狀，這與遺傳有密切關係；暴食症患者的親戚，罹患暴食症的機率比一般人高出六倍（Strober, Freeman, & Kaye, 2000）。而且如果同卵雙胞胎中有一個患有暴食症，另一個人罹患暴食症的機率有23%；異卵雙胞胎中有一個患有暴食症，另一個人罹患暴食症的機率，只有

9%（Waiters & Kendler, 1995）。此外，暴食症與神經傳導物質有關，患者血清素的分泌比一般人較少（Kaye et al., 2000）。

（五）情感障礙

許多暴食症患者有憂鬱的症狀，常存有悲觀、羞愧、悲傷、低自尊以及錯誤的認知。因此有許多臨床心理學者認為，情感障礙與暴食症有密切的關係（Burney & Irwin, 2000）。另外，有學者發現，暴食症患者有神經傳導物質血清素分泌不足現象，與憂鬱症患者也有同樣的情形。

四、暴食症的治療

（一）領悟治療法

領悟治療法是以心理動力理論為基礎，諮商心理師或臨床心理師採用自由聯想與心理分析法，使患者深入了解自己在飲食方面無法自我節制的原因，再幫助患者認識和改變他們對食物、飲食、體重和體型的不正確態度，教導患者去確認和挑戰暴食前的習慣性。此外，心理師也會採取認知治療，幫助患者去除暴食的負面思考，進而改變他們完美主義的性格、無助感，以及低下的自我觀念。當患者能夠徹底領悟暴食的潛在因素，並且願意改變飲食習慣、認識飲食與體重的關係、建立正確的飲食態度與自我管理的能力，暴食的問題就能逐漸得到解決。另外，人際關係心理治療法，對於暴食症的治療也有相當的成效。

（二）團體治療法

心理師可安排暴食症患者組成一個團體，請暴食症治療成功的患者，來參與這個團體，並且分享自己改變暴食習慣的方法與經驗，讓患者說出他們對暴飲暴食的想法與憂慮，使團體成員學習到暴食症並不是可恥的事，患者從彼此的支持與了解，能更有信心來改變自己不良的暴食習慣，並且建立自信心，暴食症患者才能從團體成員得到相互支持，願意面對自己的問題。有一項研究發現，團體治療法如果結合領悟治療法，對暴食症患者會有更好的治療效果。

（三）認知行為治療法

心理師治療時，會要求暴食症患者，每天對自己的飲食習慣做紀錄，當發現自己的體重明顯增加時，就自行減少食量，並且清楚了解暴食的原因，以便有效克制大量飲食的衝動。

由於暴食症患者的飲食習慣，以及對食物、體重的態度和自我形象，大多有不正確的觀念，因此，臨床或諮商心理師應逐步協助患者改變不良的飲食習慣，有系統地導正患者對食物、身材與體重的錯誤觀念，並且幫助他們建立正確的自我形象，以便根治暴食的問題。此外，心理師可以要求患者對自己的飲食行為撰寫日記，改變飢餓和飽足感，幫助患者更客觀的評估其飲食模式，並認清引起暴食慾望的動機與情緒。

（四）藥物治療

抗憂鬱藥物 goo prozac 或 fluoxetine，可以幫助 25 至 40%的暴食症患者，減少他們的暴食行為平均達 67%。如果藥物治療結合其他型式的治療法，將會有更好的治療效果。

參、偏食症

一、偏食症的特徵

偏食症患者是指，進食時挑東挑西，或只吃單一、二種食物，最後因攝取食物的種類過少，而導致營養不良。偏食症嚴重時，可能會導致營養不良、新陳代謝失常，影響身體正常的發育成長。造成偏食症的原因，大部分都是因父母親從小過度寵愛孩子，或太關心他們的飲食內容與發育，以致於偏食症患者從小就利用偏食來當作反抗父母親的手段或工具。

偏食症患者如果不吃蛋、不喝牛奶，不吃深綠色蔬菜、深橙黃色蔬果、根莖類，例如：胡蘿蔔、深綠色蔬菜、芒果、木瓜、南瓜、地瓜、玉米等，而只吃白飯或稀飯配醬菜、豆腐等軟性食物，容易造成營養不良，或缺乏維他命 A，產生視網膜疾病影響視覺機能，產生夜盲症、乾眼症、角結膜乾燥角質化，嚴重時還會產生角膜潰瘍及角膜軟化症，進而喪失整個眼球的功能，影響角膜上皮細胞的再生能力。

二、偏食症的原因

一般來說，父母親從小過度寵愛、溺愛孩子，或過度關心孩子的飲食內容與營養及發育，以致於孩子從小就利用偏食行為來反抗父母親的過度關懷，或作為吸引父母注意的手段，最終即會成為偏食症患者。嬌生慣養的獨生子女最容易形成偏食症，因為他們的父母親可能因為寵愛而任意給巧克力、冰淇淋、糖果、餅乾等零食，導致他們三餐無法正常進食。父母有偏食習慣，或經常在孩童面前嫌這個不好吃、那個不好吃，也會影響孩童對食物的好惡，進而形成挑食、偏食的不良習慣。此外，正在發育中的青少年、少女，以及愛美的女性，也可能為了節食，只吃某些食物，而導致偏食。

三、偏食症的防治

雖然偏食症對身心比較沒有立即的危害，但長期下來，還是會使人因營養不良而致病。有偏食習慣的人，應多留意以下事項：

1. 定期健康檢查，留心自己身體裡礦物質的含量是否均衡，是否有營養失衡的現象。
2. 戒除平時吃零食的習慣。
3. 每天三餐的五穀、魚、肉、蛋、蔬菜、牛奶，都不可以或缺。
4. 家長在烹煮食物時，應多注重食物的色、香、味俱全，以吸引孩子的食慾。

肆、節食症

一、節食症的特徵

節食，顧名思義是非常在意食量的多寡，以少吃、不吃，來達到控制飲食的方式。但是如果因為節食而導致偏食、營養不良、體重太輕，或甚至已有厭食的現象發生時，就應該適可而止了，因為過度節食會導致骨質疏鬆症。

節食症不同於厭食症的區分如下：

1. 節食者在體重達標準之後，會恢復有節制的正常飲食。
2. 節食者的食慾仍正常，只是有意控制食量而已。
3. 節食者的精神狀況良好，沒有營養不良的跡象。
4. 節食者不會出現閉經問題。
5. 節食者不會時而不吃不喝、時而暴飲暴食。

二、節食症的原因

有些年輕人節食的原因，是為了趕時髦或追求時尚，以便保持優美婀娜多姿的體態，於是刻意調整飲食習慣，平時只攝取低熱量食物或減少飲食次數。有些中老年人為了身體健康，預防心臟血管疾病的發生，而有計畫的控制飲食的量及食物的內容。

三、節食症的治療

心理師可以採用認知治療法，幫助患者改變對飲食和體重的錯誤觀念及態度，幫助他們了解對自己身材的負面評價是不正確的，引導患者去認清及改變厭食習慣，使患者建立飲食和體重的正確認知。

伍、異食症

一、異食症的特徵

異食症是指，吃下正常飲食之外的物品，比較容易發生在孩童或某些精神病患者身上。罹患異食症時，患者可能會吞食肥皂、糞土、石頭、鐵釘、紙張等各式各樣的異物，結果導致消化不良、中毒或腸胃穿孔等危害身體健康，這是最危險的飲食障礙病症，發現家人有這種傾向時，一定要儘速就醫診治。

二、異食症的原因

異食症的發生原因至今不明，可能與身體缺鋅、缺鐵或腸道寄生蟲有關，也可能是患者的一種強迫性行為。此外，異食症好發於智能低下、有孤獨症或家中突逢劇變、失意受挫的人身上，應小心防範。

三、異食症的治療

異食症的治療，首重及早找出不良的刺激因素並予以排除，同時需做血液、微量元素、血色素及糞便的檢查，以了解身心受害的狀況，才能有效控制病情。此外，異食症患者還須接受心理治療，並且耐心教導他們正確的飲食行為，並改正他們不正確的飲食習慣。

第二節　肥胖症

根據「**世界衛生組織**」（World Health Organization，簡稱WHO）的資料，全世界大約有十億個成年人超重，其中約三億人屬於肥胖。肥胖經常伴隨著糖尿病、心臟病、高血壓、高血脂症、腦中風、膽結石，以及某些類型的癌症等疾病，所以絕不能等閒視之。

壹、肥胖症的特徵

「世界衛生組織」於 1966 年將**肥胖症**（obesity）列為一種慢性病。肥胖除了影響一個人的外觀，還容易產生許多疾病，最常見的有：心臟病、糖尿病、高血壓、動脈硬化、腦中風、痛風、關節炎、呼吸中止症、高血脂症、不孕症、脂肪肝、膽結石、癌症等，所以許多肥胖的人，都想減肥瘦身。

肥胖症患者常合併夜間攝食症候群，例如：失眠、夜裡大吃特吃、早上食慾不佳、憂鬱情緒等。

貳、肥胖的診斷指標

測量肥胖程度的指標，通常採用**身體肥胖指數**（body mass index，簡稱 BMI）。身體質量指數 BMI ＝體重（公斤）÷身高（公尺）的平方，被世界衛生組織認定是體重的指標，最理想的體重 BMI 等於 22，而肥胖則是指體重超過理想重量的 15 至 20%：輕度肥胖：BMI 介於 25 至 30；中度肥胖：BMI 介於 30 至 40；重度肥胖：BMI 大於 40 以上。

參、肥胖症的原因

一、遺傳基因

根據研究指出，如果父母其中一人肥胖，則子女肥胖的機率為 40%；如果父母兩人都肥胖，則子女就有 80%的機率會肥胖；父母雙方體重都正常，則子女肥胖的機率只有 7%。

二、脂肪細胞的大小

在兒童期和青春期時，脂肪細胞的數目會快速的增加，直到成年期脂肪細胞的數目才會維持穩定，所以說「小時候胖不是胖」是不正確的，小時候胖的人，多數長大後也是肥胖的。當體重正常時，脂肪細胞就會變得比較小；如果體重上升，就會使脂肪細胞的體積變大。想變得瘦一點，唯有運動和控制熱量的攝取，才是正確的做法。

三、飲食習慣

很多人會肥胖，都與其飲食習慣有關，肥胖者喜歡吃速食，常常一邊做事、一邊吃東西，食量過大以及一日多餐的習慣，常吃飽了還不自覺，而且三餐飲食不均衡。肥胖的人往往喜歡攝取高熱量、高蛋白的食物，例如：炸雞、糕餅、乳酪、漢堡、冰淇淋、各種甜點飲料等；此外，肥胖的人通常有吃零食、吃宵夜以及喝酒的習慣。父母的飲食習慣，也會直接影響孩子對食物的態度。

四、外在環境的吸引

不少人看到可口佳餚或聞到香味，就產生飢餓感，這種動機與外在環境所提供的刺激有密切關係。錫哈特與葛洛斯（Schachter & Gross, 1968）曾經做過一個實驗，來研究這類問題。他們請一群受試者一整天不帶手錶，無法隨時知道正確的時間，受試者只能從實驗室內牆上的掛鐘，得到時間的線索。

第一天實驗人員將室內時鐘撥快一小時，第二天則撥慢一小時。實驗進行時將受試者帶到實驗室，室內桌上擺滿各式美味可口的點心，實驗者請受試者隨意自行取用。受試者第一天看到掛鐘指著下午一點，第二天看到的時間是上午十一點，但事實上兩天真實的時間都是十二點。實驗結果發現：肥胖者第一天的食量幾乎是第二天的二倍。從這個實驗結果可知，受試者的飢餓感受到外在時間線索的影響很大。

肥胖者比較容易受到各種美食的吸引，例如：看見香噴噴的食物就很想吃它，看到他人吃食物就產生想吃的慾望。肥胖者比較會追求美食，對各種餐飲廣告比較會去注意，同時會採取行動去餐飲店大快朵頤。

五、運動量不足

每一個人從事各種活動，身體所消耗的**卡路里**（calorie），都需要由食物來補充。經由飲食所產生的能量，大約三分之一就足夠個人基本作息活動所需，其餘三分之二則儲存在體內。如果個人缺乏運動來消耗這些多餘的能量，體內新陳代謝減緩，脂肪長期累積增加，久而久之就會使體重增加，進而導致肥胖。肥胖者通常食量大加上運動量不足，因此養成良好的運動習慣不僅對身材有益，對健康也很有幫助。

六、心理因素

根據佛洛伊德的精神分析理論，有些人小時候家庭貧窮，沒有什麼東西可吃，長大之後就想滿足口腔的慾望，這是造成減肥不容易成功的潛在心理因素。有一些人因為感情受到挫折或不如意，於是以大量飲食來排除煩悶，彌補內心的空虛，結果愈吃愈胖。

許多肥胖者到減肥中心或健身中心接受減肥訓練，每天吃少量且低能量的食物，同時又配合運動訓練及睡眠時間的限制，經過一段時間之後，體重便會明顯下降，甚至接近理想體重。可是，許多肥胖者在減肥成功回家之後，由於無法自我節制飲食又不喜歡運動，其體重逐漸增加甚至會比去減肥之前還要重，所以自我監控飲食，成為減肥是否成功的重要因素。

肆、肥胖症的治療

一、藥物治療

肥胖症的治療宜先使用非藥物治療，如果無法奏效才考慮藥物或手術治療。因為傳統的非藥物治療，例如：飲食控制、運動及改善生活習慣等，經常是知易行難，而且要長期維持也是相當困難的事，因此應用抗肥胖藥物也是治療的選項之一。抗肥胖藥物大致可以分為以下三類：

（一）中樞性抗肥胖藥物

中樞性抗肥胖藥物，最常用的是屬於 catecholaminergic agents 類的安非他命衍生物。這類藥物很早就被用來減肥，但由於容易產生幻想、濫用成癮的問題，所以並不適合當作一般減肥藥物。目前在台灣核准上市的中樞性抗肥胖藥物是Sibutramine（諾美婷，meridian, reductil），它主要是經由中樞神經作用，增加飽足感與促進周邊身體代謝率，以達到體重減輕之目的。Sibutramine口服給藥吸收良好，每天一次，每次 5 至 30mg，六個月內可以使體重快速減輕。它的主要副作用是：口乾、頭痛、頭暈、便秘、焦慮、失眠等。此外，也可能會造成血壓升高及心跳加快的現象。

（二）作用於腸胃道的抗肥胖藥物

作用於腸胃道之抗肥胖藥物，目前唯一被「**美國食品暨藥物監督管理局**」（Food and Drug Administration，簡稱 FDA）核准上市的抗肥胖藥物是 orlistat（羅氏鮮，Xenical），它是一種強力的胰臟和腸道脂肪分解酵素的抑制劑。orlistat口服藥，每天三次，每次 120mg，與含有油脂類食物同時服用。它主要副作用是糞便、急瀉、糞便失禁與排便增加等。此外，也會造成脂溶性維生素 A、D、E 及β胡蘿蔔素的缺乏。

（三）其它類之抗肥胖藥物

Rimonabant 是一種類大麻（cannabinoid type 1，簡稱 CB1），它作用於中樞神經及腸胃道，可以減少食慾以達到減少食物攝取的效果。2006 年經歐盟核准上市，但是「美國食品暨藥物監督管理局」（FDA）對此藥的安全性仍有顧慮，因此尚未核准上市。

抗肥胖藥物的使用，必須注意肥胖症患者伴隨的慢性病及其服用的藥物，避免因藥物所引起的副作用，或因併服其它藥物而產生的藥物交互作用。因此減肥還是要經過專科醫師詳細評估之後，選擇最適合的治療方式，再配合非藥物治療，包括：衛生教育、心理治療、飲食和運動治療等，才是理想又健康的減肥方式。

二、節制飲食與多運動

肥胖與個人無法節制飲食有關，但肥胖者如何自我節制飲食？首先要養成測量體重的習慣，經常觀察自己的體重紀錄資料，如果發現有明顯增加的現象，就要做好自我管理，盡量少吃甜食或飲料、多運動，也最好每週吃素一天或兩天，讓胃腸得到充分休息，增加戶外活動時間，加上日行萬步或做有氧運動，如果能持之以恆，將能有效控制自己的體重。

三、心理治療

人的情緒、心理的不正常，也是引起肥胖的部分原因，有些人無法忍受挫折感，不知道如何適應外界環境和面對生活的壓力，就以吃東西來緩解焦慮情緒，例如：離婚、失戀、親人去世、被退學或失業的人等，就可能會出現強迫性進食現象。

有些父母把食物作為補償孩子的方法，他們不知道如何適當處理孩子的各種需求，孩子一哭就給食物；另外，一些家庭會用甜食作為對孩子的獎勵，卻不知道有過動症傾向的孩子，如果過度攝入糖分會更加過動。不正常的食物供應方式，會導致孩子養成不正常的飲食習慣，最終可能成為飲食性異常症患者。

肥胖症可以採用認知行為治療，其方法如下：

1. 自我監測。每天記錄飲食的種類、數量與熱量，減少攝取糖類和脂肪。
2. 適當營養。攝取的食物中，蛋白質約占 12%，脂肪不超過 30%；男性成人控制在 1500 至 1800 仟卡，女性每天大約 1200 仟卡。
3. 減少誘因。不要購買容易發胖的食物，甜食不要放在容易看得見或拿得到的地方。
4. 限制固定進食的時間、地點。

5. 放慢進食的速度，增加咀嚼食物的次數。
6. 訂定理想體重的目標。如逐漸靠近目標就自我獎勵，否則就自我懲罰。

本章摘要

1. 飲食障礙可以分為：厭食症、暴食症、偏食症、節食症，以及異食症等五類。
2. 厭食症患者因害怕肥胖或其他情緒問題而蓄意節食，導致發育遲鈍、頭暈、便秘、貧血、脫水、胃炎、情緒不穩、失眠等現象。
3. 厭食症患者以十五至三十五歲居多，女性多於男性，男女患者的比率大約 1：20。以模特兒、舞者、電視影星、歌星等，為了保持魅人的身材，因而最容易罹患此症。此外，青少年、經濟困難、家庭生活不美滿的人，也容易引發厭食症。
4. 根據DSM-IV-TR的診斷標準，有以下症狀就屬於厭食症：(1)拒絕維持與自己年齡、身高相符的正常體重水準；(2)即使體重過輕，仍然強烈害怕體重增加；(3)對身體的知覺出現障礙，體重與身材對自我評價有不當的影響，或否認當前體重過低的嚴重性；(4)應進入月經週期卻無月經現象。
5. 厭食症患者通常認為自己長得太胖，具有完美主義性格，過度追求瘦身的理想，認為身材苗條之後一切都會變得很美好。
6. 厭食症患者常伴隨患有輕度憂鬱症、強迫症、焦慮症、失眠與睡眠障礙的問題，有些則有物質濫用的習慣。
7. 厭食症的患者，除了需要接受藥物治療、心理治療之外，日常生活應注意：(1)多補充蛋白質、脂肪和碳水化合物，如多吃肉類、蛋、奶類及蔬果等；(2)三餐定時、定量進食；(3)保持心情愉快、生活規律；(4)培養正確的審美觀，不要盲目追求時尚；(5)當無法自我控制時，須及早就醫治療或住院治療。
8. 暴食症又稱為「貪食症」，患者食量大增，但是擔心被他人發現，所以常偷偷躲著進食。患者飲食過量、無法控制且反覆發生，以女性居多，開始於青春期與成年初期，大多數介於十五至二十一歲之間。患者的暴食行為可能持續數年。

9. 有些暴食症患者常會快速吞下大量甜食。在暴食之前，通常有強烈的緊張感，暴食之後可以短暫降低緊張，但是會產生嚴重自責、罪惡感或憂鬱的情緒。為消除上述情緒，並補償暴食行為，患者於是使用催吐、瀉藥、灌腸、禁食、節食等方式，因而導致身體虛弱、胃腸疾病、腎臟病或心臟病。
10. 暴食症的原因：(1)社會壓力；(2)家庭環境；(3)自制力；(4)生物因素；(5)情感障礙。
11. 暴食症有以下症狀：(1)定期發生暴食行為；(2)暴食之後以各種方法來減輕體重；(3)暴食症狀平均持續每星期兩次，合計達三個月之久；(4)因為體重與身材不適當，而影響自我概念。
12. 暴食症的治療：(1)領悟治療法；(2)團體治療法；(3)認知行為治療法；(4)藥物治療。
13. 偏食症是指挑東西吃，或只吃單一、二種食物，因攝取食物的種類過少，而導致營養不良、新陳代謝失常，影響正常的發育成長。
14. 偏食症的原因，大部分因父母親從小過度寵愛孩子，或太關心孩子飲食內容與發育，以致於孩子從小就利用偏食，來當作反抗父母親的手段或工具。
15. 嬌生慣養的獨生子女最容易形成偏食症，因為父母親可能因寵愛而任意給零食，導致三餐無法正常進食；若父母有偏食習慣，也會影響孩童對食物的好惡，形成挑食、偏食的不良習慣。此外，發育中的青少年、少女，以及愛美的女性，也可能為了節食，而只吃某些食物，導致偏食。
16. 有偏食習慣的人應留意：(1)定期健檢，留心自己身體裡礦物質的含量是否均衡，是否有營養失衡的現象；(2)戒除吃零食的習慣；(3)每天三餐的五穀、魚、肉、蛋、蔬菜、牛奶，都不可以或缺；(4)家長在烹煮食物時，應多注重食物的色、香、味俱全，以吸引孩童的食慾。

17. 節食症是指非常在意食量的多寡，以少吃、不吃，來達到控制飲食的方式。
18. 異食症患者可能會吞食肥皂、糞土、鐵釘、紙張等各式各樣的異物，導致消化不良、中毒或腸胃穿孔等健康危害，容易發生在孩童或精神病患者身上。
19. 異食症的發生原因可能與身體缺鋅、缺鐵或腸道寄生蟲有關，也可能是強迫性行為。此外，異食症好發於智能低、有孤獨症或家中突逢劇變、失意受挫的人身上。
20. 異食症的治療，需做血液、微量元素、血色素及糞便的檢查，以了解身心受害的狀況。此外，異食症患者還須接受心理治療，並且耐心教導他們的行為、改正他們的飲食習慣。
21. 肥胖症患者常合併夜間攝食症候群，例如：失眠、夜裡大吃特吃、早上食慾不佳、憂鬱症。
22. 測量肥胖程度以身體肥胖指數（BMI）為指標。身體肥胖指數：BMI＝體重（公斤）÷身高（公尺）的平方。輕度肥胖：BMI 介於 25 至 30；中度肥胖：BMI 介於 30 至 40；重度肥胖：BMI 大於 40。
23. 肥胖症的因素：(1)遺傳基因；(2)脂肪細胞的大小；(3)飲食習慣；(4)外在環境的吸引；(5)運動量不足；(6)心理因素。
24. 肥胖症的治療：(1)藥物治療；(2)節制飲食與多運動；(3)心理治療。

Chapter 7

藥物濫用疾患

藥物濫用（drug abuse）的情形，在世界各國相當普遍。隨著工商業發達，生活競爭日益激烈，生活日趨緊張，各種藥物或菸、酒的銷售量也與日俱增，因此，許多國家對藥物的使用都有明文的法律規定。藥物對人類健康、行為與意識的影響，是毋庸置疑的。

另外，有些心理學者研究發現，濫用藥物者容易產生不良適應的人格特質（Shedler & Block, 1990），例如：使用安非他命者會產生幻想、幻覺，以及過度活動的情形，是相當普遍的狀況（King & Ellinwood, 1992）。

由上述可知，一般興奮劑雖然可以使人暫時解除煩惱，獲得短暫的快樂，可是，這些藥物畢竟會對人的身心健康造成嚴重傷害；因此，如何調適壓力與增進身心健康，是現代人生活的重要課題。

第一節　藥物濫用的涵義及特徵

藥物濫用是指，在非以醫療為目的，不經醫師處方或指示情況下，過量或長期使用某種藥物（不包含菸、酒、非麻醉性止痛劑等），且個體無法減量與停止，其濫用結果足以損害個人身心健康、影響其社會與職業適應，或危害社會秩序；如果藥物停止使用，則會產生戒斷的症狀。

壹、濫用藥物者的特徵

濫用藥物者其行為和生理方面，會產生以下幾種異常徵候：

一、生理現象

1. 食慾減弱、體重減輕。
2. 瞳孔收縮及雙眼流出淚水。
3. 流鼻水或鼻孔發癢。
4. 身上常有特殊的味道。
5. 手臂、手背及身體其他部位有針孔痕跡。

二、心理或精神特徵

1. 情緒困擾、心神不定、焦躁不安、喜怒無常。
2. 低自尊心。
3. 缺乏自信心。
4. 挫折忍受力較低。
5. 意志力不夠堅定。
6. 人格異常。
7. 有精神疾病。
8. 精神恍惚、萎靡、沮喪。

三、行為異常

1. 對待他人的態度不佳，與家人、同學、同事相處不和睦，人際關係差。
2. 具有攻擊性傾向，例如：違反校規、頂撞父母。
3. 曠課、逃學、離家出走。

4. 常出入不正當營業場所。
5. 常與不良青少年或不務正業的成人混在一起。
6. 讀書或做事不專心、工作績效差、學業成績明顯退步。
7. 用錢無度、向家人索取或向朋友借錢的次數增加。
8. 偷竊錢財、物品。

貳、藥物濫用的診斷

根據 DSM-IV-TR 的診斷標準，如有以下症狀即屬藥物濫用：

1. 不當使用藥物，導致身心嚴重的損傷或痛苦。
2. 在一年之內至少有以下幾個特徵之一：
   (1)長期使用藥物導致無法正常工作、求學或正常家庭生活。
   (2)長期使用藥物，而無法自拔。
   (3)常因藥物濫用而產生法律糾紛。
   (4)因藥物濫用造成人際關係不良，但仍然繼續使用該藥物。

根據 DSM-IV-TR 的診斷標準，如有以下症狀中之三項，即屬藥物依賴：

1. 具有**耐藥性**（tolerance）。
2. 有**藥物依賴**（drug dependence）。
3. 對某藥物花許多時間去取得與大量使用。
4. 對某一種藥物有持續使用的慾望，或有多次戒除不成功的紀錄。
5. 花許多時間去取得某一種藥物，使用它且藉著該藥物來提神。
6. 對某一種藥物長期使用，而不參加其他任何活動。
7. 即使長期使用某一種藥物而造成身心傷害，仍然無法戒除。

第二節 藥物的種類與耐藥性

壹、興奮劑

心理興奮劑（psychoactive drug）是一種化學物質，它具有刺激與加速中樞神經系統作用的效果，使用者會產生心理、情緒或行為的改變。心理興奮劑會對身體組織造成直接傷害，如果使用過量的麻醉劑、鎮定劑與酒精，則會產生大腦損傷、昏迷，甚至死亡。一般興奮劑若使用過量，會造成腦中風、心臟病或大腦疾病。心理興奮劑的種類及其效應如下：

一、安非他命

安非他命（amphetamines）是一種化學合成物質，呈顆粒狀，也是一種毒品。美國過去有些長途卡車司機，會使用安非他命來消除開車的疲勞，隨時保持頭腦清醒、充滿活力。有些電影與文化界工作者，也會使用安非他命來熬夜與提升創作的靈感。在第二次世界大戰期間，德國軍隊利用夜間轟炸倫敦，後來日本空軍的神風特攻隊以自殺的方式轟炸美軍艦隊，據說那些軍人都服用安非他命來壯膽。有些奧林匹克的運動選手，也使用安非他命來提神，進而在比賽項目中獲得大獎。此外，有些毒販以減肥藥或媚藥名義，使消費者上癮。

有些安非他命上癮者，以口服或注射方式來快速產生愉快感、增加自信心、降低疲勞、維持長時間清醒、增加持久力、激發性慾，導致出現類似精神分裂症的症狀，甚至發生連續殺人案件，嚴重危害社會的安寧與秩序；於是大多數國家都把安非他命列為禁藥，並且禁止販售。

安非他命能使**正腎上腺素**（norepinephrine）加速釋放出來，使用少量安非他命能夠提神、降低食慾，過動症的小孩若使用安非他命，則能夠安靜下來學習，但如果長期使用會導致**耐藥性**（tolerance），也就是**上癮**（addiction），使用的劑量必須愈來愈多才能產生提神的效果。如果長期使用過量，會傷害大腦，導致血壓升高、易怒、失眠、焦慮、盜汗、瞳孔放大、顫抖、幻覺、幻聽、妄想、語言不清、容易激動、喪失食慾等現象，甚至自殺或以暴力攻擊他人。安非他命的使用者如果停止服用它，有時會陷入深度的憂鬱狀態。

二、古柯鹼

早在 1800 年，就有醫師使用**古柯鹼**（cocaine）來治療瘧疾，後來可口可樂（Coca Cola）飲料也加入古柯鹼，使人提神並解除疲勞。但因長期使用古柯鹼會使人上癮，嚴重者甚至可以使人喪命，後來世界先進國家禁止一般人使用它。古柯鹼是由**古柯**（coca）樹皮提煉出來的，呈白色粉末狀，可經由吸食、吞嚥或注射方式攝取。使用古柯鹼會減緩正腎上腺素的釋出，上癮者常採吸入或靜脈注射方式。人體如果吸入古柯鹼，會損傷鼻腔黏膜，而且傷害心臟血管的功能，導致心臟病、中風。

初期使用古柯鹼的人，會有四至六小時呈現精力充沛、自信和滿足感狀態，然後則伴隨著頭痛、頭暈和焦慮不安；這是由於古柯鹼能夠抑制突觸間隙的多巴胺再吸收，如經由靜脈注射或吸菸時，會使血液的濃度急速上升，因而產生欣快感、精力旺盛、思考敏銳，但是大約經過三十分鐘之後，就會產生嗜睡、焦躁不安、妄想、幻聽、情緒低落，甚至想自殺。

長期濫用過量古柯鹼，可能會導致急性中毒，常見的現象有：嘔吐、噁心、心律不整、呼吸困難、攻擊、強迫行為，以及焦慮、妄想、視幻覺、聽幻覺、胡言亂語等類似精神分裂症的症狀，如果與其他藥物（如：海洛因）或酒精合併使用，甚至可能導致猝死。

因為使用古柯鹼需花費龐大的金錢，所以容易使人產生失業、婚姻破裂、觸犯法律等問題。孕婦使用古柯鹼而產生早產兒的機率，是不使用者的四倍，甚至容易生出畸形胎兒。

貳、抑制劑

抑制劑（depressant）的藥物，會壓抑或減緩中樞神經系統的活動。抑制劑有很多種，比較常見的有酒精、鴉片與鎮靜劑等，說明如下：

一、酒精

（一）酒精對身體的影響

根據統計，在美國大約有三分之二的人所喝的飲料含有**酒精**（alcohol）成分，這些飲料包含啤酒、葡萄酒，以及各種烈酒；喝酒的人以男性居多，大約為女性的四倍，估計每年要花上數百億美元。當喝下微量酒精時，酒精中的**乙醇**（ethylalcohol）被血液吸收之後會刺激交感神經系統，使心跳加速、血壓升高、使人放鬆、感覺溫暖、有膽量、多話，而適當的酒量則可以增加性的慾望。但如果喝酒過量，超過肝臟分解的速度，酒精濃度增加到一定程度時（酒精濃度達到血液濃度 0.09%），就會使人產生酒醉現象；此外，酒精代謝的速度女性比男性較慢，所以女性較容易酒醉。而一般人血液中酒精濃度達到 0.55%，就有致命的危險。

飲酒過度會傷害身體，酒精會造成肝硬化、高血壓、腦中風、胃潰瘍、心臟病、大腦額葉萎縮、乳癌、食道癌、口腔癌、直腸癌、大腸癌，以及神經系統疾病（Goodwin, 1992）。飲酒過度者，容易導致食慾減退、失眠、動作遲鈍、不協調、車禍、跌倒或發生意外事件。依據寇耳曼（Coleman, 1993）的研究發現，大約有半數的車禍是由飲酒過度所造成的。

酒醉時，感覺或知覺會變得遲鈍、視力模糊、煩躁不安、記憶力減退、開車容易發生車禍、注意力無法集中、無法做明智的判斷、知覺與動作協調能力降低、走路或站立不穩、說話無條理，而且潛意識會逐漸浮現出來、失去自我約束力，於是內心的壓抑在酒醉時容易脫口講出來，嚴重者會導致腦部的萎縮。孕婦如果大量飲酒，有可能出現胎兒酒精症候群，導致中樞神經系統受損、智力發展遲緩、身體功能缺陷的現象。

喝酒過量容易使人產生以下幾種行為：

1. 情緒不穩定。
2. 憂鬱情緒。
3. 失去理性。
4. 容易與人爭吵。
5. 有喧鬧或攻擊行為。
6. 容易憤怒。
7. 殺人或自殺。
8. 強暴。
9. 犯罪行為。
10. 記憶力降低。

由於長期酗酒需要花費許多金錢，無法正常工作，甚至產生人格異常，因此，酗酒容易導致家庭破裂，甚至傾家蕩產。許多車禍與意外事件的發生，都與喝酒過量有密切關係。此外，懷孕者如果喝酒過量，可能傷害胎兒的健康，造成嬰孩**唐氏症**（Down’s Syndrome）的發生。

（二）酒精對身體長期性的影響

飲酒使人得到短暫的快樂、消除緊張或忘掉煩惱，但是在酒性消除之後，不愉快或煩惱的問題仍然存在，於是又藉著喝酒來得到短暫的快樂或忘掉煩惱，這樣就容易產生惡性循環；因此長期飲酒會使人上癮，產生酒精依賴，甚至成為酗酒者。酗酒容易產生**酒精中毒**（alcoholism），酒精中毒者大約有10%會有自殺傾向，且比一般人容易產生以下現象：(1)腦部萎縮；(2)肝硬化；(2)胃出血；(3)顫抖；(4)易怒；(5)急躁；(6)缺乏自尊心；(7)憂鬱；(8)判斷力低；(9)營養不良、身體虛弱、容易生病；(10)損害心臟，並降低免疫系統的正常功能。

（三）酒精依賴

1. 酒精依賴者的特徵

雖然成年人喝酒是合法的，但它是最危險的娛樂性藥物之一。一般酒精中毒的人，平均壽命比正常人大約減少十二歲。患者在初期戒酒的時候，常有**震顫譫妄**（delirium tremens，簡稱 DT）的典型症狀出現，包括：顫抖、癲癇、視幻覺、易怒、噁心、焦慮、沮喪、冒汗、失去方向感等現象，後來會出現人格的問題，例如：行為不負責任、脾氣暴躁、過度敏感等。

在美國，酒精濫用與依賴者，已成為大學校園的重大訓育輔導問題。美國大學生每年大約花費五十五億美元在飲酒上，甚至有許多不良青少年在未成年就有喝酒的習慣，且有逐年上升的趨勢。這些學生飲酒之後，學業成績明顯退步、人際關係不佳、心中充滿焦慮不安、容易與人爭吵，嚴重者導致中途**輟學**（drop out）或被學校勒令退學，即使能勉強畢業，步入社會之後也很容易失業。

2. 酒精依賴與遺傳的關係

酒精依賴與遺傳有密切關係，有一份研究報告指出，大約三分之一的酒癮者，其雙親至少有一位也是酒癮者；同卵雙生子罹患酒癮的機率大於異卵雙生子，許多酒癮者有家族性遺傳。酒精依賴者通常在兒童時期就出現反社會行為，例如：攻擊性、暴力、霸凌、虐待他人，或反抗權威、觸犯法律。有些心理學者認為，這與其生活環境有關，一個人若從小即生長在酒癮的家庭，耳濡目染，無形中容易產生學習效果。

二、鴉片及其衍生物

鴉片是造成清朝滅亡的原因之一，可見鴉片對人體、社會的傷害之大。**鴉片**（opium）又稱為**嗎啡**（morphine），含有大量生物鹼，是由罌粟提煉出來，大約十八種氮基的生物鹼所組成的混合物質。人類使用鴉片和其衍生物，將近有五千年的歷史。鴉片的衍生物有嗎啡、**海洛因**（heroin）與**可待因**（codeine）。鴉片的味道雖然苦澀，但是可以使人解除身體的疼痛，具有強力的麻醉與鎮靜作用。鴉片上癮者會喪失工作意志，整天沉醉在虛幻的感覺之中。海洛因比嗎啡更具有減輕疼痛的效果，也很容易使人上癮，一旦上癮之後就很難戒除。

一般興奮劑都會傷害身體健康。有一個研究以老鼠為對象，在一組老鼠身上注射海洛因，在另一組老鼠身上注射古柯鹼。雖然對這兩組老鼠充分供應水與食物，但是結果發現，注射海洛因的老鼠，平均體重減少 29%，經過一個月實驗之後，有 90%的老鼠死亡；注射古柯鹼的老鼠，身體健康惡化比較緩慢，不過在一個月實驗結束時，仍有 36%的老鼠死亡（Bozarth & Wise, 1985）。

嗎啡、海洛因若透過吸食、皮下或靜脈注射等方式使用，就被視為吸毒，使用者會觸犯法律。在各國政府強力取締之下，因為無法透過合法的途徑取得，所以毒販大多走私進口，而且價錢極端昂貴，患者為了取得這類毒品，常不惜進行各種犯罪行為。

患者如果注射、吸入或口服過量，會導致昏睡、嘔吐、便秘，以及知覺動作失調等行為。長期使用（大約一個月）嗎啡和海洛因會使人上癮，海洛因使用之後，會使人產生一股快感或夢幻感覺，這種現象大約可以維持五小時。上癮者會覺得很困倦，對食物或性的需求大為降低；如果突然不使用（戒斷），則會產生焦慮、頭痛、流眼淚、冒汗、坐立不安、呼吸急促、嘔吐、腹痛、四肢疼痛、顫抖、失眠、高血壓、體重減輕等現象，嚴重者會導致死亡。

三、巴比妥酸鹽

巴比妥酸鹽（barbiturates）俗稱「紅中」，是一種常見的鎮靜劑，在臨床醫療上被用來治療失眠、癲癇，少量服用會有鎮定、安神、放鬆的感覺，接著會有疲累、想睡覺的現象。如果長期服用就容易傷害肝臟且產生藥物依賴，而出現情緒不穩定、動作遲緩、言語不清、失眠、沮喪、嘔吐、噁心和憂鬱等現象，嚴重者可能導致腦傷、人格退化等現象，如果長期使用的劑量過高，可能嚴重傷害動作與知覺協調能力，造成呼吸中止、血壓降低，導致昏迷、休克或喪命。

參、幻覺劑

一、大麻

大麻（marijuana）是一種輕微的幻覺劑，可由其葉片製成麻醉藥或大麻菸，使用方式通常是用抽的（從鼻子吸入），有些人則將大麻泡在水中用喝的。人類使用大麻已經超過四千年的歷史，在中國古代神農帝時代，大麻被當成一種安神藥；印度人將大麻當作解熱藥；美軍在越戰中，許多官兵以吸食大麻來解除內心的恐懼不安。大麻是世界上使用最廣泛的藥物之一，據估計，已有超過四億人使用過。華陀曾使用大麻作為全身麻醉劑，在阿拉伯、印度也常有人將大麻當作醫藥來使用。

人體長期吸入大麻會影響身體機能，大麻具有使人產生放鬆、飄浮的感覺。但是如果使用過量，則會傷害動作協調能力與心理功能，並且出現排尿增加、心跳加速、反應遲鈍、眼睛發紅、情緒不穩定、憂鬱、頭痛、嘔吐、與人爭吵，以及影響生育能力。大麻不會導致生理依賴，但是可能使人產生強烈的心理依賴，而產生妄想與幻覺、無法適應正常社會生活、失去生活與工作能力。心理治療或藥物治療，通常可以使患者減少對大麻的依賴。

二、迷幻藥

迷幻藥能使人產生幻覺，這種藥物以**麥角酸乙二胺**（lysergic acid diethylamide，簡稱 LSD）的藥效最強。在 1960 年代，美國有幾百萬名的年輕嬉皮（Hippy）學生，行為乖僻，穿著怪異的服裝，排斥固有的社會習俗，他們普遍使用 LSD，許多人都感受到騰雲駕霧的感覺。迷幻藥無色、無味、無臭，如果服用超過 0.1mg，就會使人瞳孔放大、噁心、頭暈目眩、情緒不穩定、妄想、人格解離、昏迷等，藥效可以持續六至十二小時。服用者會失去正確的判斷力，且呈現高度焦慮感與**幻覺**（hallucination），感覺所看到的物體會變形，或突然失去深度知覺，閉上眼睛會出現萬花筒般的景象，或產生飄飄然及很不自在的感覺。被火焰嚴重燙傷的人，使用LSD之後，身體會感覺涼快。

患者即使在停止使用迷幻藥之後，仍然會出現焦慮不安及類似精神分裂症的症狀，所以在美國許多州都有法律規定禁止使用。LSD 中毒所引發的急性精神病患者，需要住院接受藥物治療；此外，心理治療對 LSD 所產生的心理依賴以及預防出現幻覺，都有不錯的效果。

肆、藥物耐藥性

長期使用心理興奮劑的人，為了想一再獲得感官與精神上的滿足，於是重複接觸與使用這些藥物，即稱為上癮。個體對同一種藥物長期使用，生理上對此藥物的敏感程度會降低，因此，必須使用更大量或增加次數，才能在心理上產生滿足感，這種現象稱為耐藥性。大多數的藥物會使人產生耐藥效應，但其產生的速度，則因藥物的種類而異，例如：海洛因會使人很快產生耐藥性，而酒精及迷幻藥則比較緩慢。

個體若長期使用某種藥物，會在心理與生理上產生藥物依賴，而且必須使用更多或更高濃度的藥物，才能滿足心理上與情緒上的需求，例如：古柯鹼、迷幻藥、安非他命等，會使人產生想要繼續使用的心理需求；嗎啡、巴比妥鹽和酒精等興奮劑，患者為了暫時去除某種身體疾病而繼續使用它，這種現象即為生理依賴。

上述這些藥物會使人產生嘔吐、寒冷、發燒、抽筋、腹瀉及疼痛等現象，但是，患者如果不使用它，又會產生易怒、憂鬱、無方向感、疲勞，以及冷漠等偏差行為。因此，患者停止服藥後會感覺痛苦萬分，不得不再依賴這些藥物，久而久之，乃產生惡性循環。

當吸毒者一再重複使用一種或多種藥物，會漸漸形成生理依賴性。一旦吸毒者終止或減少藥物時，上癮者就會容易產生非常焦躁、極度不安之身體症狀，而且有強烈需要服用藥物之慾望。

第三節　藥物濫用疾患的成因

造成藥物濫用疾患的原因很多，至少包含個人、家庭、學校與社會文化等方面，例如：人格欠缺正向的自我概念、家庭功能失常、學校裡學生同儕使用違法的物質、大眾傳播的影響等，茲分別說明如下：

壹、個人方面

一、生理因素

有心理學者研究發現，大約有三分之一的酗酒者，其父母親至少有一個人也是酗酒者；在寄養家庭長大之酗酒者，其親生父母亦酗酒的人數，是未酗酒者的四倍；由此可見，酗酒與遺傳之間有密切關係。而有些人因身體病痛，故需要長期使用藥物，例如：失眠或治療病痛時，因醫療的需要，長期使用藥物而成癮。

二、心理因素

（一）個性缺陷

個人無法從生活中獲得滿足，處世消極悲觀，充滿仇視、怨恨心理，在遇到挫折、壓力、失落時，無法有效宣洩，為了避免緊張、焦慮、沮喪，就藉由藥物來麻醉自我，以便排除內心的空虛、痛苦或逃避現實責任，藉藥物來解決問題。心理分析學者認為，藥物濫用者具有情緒不成熟、寂寞、低自尊的特徵，因而使其在焦慮時易沉迷於藥物。

（二）好奇心驅使

藥物濫用者以青少年居多，少年期是進入成人的準備階段，對四周環境敏感度高、好奇心強、想像力豐富，容易受到同儕的影響，若因受到同儕慫恿，而對藥物產生好奇心，就容易加以模仿。

（三）缺乏控制衝動的能力

藥物濫用者個性通常比較不成熟，凡事著重獲得立即的滿足，無法忍耐及克制衝動，也比較不考慮行為的後果。

（四）缺乏獨立自主能力

許多藥物濫用者依賴心強，容易盲從、附和他人，或受他人慫恿，缺乏自我管理的能力。

（五）對毒品藥物認知不足

不少藥物濫用者為無知青少年，他們對於各種藥物傷害身體健康及心理的認識不足，甚至對於藥物造成身心健康之危害，置之不理或渾然不知。

貳、家庭方面

一、父母或家人有藥物濫用的習性者，其子女容易產生模仿

子女與父母長期生活在一起，無形中對父母的一舉一動加以觀察並且學習父母的行為，如果父母有藥物濫用的習性，子女會產生耳濡目染的模仿效果。

二、家人互動不良

大部分青少年處於渴望追求獨立自主的反抗期，如果父母管教態度過於專制權威、放任、欠缺親情，或家人關係不和諧，而引發摩擦、衝突，容易促使青少年產生疏離感因而容易接近非法的藥物。

參、學校方面

一、升學主義掛帥

台灣長期在升學主義掛帥之下，忽略德育、群育、體育，學生課業壓力大。學習程度較差的學生因學習挫折、考試不及格，又受到教師或家長責難，難以適應學校環境，容易因而逃學、輟學、遊盪於不良場所，易結交不良少年而染上濫用藥物的惡習。

二、同儕影響

藥物濫用者大多從青少年開始，因重視同儕對自己的看法，在尋求同儕認同的過程中，容易因為畏懼同儕的排斥，或因好奇受不了誘惑，而在明知或無知之下濫用違禁藥物。

三、預防教育不足

社會大眾傳播媒體或各級學校，缺乏宣導或很少教導學生法律常識，以及正確使用藥物的知識。一般學校導師工作相當繁重，無法對學生確實做到個別輔導，甚至對有使用藥物徵兆的案主，缺乏有效的諮商與輔導策略。

肆、社會文化方面

一、社會文化

在經濟蓬勃的現代社會中，許多人的價值觀產生很大的改變，追求「名利」與「金錢」成為人們競相追逐的目標，許多人汲汲營利，希求不勞而獲，甚而不擇手段、挺而走險，不惜販售毒品來獲得暴利。

二、投機暴利之誘惑

由於合成毒品之製造原料成本低廉，且容易取得，而所製成之毒品藥物皆以高價販售予施用者，可以說一本萬利，以致於不肖歹徒甘願冒著觸犯法律的風險非法製造。

三、人際疏離感

在人口集中、高度都市化的時代，造成高度分工、人際關係淡薄、疏離，人們容易產生寂寞與空虛的感覺，為了填補精神層面的空虛，有一些人就以使用違禁藥物來滿足其幻想的心理。

四、執法不嚴

雖然政府有訂定管制違禁藥物的法律，但是有些警察或司法人員執法不夠嚴厲，使毒販及一般人皆容易取得違禁藥物。

五、大眾傳播媒體的影響

從各種大眾傳播媒體的管道，一般人很容易獲得各種藥物的廣告訊息；另一方面，在不良戲劇或演出者的示範之下，亦直接或間接提供人們不良示範或價值觀。

六、社會教育機構場所不足

台灣具有教育性的收容流浪青少年的機構，以及積極輔導青少年活動的社會團體普遍不足；其次，青少年缺乏社會教育，也缺少適當活動的場所，來從事正當的休閒活動。

第四節　藥物濫用疾患的輔導與治療

壹、藥物濫用者的輔導

現今青少年首次濫用藥物的年齡，有逐漸下降的趨勢，因此藥物濫用的防治工作應從小學就開始，避免或延遲其與菸、酒、檳榔、藥物、毒品的接觸，便能預防其吸食、使用毒品。青少年心理學者艾爾肯（D. Elkind）認為，青少年血氣方剛、會有以自我為中心的現象，在思考上容易忽略實際情況，常認為自己是個超人，擁有巨大無比的能力，什麼事情都可以做到。這種**個人神話**（personal fable）的心理，容易使其不顧自身安危，尤其是在朋友、同伴的教唆之下，從事各種冒險活動，例如：吸菸、酗酒、藥物濫用等，因為他們認為災禍不會降臨到自己身上。此外，也可以透過家庭教育、學校教育和社會教育，來加強青少年濫用藥物的預防工作。

一、家庭方面

父母及家庭在青少年物質濫用的預防中，扮演極重要的角色。有些家庭是導致青少年接觸酒精或毒品的溫床，例如：藥物濫用的家庭、酗酒家庭、單親家庭、有鑰匙兒童的家庭、管教態度不一致的家庭等。物質濫用不會突然發生，也不會毫無理由的發生，它通常是由許多因素累積所導致的結果，這些因素還包括：低自尊及不適當、無效的因應技巧與對策。

大多數的父母用愛及關懷來養育孩子，然而大多數的青少年卻沒有學習到要愛自己以及如何有效地面對問題，因此當遇到困難問題時，有些青少年就會藉著毒品來逃避問題。根據研究顯示，毒品使用者比較常和父母發生衝突、歧見、誤解。

當父母懷疑他們的孩子濫用藥物時，應告訴孩子藥物對人的身心健康有害的證據；此外，父母還需要和孩子充分溝通，讓孩子知道父母堅持反對他們使用藥物。在溝通的過程中，父母必須讓孩子了解，不可以因為受同儕的慫恿，而接觸各種有害身心健康的藥物。父母要以身作則與自我約束，例如：自己不可以有飲酒、使用毒品的習慣。同時，保持冷靜、開放、關愛的態度，去傾聽孩子的心聲，而不是只給他意見或指責他而已。父母協助孩子成長的秘訣，就是要教他們對自己的行為負責任，勇於接受自己做決定所造成的後果。

二、學校方面

學校的教師或輔導人員，通常是先發現青少年濫用物質行為的人，他們在治療青少年物質使用的計畫中扮演重要的角色，因為早期發現可以預防更進一步的毒品使用。學校教師除要以開放、接納、關心的態度，來取得青少年的信任及合作外，還可以採取下列幾項處理方法：

（一）與家長建立合作的工作團隊

學校與家長建立合作的工作團隊，這對預防青少年更進一步的吸食毒品，是極為必要的。學校有賴家長和輔導老師的合作，可以在平常放學後或週末，對家長及學生進行講習，提供有關毒品的資訊及基本能力的訓練，例如：自我肯定訓練和做決策的技能，幫助青少年擁有正確的知識來避免接觸毒品。此外，學校輔導老師在講習會上，也可以安排毒品戒斷成功者的演講，或透過電影、團體輔導等策略，來達到預防學生使用毒品的效果。

（二）作青少年與其父母間的連絡人

學校輔導老師可作為青少年與其父母之間的連絡人，讓父母知道自己孩子在學校的行為及學業表現，增加其對青少年子女的了解；但是輔導老師要讓青少年清楚知道，他的角色是要當青少年的保護者，而不是告密者。

（三）加強親職教育

學校加強親職教育，教導父母如何使用有效的溝通技巧與孩子溝通（例如：傾聽、同理心等），親子間有效的溝通除了能增進親子關係，讓家庭作為一個自然的支持系統之外，還能夠提高孩子的自尊心，使孩子對自己有正向的自我觀念。

（四）生活技能訓練計畫

針對國中學生實施**生活技能訓練計畫**（life skills training program），該計畫含有情感、認知及行為成分，其內容包括使用毒品的長期及短期結果（例如：吸菸後的生理回饋）、重要的想法、做決策的技巧、因應憂慮的技能、抵抗同儕壓力的社會技巧，以及自我改善的策略。

學生輔助計畫（student assistance programs，簡稱 SAP），這個計畫適用於學生酗酒和其他禁藥使用問題的預防和處理，著重學業表現不佳的學生；在處理物質濫用的問題時，輔導人員應諮詢學生家長及社區人士，以發展出有效的方法，並且提供團體、個別及家族諮商。學生輔助計畫的小組成員，主要由學校重要的社團幹部和藥物濫用專家所組成，其中還包括訓育輔導人員、學校輔導老師和教師代表。學生輔助小組對於學生藥物使用的行為，有一定的辨識過程與組織、預防與處理的社區支援網絡，以及對癒後案主管理與追蹤輔導。

（五）提供青少年正確的藥物資訊

青少年能否拒絕藥物的引誘，端賴其是否有正確的知識，學校應提供正確的藥物資訊，讓學生知道使用藥物對身心健康的影響，學校不必使用嚇阻的作法來反毒，這樣的效果相當有限。

（六）教學正常化

學校不必過分重視學生的學業成績，應設計適當且足夠的各類活動，讓學業低成就的學生去發覺自己在其他方面的優點，並且適時給予鼓勵，使其優點受到肯定，增加學生的正面自我概念。此外，還需教導學生學會適當處理自己的情緒，避免因其不適當的情緒困擾宣洩管道，反而增加其對物質使用的機會。

（七）加強校園巡邏

學校對於學生時常聚集的校園死角及廁所，應請專人多去巡邏，尤其在上學、下課及放學的時段，同時減少校園內物質濫用的場所，並且強化校園的休閒設施及活動，讓學生利用時間去從事其他活動，減少藥物濫用的發生機率。

（八）協助學生戒除吸菸、飲酒或嚼檳榔的習慣

學生如果有抽菸、喝酒、嚼檳榔等習慣，長大以後就有可能成為吸毒者，學校應避免學生與菸、酒、檳榔、藥物有接觸的機會，並且加強宣導學生遠離毒品，來預防染上吸毒的惡習。

貳、藥物濫用疾患的治療

一、心理動力治療法

心理動力治療師可以幫助藥物濫用疾患者，洞察其內在的心理衝突，改變依賴藥物的生活型態，積極去面對自己的問題，而不是藉著藥物來麻醉自己，或逃避該解決的問題；如果能結合行為治療法與生物治療法，就可以產生更明顯的治療效果。

二、行為治療法

行為治療法可以採用**嫌惡治療法**（aversive therapy），利用古典制約原理，每當患者服用毒品或藥物時，就對他們提供不愉快的刺激，例如：在患

者酗酒之前將**嘔吐劑**（antabuse）加入酒瓶中，患者喝下酒不久就會產生嚴重的嘔吐，這樣實施多次之後，患者就會對喝酒產生恐懼或厭惡的心理，進而放棄使用酒精。另外，可以利用**癮蔽敏感法**（covert sensitization），請酗酒者想像他們在喝酒的時候，會產生極端恐怖的景象，讓患者產生自動放棄喝酒的意念。

此外，教導酒癮者以靜坐、放鬆訓練、生理回饋法、自我肯定或社交技巧，來取代酒癮的壓力，也可以產生治療效果。對於古柯鹼上癮者與其他藥物濫用者，使用**後果管理**（contigence management）是相當有效的，例如：檢查患者尿液中是否含有該藥物的成分，如果沒有就給予獎勵；反之，如果有的話就施予懲罰。

三、認知行為治療法

認知行為治療法是結合認知與行為改變技術，來協助患者有效控制藥物濫用的行為。這種方法又可分為下列兩種：

第一：教導患者了解酒精對人體的傷害，讓患者觀看酒癮者造成肝臟潰瘍的影片，使患者產生恐懼心理。心理治療師可以教導患者**自我控制訓練**（self-control training），患者在喝酒的社交場合若能自我節制及有因應技巧，即能避免喝酒過量所產生的嚴重後果，例如：心理治療師要酒癮者記錄飲酒的時間、地點、情緒、生理變化，使他們能夠察覺飲酒過度的風險，以及如何控制飲酒的行為。

第二種則是**復發預防訓練**（relapse prevention training），心理治療師指導酗酒患者，在什麼情況之下才可以喝一點酒，而且知道自己喝多少酒才是適當的，這樣就能夠有效控制飲酒的行為。此外，配合家族治療、婚姻治療，也可以收到很好的效果。

心理師對於輕度濫用古柯鹼患者的治療，也可以採用認知行為治療法，幫助患者認清古柯鹼對人體的傷害，使其有效處理使用古柯鹼的心理衝動。對於中度濫用古柯鹼患者的治療，需要給予藥物治療及心理治療；而對於重度濫用古柯鹼患者的治療，除了上述的治療方式之外，在急性發作期間可以考慮住院治療。

四、生物治療法

生物治療法通常是請患者到精神科或療養院門診，由醫師提供解毒藥劑，或提供減輕戒毒症狀的藥劑，例如：由精神科醫師提供抗憂鬱劑，來減輕患者戒毒所產生的症狀，例如：痙攣、**譫妄**（delirium）。

五、社會文化治療法

酒精依賴者通常是被動的去接受治療，在美國，主動去接受治療的酒癮者不到 10%。而許多藥物濫用者在沒有專家的協助之下，自己組織一個團體來幫助其他藥物濫用者，其中以**酒癮者匿名戒酒團體**（Alcoholics anonymous，簡稱 AA 團體）最著名，該團體於 1939 年由鮑伯（Bob）與比爾（Bill）兩位醫師，在美國俄亥俄（Ohio）州成立。在一個團體中，保護酒癮者，不讓他的姓名曝光，由戒酒成功者參與戒酒團體，並且分享自己戒酒成功的經驗與歷程，再透過成功者的現身說法，使酒癮者產生戒酒成功的希望，並且願意採取行動來克制自己喝酒的行為。

本章摘要

1. 藥物濫用是指，在非以醫療為目的，不經醫師處方或指示情況下，過量或長期使用某種藥物。
2. 濫用藥物者，其行為和生理方面，會產生以下生理現象：(1)食慾減弱、體重減輕；(2)瞳孔收縮及雙眼流水；(3)流鼻水或鼻孔發癢；(4)身上常有特殊的味道；(5)手臂、手背及身體其他部位有針痕。
3. 濫用藥物者之心理或精神特徵：(1)情緒困擾、心神不定、焦躁不安、喜怒無常；(2)低自尊心；(3)缺乏自信心；(4)挫折忍受力較低；(5)意志力不夠堅定；(6)人格異常；(7)有精神疾病；(8)精神恍惚、萎靡、沮喪。
4. 根據DSM-IV-TR的診斷標準，在一年之內至少有以下特徵之一，就是藥物濫用：(1)長期使用藥物導致無法正常工作、求學或正常家庭生活；(2)在長期使用藥物之下無法自拔；(3)常因藥物濫用而產生法律糾紛；(4)因藥物濫用造成人際關係不良，但仍然繼續使用該藥物。
5. 心理興奮劑是一種化學物質，它具有刺激與加速中樞神經系統作用的效果，使用者會產生心理、情緒或行為的改變。
6. 安非他命是一種化學合成物質，呈顆粒狀，也是一種毒品。有些上癮者以口服或注射方式來降低疲勞。若長期使用安非他命，會導致耐藥性；使用過量則會傷害大腦，導致血壓升高、易怒、失眠、焦慮、盜汗、瞳孔放大、顫抖、幻覺、幻聽、妄想、喪失食慾、自殺或攻擊行為。
7. 古柯鹼曾被用來治療瘧疾，長期使用會使人上癮。古柯鹼可經由吸食、吞嚥或注射方式攝取，使用古柯鹼會減緩正腎上腺素的釋出，上癮者常採吸入或靜脈注射方式。
8. 初期使用古柯鹼會精力充沛、自信和滿足感，然後伴隨著頭痛、頭暈和焦慮不安。長期過量服用古柯鹼，可能會發生急性中毒，常見的現象有：焦慮、妄想、視幻覺、聽幻覺、胡言亂語等症狀。如果與海洛因、酒精混合使用，會導致昏睡甚至喪命。

9. 對於輕度濫用古柯鹼患者的治療，通常採用認知行為治療法，幫助患者認清古柯鹼對人體的傷害，有效處理使用古柯鹼的心理衝動。對於中度濫用古柯鹼患者的治療，需要給予藥物治療及心理治療；重度濫用古柯鹼患者，應住院治療。

10. 抑制劑的藥物，會壓抑或減緩中樞神經系統的活動。抑制劑有很多種類，比較常見的有酒精、鴉片與鎮靜劑。

11. 酒精喝下微量時，會刺激交感神經系統，使心跳加速、血壓升高、使人放鬆、有膽量、多話，適當的酒量則可以增加性的慾望。如果喝酒過量，超過肝臟分解的速度，酒精濃度增加到一定程度時，就會使人產生酒醉現象，一般人血液中酒精濃度達到0.55%，就有致命的危險。

12. 酒醉時，感覺或知覺會變得遲鈍、視力模糊，煩躁不安、記憶力減退、注意力無法集中，無法做明智的判斷、知覺與動作協調能力降低、走路或站立不穩、說話無條理、潛意識逐漸浮現出來、失去自我約束力；嚴重者會導致腦部的萎縮。孕婦如果大量飲酒，有可能出現胎兒酒精症候群，導致中樞神經系統受損、智力發展遲緩、身體功能缺陷的現象。

13. 長期酗酒需花費許多金錢，無法正常工作，產生人格失常，酗酒容易使家庭或婚姻產生破裂。許多車禍與意外事件的發生，都與喝酒過量有密切關係。懷孕者如果喝酒過量可能傷害胎兒的健康，造成嬰孩唐氏症候群。

14. 飲酒使人得到短暫的快樂、消除緊張或忘掉煩惱；但是，酒性消除之後，不愉快或煩惱的問題仍然存在，於是又藉著喝酒來得到短暫的快樂或忘掉煩惱，如此便產生惡性循環，因此長期飲酒會使人上癮，產生酒精依賴，甚至成為酗酒者。酗酒亦容易產生酒精中毒。

15. 酒精中毒者容易產生以下現象：(1)腦部萎縮；(2)肝硬化；(2)胃出血；

(3)顫抖；(4)易怒；(5)急躁；(6)缺乏自尊心；(7)憂鬱；(8)判斷力低；(9)營養不良；(10)損害心臟。

16. 酒精中毒的人，在初期戒酒的時候，常有顫抖、噁心、焦慮、沮喪、血壓升高等現象，後來會出現人格的問題。學生酗酒之後，學業成績會明顯退步、人際關係不佳、內心充滿焦慮不安，容易與人爭吵，可能因此中途輟學或被學校勒令退學，即使勉強畢業，在步入社會之後也很容易失業。

17. 大約三分之一的酒癮者，其雙親至少有一位也是酒癮者；同卵雙生子罹患酒癮的機率大於異卵雙生子。許多酒癮者有家族性遺傳，酒精依賴與其生活環境有關，一個人從小就生長在酒癮的家庭，容易耳濡目染，無形中產生學習效果。

18. 酒精依賴者通常是被動的去接受治療。治療方法分為：(1)藥物治療；(2)心理治療；(3)酒癮者匿名戒酒團體。

19. 鴉片又稱為嗎啡，含有大量生物鹼，由罌粟提煉出來，可以解除身體的疼痛。海洛因比嗎啡更具有減輕疼痛的效果，一旦上癮就很難戒除。患者如果注射、吸入或口服過量，會導致昏睡、嘔吐、便秘，以及知覺動作失調等行為。嗎啡和海洛因長期使用會使人上癮，海洛因使用之後會產生一股快感或夢幻感；上癮者會覺得困倦，對食物或性的需求大為降低。如果突然戒斷，會產生焦慮、頭痛、流眼淚、冒汗、坐立不安、呼吸急促、嘔吐、腹痛、四肢疼痛、顫抖、失眠等痛苦現象，嚴重者會導致死亡。

20. 巴比妥酸鹽俗稱「紅中」，是一種鎮靜劑，在臨床醫療上被用來治療失眠、癲癇，少量服用有鎮定、安神、放鬆的感覺。但是服用或注射過量，容易導致昏睡或休克，嚴重傷害動作與知覺協調能力。長期服用容易產生藥物依賴、動作遲緩、言語不清、失眠、沮喪、嘔吐、噁心和憂鬱等現象，嚴重者可能導致腦傷、人格退化或喪命。

21. 大麻是一種輕微的幻覺劑，由其葉片製成麻醉藥或大麻菸。大麻具有使人產生放鬆、飄浮的感覺。如果使用過量，會傷害動作協調能力與心理功能，並且出現排尿增加、心跳加速、反應遲鈍、眼睛發紅、情緒不穩定、憂鬱、頭痛、嘔吐，以及影響生育能力。大麻不會導致生理依賴，但可能使人產生心理依賴。

22. 迷幻藥無色、無味、無臭，能使人產生幻覺、瞳孔放大、噁心、情緒不穩定、妄想、人格解離、昏迷，同時對判斷力造成傷害。有些人服用之後，會產生飄飄然及不自在的感覺。對LSD中毒所引發的急性精神病患者，需要住院接受藥物治療。心理治療對LSD所產生的心理依賴以及預防出現幻覺，都有不錯的效果。
23. 個體對同一種藥物長期使用，生理上會對此藥物的敏感程度降低。因此，必須使用更大量或更多次數，才能在心理上產生滿足感，這種現象稱為耐藥性。大多數的藥物會使人產生耐藥效應，但是其產生的速度，因藥物的種類而異。
24. 個體如長期使用某種藥物，會在心理與生理上產生藥物依賴，必須使用更多或更高濃度藥物，才能滿足心理上與情緒上的需求。
25. 藥物濫用者個人無法從生活中獲得滿足，處世消極悲觀，在遇到挫折、壓力時無法有效宣洩，為了避免緊張、焦慮、沮喪，習慣以藥物來麻醉自我，藉以宣洩內心的空虛、痛苦或逃避現實責任，想藉藥物來解決問題。
26. 藥物濫用者以青少年居多，少年期對四周環境敏感度高、好奇心強、想像力豐富，如果有同儕使用藥物，在好奇心驅使之下，就容易加以模仿。
27. 藥物濫用者缺乏控制衝動的能力，個性比較不成熟，凡事著重獲得立即的滿足，無法忍耐及克制衝動，也比較不考慮行為的後果。
28. 藥物濫用者缺乏獨立自主能力，依賴心強，容易盲從、附和他人，或受人操弄、對毒品藥物認知不足。
29. 心理興奮劑會對身體組織造成直接傷害，使用過量的麻醉劑、鎮定劑與酒精，會產生大腦損傷、昏迷，甚至死亡。一般興奮劑使用過量，會造成中風、心臟病或大腦疾患；人體如果吸入古柯鹼，會損傷鼻腔黏膜，且傷害心臟血管的功能，導致心臟病、中風。飲酒過度也會傷害身體，酒精會造成肝臟疾病、高血壓、中風、胃潰瘍、心臟病、各種癌症，以及神經系統疾病。

30. 服用鎮定劑或飲酒過度者，容易導致食慾減退、失眠、動作不協調、車禍、跌倒或發生意外；濫用藥物者容易產生不良適應的人格特質；使用安非他命者容易產生幻想、幻覺，以及過度活動。

31. 藥物成癮的諮商輔導策略方面，由於現在青少年首次嘗試毒品的年齡比以往降低，因此毒品的防治應從小學就要開始。避免或延遲其與菸、酒、檳榔、藥物的接觸，便能預防其吸食毒性較強的藥物。且應從家庭和學校，開始加強預防的工作。

Chapter 8

精神分裂症

精神分裂症（schizophrenia）是一種嚴重且慢性的疾病，也是一種最嚴重的精神異常疾病。由於患者言語與行為怪異，俗稱**精神病**（psychosis）或發瘋。在 19 世紀末期，德國精神科醫師克拉培林（Emil Kraepelin, 1856～1926），將青年期喪失智力功能，不容易復原的人稱為**早發性痴呆**（early dementia）。1911 年，瑞士精神科醫師布盧利（Eugen Bleuler, 1857～1939），最早使用「分裂症」這個名詞，意思就是患者思考不完整。

男人和女人罹患精神分裂症的機率約略相等，但是男性發病的時間較早，而且症狀也比較嚴重。因為患者會喪失自主生活的能力，所以通常必須住院治療；他們心神喪失，無法控制情緒，缺乏與他人社交及工作的能力。精神分裂症患者大約只占人口數的 1%至 1.5%，比率極少，而其發病大多數從成年前期開始，到了二十五至三十五歲之間，就達到最高峰。

第一節　精神分裂症的診斷

壹、精神分裂症的特徵

根據 DSM-IV-TR 的診斷標準，精神分裂症患者有以下特徵：

1. 在下列症狀中出現至少二項，或在一個月之中，某一症狀出現相當長的時間：
   (1)妄想（delusion）。
   (2)幻覺（hallucination）。
   (3)言不及義（poverty of speech）或語無倫次。
   (4)行為混亂或僵直。
   (5)遲鈍、社交退縮、喪失意志。
2. 各種生活功能明顯退步。
3. 症狀至少持續六個月以上，其中至少有一個月的時間，該症狀相當明顯。

貳、精神分裂症的症狀

一、思想紊亂

精神分裂症患者的思想紊亂，無論在口語或文字表達時，都不合乎邏輯；注意力無法集中、語無倫次、與人溝通有困難、陳腔濫調、內容貧乏，以及思考不連貫。

二、知覺扭曲

精神分裂症患者發作時，在其知覺上有明顯扭曲的現象，對各種顏色感覺鮮明耀眼，即使很小的聲音都覺得震耳欲聾，或對自己的身體感覺奇異，例如：覺得自己的手像竹竿那麼長、照鏡子時可能看到很多人像、臉形的輪廓變得不規則，有時則只會看到某一個物體其中幾個小部分而已。

三、脫離現實

患者經常離群索居，整天生活在自我幻想的世界裡；平時極端退縮，不與人交往，對任何新奇的事物都不感興趣，缺乏時間或方位觀念，長年在外地流浪，不知自己身置何方。在發作期間蓬頭垢面，無法料理自己的生活，半夜容易醒來且無法入睡，失去正常生活作息的習慣。

四、妄想

精神分裂症患者時常有不合乎邏輯，以及不符合事實的思想或觀念，這種現象稱為妄想。妄想分為以下五種類型：

（一）誇大妄想（delusion of grandeur）

患者誇大自己的身分、地位、錢財、能力，藉以誇耀自己，隱瞞自卑感。

（二）迫害妄想（delusion of persecution）

患者擔心他人處心積慮地想陷害、殺害或跟監他，因此時常提心吊膽、草木皆兵、杯弓蛇影。吃東西怕被人下毒，出門怕遭綁架，惶惶不可終日，甚至由於擔心會遭他人殺害，因而可能先下手殺害他人。

（三）支配妄想（delusion of influence）

有些患者深信他人有分身的功力，能控制與支配他的言行。例如：有些患者深信自己是上帝差派他來統治地球，於是在馬路中指揮交通。

（四）關聯妄想（delusion of reference）

患者會將一些不相關的事情聯想在一起，例如：認為警方追緝的行兇歹徒就是他、樹上的小鳥對他微笑、許多兇殺命案都是他親自籌畫的。

（五）嫉妒妄想（delusion of jealousy）

患者常常有強烈嫉妒他人之心理。例如：一直懷疑太太有外遇，不讓太太出門。

五、幻覺

幻覺是指，在毫無事實根據的情形之下，產生無中生有的虛幻感覺。幻覺可能單獨產生，也可能在妄想中出現。患者常陳述聽到什麼聲音，例如：聽到有人在講他的壞話，稱為**聽幻覺**（auditory hallucination），這種幻覺是精神分裂症的主要特徵，也是精神科醫師診斷精神分裂症的重要依據。如果患者陳述看到什麼奇異的景象，就是屬於**視幻覺**（visual hallucination）。其他幻覺尚有嗅幻覺、味幻覺或觸幻覺等，例如：感覺聞到毒物、發現食物或飲料有奇怪的味道、感覺有一隻蟑螂在其身上爬行。

六、情緒錯亂

精神分裂症患者喜怒無常，在喜事場合可能嚎啕大哭，在喪事場合可能狂歡大笑。患者常臉部表情木然，對人冷漠，即使有人告知他家人發生重大車禍、死亡，他都可能無動於衷。

七、動作古怪

精神分裂症患者常有怪異動作，有時喃喃自語，有時比手劃腳，有時枯坐終日，有時無故傻笑，有時來回踱方步，有時同一姿勢可以維持半日之久，例如：有一位精神分裂症患者，站在屋子的一個角落維持好幾個小時，因為他認為自己是一個花瓶，所以靜止不動。

第二節　精神分裂症的類型

壹、妄想型

妄想型精神分裂症（paranoid type of schizophrenia）患者除了妄想之外，常

有聽幻覺。有些患者相信許多敵人埋伏在身邊，沒有一個親人是可靠的，或總是懷疑有人在監視或跟蹤他，掌控他的生活，或認為情報人員埋伏在四周圍，而有些患者認為電視上報導的犯罪歹徒就是他。患者有時把自己想像成政治人物、宗教界的領袖或億萬富翁，例如：有一名患者想像自己是耶穌再世，他要來審判世人；另一名患者想像自己是法官。妄想型精神分裂症患者，有時會妄想聽到上帝向他們說話、神明向他顯靈。

貳、僵直型

僵直型精神分裂症（catatonic type of schizophrenia）的患者極端退縮，有時會無端擺出無意義的姿勢，可以長達幾個小時之久，然後又大肆活動。不過，這種患者可以利用藥物控制，現在已經很少見到了，例如：有一個精神分裂症患者，把自己想像成一個花瓶、菩薩或一座雕像，所以就站在房子的角落靜止不動，甚至維持幾個小時之久。

參、紊亂型

紊亂型精神分裂症（disorganized type of schizophrenia）的患者，常有糊裡糊塗、不著邊際的行為，有時會莫名其妙放聲大哭、掉眼淚或笑個不停、行為怪異、極端退縮，例如：吃骯髒的食物、在公眾面前手淫、比手劃腳等古怪行為。他們常伴隨出現幻覺與妄想，患者以年輕人居多，因此又稱為**青春型精神分裂症**（hebephrenic type of schizophrenia），這是根據希臘神話的一位名叫喜碧（Hebe）的女神，祂經常扮演小丑使其他神發笑，而得名。紊亂型精神分裂症患者，通常無法照顧自己，無法維持良好的人際關係，也不能正常工作。

肆、未分化型

未分化型精神分裂症（undifferentiated type of schizophrenia）是指，患者明顯具有前述精神分裂症的一般症狀，但是不容易歸屬到哪一個類別。患者在面對重大壓力時，發生的機率比較高。

第三節　精神分裂症的原因

壹、遺傳因素

近年來，有許多精神醫學家的研究顯示，精神分裂症與家族遺傳有密切關係。在同卵雙生子中，若有一人罹患精神分裂症，另一人罹患該疾病的機率大約占 48%，而異卵雙生子大約只占 17%，一般家庭內之子女罹患的機率則約為 9%。換句話說，血緣關係愈相近者，其罹患率愈高。另外，有學者研究發現：父母之中有一人是精神分裂症患者，其子女有 13%的機率罹患此疾病；如果父母雙方都是精神分裂症患者，則其子女有46%的機率罹患此疾病。父母患有精神分裂症者，其子女送給他人領養，這些子女將來罹患精神分裂症的機率，為正常人的十倍（Kendler, Gruenberg, & Kinney, 1994; Kety et al., 1994）。簡單來說，遺傳與精神分裂症有很密切的關係。

一個人在成長過程中，如果原先具有精神分裂症的遺傳因子，後來遭受太大的生活壓力，則比較容易罹患此症。另外有一些學者研究發現，母親在懷孕前三個月感染病毒或受傷，其所生下的子女比較容易罹患精神分裂症（Stabenau & Pollin, 1993）。

貳、生理因素

近年來，又有一些精神醫學研究者發現：大部分的精神分裂症患者，其大腦內部神經元傳導物質**多巴胺**（dopamine）系統分泌過多，導致大腦內部神經化學物質不平衡，因而產生注意力不集中、幻覺與妄想等症狀。該神經化學物質位於大腦副皮質**邊緣系統**（limbic system），它是掌控人類情緒的中樞；患者在服用平衡多巴胺的藥物之後，便能有效控制其情緒。此外，經由**電腦斷層掃描攝影**（Computer Axial Tomography Scan，簡稱 CAT Scan）發現，精神分裂症患者的大腦**腦室**（ventricles）比正常人較大，尤其是長期住院療養的患者更為明顯。

參、濾過性病毒

最近有一些醫學研究結果指出，在胎兒出生之前，若孕婦感染流行性感冒，濾過性病毒會侵入胎兒腦部，並且一直潛伏在腦內，到了青春期或是成年前期，由於荷爾蒙的改變及其他病毒的感染，便會產生精神分裂症。另外有研究者發現，一個人如果感染**鼠疫病毒**（pestiviruses），也有可能產生精神分裂症。

肆、心理因素

一、心理動力的觀點

（一）父母管教態度不適當

佛洛伊德（S. Freud）認為，精神分裂症患者會退化到嬰兒狀態，一切以滿足自己的基本需求為主，導致思想紊亂、口語表達不合乎邏輯、與人溝通有困難、誇大妄想。精神分裂症患者的母親大多是冷酷的、跋扈的、不理會孩子的需求，有時對孩子過度保護，有時又對孩子拒絕，使孩子無所適從；而父親則不會主動關心孩子。患者母親的性格大多是孤立的、退縮的、焦慮的、猜疑的、缺乏關懷的。

許多學者與精神分裂症患者的父母或家人晤談，發現父母對子女有過度保護、過分關心，或對子女有拒絕、冷漠、過分嚴格、管教態度不一致、期望過高，或對孩子的需求無動於衷等現象，當孩子要表達情緒時，常受到父母或親人的制止；有些父母在公眾場合打罵子女，使得孩子的自尊心嚴重受損；有的家庭生活充滿極端緊張及矛盾氣氛，導致人格發展不順利，因而退化到以自己為中心的嬰兒狀態，都可能使子女產生精神分裂症。

（二）家庭功能失常

精神分裂症患者大多是父母早逝或在破碎家庭中長大，例如：父母犯罪長期坐牢、父母離婚、分居或童年受到虐待、家庭貧窮。由於在幼年時期，父母之間充滿敵對與衝突，家庭充滿緊張的氣氛，孩子的心靈難免受到重創，導致其人格發展不健全。此外，精神分裂症患者的父母與小孩本身無法表達自己的情緒，從小親子之間無法坦誠的溝通，孩子不管怎麼做都會引來父母的生氣或批評，於是孩子只能猜測父母的心意，這也可能是導致幻想症的原因。

二、行為主義的觀點

行為理論學派認為，精神分裂症患者的行為可能是因受到過多懲罰，使其注意一些不相關的環境刺激，甚至產生幻想或幻覺，也就是經由不適當的學習而來，例如：患者在生活上表現出一些古怪的行為或胡言亂語，就引來他人的注目，使得患者荒誕不經的行為、妄想、語言表達得到增強。

三、認知的觀點

認知心理學者認為，精神分裂症患者對刺激過度敏感、注意力無法集中、講話離題或前後不連貫，甚至產生妄想與幻覺。有些患者也許認為瘋狂的行為是正常的，因為患者在遭遇使他們困惑的感覺時，例如：看見有人大聲吼叫或看見特殊的影像，就去請教親戚朋友，親友的反應卻是：「我們沒有這種感覺！」於是造成患者矛盾的認知，進而產生妄想或被迫害的想法。

四、社會文化的觀點

在已開發國家中，精神分裂症患者大多生長在低社會經濟地位的家庭，因為貧窮、失業、生活困頓、離婚造成很大的壓力；也有些精神分裂症患者從高社會經濟地位，掉落到低社會經濟地位，超過其所能承受的壓力，甚至使其人格崩潰。生活在競爭劇烈都市中的人，罹患精神分裂症的機率高於鄉村地區的居民，因為都市地區除了生活競爭劇烈之外，尚有空氣污染、生活空間擁擠，以及人情淡薄，同時感染各種疾病的機會也比較大。

精神分裂症患者如果在醫院接受治療之後，病情改善甚至痊癒，可是當他們回到自己的住家，若無法得到他人的尊重，甚至一直被異樣的眼光來排斥，他們便會認為自己永遠都是瘋子，在這種情境之下，其心理會受到嚴重打擊，就可能舊病復發。

第四節　精神分裂症的治療

壹、藥物治療

精神分裂症的治療一開始需以藥物治療為主，精神科醫師對患者提供抗精神病藥物，可以減輕精神分裂症的症狀。最有效且最廣泛被使用的藥物，包括：risperidone（商品名Risperdal）、clozapine（商品名Clozaril）、quetiapine（商品名 Seroquel）、olanzapine（商品名 Zyprexa）等，不過這些藥物可能導致有些患者會產生白血球減少的風險；精神分裂症患者在治療最初的六個月，病況通常會有相當明顯的進步。可是，傳統抗精神病藥物都有一些副作用，例如：造成動作控制能力失調。如果患者太早停止服藥，其復發的機率很高。

貳、心理治療

心理治療可以幫助治療精神分裂症患者，促進其生活技能發展，並且給予患者及其家人支持的力量。精神分裂症患者接受心理治療，可以學習到解決各種問題的能力，以及應付日常生活的要求。不過，在治療精神分裂症的過程中，心理治療並不能代替藥物治療，以下是幾種常見的心理治療方法：

一、個別心理治療

個別心理治療的過程，包括定期安排患者和心理衛生專業人士（例如：精神科醫師、心理治療師、社會工作者或護士）的會談。在治療期間，集中在目前和過去所面臨的問題、經驗、想法、感覺或人際關係，藉由向專業人員述說其體驗，精神分裂症患者可以逐漸了解自己的問題。他們也能學會將真實的世界與不真實的、被扭曲的世界區分開來。

根據最近的研究顯示，這種支持性、以真實為出發點的個別心理治療，以及認知行為方法所教導的克服與解決問題的技巧，對生活在社區裡的精神分裂症患者很有幫助。然而，心理治療不能取代抗精神病藥物治療，在藥物治療控制患者精神病症狀後，再進行心理治療，成效會非常明顯。

二、心理分析治療

精神分裂症患者在過去生活經驗中，曾經受過心理創傷、不被接受的想法，其將產生的壓力、不愉快或哀傷的情感都深藏在潛意識中。心理治療的目的就是協助患者，解決潛意識的衝突與被壓抑的負面情緒，擺脫潛意識的影響。心理分析治療者可以採用**自由聯想**（free association）和**夢的解析**（dream analysis）等方式。

三、案主中心治療

精神分裂症患者，因為人際關係不良、思想紊亂、無法適應正常社會生活，當其由家屬陪同來尋求協助時，心理治療師要有**同理心**（empathy），以積極尊重、溫暖、無條件關懷與接納、真誠與信任患者的氛圍，激發患者本身的潛能，以解決其自身的問題。

四、行為治療

行為主義學派認為，精神分裂症是因為個人不良的行為習慣所引起，如果讓其重新學習良好的習慣，並解除異常的思維，就可以使患者往正確的方向發展。心理治療法可以採用**代幣制方案**（token economy program），當患者表現良好行為就給予代幣，當代幣蒐集到一定數量，就可以兌換其所需要的物品；反之，表現不良行為時就給予懲罰，例如：一位精神分裂症患者，常將浴室的毛巾放到床上，心理治療師要求他重複這個動作，把毛巾放到床上再拿到浴室掛好，一天重複做幾百次，一直做到他厭煩為止，這種方法有助於患者做好自我管理。

五、認知治療

心理學家貝克（A. T. Beck）首創**認知治療**（cognitive therapy），他認為一個人的心情、行為與自己的想法有密切關係，心理產生困擾是因為自己對人、對事物及對本身的看法，有非理性的想法。樂觀的想法會產生積極的行為，悲觀的想法會產生消極的行動。心理治療者指導精神分裂症患者將非理性的思考轉變成理性思考，其困擾的情緒就能得到紓解。

六、團體治療

心理治療師藉著**團體治療**（group therapy），引導精神分裂症患者了解自我與團體的關係，運用團體成員的影響力、成員間的感情，來達到改善自我與人際關係的效果。治療時常運用以下二類團體：

（一）會心團體（encounter group）

這是一種強調發展內在自我，並且注重個人成長及自我成長的團體，團體的目標和方向是由團體成員共同形成的，因此團體是鼓勵成員有開放、真誠、自我揭露和強烈的情緒表現，幫助成員有自知之明，並能朝自己喜歡的方向成長，以及發展良好的人際關係。

（二）家庭團體（family group）

精神分裂症患者接受醫師治療之後，回到家後能否復原，與家人有密切關係。如果家人能夠給予正面的鼓勵與支持，就容易復原成功；反之，家人不能接納他，疾病的復發機率就很高。家庭團體以家庭成員為主，例如：由父母、兄弟姊妹，以及患者一起來參加心理治療，心理治療師對家庭成員提供引導、訓練和忠告，教導家屬對待患者需有同理心、耐心，並能有效溝通，分享彼此的想法與情感，以及誠心接納患者，如此才能降低精神分裂症患者復發的機率。

參、藝術治療

根據**美國藝術治療協會**（American Art Therapy Association，簡稱 AATA）所下的定義：**藝術治療**（art therapy）是透過藝術形式，運用藝術的工具或媒介，使人們透過口語、非口語的表達，以及藝術創作的經驗，去探索個人的問題及潛能，以協助人們內心世界和外在世界間更趨於一致。

藝術治療包括：視覺藝術治療、繪畫治療、遊戲治療、戲劇治療、舞蹈或運動治療、音樂治療，以及詩詞治療等方式，精神分裂症患者能透過藝術表達，使其表現出內心的想法與外在世界維持和諧的關係，進而達到心理治療的效果。

肆、社區處遇

許多臨床心理治療師主張，精神分裂症患者除了心理治療之外，也需要社會工作人員協助患者找工作、安排適當的住所，並請社區人士勿以異樣的眼光來對待他們，且協助患者不必長期住院，督促定時服用抗精神分裂症的藥物，同時教導家屬如何與患者相處；透過這樣的歷程，精神分裂症患者再進入醫院住院的機會就會大大減少。如果精神分裂症患者需要長期有所寄託，從工作中獲得滿足感，社會工作人員可以協助患者到療養院去接受治療。

伍、宗教民俗療法

李焜泰（1931～2004）創辦龍發堂，其出家後原本在高雄縣內一處草寮修行，因緣際會收容了一名精神病患，因不忍精神病患經過醫療體系治療後，情況仍未見好轉，於是自創民俗療法。他用草繩將自己與患者相繫在一起，生活、工作與念佛都在一起，並教導精神病患養雞、縫紉，讓病人有精神寄託，從工作中獲得滿足感。經過細心照料後，病患竟然痊癒，甚至還成立樂團外出公演，解除精神病患者家屬照顧的重擔，頓時聲名大噪，陸續有人帶著這類患者來求他幫忙，故收容的精神病患愈來愈多，最後才建築精神病患的收容處。因為民俗療法治癒的患者，如未達到統計上大樣本（最少五十人），只能說是巧合而已，所以無法信以為真，而這種治療法尚缺乏正統醫學的證實，所以在醫學界仍有爭議。

英國精神科醫師麥斯威爾．瓊斯（Maxwell Jones），在 1953 年把收容精神疾病患者的機構，設計成為治療性的社區。在**去機構化**（deinsitutionalization）的情境之下，讓慢性精神分裂症患者參與社區管理工作，共同訂定管理規則，患者與工作人員受到同等尊重；在這個社區裡的人員，彼此互動、互相支持、一起工作，並共同從事休閒活動，患者在社區內也能學習一些社會技能。這種**自我肯定的社區處遇**（self-assertive community treatment），也能夠產生治療效果。

本章摘要

1. 精神分裂症是一種嚴重且慢性的心理疾病，由於患者言語與行為怪異，俗稱精神病、早發性痴呆或發瘋。
2. 根據 DSM-IV-TR 的診斷標準，精神分裂症有以下特徵：(1)妄想；(2)幻覺；(3)語無倫次；(4)行為混亂或僵直；(5)遲鈍、社交退縮、喪失意志；(6)症狀至少持續六個月以上，其中至少有一個月的時間症狀相當明顯。
3. 精神分裂症的症狀：(1)思想紊亂；(2)知覺扭曲；(3)脫離現實；(4)妄想；(5)幻覺；(6)情緒錯亂；(7)動作古怪。
4. 精神分裂症患者之妄想分為：(1)誇大妄想；(2)迫害妄想；(3)支配妄想；(4)關聯妄想；(5)嫉妒妄想。
5. 幻覺是指，在毫無事實根據的情形之下，產生無中生有的感覺。患者常陳述聽到什麼聲音，稱為聽幻覺，這種幻覺是精神分裂症的主要特徵，也是精神科醫師診斷患者是否有精神分裂症的重要依據。如果患者陳述看到什麼奇異的景象，則屬於視幻覺。
6. 妄想型精神分裂症患者除了妄想之外，常有聽幻覺。有些患者相信許多敵人埋伏在身邊，沒有一個親人是可靠的，或老是懷疑有人監視或跟蹤他，掌控他的生活，或認為情報人員埋伏在四周圍；有些患者認為電視上報導的犯罪歹徒就是他；有時會把自己想像成政治人物、宗教界的領袖或億萬富翁。
7. 僵直型精神分裂症患者極端退縮，有時會無端擺出無意義的姿勢，可以長達數小時之久，然後又大肆活動。
8. 紊亂型精神分裂症患者，常表現糊裡糊塗、有時會莫名其妙放聲大哭、掉眼淚或笑個不停、行為怪異、極端退縮。他們常伴隨出現幻覺與妄想，患者以年輕人居多，因此又稱為青春型精神分裂症。紊亂型精神分裂症患者，通常無法照顧自己、無法維持良好的人際關係，也不能正常工作。

9. 未分化型精神分裂症是指，患者明顯具有前述精神分裂症的一般症狀，但是不容易歸到哪一個類別。患者在面對重大壓力時，發生率比較高。
10. 精神分裂症與家族遺傳有密切關係，血緣關係愈相近者，其罹患率愈高。
11. 大部分的精神分裂症患者，其大腦內部神經元傳導物質多巴胺系統分泌過多，因而產生注意力不集中、知覺與思考的扭曲。該神經化學物質位於大腦副皮質邊緣系統，它是掌控人類情緒的中樞。此外，經由大腦斷層掃描發現，精神分裂症患者的大腦腦室比正常人大。
12. 在胎兒出生之前，孕婦若在流行性感冒期間感冒，濾過性病毒會侵入胎兒腦部，並一直潛伏在腦內，到了青春期或是成年前期，由於荷爾蒙的改變以及其他病毒的感染，即可能因而產生精神分裂症。
13. 精神分裂症患者的父母對子女有過度保護、過分關心，或對子女有拒絕、冷漠、過分嚴格、管教態度不一致、期望過高，對孩子的需求無動於衷等現象。當小孩要表達情緒時，常受到父母或親人的壓制；父母在公眾場合打罵子女；家庭生活充滿緊張及矛盾氣氛，人格發展不順利，因而退化到以自己為中心的嬰兒狀態，都可能使子女產生精神分裂症。
14. 精神分裂症患者，大多父母早逝或在破碎家庭中長大。由於在幼年時期，父母之間的敵對與衝突，使家庭充滿緊張的氣氛，孩子心靈受到重創，導致其人格發展不健全。此外，精神分裂症患者的父母、小孩都無法表達自己的情緒，親子之間無法坦誠溝通，孩子不管怎麼做，都會引來父母的生氣或批評，於是孩子只能猜測父母的心意。
15. 精神分裂症患者，大多生長在低社會經濟地位的家庭，因為貧窮、離婚造成極大壓力；也有些精神分裂症患者從高社會經濟地位，掉落到低社會經濟地位，超過其所能承受的壓力，以致使其人格崩潰。
16. 心理治療可以幫助治療精神分裂症患者，促進生活技能發展，並且對患者及其家人給予支持。通過心理治療，患者可以學習到解決各種問題的能力，以及應付日常生活的要求。

17. 個別心理治療期間，集中在目前和過去所面臨的問題、經驗、想法、感覺或人際關係。藉由向專業人員述說其體驗，精神分裂症患者可以逐漸了解自己與其問題，也能學會將真實的世界與不真實的、被扭曲的世界分開。
18. 精神分裂症患者在過去生活經驗中，曾經受過心理創傷，於是將不愉快的情感深藏在其潛意識中。心理治療的目的就是協助患者，解決潛意識的衝突與被壓抑的負面情緒，擺脫潛意識的影響。心理分析治療者可以採用自由聯想、夢的解析等方式。
19. 精神分裂症患者，因為人際關係不良、思想紊亂、無法適應正常社會生活，故當家屬陪同來尋求協助時，心理治療師必須營造尊重、溫暖、無條件接納、真誠信任患者的氣氛，激發患者潛能，解決其本身的問題。
20. 行為主義學派認為，精神分裂症是因為個人不良的行為習慣所引起，如果讓其重新學習好的習慣並解除異常的思維，就能使患者往正確的方向發展。心理治療法可以採用代幣制方案，當患者表現良好行為就給予代幣，代幣蒐集到一定數量，就可以兌換他所需要的物品；反之，表現不良行為時，就給予懲罰。
21. 心理學家貝克（Beck）首創認知療法，他認為一個人的心情、行為與自己的想法有密切關係，心理產生困擾是因為自己對人、對事物及對本身的看法有非理性的想法。樂觀的想法會產生積極的行為，悲觀的想法會產生消極的行動。心理治療者指導精神分裂症患者將非理性的思考轉變成理性思考，其困擾的情緒就能得到紓解。
22. 心理治療師藉著團體治療，引導精神分裂症患者了解自我與團體的關係，運用團體成員的影響力、成員間的感情，來達到改善自我與人際關係的效果。

23. 英國精神科醫師麥斯威爾・瓊斯（Maxwell Jones），把收容精神疾病患者的機構，設計成為治療性的社區。他們參與社區管理工作、共同訂定管理規則，患者與工作人員受到同等尊重；在這個社區裡的人員，彼此互動、互相支持、一起工作，並共同從事休閒活動，也能夠產生治療效果。

Chapter 9

人格異常

人格（personality）又稱為個性或性格，俗諺說：「改運改命，不如改個性。」由此可見，人格對個人的重要性。在心理學上有兩種意涵：第一，人格是指個人在各種不同場合，表現出相當一致性的行為特質；第二，人格是指個人有自己獨特的性格特質。個人即使在相同情境下的行為表現，也會有個別差異，例如：參加大學入學考試，有人冷靜應試，有人驚惶失措，有人伏案睡覺，有人提早交出考卷。

人格是指個人在各種生活情境中，所表現的**性情**（disposition），例如：友善的、焦慮的、誠實的、興奮的、依賴的、懷疑的、仁慈的、自卑的、虛心的、神經質的、狡猾的……等。一個人的人格特質可以持續數年、數十年，甚至一輩子，也不容易改變。綜言之，人格是指個人在生活情境中，對一切人、事、物所表現出持續的獨特**人格特質**（personality trait）。

每一個人從出生開始，自幼年時代就已經具有不同的個性，有些兒童溫文儒雅，有些怕陌生人，有些則好動。在成長過程中，由生理遺傳、父母教養方式、家人關係、同儕團體、師生關係、學校教育、宗教信仰、生長環境，以及文化背景等因素的交互作用之下，逐漸塑造出一個人的人格特質。

人格異常（personality disorder）又稱為人格障礙，是指異於正常人的性格。患者的偏差行為不符合社會規範，有些患者自我陶醉、目中無人，有人極端固執，有人則情緒暴躁，甚至攻擊他人；患者自己不會為不良素行感到難過，甚至毫無罪惡感，又稱為性格異常。患者通常自兒童期就具有叛逆的性格，一直會延續到青少年期或成年期。有些患者以自我為中心，不懂對自己的行為負責，常責怪他人或抱怨運氣不好，思考與行為缺乏彈性，常不覺得自己人格有異常。人格異常相當難治療，人數大約占總人口的 4 至 15%（Links, 1996）。

有些人格障礙者在兒童期或青春期，就可以辨識出來，人格異常者是一種不容易治療的疾患。以下就人格異常的類型、原因與治療，分別說明之：

第一節　人格異常的類型

根據 DSM-IV-TR 的分類，人格異常可以分為 A、B、C 等三個**群組**（clusters），從這三群組中又可以細分為十類，茲分別說明如下：

壹、A 群組人格異常

一、妄想型人格異常

妄想型人格異常（paranoid personality disorder）患者，常對人極端不信任，猜疑心很重，或懷疑他人行為的動機（APA, 2000）。有時會懷疑他人要陷害他，因此不想與任何人建立親密關係，對生活情境保持高度戒心。患者有時自大傲慢，有時相當狡猾，時常沉迷於自己的想法或一直設法防範別人，以及常懷疑他人。

妄想型人格異常者，常對人保持冷漠、與人疏遠，這種人對他人的錯誤和缺點會加以批評，或過度挑剔。對任何事物過分敏感或輕視他人，常將錯誤歸罪他人，對人、事、物存有高度猜疑心，不承認自己的錯誤，對別人的話語非常敏感，甚至對人懷有敵意，任何事情都不與人溝通。

根據 DSM-IV-TR 的診斷標準，妄想型人格異常者，至少會出現以下四項以上特徵：

1. 懷疑自己會被他人傷害、欺騙或剝削。
2. 對朋友或親人不信任，甚至不信賴任何人。
3. 對別人真誠的行為也保持懷疑的態度。
4. 不願意承認自己的過錯。
5. 對於他人的懷疑或批評表示憤怒。
6. 對忠誠的同伴懷有戒心。

二、分裂型人格異常

分裂型人格異常（schizoid personality disorder）患者，會長期避開人群，與他人一直保持冷漠與疏離。患者不喜歡與他人建立關係或保持友誼，喜歡獨處過著離群索居的生活，甚至不關心家人。他們喜歡不必與他人接觸的工作，例如：機械操作、電腦繪圖、畜牧、寫作等；如果他們在職場上工作，往往由於缺乏與人建立社會關係的技巧，只關心自己而忽略他人的存在，因此很難與人合群，不容易表達自己的意念，也很難有升遷的機會。患者常做白日夢，生活沒有目標，缺乏幽默感、對人冷漠；如果是已婚者，可能會導致婚姻或家庭的破裂。

根據 DSM-IV-TR 的診斷標準，分裂型人格異常者至少會出現以下四項以上特徵：

1. 不願意與人建立親密關係。
2. 喜歡保持寂寞與孤獨。
3. 對性的活動缺乏興趣。
4. 很少感受到喜悅。
5. 很少有親密朋友。
6. 對他人的讚美或批評毫不在乎。
7. 對任何人、事、物都毫無感情。

三、精神分裂型人格異常

精神分裂型人格異常（schizotypal personality disorder）患者，與人疏離的程度，遠超過妄想型人格異常或分裂型人格異常者，其思考與行為有相當明顯的障礙，行為偏離常態，但是並未達到精神分裂症的診斷標準。患者有時認為有很多事都與他有關，例如：認為電視新聞報導中搶劫銀行的人就是他；有些患者會認為，自己有控制他人的神奇法術；另外，有些患者會穿上奇裝異服、情緒表達不得體、與人互動毫無幽默感，常有思考不嚴謹、知覺扭曲等現象。有些精神分裂型人格異常者特別喜歡獨處，喜歡從事一些不必與他人打交道的工作，常被認為是獨行俠。患者不與他人建立友誼關係，非常欠缺社交技能，對自己的家庭也漠不關心，可是這種人的創造力卻往往較高。

根據 DSM-IV-TR 的診斷標準，精神分裂型人格異常者，至少會出現以下五項以上特徵：

1. 胡思亂想。
2. 相信怪力亂神。
3. 知覺錯亂。
4. 懷疑或妄想。
5. 對人沒有情感。
6. 表現古怪的行為。
7. 沒有知心朋友。
8. 對周遭的人有猜疑慮心。

貳、B 群組人格異常

一、反社會人格異常

反社會人格異常（antisocial personality disorder）是指，行為違反社會法律規範，具有傷害他人卻不感到愧疚的性格，甚至對自己的孩子也是這樣。患者缺乏道德良知，不會去關心他人的痛苦或損失。從小就有說謊、偷竊、破壞公物、欺負弱小、逃學、鬥毆、打人等行為；到了青少年期，容易染上毒癮，也可能有酗酒、強暴、霸凌、嚼檳榔、抽菸、賭博，或口出惡言等行為；到了成年期，無正當職業、遊手好閒、喜好酗酒鬧事、加入幫派、觸犯法律，甚至成為黑道幫派的角頭老大。這種人無法忍受挫折，很容易生氣、憤怒，即使自己犯了駭人聽聞的罪行，也毫無罪惡感。有一些智力比較高的反社會人格異常者，甚至會成為詐欺、勒索、綁票、偽造文書的智慧型罪犯。

反社會人格異常者的人際關係很差，他們無法從錯誤中學習，缺乏道德良心，具有攻擊性格。在學校求學期間，經常曠課、逃學、輟學、違反校規、被學校退學。離開學校之後，無法接受社會規範，而常有違規行為，例如：飆車、酒醉開車、超速開車、破壞公物、搶劫、暴力攻擊、侵犯他人財產、妨礙公共安全等。反社會人格異常者經常更換工作、不就業、居無定所，即使上班也經常曠職或放棄工作機會。在家裡容易毆打配偶或子女，缺乏家庭的責任感，夫妻關係很難維持一年以上。

根據研究，反社會人格異常者以男性居多，大約占總人口的3至5%，反社會人格異常者大約在青少年前期即開始發作，其酒精中毒或濫用藥物的習慣，比正常人的比率還高。此外，過動症的孩子長大之後，成為反社會人格異常者的機率也比較高。

根據DSM-IV-TR的診斷標準，反社會人格異常者有以下特徵：

1. 年齡至少十八歲。
2. 在十五歲之前就表現出違法的行為。
3. 在十五歲起就不關心他人權益，而表現出犯法、說謊、衝動、憤怒、攻擊、不在乎自己與他人安危、不負責任等行為。

二、邊緣型人格異常

邊緣型人格異常（borderline personality disorder）是指，情緒極不穩定、容易焦慮與憤怒、挫折容忍力低、行為怪異變化多端、無法與人建立良好關係、行為衝動、鹵莽、容易憤怒、表現攻擊暴力行為、故意傷害自己的身體或自殺等性格。有些患者有酗酒、濫用藥物、犯罪、飆車、性虐待等行為，這類患者無法忍受獨自一人，無法紓解內心的空虛與寂寞。

根據 DSM-IV-TR 的診斷標準，邊緣型人格異常者有以下至少五項特徵：

1. 不穩定的人際關係。
2. 有自我傷害的衝動行為。
3. 情緒極端不穩定，心情變換無常。
4. 經常發怒，無法控制憤怒的情緒。
5. 有自我傷害或自殺的舉動。
6. 有性別認同障礙。
7. 長期感到空虛與寂寞。
8. 無法忍受獨處。

三、自戀型人格異常

自戀型人格異常（narcissistic personality disorder）是指，具有誇大自我能力與成就、待人傲慢、自我陶醉、孤芳自賞、炫耀自己，以及不理會他人等性格。「自戀」一詞的由來，據傳是由古希臘的神話中，有一位美少年名叫納西斯（Narcissus），由於看見池中自己美麗的身影而迷惑，於是跳進水中溺斃而得名。患者常跨大自己的才能與成就，也希望得到他人的肯定與讚美，經常表現傲慢與自大，很少關心他人的感受，對他人的批評會表現出暴怒，或充滿悲觀與憂鬱的情緒，很難與他人維持長久的人際關係。

根據 DSM-IV-TR 的診斷標準，自戀型人格異常者有以下特徵：

1. 誇耀自己。
2. 自己認為成功、無懈可擊。
3. 相信自己很厲害，而且只有高層人士可以了解他。
4. 喜歡他人的讚賞。
5. 有強烈尊榮感。
6. 對他人炫耀自己的功勞。
7. 對他人缺乏同理心。
8. 認為自己比他人厲害。

9. 有傲慢的行為或態度。

四、戲劇型人格異常

戲劇型人格異常（histronic personality disorder）是指，具有過度情緒化要求他人注意的行為，患者喜愛虛榮，常以自我為中心，如果自己並非處於他人注意焦點時，會有不愉快的感覺。他們很重視自己，覺得隨時都能夠站在舞台上，成為眾人注目的焦點。同時也喜歡表現出各種行為，或以誇大自己身體的疾病來引起他人注意，希望留給觀眾深刻的印象。他們常穿著華麗的衣服來引人注意，或很在乎他人對自己的看法。患者不容易與他人建立良好的人際關係，有些患者會以自殺威脅來操弄他人，而有些患者會把初次認識的人，就視為最親密的朋友，這類患者以女性居多。

根據 DSM-IV-TR 的診斷標準，戲劇型人格異常者至少會出現以下五項以上特徵：

1. 強烈希望引人注意。
2. 以姿色引誘人。
3. 情緒變化很大。
4. 以身體外貌引人注意。
5. 以甜言蜜語吸引人。
6. 以戲劇性情緒誇大自己。
7. 自以為與他人有密切關係。

參、C 群組人格異常

一、逃避型人格異常

逃避型人格異常（avoidant personality disorder）是指，具有避開與人接觸的性格。這種人不易與他人建立關係，不主動參與任何團體活動，總是擔心他人對其有負面的評價。患者很擔心他人對其批評或排斥，有強烈自卑感，總認為自己不如別人，所以在社交情境中相當羞怯退縮，同時也害怕與他人接觸，以及擔心被人取笑或羞辱，這類患者以兒童或青少年居多。

根據DSM-IV-TR的診斷標準，逃避型人格異常者有以下至少四項以上特徵：

1. 容易因為批評他人而受傷害。
2. 除了近親以外，很少有親密的朋友。
3. 不願意與他人建立關係。
4. 避開各種社交場合或職業活動。
5. 在社交場合保持沉默。
6. 面對他人時容易緊張焦慮。
7. 誇大工作的困難與風險。

二、依賴型人格異常

依賴型人格異常（dependent personality disorder）是指，缺乏自信心、過度依賴他人，自覺沒有能力做事，任何大小事情總是要人幫忙，甚至芝麻小事也需要假手他人，害怕沒有能力照顧自己，擔心和父母、配偶或親人分離。這種人很難主動與他人建立關係，也很難與人分離，對任何事情都無法自己做決定；有時為了討好其所依賴的人，會想辦法來符合他人的期望。

不少依賴型人格異常者不喜歡自己，常覺得很痛苦、很寂寞，甚至會有憂鬱的傾向，在跟他人關係結束時，有自殺的想法。根據瑞斯（Reich, 1990）的研究報告，依賴型人格障礙男性的近親，罹患憂鬱症的比率比較高；依賴型人格障礙女性的親戚，罹患恐懼症的比率比較高。

根據 DSM-IV-TR 的診斷標準，依賴型人格異常者至少會出現以下五項以上特徵：

1. 不容易自己做決定。
2. 逃避自己應負的責任。
3. 害怕失去他人的支持而勉強同意他人的看法。
4. 缺乏自信心而裹足不前。
5. 為了得到他人的同意或支持，而做一些不愉快的事。
6. 單獨一個人的時候，缺乏自信心。

7. 希望尋找新的人際關係。
8. 對自己缺乏安全感。

三、強迫型人格異常

強迫型人格異常（obsessive-compulsive personality disorder）是指，過度專注追求完美、重視秩序與細節、自我要求很高，把所有精神全部集中在一些細節；雖然要把事情做到盡善盡美的地步，但是害怕犯錯又缺乏彈性，因此工作計畫永遠無法如期完成。這種人對工作相當執著，因而忽略友誼和休閒活動。這類患者對自己的表現覺得不滿意，也不喜歡與人合作，擔心他人沒有能力或無法把事情做好。有些患者在使用金錢上很吝嗇，即使用不到的東西也捨不得丟棄，這類患者以男性居多。在臨床上，許多焦慮症患者也有這種人格障礙。

根據 DSM-IV-TR 的診斷標準，強迫型人格異常者至少會出現以下四項以上特徵：

1. 注意事情的規則與細節，缺乏宏觀的視野。
2. 極端完美主義。
3. 過度專注工作而忽略休閒與人際關係。
4. 墨守成規。
5. 很固執而沒有彈性。
6. 非常吝嗇。
7. 僵硬與頑固。

第二節　人格異常的原因

人格異常與遺傳有密切關係。這類患者缺乏抑制非法行為的能力。人格異常者大多在問題家庭中長大，其父母大多缺乏道德觀念，行為不檢、作奸犯科，對子女常採用體罰或虐待的方式，其子女經由長期模仿與學習父母的行為，於是形成人格異常。

壹、妄想型人格異常的原因

妄想型人格異常的原因，至今尚缺乏有系統的研究。根據心理分析理論的解釋，一個人如果在小時候，受到父母過度嚴厲的管教，或父母對孩子缺乏愛心或常虐待小孩，對孩子存有排斥的心理，使其無法感受到被愛，於是對他人無法產生信任，甚至懷有敵意。有些認知心理學理論的學者認為，妄想型人格異常者，從小生活在他人過高的期望和要求，當自己無法達到他人的要求目標時，就可能對周圍的人產生不信任感或敵意。此外，有些生物學者認為，妄想型人格異常者與生物遺傳因素有關，如果雙胞胎中有一個人屬於妄想型人格異常，則另一個人成為妄想型人格異常之機率就會很高（Kendler, Heath, & Martin, 1987）。

妄想型人格異常者大多不願意接受治療，即使勉強去接受治療，也對治療師不信任或抗拒，所以治療效果相當有限。

貳、分裂型人格異常的原因

有許多心理分析學者認為，分裂型人格異常者在他們生活中與他人接觸時，個人的需要沒有獲得滿足，而且有不愉快的經驗；其父母對子女的教養方式，缺乏接納或愛心，甚至虐待他們，因而使得子女對父母產生不信任感，也不容易與他人建立良好的人際關係，或產生敬而遠之的心理。另外，有些心理分析學者認為，分裂型人格異常者缺乏正確的自我觀念，因此無法與他人建立正常的人際關係。

有些認知心理學者認為，分裂型人格異常者對環境與周圍的人缺乏正確的認識，以致於無法與他人正常的互動。

參、精神分類型人格異常的原因

有很多心理動力學者認為，精神分裂型人格障礙的根源，在於從小與人接觸沒有滿足他們的需要，患者的父母不能接納他們，甚至會虐待孩子。此外，精神分裂型人格者與家人溝通不良、父母的心理疾病有密切關係。患者有注意力缺陷、大腦神經傳導物質多巴胺分泌過多，以及腦室擴大等生理特徵；研究結果顯示，精神分裂型人格與遺傳有關。此外，精神分裂型人格與精神分裂症、情感性疾病，也都有關係。

肆、反社會人格異常的原因

一、失去父母

根據研究發現，大約有60%的反社會人格異常者，其幼年時父母離異、小時候失去父母或父母雙亡，從小沒有得到父母充分的關愛，沒有愉快的童年，而造成人格發展不成熟，缺乏父母情緒上的支持，導致對人不信任的性格。

二、父母管教方式不當

父母管教子女的態度，可以粗略分為以下幾個類型：(1)過度保護型；(2)拒絕冷漠型；(3)專制權威型；(4)縱容放任型；(5)矛盾不一致型；(6)民主型；(7)恩威並濟型。其中第一至第五類型屬於不適當管教方式，小孩長大之後比較容易產生反社會人格異常，茲詳細說明如下：

（一）過度保護型

父母對孩子過度呵護，使得孩子遇到困難問題時就退縮、自卑，沒有解決問題的勇氣與能力，無法與他人合作，一切以自我為中心，容易產生不良適應行為。

（二）拒絕冷漠型

有些孩子因為以下幾個因素，父母無法接納他們，例如：長相不雅觀、智能低、身體殘障、出生時家人生重病、出生時父親事業失敗、在家庭計畫以外出生、性別與父母期望不同等。這些被人拒絕的孩子長大以後，可能具有冷漠、內向、退縮、自卑、人際關係不良等性格特徵。

（三）專制權威型

父母對子女的管教過分嚴苛、專斷獨行、要求孩子唯命是從，子女違反父母要求時，會受到父母嚴厲的懲罰，容易造成孩子長大之後，具有叛逆、攻擊暴力的性格。

（四）縱容放任型

父母對子女的偏差行為如過分縱容、放任，接受子女的衝動行為，很少規定子女的日常生活作息，容易造成孩子為所欲為的性格。

（五）矛盾不一致型

父或母對子女的管教方式不一致，或父母自己的管教前後不一致，容易造成孩子言行不一致、猶豫不決的的性格。

三、遺傳因素

根據丹麥哥本哈根的官方資料，反社會人格異常者的父母，亦具有反社會人格異常的人數比率為正常人的五倍。由此顯示，遺傳因素與反社會人格有密切關係。

四、社會文化因素

根據 DSM-IV-TR，反社會人格異常者的家庭普遍屬於低**社會經濟地位**（social economic status），從小生活在貧窮落後的社區環境，教育程度很低，缺乏教養、良心與道德心。有些反社會人格異常者從小生長在充斥暴力的環境，無形中產生負面的社會學習。

伍、邊緣型人格異常的原因

邊緣型人格異常者的父母，在其童年時期忽視或排斥他們，導致其自尊心低落；有些人則起因於父母離婚、分居、死亡，或受到父母、保母的虐待，造成心理重大的創傷。從生物學的觀點來看，邊緣型人格異常者腦部血清素的活性不足，這種人格異常的人，通常有睡眠異常或憂鬱的傾向。

邊緣型人格異常與遺傳因素也有關，邊緣型人格異常者之近親中有邊緣型人格障礙者，比一般人多五倍（Torgersen, 2000）。此外，社會心理學家認為，在快速變遷的社會裡，家庭結構解體使人缺乏歸屬感，許多人心中充滿空虛感與缺乏穩定感，以及害怕被遺棄的焦慮，都會導致邊緣型人格異常。

陸、自戀型人格異常的原因

心理動力學者認為，自戀型人格異常的父母對孩子冷淡或排斥，使孩子認為自己是沒有價值的人，於是產生一種心理防衛——告訴自己是完美的，自己是可以自立自足的，所以不需要跟父母或他人建立親密關係。有些人格理論學者認為，自戀行為是因為欲彌補深層自卑感，而自卑感可能起因於幼年時期被拒絕的經驗；有些行為與認知理論的學者主張，自戀型人格異常是由於個人在幼年時期，父母或老師過度誇讚，因而產生優越感或是高估自己的能力；此外，有些社會學者認為，在西方社會家庭價值觀瓦解，個人主義抬頭，鼓勵自我表現與競爭，無形中會產生唯我獨尊的心理。

柒、戲劇型人格異常的原因

心理動力學者認為，戲劇型人格異常者在小時候就沒有良好的人際關係，從小沒有感受到父母的愛，且害怕被父母遺棄，為了克服內心深處的恐懼感，於是學會表現出戲劇化的行為。另外，有些心理動力學者認為，戲劇型人格異常女性在幼年時期，缺乏母親充分的愛與照顧，在其成長過程中對父親有著高度的依賴，於是產生戲劇性的情感表現。有些認知心理學者認為，戲劇型人格異常者大多認為自己沒有能力照顧自己，於是只能戲劇性的求助他人以得到協助。有些社會學者認為，社會鼓勵女性要依賴男性，無形中使女性產生戲劇型人格異常。

捌、逃避型人格異常的原因

心理動力學者認為，逃避型人格異常可能因為在幼年時期受到他人嘲笑或羞辱，例如：大小便在褲子時受到父母懲罰，於是產生負面的自我觀念，認為父母不喜愛他，而逐漸產生害怕參與各種社會活動的心理。有些逃避型人格異常者，因為有強烈的自卑感，而不願意參與各種團體活動。

玖、依賴型人格異常的原因

心理動力學者認為，一個人在幼年時期若口腔慾望沒有得到滿足，即可能引發終生對飲食高度的需求，因而產生依賴的性格。不少依賴型人格異常者幼年失去父母親，或被父母過度保護，導致其缺乏安全感，一直擔心被人遺棄，因而產生分離的焦慮。行為學派的學者認為，父母如果對孩子的依賴行為給予獎勵，不喜歡孩子獨立自主的行為，這樣容易導致孩子產生過度依賴的心理。

認知理論學派的學者認為，有些人在面對任何事情時，若總是認為自己無能為力，認為自己不可能獨立自主，這樣就容易產生依賴的性格。此外，依賴型人格異常者常存有二分法的思考方式，會阻礙其努力去獨立自主，例如：「我如果是依賴的，我一定是完全無助的」。

拾、強迫型人格異常的原因

佛洛伊德（S. Freud）認為，父母在小孩肛門期時，對其實施大小便的衛生訓練，如果過度嚴格或太早，小孩的性格就會停滯在這個階段，為了發洩心中的憤怒，可能變成過度遵守秩序、抑制自己，或成為古物蒐藏家。認知心理學者認為，強迫型人格異常者有二分法的思考模式，有不合邏輯的思考過程，而導致完美主義性格與固執僵化的行為。

第三節　人格異常的治療

壹、妄想型人格異常的治療

妄想型人格異常者很少主動尋求治療，他們自認為沒有接受專家幫助的必要，即使有少數人接受治療，但因其對心理治療師不信任或抗拒治療，因此治療效果相當有限，進步也相當緩慢。

心理分析學派的臨床心理治療師大多認為，患者幼年時期的心理創傷，是造成妄想型人格異常的主要原因，因此治療時會設法改善患者與造成他心理創傷者的人際關係。認知學派的學者對妄想型人格異常的治療，是在幫助患者改變認知，讓他們以積極正面的觀點來面對自己與他人，以及了解他人。行為心理學派的學者對妄想型人格異常的治療，則以幫助患者改善人際關係，控制焦慮與增進解決問題的能力。此外，可以使用抗精神病藥物，來治療妄想型人格異常者。

貳、分裂型人格異常的治療

分裂型人格異常者相當退縮，很少主動尋求治療，即使有少數人曾經接受治療，但由於他們常對心理治療師保持距離，對於治療毫不在乎，因此治療效果相當有限。認知學派的學者對分裂型人格異常的治療，是在幫助患者了解與他人有正常互動的重要性，並培養其正面的情緒。行為心理學派的學者對分裂型人格異常的治療，則以幫助、教導患者與人互動的技巧，治療方法包括：**角色扮演**（role playing）、行為改變技術、指定家庭作業、團體治療等，協助患者重新與他人建立關係，學習如何與人相處融洽，減少孤獨寂寞感，幫助他們能更正確了解自己不適當的想法。

參、分裂型人格異常的治療

心理治療師協助患者與他人建立正常關係，減輕寂寞、減少過度的刺激，並且認識自己想法的盲點，同時幫助患者更了解自己。認知學派的學者通常會教導患者客觀評估自己的想法，改變自己不成熟的觀念，對患者實施社交技巧訓練，幫助其學習與人和睦相處。此外，抗精神藥物對這類患者也有治療效果。

肆、反社會人格異常的治療

反社會人格異常者之日常生活功能沒有明顯異常，所以他們很少主動到諮商中心接受治療。反社會人格異常者如果因犯法入獄服刑，在監獄的更生計畫通常效果不大，即使監所提供許多很好的治療設施，效果仍然很有限。一般傳統的心理治療，例如：心理分析或溝通分析治療，對於改變反社會人格異常的效果也不顯著。

一般反社會人格異常者不信任他人，不能從過去的生活經驗得到教訓，所以採用藥物治療或電療，也無法產生良好的治療效果。不過，行為治療對於反社會人格異常者頗具有療效（Bandura, 1973）。班度拉（A. Bandura）認為，可以採取學習原理來矯正反社會行為異常，治療過程採取三個步驟：(1)提供良好的楷模讓患者學習，以達到見賢思齊的效果；(2)當患者表現反社會行為異常時，即施以懲罰；(3)當患者能夠逐漸控制自己的行為時，就給予獎勵。以上的治療過程，最好在可以控制的環境中實施，比較能產生明顯的效果。

伍、邊緣型人格異常的治療

邊緣型人格異常者的心理動力治療，在於訓練案主安排規律且充實的生活，並且改善患者的人際關係，增強其自信心。認知行為治療可以協助患者問題解決與充分了解他人的觀點。團體治療可以協助邊緣型人格異常者增進人際互動，以及有效改善人際關係。藥物治療對患者情緒的穩定，也有很好的效果。此外，抗精神藥物如抗憂鬱劑、抗焦慮劑、抗精神分裂症藥物等，可以使患者度過情緒與攻擊的風暴。

陸、自戀型人格異常者的治療

自戀型人格異常者，對心理治療師通常表現出又愛又恨的態度；心理治療師對自戀型人格異常者的治療，可以採用認知治療，以協助患者認清自己錯誤的心理防衛機轉，幫助患者學習欣賞他人的優點，把注意力轉移到他人身上，同時教導他們對別人的批評做更理性的解釋。

柒、戲劇型人格異常者的治療

戲劇型人格異常者通常會主動尋求治療，可是在治療過程中，會設法討治療師的喜歡，所以治療師必須保持客觀與理性的態度，並且遵守心理治療的專業信念與倫理。心理治療師應幫助患者改變其無助的想法，養成理性的思考習慣，發展出縝密的思考與解決問題的方式，以更成熟的態度來面對各種問題，讓患者了解自己過度依賴的缺點，因而轉變成為更務實與獨立自主的性格。

捌、逃避型人格異常者的治療

部分逃避型人格異常者因為希望得到愛與接納，而來接受治療，但其實他們並不相信心理治療的效果，又擔心治療師發現其性格的缺陷，所以在接受治療不久之後，便會逃避治療。因此，心理治療師需要對患者無條件的關懷、傾聽他們的心聲、接納他們與尊重他們，逐漸培養彼此的信賴感，協助患者建立良好的人際關係，同時勇於面對自己的過去，別跟自己的過去過不去。此外，認知治療、社交技巧訓練、團體治療，以及藥物治療等，對這類患者也都有很好的治療效果。

玖、依賴型人格異常者的治療

心理師對依賴型人格異常者的治療，在於協助患者對自己的行為負責為主，對患者實施**自我肯定訓練**（self-assertive training）或社交技巧訓練，讓患者適當表達自己的想法，協助其建立正常的人際關係，並且改變自己無能與無助的錯誤信念。此外，對這類患者實施團體治療，使他們得到團體成員的支持，在團體中適當的表達自己的感受，以及模仿團體成員對自己的行為負責，也是有效的治療方式。

拾、強迫型人格異常的治療

強迫型人格異常者，具有完美主義與缺乏彈性的性格，可以使用**系統減敏感法**（systematic desensitization）或**洪水法**（flooding），來改變患者的強迫行為；心理動力治療與認知治療的治療效果更好。心理動力治療師可以幫助患者了解其強迫行為的根源，協助案主放鬆心情，以幽默的態度來享受工作與生活的樂趣；認知取向的治療師，能幫助患者改變二分法的思考模式，放棄完美主義、優柔寡斷的個性。此外，認知行為治療與藥物治療，對這類患者也有治療效果。

本章摘要

1. 人格異常患者，其偏差行為不符合社會規範，甚至會傷害他人；不會為自己的不良素行感到難過，甚至毫無罪惡感，又稱為性格異常。人格異常者不懂為自己的行為負責，常責怪他人或抱怨運氣不好。
2. 妄想型人格異常者，常有稀奇古怪、荒誕不經、與人格格不入的異常思想或行為。
3. 分裂型人格異常者會持續避開人群，一直與人保持冷漠與疏離，甚至對家人不關心；患者不喜歡與他人建立關係或保持友誼，喜歡過著獨行俠的生活。他們喜歡不必與他人接觸的工作。
4. 精神分裂型人格異常者，其思考與行為有相當明顯的障礙，認為有很多事都與他有關係。有些分裂型人格異常者，喜歡從事一些不必與他人打交道的工作，可是這種人通常具有超人的創造力。
5. 反社會人格異常者，行為違反社會法律規範，具有傷害自己或他人而不感到愧疚的性格。患者缺乏道德良知，不去關心他人的痛苦或損失。有些智力比較高的反社會人格異常者，會成為智慧型罪犯。反社會人格異常者大約在青少年前期開始發作。反社會人格異常者，酒精中毒或濫用藥物的比率比正常人還高。
6. 邊緣型人格異常係指，情緒極不穩定、容易憤怒、挫折容忍力低、行為怪異變化多端、無法與人建立良好關係、行為衝動鹵莽、表現攻擊暴力行為、傷害自己或自殺等性格。
7. 自戀型人格異常是指，具有誇大自我能力與成就、待人傲慢、自我陶醉、孤芳自賞、炫耀自己，以及不理會他人等性格。
8. 戲劇型人格異常者，如果自己不是處於外界注意焦點時，即會覺得不愉快。他們喜歡表現各種行為，或以誇大自己身體的疾病來引起他人注意，希望留給他人深刻的印象。患者不易建立良好的人際關係，有些患者甚至會以自殺威脅來操弄他人；有些患者會將初次認識的人即視為最親密的朋友。

9. 逃避型人格異常是指，具有避開與人接觸的性格。這種人不容易與他人建立關係，不主動參與任何團體活動，總是擔心他人會對其有負面的評價。

10. 依賴型人格異常是指，缺乏自信心、過度依賴他人，自覺無能力做事，任何事情都要人幫忙，害怕沒有能力照顧自己，擔心和父母、配偶或親人分離。這種人很難主動與他人建立關係，也很難與人分離，對任何事情都無法自己做決定。為了討好其所依賴的人，會想辦法符合他人的期望。

11. 強迫型人格異常是指，過度專注追求完美、重視秩序與細節、自我要求很高，把所有精神全部集中在一些細節；雖然要把事情做到盡善盡美的地步，但是害怕犯錯又缺乏彈性，因此工作計畫永遠無法如期完成。這種人對工作相當執著，因而放棄休閒活動。

12. 心理分析理論認為，妄想型人格異常者是由於小時候受到父母過於嚴厲的管理，或父母缺乏愛心、常虐待小孩，對孩子存有排斥的心理，使其無法感受到被愛，於是對他人無法產生信任，甚至產生敵意。認知心理學理論的學者認為，妄想型人格異常者，從小生活在他人過高的期望和要求之下，當自己無法達到他人的要求時，就可能對周圍的人產生不信任感。有些生物學者認為，妄想型人格異常的原因，與生物遺傳因素有關。

13. 心理分析學者認為，分裂型人格異常者是因為在生活中與人接觸時，其個人的需要沒有得到滿足，且有不愉快的經驗；或其父母對子女的教養方式，缺乏接納或愛心，甚至虐待他們，因而使子女對父母產生不信任感，也不容易建立良好的人際關係，或產生敬而遠之的心理。另外，分裂型人格異常者因缺乏正確的自我觀念，因此無法與人建立正常的人際關係。而認知心理學者認為，分裂型人格異常者對環境與周圍的人缺乏正確的認識，以致於無法與他人正常的互動。

14. 父母管教子女的態度，可以分為以下幾個類型：(1)過度保護型；(2)拒絕冷漠型；(3)專制權威型；(4)縱容放任型；(5)矛盾不一致型；(6)民主型；(7)恩威並濟型。其中第一至第五類型屬於不適當管教方式，小孩長大之後比較容易產生反社會人格。
15. 根據丹麥哥本哈根的官方資料，反社會人格異常者的父母，亦具有反社會人格異常的人數比率為正常人的五倍。由此顯示，遺傳因素與反社會人格有密切關係。
16. 根據 DSM-IV-TR，反社會人格異常者普遍屬於低家庭社會經濟地位，從小生活在貧窮落後的社區環境，教育程度很低、缺乏道德心。有些反社會人格異常者從小生長在充斥暴力的環境，無形中產生負面的社會學習。
17. 邊緣型人格異常者的父母，在其童年時期忽視或排斥他們，導致其自尊心喪失；有些人則起因於父母離婚、分居、死亡，或受到父母的虐待。從生物學的觀點來看，邊緣型人格異常者由於腦部血清素的活性不足，通常有睡眠異常或憂鬱的傾向。邊緣型人格異常與遺傳因素也有關，其近親亦具有邊緣型人格異常者，比一般人多出五倍。
18. 心理動力學者認為，自戀型人格異常的父母對孩子冷淡或排斥，使孩子覺得自己沒有價值感，於是認為自己應該自立自足，不需要跟父母或他人建立親密關係。有些行為與認知理論的學者主張，自戀型人格異常是個人在幼年時期，父母或老師過度誇讚，使其產生優越感，或高估自己能力。有些社會學者認為，在西方社會中，家庭價值觀瓦解，個人主義抬頭，鼓勵自我表現與競爭，無形中會產生唯我獨尊的心理。
19. 心理動力學者認為，戲劇型人格異常者在小時候就沒有良好的人際關係，從小沒有感受到父母的愛，且害怕被父母遺棄，為了克服內心深處的恐懼感，於是學會表現出戲劇化的行為。
20. 心理動力學者認為，逃避型人格異常者可能在幼年時期，受到他人嘲笑或羞辱，例如：大小便在褲子上時受到父母懲罰，於是產生負面的自我觀念，認為別人不會喜愛他，逐漸害怕參與各種社會活動。

21. 心理動力學者認為，依賴型人格異常者可能由於幼年失去父母親，或父母對孩子過度保護，導致孩子缺乏安全感；後來一直擔心被人遺棄，因而產生分離焦慮。行為學派的學者認為，父母如果無意中對孩子的依賴行為給予獎勵，即容易導致孩子產生過度依賴的心理。認知理論學派的學者認為，有些人面對任何事，總認為自己無能為力，不可能獨立自主，這樣就容易產生依賴的性格。
22. 佛洛伊德（S. Freud）認為，父母在小孩肛門期時，對其實施大小便的衛生訓練，如果過度嚴格或太早，小孩的性格就會停滯在這個階段，為了發洩心中的憤怒，可能變成過度遵守秩序、抑制自己，或成為古物蒐藏家。認知心理學者認為，強迫型人異常格者有二分法的思考模式，導致完美主義性格與固執僵化的行為。
23. 心理分析學派認為，患者幼年時期的心理創傷，是造成妄想型人格異常的主要原因，治療時應設法改善患者的人際關係。認知學派的學者對妄想型人格異常的治療，是以幫助患者改變認知為主，讓患者以積極正面的觀點來面對自己與他人。行為心理學派的學者對妄想型人格異常的治療，則以幫助患者改善人際關係，控制焦慮與增進解決問題的能力為主。
24. 認知學派的學者對分裂型人格異常的治療，以幫助患者在與人互動中得到愉快的經驗為主。行為心理學派的學者對分裂型人格異常的治療，則是幫助、教導患者與人互動的技巧，協助患者重新與他人建立關係，學習如何與人相處融洽，減少孤獨寂寞感，且幫助他們能更正確了解自己不適當的想法。
25. 行為治療以學習原理來矯正反人格異常者的行為，治療過程可採取三個步驟：(1)提供良好的楷模讓患者學習，以達到見賢思齊的效果；(2)當患者表現反社會行為異常時，就施以懲罰；(3)當患者能夠逐漸控制自己的行為時，就給予獎勵。以上治療過程，最好在可以控制的環境中實施，較能產生明顯的效果。

26. 邊緣型人格異常者的心理動力治療，可以改善患者的人際關係困擾；認知行為治療可以協助患者充分了解他人的觀點；團體治療可以協助邊緣型人格異常者，有效改善人際關係；藥物治療對患者情緒的穩定也有很好的效果。
27. 心理治療師對自戀型人格異常者的治療，主要是在協助患者認清自己的心理防衛機轉，讓患者學習欣賞他人的優點，把注意力轉移到他人身上。
28. 心理治療師可以幫助患者以更成熟的態度來面對各種問題，讓患者了解自己過度依賴的缺點，因而變得更加務實與獨立自主。
29. 依賴型人格異常者的治療，是以協助患者對自己的行為負責為主；對患者實施自我肯定訓練，讓患者適當表達自己的想法，協助其建立正常的人際關係，並且改變自己無能與無助的錯誤信念。對這類患者實施團體治療，使他們得到團體成員的支持，在團體中適當表達自己的感受，以及模仿團體成員對自己行為負責的態度，也可以收到有效的治療效果。
30. 行為治療與藥物治療，對強迫型人格異常者有很好的治療效果。心理動力治療與認知治療的治療效果更好，心理動力治療師可以幫助患者了解強迫行為的根源；認知取向的治療師，能幫助患者改變二分法的思考模式，放棄完美主義的個性。

Chapter 10

性心理異常

性心理異常（psychosexual disorder）是指，個體在性行為表現上，明顯與正常人不同的現象。人類藉著性行為得以繁衍下一代，可是性行為也可能是犯罪的根源，所以俗語說：「萬惡淫為首」，就是這個道理。性行為就狹義而言，僅限於兩性性器官的接觸，但是就廣義來說，性行為包括如何了解異性、與異性相處或尊重異性。性行為表現是否異常，頗受社會道德與文化的影響。

第一節　性功能障礙

壹、男性的性功能障礙

一、勃起障礙

男性的**性功能障礙**（sexual dysfunctions）最常見的，是器官勃起障礙。根據 DSM-IV-TR 的定義，男性**性器官勃起障礙**（erectile disorder）是指，在整個性行為的過程中，性器官無法維持適當的勃起，因而無法進行性交行為，又稱為**性無能**（impotency）。大多數男性在五十歲之後，會有性器官勃起障礙，年齡愈大，勃起障礙的機率也愈大。一般男性很少在六十歲之前發生性無能，如果有的話，大多屬於心理因素，例如：過度關心自己的「雄風」而產生心理焦慮。

根據美國性醫學專家金賽（A. Kinsey）的研究，七十歲的男性大約只有四分之一的人屬於性無能；但是，年齡愈大，受到神經、血管退化與荷爾蒙分泌減少，可能造成性器官勃起困難的比率愈高。一般正常的老年男性或女性，在八十歲以上仍然可以享受性生活，但是若對性存有不正確的認知，例如：射精之後會傷害身體元氣，也可能因此產生性無能。

男性勃起障礙的原因，可以分為生理因素與心理因素兩類。比較常見的生理因素包括：糖尿病導致性神經系統的損傷、肝硬化、腎臟功能喪失、脊椎神經受傷、吸菸、飲酒過度、藥物濫用等；心理因素則包括：對性行為過度的焦慮、財務上的壓力、與性伴侶感情不和、嚴重情緒困擾等。男性一旦有過性器官勃起障礙的經驗，就很容易擔心以後性器官無法勃起，因而產生惡性循環。

二、早洩

男性性功能障礙最常見的，就是**早洩**（premature ejaculation）。所謂早洩是指，患者在性交之前或性交時，只要一點點刺激就達到性高潮，患者以三十歲以下男性居多。根據羅皮可羅（Lopiccolo, 1985）的定義：男性在性交過程中，無法持續四分鐘以上就射精，可以作為早洩的指標。研究報告指出，一個男性停止性行為很長一段時間之後，再進行性交，就比較容易產生早洩的現象；不過在達到高潮之前，如果採取分心策略，通常可以達到延緩提早射精的效果。

根據 DSM-IV-TR 的診斷標準，男性早洩者至少會出現以下特徵：

1. 在性交時，感覺一點點刺激就射精。
2. 對早洩感到困擾。
3. 早洩不是由藥物所引起。

早洩的原因可以分為生理、心理與其他等三類因素。心理因素可能與青少年時期倉促的自慰經驗，產生焦慮、過度興奮、過度敏感等有關，如果屬於心理因素，就應接受心理治療。而常見的生理因素包括：長期服用過量抗憂鬱藥劑、抗精神病藥劑、頭部或頸椎受傷、男性荷爾蒙睪丸素分泌不足，或其他組織壓迫神經，使陰莖神經變得過度敏感等。其他因素包括：(1)長期或經常手淫，使中樞神經系統經常處於不自主的興奮狀態，並且形成習慣性，使得固精功能失控；(2)經常穿著過緊的內褲，使陰莖感覺神經不斷受到壓迫刺激，而長時間興奮；(3)長期吃辛辣食物或飲酒過量，引起陰莖神經異常；(4)經常看情色影視書刊或A片，使陰莖長期處於充血狀態。

貳、女性的性功能障礙

一、性嫌惡

性嫌惡（sexual aversion disorder）或稱為性冷感，是女性最常見的性功能障礙。性冷感是指，對性生活產生反感，以及逃避與性伴侶的性接觸，或對性接觸產生害怕、厭惡、噁心，甚至接吻或撫摸都感到厭惡。產生性嫌惡的心理因素則包括：對性行為有嚴重的焦慮、與性伴侶感情不和、嚴重情緒困擾、曾有被強暴、性虐待的不愉快經驗等。

性嫌惡者，大多是因為性交時產生疼痛，或曾經被強暴、性虐待的不愉快經驗等所造成的。有些患者認為，性行為是不聖潔的、污穢的、噁心的、不道德的；有些患者則是因為害怕懷孕或心理壓力過大（例如：失業、家人生重病或死亡、破產、官司纏身等），因而產生性嫌惡，這類案主在臨床上並不多見。

根據DSM-IV-TR的診斷標準，性嫌惡者至少會出現以下特徵：

1. 長期逃避性行為。
2. 性交會引起其很大的困擾。
3. 不是由生理疾病引起的性厭惡。

二、陰道痙攣

陰道痙攣（vaginismus）是指，在進行性行為時，當陰莖插入陰道時，陰道就產生不自主的收縮，以防止陰莖插入。有些女性曾經在童年期被性虐待或遭人強暴，而產生性創傷經驗，對性行為擔心會產生痛苦或受傷，而有高度的恐懼感，乃是造成陰道痙攣的主要原因。而有少數女性在任何刺激之下都無法產生性高潮，這種現象類似男性的性無能。

根據 DSM-IV-TR 的診斷標準，陰道痙攣者至少會出現以下特徵：

1. 無法正常性交行為。
2. 性交會對其產生很大的困擾。
3. 陰道缺乏潤滑無法性交。

參、與兩性都有關的性功能障礙

一、性慾望不足

性慾望不足（hypoactive sexual desire）是指，對性交缺乏興趣，不喜歡從事性行為的活動。性慾不足雖然沒有明確的標準，不過當一個人渴望性行為的次數每兩週少於一次，就可以視為性慾不足。其性慾不足的原因，除了年齡大、疾病等因素之外，常伴隨心理性因素、器質性異常、陽痿、早洩、遺精等性功能障礙。

性慾受體內性激素水平的調節，同時受社會、家庭等周圍環境因素的影響。性慾的個體差異比較大，即使同一個人，性慾的高低也隨年齡、精神狀態、身體健康狀況、生活條件、工作性質、夫妻感情等不同而異。

性慾減退常因壓力過大所引起，例如：配偶外遇、害怕懷孕、被性侵害、家人生重病或死亡、生活中遇到不順心的事、不能生育、親友意外事故的發生等。急性或慢性疾病、過度疲勞、性慾減退，亦會直接影響性慾，一些急性心肌梗塞患者，由於擔心性行為時會出現心臟問題，常發生性慾減退的現象；肝臟疾病，特別是肝硬化，患者也常會發生性慾缺乏的現象。

有些女性因為荷爾蒙催乳激素分泌過多，男性因荷爾蒙睪丸素分泌不足，都有可能導致性慾不足。此外，服用止痛藥、精神藥物、大麻、古柯鹼、安非他命、海洛因等不合法的藥物，或長期大量飲酒導致慢性酒精中毒，不僅會直接影響肝臟，也可能間接影響雄性激素睪丸酮的代謝。另外，顳葉癲癇、先天性性腺發育不全、各種鎮靜劑，以及大多數精神病治療藥物等，都會降低性的慾望。

根據 DSM-IV-TR 的診斷標準，性慾不足者至少會出現以下特徵：

1. 缺乏性行為的慾望。
2. 對於缺乏性行為產生很大的困擾。
3. 性慾不足並非由生理因素所引起。

二、性疼痛

性交疼痛（dyspareunia）與性感不快、陰道痙攣都有關。「性感不快」大多為生理上的因素，包括：內分泌失調、陰道感染發炎、陰道、子宮頸、子宮或骨盆在分娩時受傷；**慢性外陰前庭炎**（chronic vulvar vestibulitis）、腫瘤或免疫系統失常等，也會產生性交疼痛。陰道痙攣程度輕微時，只會引起性感不快，但最嚴重時，即會阻礙性交。此外，婚姻生活不愉快、性慾望不足、性交之前陰道潤滑不足，或預期性行為將會產生痛苦等，也會產生性交時疼痛障礙。少數女性因為對性交有厭惡感，於是會產生性交疼痛的現象。

根據 DSM-IV-TR 的診斷標準，性交疼痛者至少會出現以下特徵：

1. 在性交過程中，經常感覺疼痛。
2. 對於性交疼痛產生很大的困擾。
3. 不是由於陰道潤滑不足而產生性交疼痛。

三、性高潮障礙

男性性高潮障礙（male orgasmic disorder）與男性荷爾蒙睪丸素分泌不足、神經疾病、頭部或脊椎受傷、喝酒、服用高血壓藥物、服用抗憂鬱劑等有關；

女性性高潮障礙（female orgasmic disorder），以獨身女性或更年期以後者居多，其原因可以分為生理、心理、其他因素等三類。常見的生理因素包括：糖尿病導致神經系統的損傷、腎臟功能的缺陷、脊椎神經受傷。常見的心理因素，包括：童年自慰受到懲罰而產生不愉快的性經驗、性嫌惡、性慾望不足、少年與異性約會受到嚴厲限制、曾經受到性騷擾、被強暴或性虐待、過大的心理壓力等；其他因素，例如：嚴格遵守的宗教信條，認為性行為是不聖潔的。

根據 DSM-IV-TR 的診斷標準，男女兩性性高潮障礙者，至少會出現以下特徵：

1. 在性交過程中延遲或缺乏高潮。
2. 因為性高潮障礙而產生困擾。
3. 不是由於生病或藥物引起的性高潮障礙。

肆、性功能障礙的心理治療

性功能障礙的治療，首先要排除生理因素或情境因素，例如：有些夫妻在進行性行為時，由於缺乏隱密的空間，因而無法盡情享受魚水之歡，無形中產生性交障礙。如果是生理因素，則需要接受泌尿科或家庭醫學科醫師的治療；如果是情境因素所引起的，就需要改善寢室的空間環境。有些男性患者對於性器官無法勃起，或勃起時間過短，而產生焦慮或罪惡感，或在性交過程中不能滿足配偶的需求，因而導致性功能障礙。

有些女性對性行為會焦慮或恐懼，其原因可能來自於錯誤的認知，以為自己缺乏性魅力，擔憂無法得到丈夫的歡心；或因為先前夫妻吵架、衝突而討厭對方，進而妨礙性行為。如果性功能障礙是由於心理因素所引起，可以採用以下幾個心理治療方法：

1. 設法消除對性行為的焦慮。
2. 改變患者錯誤的性觀念。
3. 對患者實施性教育，幫助患者了解有關性生理學與性交的技巧。
4. 鼓勵患者夫妻一起接受心理諮商輔導。

5. 透過婚姻諮商，設法增進患者夫妻的感情。
6. 對曾經受到性虐待者實施心理治療。
7. 運用肌肉放鬆訓練與系統減敏感法，減少性行為障礙的恐懼。
8. 患者性冷感如起因於曾被強暴或性虐待，治療師可以利用**空椅技術**（empty chair technique），鼓勵患者想像自己與性侵害者對話，藉以發洩心中的憤怒。
9. 協助患者察覺對性的焦慮感與負面的反應，教導患者閱讀及觀看情色書刊、A 片或性愛電影，鼓勵患者與其性伴侶培養默契，例如：一起去散步或跳舞。
10. 對早洩的患者，鼓勵、教導其在高度性興奮時，轉移注意力或暫停性交動作，以達到延長射精的目的。

第二節　性心理異常的種類

人類的性行為被列異常者超過十種，性心理異常至少包括：性變態、亂倫與強暴等三類，茲分別簡要說明如下：

壹、性變態

性變態（paraphilia）是指，個人不經由正常的性行為來尋求性滿足；患者通常會以某些事物、情境或儀式，就能夠獲得性的興奮。根據 DSM-IV-TR 的分類，性變態可以分為以下幾類：

一、暴露症

暴露症（exhibitionism）俗稱露陰癖或暴露狂，患者在異性面前暴露自己的性器官，其目的不在誘惑異性，而在使異性產生驚嚇，從而獲得性滿足，患者以年輕成年男性居多。另外，也有一些人因人際關係不良、處理異性的問題不成熟，或是婚姻不美滿，因而表現出暴露症。男女性暴露症患者的人數比例，大約為20：1，暴露症患者最容易在春季與冬季出現。暴露症大致有以下幾個原因：

1. 缺乏正確的性知識。
2. 與伴侶無法得到滿意的性關係。
3. 對自己的男性氣概產生懷疑或害怕。
4. 在幼年時期父親曾恐嚇男孩，如不聽話就要閹割掉其性器官，因此造成被閹割的恐懼感。當他長大之後，會向異性展示自己的性器官，藉以表示自己的性器官沒有被父親閹割掉。
5. 在遭遇重大壓力時，以性器官來展現自己的雄風。
6. 性別角色發展不成熟。
7. 心智發展遲緩，不知道自己的暴露行為是違法的。
8. 老年癡呆症患者，缺乏行為控制力與道德觀念。

心理師在治療暴露症時，可以採用嫌惡治療、**自慰饜足**（masturbatory satiation）、社交訓練或心理動力治療法，都可產生效果。

二、戀物癖

戀物癖（fetishism）患者有強烈的性衝動、性幻想，喜歡蒐集與異性有關的物品，利用吻、嗅、接觸或玩弄等方式，從而獲得性滿足。患者以二十至五十歲之中年男性居多，其戀物的物品包括：胸罩、內衣褲、裝飾用品、高跟鞋、長統靴、頭髮、絲襪、頭髮、香水等。當患者在玩弄這些物品時，其方式包括：親吻、觸摸、嗅，同時進行手淫並幻想自己與異性發生性關係。有時患者將這些物品想像成情人，以得到性興奮或滿足。患者為了得到異性的物品，容易行竊或闖空門，因而構成犯罪行為；但是戀物癖患者通常很少主動攻擊他人。

戀物癖的原因與追求性刺激或性興奮有關，患者接觸異性的物品，可能引起性高潮。有些案主因為對自己的男子氣概與性能力的懷疑，並且害怕遭到異性拒絕或羞辱，因此以沒有生命的物體來得到性滿足，藉以補償性行為的無力感。

行為取向的學者利用嫌惡法來治療戀物癖，當患者在想像他們渴望的物品時，就在其手臂或大腿施以電擊；也可以採用自慰饜足治療法，讓患者想像某個性物體時，在其自慰達到高潮之後，再想像某個性物體，然後再自慰達到高潮，如此一再反覆，讓患者產生無趣的感覺，以後他想到所迷戀的物體時，就會逐漸失去興趣。

三、異性裝扮症

異性裝扮症（transvestism）患者喜歡穿著異性服裝，打扮成異性，從而獲得性興奮與性滿足。患者通常是男性，常一面穿衣服一面手淫，幻想自己正與想像中的情人發生性關係。當患者穿上異性服裝時，心裡不會產生焦慮或羞怯。患者平常的穿著是典型的男子氣概形象，可是在一個人獨處的時候，容易打扮成異性。有研究發現，這一類患者在小時候穿上女性服飾後，父母或其他成人稱讚其很可愛，這種讚美行為有可能成為異性裝扮症的潛在因素。

四、窺視症

窺視症（voyeurism）患者藉著窺視異性脫衣、洗澡或性交，來獲得性興奮與性滿足。患者通常為未婚男性，常穿著異性服裝潛入女生宿舍偷看女性洗澡，或窺視正在從事性交的伴侶，他們往往在偷窺當下或事後，以手淫來得到性滿足。窺視者如為已婚男性，可能是性生活不滿足。也有一些窺視症患者，一再侵犯他人的隱私，藉著窺視的神秘與緊張過程，來得到性興奮。偷窺的原因至少有以下幾點：

1. 年輕人對性充滿好奇心，但是不敢與異性親近。
2. 曾經看過情色雜誌、光碟、小說，但是無法從中得到充分滿足。
3. 偷窺不會直接傷害異性，不必負起法律上的責任。

五、性虐待症

性虐待症（sexual sadism）是指，藉著施加身心痛苦於性伴侶，以此獲得性興奮與性滿足。患者通常為男性，虐待的方式包括：鞭打、口咬、蒙眼、針刺、手擰、辱罵、刀割、勒頸、殘害身體等方式，從對方痛苦的表情來得到性興奮與性滿足；有些患者須看到受虐者流血、痛苦表情，才能得到快感；嚴重者以殺死性伴侶來得到快樂。個人性興奮和性高潮的經驗，曾與痛苦連結在一起，或對性具有負向的態度，即可能產生性虐待症。

有少數性虐待症患者，患有精神分裂症或其他嚴重的心理病態。有些心理動力心理學者認為，性虐待是為了得到權力感或消除被閹割的焦慮；而有些行為取向的心理學者認為，性虐待是起因於青少年觀察他人，經由施加於他人痛苦而得到性的滿足，或是由一些與性相關的雜誌、書籍、光碟，從中模仿而來。透過嫌惡治療法，對性虐待案主的治療有不錯的效果。

六、性被虐待症

性被虐待症（sexual masochism）是指，甘願從被異性痛打、綑綁或羞辱等虐待的過程中，獲得性興奮與性滿足。有些患者也可能利用想像被虐待或虐待自己，來得到性滿足，例如：以針刺、電灼、打屁股、蒙眼、鞭打或殘害自己身體等方式；性被虐待症患者可能在童年時期，曾有性快感與痛苦連結在一起的經驗。有些性被虐待症患者認為，受苦是達到性快感的必要條件；另外有些性被虐待症患者，以身體某部位被虐待來換取性器官免受侵犯。有些心理學者認為，性被虐待症患者先天具有某些病態的人格特質，在其遭受重大壓力時，就容易出現。利用嫌惡治療法、自慰饜足治療法、行為治療法等，對性被虐待症患者的治療都有不錯的效果。

七、戀童症

戀童症（pedophillia）是指，以強暴或誘姦兒童，從中得到性滿足；患者以成年男性已婚者居多，女性也偶爾會有這種行為。有時患者會要求孩童玩弄其性器官，或撫弄兒童的性器官，或引誘兒童進行口交。這一類男性通常在生活上遇到挫折，對正常性關係感到焦慮，懷疑自己性無能，只敢以女童作為性滿足的對象，受害者大多為其生活環境中所熟悉的兒童。

患者具有反社會性格、酗酒或吸毒等惡習。在性侵犯之後，為避免被告發觸犯法律，可能會順便殺害對方。有些患者具有情感性疾病、藥物濫用、性功能障礙、性變態等問題。

八、戀獸症

戀獸症（zoophilia）是指，患者以禽獸作為愛撫或發洩性慾的對象，其產生原因尚無稽可考，但可能因患者與禽獸相處的機會較多，生活孤獨寂寞，喜歡禽獸陪伴，或者在童年時期與異性相處會產生不愉快的經驗，轉而尋求與禽獸產生性接觸。

九、摩擦症

摩擦症（frotteurism）是指，患者常選擇在人群擁擠且容易脫逃的場所，觸摸或摩擦異性胸部、大腿、屁股或性器官，藉以得到性幻想、性衝動，患者通常以男性居多。由於患者不認為自己有性方面的心理疾病，所以他們很少主動求診。

貳、亂倫

亂倫（incest）是指，與近親發生性關係，這是違反人倫的一種性行為。由於近親交配容易生下有生理缺陷的後代，因此大多數國家都有法律明文禁止。亂倫以父女或繼父女之間的案例最多，兄妹次之，母子最少。亂倫至少有以下五個原因：

1. 情境因素：母親外出工作、去世，兄妹自幼長期同床睡覺或共浴等情境，比較容易發生。
2. 有些母親對性冷漠、拒絕丈夫的性慾望，或父親罹患戀童症，對幼童有強烈的性需求，因而引誘年幼女孩與他發生性關係。
3. 父親心理病態、酗酒、反社會人格或罹患精神疾病。
4. 經由學習而來：有些人因為父親曾有亂倫的行為，而模仿其行為。
5. 婚姻不美滿，母親患有性冷感症，加上父親道德意識薄弱。

亂倫對於被性侵犯的子女，嚴重影響其性心理正常發展。有的人會產生罪惡感和意志消沉，有的人淪落於色情行業，有的人則逃家以避免不正當的性關係；他們長大成年以後，容易成為性變態者或產生人格缺陷。

參、強暴

強暴（rape）是指，以威脅或強制的手段，迫使異性接受性行為。強暴者以智力較低、教育程度較低、社會地位低、無正當職業、年齡在二十五歲以下者居多。許多強暴者在行動之前就有預謀計畫，強暴的地點通常選擇受害者單身、無人救援的地方，例如：地下停車場、暗巷、公園、電梯或荒郊野外等。有的強暴者會假冒水電修理工人，進入民宅內施暴；有的會利用約會時施暴；有的則是在同儕教唆之下或因種族歧視，進行**集體強暴**（gang rape）。

被強暴者如果抵死不從，通常會遭受毆打或被殺害。被強暴者可能會懷孕、感染性病、身體受傷，或對異性產生恐懼感，對其日後的婚姻關係及性生活，造成很大的傷害；有一些受害者會因此而產生憂鬱症或精神分裂等心理疾患。某項研究發現，受害者若大聲哭叫並伺機逃跑，較有可能脫離被性侵害。強暴者雖然年齡不一，但是其心理因素大致有以下幾項：

1. 想征服、支配與脅迫異性。
2. 以強暴異性來顯示自己的男子氣概。

3. 對異性存有憤怒、敵意及報復的心理。
4. 希望從受害者的痛苦表情中，得到性興奮和性滿足。

雖然強暴異性是犯法行為，但有不少強暴者服刑期滿出獄之後，仍然重施故技，這種人大多屬於性格上的偏差。由於過去強暴行為在法律上屬於告訴乃論，不少受害者不願提出訴訟，避免自己遭受到二度傷害，這種對強暴者姑息的行為，無形中助長了強暴者的暴行。

第三節　性別認同障礙

性別認同障礙（gender identity disorder）是指，一個人在心理上無法認同自己與生俱來的性別，深信自己應該屬於異性。

壹、性別認同障礙的特徵

根據 DSM-IV-TR 的診斷，性別認同障礙者具有以下特徵：
1. 對自己的性別角色感到不適當，或喜歡被當成異性看待。
2. 認同自己就是屬於異性。
3. 對自己的性別產生嚴重困擾。
4. 只喜歡與異性一起玩耍。

性別認同障礙者喜歡穿著異性的服裝，當穿著自己性別的服裝時，會感覺很不舒服、不自在，而渴望成為異性團體的成員。這種患者男性多於女性，有些患者會患有憂鬱症或有自殺的念頭（Bradley, 1995）。

貳、性別認同障礙的原因

一、父母對小孩的期望

男孩如果從小就被打扮成女孩，例如：穿裙子、留長頭髮，玩具都是女孩的玩具，例如：芭比娃娃，這樣會比較容易產生性別認同障礙，以為自己是女性；反之，女孩如果從小就被打扮成男孩，例如：穿牛仔褲、留短頭髮，玩具都是男孩的玩具，例如：手槍、挖土機、戰車……等，這樣會比較容易產生性別認同障礙，以為自己是男性。

二、對性別角色的幻想

有一些女生羨慕男生，希望像男生一樣可以玩粗野強悍的遊戲，因此喜歡扮演男生的角色。

三、社會因素

在父系傳統社會裡，通常有重男輕女、男尊女卑的文化與習俗，導致女生希望自己是個男性，以免除傳統社會規範的壓抑與約束。

第四節　同性戀

同性戀（homosexuality）是指，同性之間有相互愛慕、擁抱、接吻，甚至性交之行為，俗稱「同志」或「斷袖之癖」。同性戀由來已久，有些歷史上著名的人物，例如：亞歷山大大帝、柏拉圖、亞里斯多德等人，相傳都是同性戀者。目前在北歐或美國，大多數人極力反對同性戀，認為同性戀是性慾顛倒或心理病態；許多基督教或天主教教會人士，更將同性戀視為**禁忌**（taboo）。

過去，同性戀一直被認為是違法或異常的行為，在西方文化復興之後，更被列為禁忌，凡是觸犯者就會受到嚴刑峻法。一直到 1960 年代以後，美國由於同性戀者人數眾多，同性戀運動興起，於是開始受到美國政府與一般人民的重視。美國精神醫學會在 1980 年，將同性戀自心理疾病種類中除名。不過，近年來醫學研究證實，同性戀與**愛滋病**（acquired immune deficiency syndrome，簡稱 AIDS）的確有密切關係，於是一般人對同性戀仍頗為反感。

自從 20 世紀人權運動興起以後，在美國有一些州的法律接受同性戀者結婚是合法的，他們在就業方面也受到法律保障。根據金賽與其同事（Kinsey, Pomeroy, Martin, & Gebhard, 1953）的研究報告，由異性戀到同性戀之間，可以分為幾個等級，同性戀則是最極端的情形，其發生率大約占總人口數的 4 至 17%，其中男性多於女性（周勵志，1993；Gonsiorek & Weinrich, 1993）。

造成同性戀的原因眾說紛紜，心理分析論與行為主義學者大多數認為是由環境所造成的。筆者歸納相關研究與文獻，同性戀產生的原因有以下幾種：

1. 對異性不滿或失望，轉而以同性作為愛慕的對象。
2. 曾經受過異性虐待，產生怨恨異性的心理。
3. 母親個性剛強，父親懦弱，母親成為兒子認同的對象。
4. 生活環境中很少有機會接觸異性，例如：監獄、軍隊及單一性別學生的學校。
5. 社會大眾過度關注，大眾傳播媒體大肆報導，使人對同性戀產生社會學習。
6. 崇拜同性的偶像人物，以彌補自己的缺點。

近年來，有些學者研究發現，同性戀與下列生理因素有關：

1. 同性戀者中，52%為同卵雙生子，22%為異卵雙生子。
2. 男同性戀者 X 染色體上有特殊的遺傳因子。
3. 大腦下視丘前葉與第三間隙核比正常人小（Levay, 1991）。
4. 胎兒期男性荷爾蒙分泌失常。
5. 母親懷孕時，服用過多的黃體激素藥物。
6. 母親懷孕期間，遭受過大的壓力。

以上學者的研究，顯示同性戀受遺傳因素的影響；但是，同性戀也可能受環境的影響。不過，同性戀的真正原因，尚有待進一步探討。

本章摘要

1. 男性勃起障礙是指，在整個性行為活動的過程中，性器官無法維持適當的勃起，因而無法進行性交行為。
2. 男性勃起障礙的原因，可以分為生理因素與心理因素。常見的生理因素包括：糖尿病導致性神經系統的損傷、肝硬化、腎臟功能喪失、脊椎神經受傷、吸菸、飲酒過度、藥物濫用等；心理因素則包括：對性行為有嚴重的焦慮、財務上的壓力、與性伴侶感情不和、嚴重情緒困擾等。男性一旦曾有性器官勃起障礙的經驗，就很容易擔心以後性器官無法勃起，於是產生惡性循環。
3. 男性在性交時，一點點刺激就達到性高潮，稱為早洩，患者以三十歲以下男性居多。早洩的心理因素可能與青少年時期倉促的自慰經驗，產生焦慮感有關。生理因素包括長期服用過量抗精神病藥劑、頭部或頸椎受傷、男性荷爾蒙睪丸素分泌不足；心理因素方面有：過度焦慮、過度興奮、過度敏感等；其他因素包括：(1)經常手淫；(2)經常穿著過緊的內褲，使陰莖感覺神經不斷受到壓迫刺激，而長時間興奮；(3)長期吃辛辣食物或飲酒，引起陰莖神經異常；(4)經常看情色影視書刊，使陰莖長期處於充血狀態。
4. 性嫌惡是指，對性生活產生反感，以及逃避與性伴侶的性接觸，或對性接觸產生害怕、厭惡、噁心，甚至連接吻、撫摸都感到厭惡。性嫌惡大多是因為性交時產生疼痛或曾被強暴、性虐待等不愉快經驗所造成的；而有些患者認為，性行為是不聖潔的、污穢的、噁心的、不道德的；有些患者則因為害怕懷孕或是心理壓力過大而產生性嫌惡。
5. 陰道痙攣是指，在進行性行為時，陰莖插入陰道時，陰道就產生不自主的收縮，以防止陰莖插入陰道。有些女性曾經有過性創傷經驗，對性行為有高度的恐懼感，這是造成陰道痙攣的主要原因。有少數女性在任何刺激之下都無法產生性高潮，這種現象類似男性的性無能。

6. 性慾望不足是指，對性交缺乏興趣，不喜歡從事性行為的活動。性慾不足雖然沒有明確的標準，不過當一個人渴望性行為的次數少於每兩週一次，就可視為性慾不足。性慾不足的原因除了年齡大、疾病等生理因素之外，也有心理性因素，此外，也有器質性異常，常伴隨陽萎、早洩、遺精等其他性功能障礙。
7. 性慾受體內激素水平的調節，同時受社會、家庭等周圍環境因素的影響。性慾的個體差異比較大，即使同一個人，性慾的高低也會隨年齡、精神狀態、身體健康狀況、生活條件、工作性質、夫妻感情等不同而有不同。
8. 性慾減退常因壓力過大所引起，其更直接的原因是急性或慢性疾病、重度疲勞。一些急性心肌梗塞患者，由於擔心性交時會出現心臟問題，於是發生性慾減退。肝硬化也會導致性慾缺乏。
9. 女性荷爾蒙催乳激素分泌過多，男性荷爾蒙睪丸素分泌不足，都有可能導致性慾不足。此外，服用止痛藥、精神藥物、大麻、古柯鹼、安非他命、海洛因等不合法的藥物，亦會造成性慾不足。而長期大量飲酒導致慢性酒精中毒者，不僅直接影響肝臟，也會影響雄性激素睪丸酮的代謝。顳葉癲癇、先天性性腺發育不全、各種鎮靜劑及大多數精神病治療藥物等，都會降低性的慾望。
10. 性交疼痛與性感不快、陰道痙攣有關。性感不快大多為生理上的因素；陰道痙攣程度輕微者只會引起性感不快，嚴重時則會阻止性交。婚姻生活不愉快、性慾望不足、性交之前潤滑不足，或預期性行為將會產生痛苦等，也會產生性交時疼痛障礙。少數女性對性交有厭惡感，亦會產生性交疼痛的現象。
11. 男性性高潮障礙與男性荷爾蒙睪丸素分泌不足、神經疾病、頭部或脊椎受傷、喝酒、服用高血壓藥物、服用抗憂鬱劑等都有關。
12. 女性性高潮障礙，以獨身女性或更年期以後者居多，其原因可以分為生理、心理、其他因素等三類。常見的生理因素包括：糖尿病導致神經系統疾病；常見的心理因素有：童年自慰受到處罰而產生不愉快的性經驗、性嫌惡、性慾望不足、少年與異性約會受到嚴厲限制、曾經受到性騷擾、被強暴或性虐待、過大的心理壓力等。

13. 性功能障礙的治療，首先要排除生理因素或情境因素。如果是生理因素引起，就需要接受泌尿科或家庭醫學科醫師的治療，如是情境因素所引起，就需要改善空間環境。

14. 有一些男性對性器官無法勃起，或勃起時間過短，因而產生焦慮或罪惡感，或在性交過程中不能滿足配偶的需求，因而產生性功能障礙。有些女性對性行為產生焦慮或恐懼，其原因可能來自於錯誤的認知，以為自己缺乏性魅力，無法得到丈夫的歡心，或因為先前夫妻吵架、衝突而討厭對方，進而妨礙性行為的進行。

15. 性功能障礙若是由心理因素引起的，可以採用心理治療方法：(1)設法消除對性行為的焦慮；(2)改變患者錯誤的性觀念；(3)對患者實施性教育，幫助患者了解有關性生理學與性交的技巧；(4)鼓勵患者夫妻一起接受心理諮商輔導；(5)透過婚姻諮商，設法增進患者夫妻的感情；(6)對曾經受到性虐待者實施心理治療；(7)運用肌肉放鬆訓練與系統減敏感法，減少性行為障礙的恐懼；(8)患者性冷感如起因於曾被強暴或性虐待，治療師可以利用空椅技術，鼓勵患者想像自己與性侵害者對話，以發洩心中的憤怒；(9)協助患者察覺對性的焦慮感與負面的反應，教導患者閱讀及觀看情色內容的書刊或電影，鼓勵患者與其性伴侶培養默契；(10)對早洩的患者鼓勵其在高度性興奮時，轉移注意力或暫停性交動作，以達到延長射精的目的。

16. 性變態是指，個人不經由正常的性行為來尋求性滿足；患者以某些事物、情境或儀式，就能夠獲得性的興奮。

17. 暴露症俗稱暴露狂，患者在異性面前暴露自己的性器官，其目的不在於要誘惑異性，而是要使異性產生驚嚇，從而獲得性滿足。患者以年輕成年男性居多。另外，也有一些人因人際關係不良、處理異性的問題不成熟，或是婚姻不美滿，因而出現暴露症。

18. 暴露症大致有以下原因：(1)缺乏正確的性知識；(2)與伴侶無法獲得滿意的性關係；(3)對自己的男性氣概產生懷疑或害怕；(4)在幼年時期父親曾恐嚇男孩，如不聽話就要割掉其性器官，因此造成被閹割的恐懼感。長大之後，會向異性展示性器官，藉以表示自己的性器官沒有被父親閹割掉；(5)當遭遇重大壓力時，以性器官來展現自己的雄風；(6)性別角色發展不成熟；(7)心智發展遲緩，不知道自己的暴露行為是違法的；(8)老年癡呆症患者，缺乏行為控制力與道德觀念。
19. 心理師在治療暴露症時，可以採用嫌惡治療、自慰饜足、社交訓練或心理動力治療法。
20. 戀物癖患者有強烈的性衝動、性幻想，喜歡蒐集與異性有關的物品，利用吻、嗅、接觸或玩弄等方式，獲得性滿足。當患者在玩弄異性物品的時候，同時進行手淫並幻想與異性發生性關係；有時患者將這些物品想像成情人，以得到性興奮。患者為了得到異性的物品，容易行竊或闖空門，構成犯罪行為；但是這類患者通常很少主動攻擊他人。
21. 戀物癖的原因與追求性刺激或性興奮有關，患者接觸異性的物品，可能引起性高潮。有些案主因為對自己的男子氣概與性能力的懷疑，並且害怕遭到異性拒絕或羞辱，因此以沒有生命的物體來得到性滿足，藉以補償性的無力感。
22. 行為取向的學者利用嫌惡法來治療戀物癖，當患者想像渴望的物品時，即施以電擊。或採用自慰饜足治療法，讓患者想像某個性物體，在自慰達到高潮之後，再想像某個性物體，然後再自慰達到高潮，一直反覆，直到讓患者產生無趣的感覺，以後他再想到所迷戀的物體，就會逐漸失去興趣。
23. 異性裝扮症患者喜歡穿著異性服裝，打扮成異性，從而獲得性興奮與性滿足。患者通常是男性，常一面穿衣一面手淫，幻想自己正與想像中的情人發生性關係。當患者穿上異性服裝時，心裡並不會產生焦慮或羞怯。患者平常的穿著是典型的男子氣概形象，可是在一個人獨處時比較容易打扮成異性。

24. 窺視症患者藉著窺視異性脫衣、洗澡或性交，來獲得性興奮與性滿足。患者通常為未婚男性，他們往往在偷窺的當下或事後以手淫來得到性滿足。有一些窺視症患者因侵犯他人的隱私，藉著窺視的神秘與緊張過程，來得到性興奮。偷窺的原因至少有：(1)年輕人對性充滿好奇心，但是不敢與異性親近；(2)曾經看過情色雜誌、光碟、小說，但是無法從中獲得充分滿足；(3)偷窺不會直接傷害異性，不必負法律的責任。

25. 性虐待症是指，藉著施加身心痛苦於性伴侶，從對方痛苦的表情來得到性興奮與性滿足，嚴重者以殺死性伴侶來得到快樂。個人性興奮和性高潮的經驗，曾與痛苦連結在一起者，或對性具有負向態度的人，可能產生性虐待症。有少數性虐待症患者，患有精神分裂症或其他嚴重的心理病態。心理學者認為，性虐待是為了得到權力感，經由施加他人痛苦而得到性的滿足，或是根據一些性的雜誌、書籍、光碟，從中模仿而來。

26. 性被虐待症是指，甘願從被異性虐待的過程中，獲得性興奮與性滿足；有些患者也可能利用想像被虐待或虐待自己，來得到性滿足。被虐待症患者可能在童年時代，曾有性快感與痛苦連結在一起的經驗。有些心理學者認為，性被虐待症患者先天具有某些病態的人格特質，在其遭受重大壓力時，就容易出現症狀。嫌惡治療法、自慰饜足治療法、行為治療法等，對性被虐待症患者的治療，都有效果。

27. 戀童症是指，以強暴或誘姦兒童，從中得到性滿足。有時患者會要求孩童玩弄其性器官，或撫弄兒童的性器官，或引誘兒童進行口交。這類男性通常在生活上遇到挫折，對正常性關係感到焦慮，懷疑自己性無能，只敢以幼童作為性滿足的對象。患者具有反社會性格、酗酒或吸毒等惡習。有些患者具有情感性疾病、藥物濫用、性功能障礙、性變態等問題。

28. 戀獸症患者以禽獸作為愛撫或發洩性慾的對象，可能因患者與禽獸相處的機會較多，生活孤獨寂寞、喜歡禽獸陪伴；或者在童年時期與異性相處曾產生不愉快的經驗，轉而尋求與禽獸產生性接觸。
29. 磨擦症患者常選擇在人群擁擠且容易脫逃的場所，觸摸或摩擦異性胸部、大腿或性器官，藉以得到性幻想、性衝動，通常以男性居多。
30. 亂倫是指，與近親發生性關係，這是違反人倫的一種性行為。由於近親交配容易生下有生理缺陷的後代，因此大多數國家都有法律明文禁止。亂倫以父女或繼父女之間的案例最多，兄妹次之，母子最少。
31. 亂倫的原因：(1)母親不在，兄妹自幼長期同床睡覺或共浴；(2)母親對性冷漠、拒絕丈夫的性慾望，或父親罹患戀童症，對幼童有強烈的性需求，因而引誘年幼女孩與其發生性關係；(3)父親心理病態、酗酒、反社會人格或罹患精神疾病；(4)因為父親曾有亂倫的行為，而模仿其行為；(5)婚姻不美滿，母親患有性冷感症，加上父親道德意識薄弱。
32. 強暴是指，以威脅或強制的手段，迫使異性接受性行為。強暴者大多以智力低、教育程度較低、社會地位低、無正當職業者居多。許多強暴者在行動之前就有預謀計畫，強暴的地點通常選擇受害者單身、無人救援的地方。
33. 強暴者的心理因素：(1)想征服、支配與脅迫異性；(2)以強暴異性來顯示自己的男子氣概；(3)對異性存有憤怒、敵意及報復的心理；(4)希望從受害者的痛苦表情中，得到性興奮和性滿足。
34. 性別認同障礙者具有以下特徵：(1)對自己的性別角色感到不適當，一直想成為異性或被當成異性看待；(2)認同自己就是異性；(3)對自己的性別產生嚴重困擾；(4)只喜歡和異性一起玩耍。
35. 從小就被打扮成異性者，比較容易產生性別認同障礙，以為自己是異性。對性別角色的幻想，有一些女生羨慕男生，希望像男生一樣可以玩粗野強悍的遊戲，喜歡扮演男生的角色。
36. 同性戀是指，同性之間相互愛慕、擁抱、接吻，甚至性交。目前在北歐或美國，大多數人仍極力反對同性戀，認為同性戀是性慾顛倒或心理病態；許多基督教或天主教教會人士，更將同性戀視為禁忌。

37. 同性戀的原因：(1)對異性不滿或失望，轉而以同性作為愛慕的對象；(2)曾經受過異性虐待，產生怨恨異性的心理；(3)母親個性剛強，父親懦弱，母親成為兒子認同的對象；(4)生活環境中很少有機會接觸異性；(5)社會大眾過度關注，大眾傳播媒體大肆報導，使人對同性戀產生社會學習；(6)崇拜同性的偶像人物，以彌補自己的缺點。

38. 近年來，研究發現，同性戀與下列生理因素有關：(1)同性戀者 52%為同卵雙生子，22%為異卵雙生子；(2)男同性戀者 X 染色體上有特殊的遺傳因子；(3)大腦下視丘前葉與第三間隙核比正常人小；(4)胎兒期男性荷爾蒙分泌失常；(5)母親懷孕時，服用過多的黃體激素藥物；(6)母親懷孕期間，遭受過大的壓力。

Chapter 11

兒童及青少年期心理異常

第一節　自閉症與亞斯伯格症

壹、自閉症

一、自閉症的涵義

自閉症（autism）是一種自閉性疾病，自閉症的嬰幼兒會退縮到自己的世界裡，無法與他人建立正常的人際關係。自閉症患者通常是由於先天腦部功能受損傷而引起的發展障礙，大約在幼兒二歲半以前就可以被發現。自閉症患者從小即表現出語言理解和表達的困難，很難與身旁的人溝通，對各種感官刺激的異常反應常保持一成不變，難以更改固定的玩法與行為，並表現出和一般兒童不同的行為特徵。

自閉症的特徵會隨著年齡、智商及自閉症的嚴重程度而有所不同。自閉症也被稱為早期**幼兒自閉症**（early infantile autism），或**兒童自閉症**（childhood autism）、**卡納自閉症**（Kanner's autism）、**廣泛性發展障礙**（pervasive developmental disorder）等。

自閉症的發作年齡大約在三十個月大以前，而且在嬰幼兒時期，即已出現早期的特殊症狀。男孩通常比女孩較早發生自閉症。但是，女孩自閉症的症狀則比男孩較為嚴重，而且在智力測驗上的得分比較低，大約有 80%的自閉症患者有智能障礙。

某些自閉症患者在某些領域上有特殊的天分，此稱之為**零碎的天賦技能**（splinter skills），例如：在數學或是音樂方面有超越常人之處。部分自閉症患者經過診斷、治療、實習及特殊教育，可以改善他們的社交能力，且能接受正規教育並參與社交活動。但以現代醫療科技水準，自閉症尚很難完整根治。

二、自閉症的診斷

根據DSM-IV-TR的診斷標準，下列各組自閉症的症狀中，至少出現六項，就是自閉症：

1. 社會互動的障礙：下列症狀中至少出現兩項：
   (1)使用肢體語言有明顯障礙。
   (2)不能與同儕有效互動。
   (3)不能與他人分享自己的興趣或快樂。
   (4)缺乏社交與情緒表達能力。
2. 溝通的障礙：下列症狀中至少出現一項：
   (1)語言發展遲緩。
   (2)與他人談話的能力有明顯障礙。
   (3)使用怪異的語句或語言並一直重複。
   (4)無法與同伴正常遊戲。
3. 行為重複而且刻板：下列症狀中至少出現一項：
   (1)常專注於某一件事。
   (2)不能從事各種例行性的工作。
   (3)常刻板且重複某些肢體動作。
   (4)常只專注於物體的一部分。
4. 三歲以前，在社會互動、語言、遊戲中，至少出現一種以上功能異常或遲緩。

三、自閉症的特徵

（一）語言和溝通的障礙

自閉症患者有語言發展遲緩的現象，例如：重複問話、反覆背誦出曾聽過的廣告詞、語言、歌曲等、無法分辨「你」、「我」、「他」。即使隨著年齡增長，語言溝通有些進步，但與人對話仍常呈現機械式或鸚鵡式的回答。自閉症兒童的記憶力佳，但是理解、抽象、推理等能力就比較差。

許多自閉症患者無法跟人溝通，他們不善於使用言語、手勢或臉部表情和他人互動；當他們說話的時候，好像是在背誦、唸經，語氣沒有高低起伏，就如同以樂器重複彈奏同一個音調。有一些自閉症患者可能會對他人滔滔不絕的講話，卻無視他人說了什麼或做了什麼。

（二）人際溝通互動的障礙

某些自閉症患者到了一歲仍然很少說話，平時不喜歡與人建立關係，喜歡獨自一個人玩耍。某些自閉症患者在襁褓時，就被發現有症狀出現，例如：玩弄自己的手腳、發呆，對人沒有反應也不喜歡被擁抱，眼睛不看人，甚至躲避視線的接觸，不理會他人，常視而不見、聽而不聞，不理會陌生人，沒有明顯的**分離焦慮**（seperation anxiety），即使遭遇挫折也不會主動尋求幫助。再長大一些，則是外出時自己走自己的，不會回頭找父母，不和他人一起遊玩，當被擁抱和觸摸時缺少反應，甚至根本不與他人互動，即使父母發怒，也無多大的反應。

（三）玩耍與活動的障礙

自閉症患者有時會出現重複性行為或有固定特殊的玩耍方式，不容易玩有規則的遊戲。另外，患者也會出現某些動作，例如：觸摸物品、斜眼視物、凝視霓紅燈或旋轉物體等。除了玩法固定之外，也常會有固定化、儀式化的現象。

（四）感官系統的障礙

自閉症患者常出現感官統合困難，最常見的例子就是聽覺問題。他們在多人同時說話時，不太能夠分清楚到底是誰在說話。

（五）重複性的動作

大部分的自閉症患者習慣做一些規律性的行為，例如：旋轉東西、望著水潺潺流動，或是用鼻子聞東西；當例行事務被打亂時，例如：家具的擺設位置改變、要去旅行，或改變平常走路的路徑，他們會感覺很不舒服。

四、自閉症的原因

自從 1943 年肯納（L. Kanner）發現自閉兒，一直到 1960 年代為止，當時認為造成自閉症的主要原因，以心理因素理論最盛行。許多特殊教育學者專家大致認為：父母對子女冷漠、不關心，是造成兒童自閉症的主要因素；所以當時自閉兒的父母被貼上**冰箱父母**（ice parents）的標籤。後來研究發現：自閉症並非父母親的管教態度不良所造成的，而是由於中樞神經系統受損，大腦負責學習的神經元功能發生障礙，導致神經接受器無法對刺激做適當的反應（Ozonoff, Dawson, & McPartland, 2002）。自閉症的可能原因如下：

（一）遺傳

根據 Greenberg、Hodge、Sowinsk 與 Nicoll（2001）的研究發現：同卵雙胞胎同時罹患自閉症的機率大於異卵雙胞胎，異卵雙生子同時出現自閉症的機率高於一般兄弟姊妹。根據台灣大學醫學院附設醫院的研究，在二十一對雙胞胎中，有十五對是自閉症，其中九對是同卵雙胞胎（李玉霞，1997）。根據國外研究結果顯示：在同卵雙生子中，兩人都是自閉症的機率介於 36 至 91%之間（Mesibov, Adams, & Klinger, 1997）。另外，有研究報告指出：在十一對自閉症雙胞胎中，其中一對雙方都是自閉症，其餘十對是單方自閉症；其第二代共計四十八個小孩中，有二十二人屬於自閉症（王大延，1994）。由上述研究結果可知，自閉症與遺傳因素有關。

根據麗特博（E. R. Ritvo）等人的調查研究發現：自閉兒的弟妹出現自閉症的機率是一般兒童的215倍，一個家庭中生出第二個自閉兒的機率是8.6%。如果第一個自閉兒是男生，生出第二個自閉兒的機率是7%；第一個自閉兒是女生，生出第二個自閉兒的機率則是14.5%，這項研究也證實了自閉症與遺傳之間確實有關（Ritvo et al., 1989）。

（二）染色體變異

有許多研究發現，染色體變異與特殊疾病有密切關係，染色體變異的情況包括：**位移**（translocation）、**斷裂脆弱**（deletion）、**附著**（insert）、**左右調換**（inverse）、**上下顛倒**（reversal）等情況。目前有許多染色體變異造成自閉症的相關研究，美國小兒科醫學會（American Academic of Pediatric, 2000）在伊利諾（Illinois）州召集各領域的專家，檢視當前的研究報告，認為大約有十個基因與自閉症有關。

（三）懷孕及出生時的困難

高齡產婦、孕婦服用藥物、孕婦在第四至第八個月間流血、Rh血型不合等因素，懷孕期超過四十二週、羊膜提早破裂，子宮的羊水流出，孕婦因高血壓導致妊娠中毒，早產兒或生產過程中缺氧等狀況，都有可能造成自閉症（Baron-Cohen & Bolton, 1993）。孕婦在嬰兒出生前注射**催產素**（oxytocin），雖然可以幫助子宮收縮以利催生，但是同時也會使嬰兒停止製造催產素，造成兒童未來人際互動的困難（Ozonoff et al., 2002）。

（四）懷孕期間病毒感染

在1960至1970年代之間的研究指出：大約有10%感染德國痲疹的孕婦所生下的嬰兒是自閉兒。美國麻州里奧曼司特（Leomenster）小鎮是全美自閉症比率最高的地方，有些學者認為，該城鎮位於一家太陽眼鏡公司煙囪的下風處（楊宗仁譯，2004），環境中受有毒物質的污染，可能是造成高自閉症比率的原因。

瓦蓮（R. Warren）認為，嬰兒期暴露在有毒的環境中，會誘發免疫系統自動反應，使得免疫系統主動攻擊自身健康的細胞，因此導致自閉症（Ozonoff et al., 2002）。德國麻疹被懷疑是與自閉症有關的病毒（曹純瓊，1994），有研究報告指出：六十四位孕婦在感染德國麻疹之後，所生下的孩子中，有八人是自閉症，其他則是中重度智能不足（王大延，1994）。而有些**腦炎**（encephalitis）患者也可能表現出自閉症患者的行為（Baron-Cohen & Bolton, 1993）。

（五）腦傷或功能不全

孕婦在懷孕期間感染德國麻疹、日本腦炎、腦膜炎、流行性感冒等病毒，易造成胎兒大腦發育不全，或生產過程中早產、難產、新生兒腦傷，以及嬰兒期發高燒等，都會造成腦部傷害，使胎兒的腦部發育受損傷而導致自閉症。

自閉症兒童是否有腦傷、功能不全，或大腦構造異常，可以透過解剖或**結構影像技術**（structural imaging）檢查出來，例如：**電腦斷層掃瞄攝影**（CAT scan）或**核磁共振攝影**（MRI），或透過**功能影像**（functioning imaging）技術，檢查大腦的某部分功能是否失常。有些解剖研究發現：自閉兒的腦部異常有以下兩種情形：

1. 自閉兒小腦的細胞顯著較少，這與自閉兒的感覺變異有關，例如：自閉兒常有觸覺及對聲音過度敏感或過度不敏感的情形（李玉霞，1997）。
2. 自閉兒大腦的邊緣系統區腦細胞較多，但是其體積較小、密度較大，可能因此結構異常而無法發揮其正常功能。

有學者研究發現，自閉症與社會人際關係及情緒行為有關（Ozonoff et al., 2002）；有些專家認為，自閉兒社會性行為的缺陷與大腦顳葉受損有關；自閉兒的解剖研究也發現，其顳葉神經元比較小，但是每單位的神經元較多（Mesibov et al., 1997）；有些研究由核磁共振攝影的資料發現：自閉症患者的腦橋或腦幹（前庭核）有問題，導致感覺統合的困難。換言之，自閉兒有較多數的視覺、聽覺、觸覺及運動覺產生變異。

此外，從大腦功能影像研究發現：自閉兒的額葉功能異常，在解讀從視覺來的社會性及情緒的資訊時，額葉的活動比較少，會導致與他人眼神較少接觸，以及較不能了解他人的情緒或意圖，而且問題解決方式也比較不靈活。額葉功能異常與自閉兒的組織、計畫、執行、彈性、控制等功能缺陷有關，專家稱之為執行功能缺陷（Ozonoff et al., 2002）。如果自閉兒伴隨有癲癇，則其腦波異常，就是由腦傷造成的。此外，有些研究者指出，自閉症患者的腦容量比較大。

（六）人體內化學物質新陳代謝失調

有家族史的自閉兒，其血清素在血液中的含量，高過於無家族史的自閉兒，因為血清素與腦部發育有關，所以有人懷疑過高的血清素，會阻止中樞神經系統的發展，導致神經傳導的功能受損（Mesibov et al., 1997）。自閉兒腦中的**因多分**（Beta-endorphins）過高（因多分是一種內源胺，一種人體內部產生的類似鴉片的物質，它與疼痛感覺鈍化有關），被懷疑是自閉兒會自我傷害的原因（Mesibov et al., 1997）。

自閉兒血中過多的**鎮靜劑**（opiod），會造成痛覺不敏感及自傷行為，由此可知，腦中過多的鎮靜劑是導致自閉症的生化因素。自閉兒若兼有過動症狀，則與腦內的多巴胺分泌過多有關。現代許多生化療法，例如：DMG、鎂、維他命B6、B15及腸激素等，都可以改善自閉症的部分症狀（Pfeiffer, Norton, Nelson, & Shott, 1990; Trevarthen, Aitken, Papoudi, & Robarts, 1996），而這些研究成果證實人體生化失調與自閉症有關（曹純瓊，1994；Baron-Cohen & Bolton, 1993）。

五、自閉症的治療

（一）抗精神病藥物

自閉症的原因主要來自生理因素，所以治療自閉症需以藥物為主。易寧優錠（Haloperidol）藥劑曾經被用來消除攻擊、過動，同時可以增加注意力，其副作用是患者會有臉部、下巴、下顎及上肢產生不自主的抽動；停藥之後，該副作用會自然消失。

理斯畢妥（Risperidone）是新一代抗精神病藥物，其副作用比較少。美國俄亥俄州立大學醫學中心（Ohio State University medicine center, 2002）研究一百零一名自閉兒使用 Risperidone 之後的效果，其中四十九人為實驗組，五十二人為控制組。研究結果顯示，實驗組的 69%自閉兒有正面的效果，激動量表（包括：發脾氣、心情轉變快速、自我傷害、攻擊他人行為）分數明顯降低，控制組則只有 12%改善，此證實 Risperidone 對過動行為及重複行為也有些許幫助。自閉兒會有遲發性不自主動作，包括：不自主抽搐、眨眼、吐舌、晃頭、步伐拖曳、蹬腳等動作，可以使用抗精神病藥物治療，抗憂鬱症藥物也可以用來消除自閉兒的強迫症及固著行為。

（二）生化治療

1. 使用腸促胰激素

根據醫學研究報告，Scretin的注射相當安全且無副作用，對於自閉兒的社會性行為可以顯著改善。此外，Fenfluramine 對改善自閉症也有不錯的效果。

2. 維他命 B6

目前的研究結果顯示，服用 B6 可以使自閉兒眼神接觸較好，對身邊的事物較有興趣、較少發脾氣、更多語言。如果自閉兒單獨服用大量 B6，會引起四肢麻痺，因此應與「鎂」一起服用，即可預防（Hamilton, 2000）。雖然 B6 加鎂可以作為自閉兒治療的輔助療法，改善神經傳導系統的效能，從而疏解自閉兒的的症狀，但是大量而長期使用 B6，將導致神經受損，肌肉明顯的衰弱及麻痺，而高單位的鎂則可能導致不正常的心跳及衰弱（林阿英譯，2001）。

3. 葉酸（Folic acid）

這是維他命B中的一個重要成分，在身體內有益於細胞中DNA（去氧核醣核酸）和RNA（核醣核酸）的合成。有46%的自閉兒服用葉酸有顯著的效果，它可幫助語言、情緒安定、改善睡眠。

4. DMG（Dimethylglycine）

這是一種健康食品，不具有毒性，也沒有顯著的副作用，在健康食品店中即可以買到。DMG有減少癲癇發生，降低強迫行為及改善語言等效果（Hamilton, 2000）。如果兒童服用DMG後有過動的現象，可服用1,600mcg的葉酸，以抵銷其副作用（Hamilton, 2000）。有一位案主，自從三歲服用此藥物（DMG）到六歲時，大多數自閉症之徵候幾乎消失。

（三）行為治療

行為治療對自閉症兒童有些幫助，當自閉兒出現發脾氣、攻擊行為、自言自語、自我刺激時，就立即給予懲罰，例如：一位自閉兒常常會抓媽媽或別人的頭髮，而且一抓住就不放手，心理治療師可坐在自閉兒前面，把自己的頭部靠近這位自閉兒，當自閉兒伸手快要抓住治療師頭髮的時候，治療師就立即推開他的手，這樣重複幾次，因為他的行為受到懲罰，以後再出現該行為的頻率就會消弱下來，最後其不良行為習慣就會被導正過來。此外，心理治療師教導自閉兒學會辨別單字、顏色、數字時，當他學習行為進步時，就立即給予獎勵。行為治療的基本原則如下：

1. 安排良好的學習環境，主動幫助自閉兒參與各種活動。
2. 幫助自閉症兒童對環境產生興趣，覺得參與活動是有意義的。
3. 教導自閉兒學習正常行為以代替異常行為。
4. 開始時可能需要物質獎勵，以幫助自閉兒參與活動。
5. 幫助家長在家中使用正確的方法教導自閉兒。
6. 要從多方面去評估自閉兒的能力，根據評估結果，再提供適合自閉兒能力的訓練方法。

7. 幫助自閉兒學習其他更好的行為，以代替重複性行為及不願改變的傾向。

（四）語言治療

語言治療師將自閉兒言語的發展詳細分析，然後訂出適當的訓練方法，將這些方法融入自閉症兒童的日常生活之中。另外，根據其進步情形調整訓練方法，幫助自閉症兒童學習正確咬字、發音、語言運用及社交技巧，對經常接觸的人去學習正確的語言表達。

（五）社會工作治療

自閉症兒童對家庭會造成很大的壓力，社會工作人員應幫助家長認識自閉兒的基本病理以及治療方法。另外，改善居住環境，幫助其他家庭成員，尤其是兄弟姊妹，去認識及幫助自閉症兒童。自閉症兒童在整個成長過程中，家庭都需要不斷學習和適應；當他們長大離開學校之後，更需要社會工作人員幫助提供職業訓練、庇護工場、宿舍等。雖然有些高能力的自閉症患者可以獨自工作，但是他們在人際關係方面，仍然會有很多困難，例如：無法理解別人的情緒、要求等，當他們進入青春期，也需要社會工作人員給予性方面的輔導。

貳、亞斯伯格症

一、亞斯伯格症的緣起及症狀

1944 年，亞斯伯格（Klin A. Asperger）醫師在德國提出了**亞斯伯格症**（Asperger's Disorder）報告。在該報告中指出，亞斯伯格症患者在出生後，第一年和正常兒童的發展並無明顯差異，通常先學會說話、後學會走路，兩歲左右會逐漸出現人際溝通和互動關係上的問題，常以自我為中心、對人缺乏同情心、眼睛很少注視他人、講話缺乏幽默感，常努力鑽研某些特定事物，例如：背誦公共汽車的站名與到站的時刻表。亞斯伯格認為，這些小孩的人格特質即使長大成人仍然存在，因此亞斯伯格症又稱為自閉性人格異常。

二、臨床症狀

亞斯伯格症患者具有以下幾項臨床症狀：

1. 不容易理解他人的想法和感覺。
2. 只談自己感到興趣的話題，而不注意他人的反應。
3. 缺乏與同儕互動的能力或互動的慾望。
4. 與他人語言溝通有明顯障礙。
5. 對於特定的事物有強烈興趣。
6. 感覺統合不協調，行動笨拙。

三、亞斯伯格症與自閉症相異之處

1. 亞斯伯格症患者常覺得他人在干擾他的行為，而自閉症患者則不易察覺他人的存在。
2. 亞斯伯格症男女比率約 7.5：1，而自閉症的男女比率則約 3.5：1。
3. 亞斯伯格症患者常先學會說才會走路，動作協調能力比較差；自閉症患者則先學會走路，但是語言發展比較遲緩。
4. 亞斯伯格症患者大部分智能正常，甚至智力優異且學習障礙不明顯，而自閉症患者大部分智能不足。
5. 亞斯伯格症患者在青少年期之後，攻擊行為的出現率較高。

四、亞斯伯格症的特徵

（一）人際關係方面

亞斯伯格症患者大多比較喜歡獨處，人際關係普遍很差，不容易處理人際之間的衝突問題，無法辨別他人的情緒，會不自覺的說出得罪他人的話，且無意中表現出反社會行為。

（二）溝通方面

亞斯伯格症患者的語文能力普遍良好，但是很難與人有良好的溝通與互動。他們講話聲音單調，談話的內容大多集中在他們喜歡的話題，而且一再重複地談相同的主題。他們與人溝通時，臉部常缺乏表情，不會用眼神傳遞訊息，不善於理解他人的身體語言。

（三）心智能力方面

亞斯伯格症患者缺乏與同儕正常互動的能力，傾向於機械性的活動，遊戲技巧玩法也常重複，缺乏彈性思考能力與想像力，而且不會調整自己去適應他人，或是從他人的觀點來看待事情，並且喜歡例行性的工作。有些亞斯伯格症患者的記憶力過人，常識或算數能力很好，但是解決問題的能力卻不高。

五、亞斯伯格症的治療

教師對亞斯伯格症患者，可以製作教材，利用圖片或光碟的方式，先讓他們理解他人的情緒，也教導他們如何表達自己的情緒。教師、學校行政人員和同學，要接納、包容和了解他們，鼓勵他們與同儕發展友誼關係；父母要當他們最好的朋友，教導他們如何玩遊戲，如何在遊戲中與人競爭與合作，避免旁人給他們貼上標籤。心理治療師教導亞斯伯格症患者，以角色扮演的方式來學習理解他人的想法，並且反覆練習人際溝通與互動的能力。

第二節　智能障礙

智能障礙又稱為智能不足或**心智遲緩**（mental retardation），是指智力較一般正常人低。根據**美國智能不足學會**（American Association on Mental Retardation，簡稱AAMR）對智能不足的定義，心智遲緩是指在十八歲以前，心智能力低於正常人，以致於缺乏自我照顧、人際溝通、家庭生活、社交、社區活動參與及健康等方面的基本能力。智能障礙者除了智商比較低之外，環境適應能力也很差。換句話說：智商低的人如果在智商以外方面的表現都正常，就不能被分類為智能障礙者。

壹、智能障礙的分類

根據美國智能不足學會的分類，智能障礙者大致可以分為輕度、中度、重度、極重度等四大類，說明如下：

一、輕度智能障礙

輕度智能障礙（mild retardation）又稱為輕度智障，智力在平均值以下 2 至 3 個標準差之間，其智商介於 50 至 70 之間，大約占智能障礙者總人口的 85%，但只占一般總人口的 2%。這種人有時又稱為「可教育型智障」，因為他們可以從學校學到一些技能，如果提供適合的環境支持與協助，成年之後有可能獨立生活甚至事業成功。輕度智障者通常可以從事一些半技術性或非技術性的工作，但是他們在面臨生活壓力下，仍然需要他人的協助。他們在進入小學就讀之前，通常不容易被發現，可是進入小學之後，由於語文、數字運算能力的缺陷，導致無法正常學習，學業成就會比一般學生較差。在經過學校教育之後，其智力會逐漸增進，所以畢業步入社會之後，有可能可以跟正常人一樣，一般人難以分辨出來。

輕度智障主要與心理、社會文化因素有密切關係，他們在幼年時期通常生活在貧困的環境裡，因而缺乏文化刺激，加上親子互動關係不佳，使得智力發展遲緩，如果改善其家庭生活環境，充實各種視聽媒體與學習資訊，可以有效改善以後的學習成就。學校宜提供藝術性課程，以協助輕度智障學生習得才藝，不但可以培養藝術才能，亦可增進溝通能力與自信心。

部分研究結果顯示，輕度智障與母親在懷孕期間酗酒、藥物濫用，以及營養不良有關。如果在孩子小時候沒有及時補充營養，他們的智力就很難改善。

二、中度智能障礙

中度智能障礙又稱為**中度智障**（moderate retardation），智力在平均值以下3至4個標準差之間，其智商介於35至55之間，大約占智能障礙者總人口的10%，但是只占一般總人口的0.1%。這種人在學校有學習障礙，但如果給予特殊教育，大約可以就讀到小學四年級。中度智能不足者，又稱為「可訓練型智障」，他們可以從事半技術性或非技術性的工作、可以自我照顧，在有專人指導、督導的工作環境之下，自己可以勝任工作。如果有適當的督導，平時也可以有良好的生活功能。

三、重度智能障礙

重度智能障礙又稱為**重度智障**（severe retardation），智力在平均值4至5個標準差之間，其智商介於20至40之間，大約占智能不足者總人口的4%，只占一般總人口的0.003%。他們通常需要密切監督、照顧，可以從職業訓練中學到一點技能，但只能在有結構性的庇護工廠，從事一些基本的工作。如果他們在教養院生活，或與家人生活在一起，或在有專人督導的工作環境之下，可以學會說話、做一些簡單的自我照顧，以及簡單的工作。

四、極重度智能障礙

極重度智能障礙又稱為**極重度智障**（profound retardation），智力在平均值以下5個標準差，其智商低於20，大約占智能障礙者總人口的2%，這種人俗稱**白痴**（idiot）。極重度智能不足者如果加以訓練，仍可學習一些生活基本技能，例如：說話、走路，以及自己飲食。他們通常需要長期接受他人的養護，但在特殊教育人員教導之下，可以使其潛在能力發揮出來。極重度智能不足者通常有嚴重的生理問題，需要接受醫療照護。

貳、智力障礙的原因

許多人認為智能障礙是先天遺傳而來，但根據研究發現，造成智能障礙的原因至少有兩百多種，而能明確指出原因者，僅占所有智能障礙者的6至15%。兒童的智能是受到遺傳、生理與社會文化環境相互影響，在醫學上已經確定智能障礙的生物因素，但不一定就能完全解釋智能障礙兒童的成因。茲就目前已知的幾種成因，分別說明如下：

一、生產前

（一）染色體異常

染色體異常而導致智能障礙，最普遍的一種就是**唐氏症**（Down's syndrome），由最早發現該症狀的英國醫師唐恩（Langdon Down）來命名。母親超過四十五歲懷孕，生下唐氏症孩子的機率比一般孕婦大約高六倍。高齡產婦在懷孕第四個月，應接受羊膜穿刺，以確認胎兒是否有罹患唐氏症。

唐氏症患者有扁平的臉龐、塌鼻、高的顴骨、雙眉間距離較寬，有些患者舌頭較長，影響發音和說話。唐氏症患者大多具有愛心，性情溫馴，模仿力很強，但是有語言障礙，所以大都需要在親戚朋友的協助或照護者的督導協助下，才能過生活。大部分唐氏症患者是由於第21對染色體多了一個染色體，一般正常人有23對（46個）染色體，但唐氏症患者有47個染色體。大多數唐氏症患者，其智商介於35至55之間，大約四十歲就有失智的現象。此外，**脆性X氏症候群**（fragile X syndrome）是引起智能障礙的染色體，此症候群容易造成智能不足或語言障礙。

（二）新陳代謝失調

新陳代謝失調最常見的是**苯酮尿症**（Phenylketonuria，簡稱PKU），這是一種先天性代謝異常的遺傳病。在人體內**氨基酸**（phenylalanine）累積過多會形成毒性反應，引發嚴重的智能障礙、器官受損和姿勢異常等症狀。苯酮尿症嬰兒於出生時便能檢測出來，若給予低苯丙氨酸的奶粉或食物，可以使他們發展出正常的智力。另外，有一種新陳代謝失調是**黑朦性家族失智症**（Tay-Sachs disease），這是由一對隱性基因所造成的，患者在二至四年的發病期間，會逐漸喪失智力、動作能力或視力，甚至死亡。

（三）內分泌失調

內分泌失調，例如：**克汀症**（cretinism）或稱呆小症，或稱甲狀腺機能衰退症。起因於甲狀腺素分泌不足導致甲狀腺機能衰退，嬰兒在出生時可能智能正常，但是大約六星期後智能則逐漸受損。克汀症所引發的智力受損程度，視甲狀腺素缺乏的程度，以及被發現時的年齡而定。如果嬰兒在出生後三個月內接受甲狀腺素治療，到兒童期大約有70%可以有正常的智力。

（四）頭部異常

頭部異常，最常見的有**腦水腫**（hydrocephalus）和**小頭症**（microcephaly）。腦水腫通常是由於腦脊髓液分泌過多，無法被吸收或順暢流通，導致頭蓋骨擴張、前額突出，抑制腦部的發展而形成智力受損。目前可藉由手術將腦脊髓液引出，以減少對大腦的影響。小頭症的形成，大多由腦部組織發育不全所造成，頭愈小，智力缺損愈嚴重。

（五）Rh 血液因子不合引起的過敏反應

當母體和胎兒Rh血液因子不合，母體血液中產生的抗體可能會危害到胎兒，因而導致自發性流產，或胎兒出生後心臟缺陷、智能受損。如對Rh型母親施打疫苗，可以防止母親血液產生抗體；至於已患有Rh症的嬰兒則可以重複換血來治療。

（六）藥物濫用

孕婦如果抽菸、酗酒和服用藥物，對胎兒都有不利的影響。**胎兒酒精症候群**（fetal alcohol syndrome）會直接影響胎兒大腦在母親體內的發展，出生後對幼兒會有注意力分散及過動的問題，而且可能導致嚴重的智力受損以及學習障礙。

（七）疾病感染

德國麻疹、愛滋病、梅毒都會對胎兒產生嚴重的後果。若孕婦在懷孕前三個月感染德國麻疹，會導致胎兒耳聾、心臟缺損和智能障礙，如果懷孕後期才感染，則幾乎不會有後遺症；如果母親感染愛滋病，或血液中有此病毒，在子宮中感染愛滋病的胎兒，便可能出現生長異常的情形，以後會造成智能缺損的現象。

（八）外傷及環境中的有害因素

孕婦發生車禍、缺氧，環境中有害因素，包括：化學物質、放射線、輻射線、暴露在高濃度鉛的環境等，所生出的兒童智力比較低；若接觸過量的放射線，例如：X 光，則可能引起基因突變，尤其是在懷孕前三個月較為明顯。

二、生產中

孕婦在待產期間，婦產科醫師若使用產鉗不慎，可能會讓新生兒頭部骨折、腦部損傷，造成胎兒腦部受到壓迫而引起腦傷，或因難產導致缺氧而傷及腦部組織，智力缺損的程度視腦部受傷的程度而定。早產兒因為出生前發育不成熟，分娩時更容易受到傷害，因而影響智力的發展，造成智能障礙。

三、生產後

生產後的嬰兒如果有鉛、鎘、汞等金屬中毒，或意外傷害導致大腦受損，或是重大腦部病變，例如：腦神經瘤、腦炎、腦膜炎，或長期高燒等，都會造成腦部組織受損，進而造成智能障礙。嬰兒百日咳、麻疹、腦膜炎等疾病，也都可能造成智能障礙。此外，嬰兒營養不良、沒有得到妥善的醫療照顧，或是長期暴露在鉛或汞等有毒物質的環境下，都可能造成智能障礙。碘的缺乏，也是造成新生兒智能障礙的主因。

四、環境影響

嬰兒由於受到撫養者的虐待、很少與人溝通對話，或長期生活在被隔離的環境（例如：長時間被關在地下室），容易造成智能障礙。嬰兒如有營養不良、不良的醫療照顧、低收入或貧窮，而導致兒童缺乏與人際交往的機會，或學習的機會受到限制，都會影響智能發展。有些兒童吸入過量的汽車廢氣，或吃下含鉛的玩具、接觸殺蟲劑，以及缺乏正常的親子互動，都會對嬰兒的智力造成不利的影響。

五、教育與文化刺激

幼兒生活在社會文化不利的環境，例如：離島、貧民窟或高山地區，如果長期缺乏感官刺激與教育啟發，照顧幼兒者又缺乏愛心與善意的溝通，這些皆不利於幼兒智力的發展。曾有個小孩，其父母皆是啞巴，到了上小學，他還不會講話，這種情境對其思考能力，會造成極大的傷害。

參、智能障礙者的療育

智能障礙者的生涯是否能做最好的發展，決定於家庭和社會福利措施，政府當局應重視**特殊教育**（special education），讓他們學習基本的生活技能，以致於可以自力更生，衛生相關單位應協助他們接受各種治療，使他們身心健康，進而提高生活品質，提供他們步入社會之後的就業機會，使他們不會成為社會的負擔，可以過著獨立自主的生活。以下幾種作法可供參考：

一、智能障礙者的居住環境

最近幾十年來，台灣的輕度智能障礙者，可以在中小學接受特殊教育，學習生活技能；而重度或極重度智能障礙者，可以送到各公私立教養院，這些機構可以提供其生活上的基本照顧，使其學習簡單的技能，教導他們自給自足。如果他們離開教養院之後，能被社會大眾接受，也能夠順利就業，就可以減輕家庭的負擔；反之，他們離開教養院之後，如果不能被社會接受，亦不能順利就業，就可能得再回到教養院，這些機構就需要投入更多的人力資源，以及醫療服務來照顧他們。如果政府能提供良好的居住環境，幫助他們融入社會，智能障礙者也能跟一般人一樣過生活。

如今有很多智能障礙者居住在家裡，由親人來照料；可是，當他們接近成年的時候，父母親已步入中老年，身體逐漸衰弱，不容易繼續對他們提供照料，因此最好由政府機構來提供各種協助。

二、智能障礙者的教育方案

政府教育當局提供早期療育給智能障礙者，這種教育計畫愈早實施愈好，但必須考慮個人智能障礙的程度。美國政府曾經實施**啟智計畫**（Head Start Program），在智能障礙兒童入學之前提早教導認知與社交技巧，並且提供充足的營養以及良好的醫療，後來研究發現參與此計畫的兒童，在上小學之後的課業表現比沒有參與者較佳。

智能障礙者進入學校之後，到底是編入普通班與一般學生一起上課，或是需要到特殊班去學習？特殊班通常有特殊教育專業的教師，利用操作制約原理或使用代幣制來治療與教導智能障礙學生，而資源教室也提供更多的教學資源。不過針對這個問題，教育家各有不同的看法，事實上這兩個方法各有利弊。

三、智能障礙者接受治療的時機

智能障礙者跟正常人一樣，有情緒和行為上的問題，所以除了需要接受智能障礙的診斷之外，也需要接受各種心理疾患的診斷；經過臨床心理師或諮商心理師診斷評估之後，若確定智能障礙者有人際關係的問題，就可以實施團體治療來幫助他們，如果診斷之後發現智能障礙者有精神疾病，就需要請家長陪同孩子到醫院就診，及早接受精神科醫師的藥物治療，或心理師的心理治療，以免延誤病情。

四、智能障礙者的適性發展

智能障礙者需要擁有一份工作，有些政府機構會為他們提供**庇護工場**（sheltered workshop），使其在庇護工場接受職業訓練，例如：學習做麵包、手工藝品等，他們可以發揮個人潛能，工作的收入也可以養活自己。

丹麥與瑞典這兩個國家，提倡智能障礙者**常態化**（normalization）的措施，頗受好評；所謂常態化，就是讓智能障礙者能跟正常人一樣過獨立的生活。丹麥與瑞典由政府設置許多智能障礙者俱樂部，鼓勵他們自立自強，不必永遠依靠他人；在俱樂部裡也教導他們社交技巧，以及婚姻、性行為、避孕等問題，結果發現效果良好。有些智能障礙者結婚之後，能照顧自己的小孩，但仍有些智能障礙者需要社區的協助，才能過正常生活。

第三節　注意力缺陷過動症

壹、注意力缺陷過動的涵義

注意力缺陷過動症（attention deficit hyperactivity disorder，簡稱 ADHD）又稱為**注意力缺失症**（attention deficit disorder，簡稱 ADD），是一種常見的精神失調狀況，目前常見的案例以兒童為主，但此類狀況也會在成人身上出現。根據「世界衛生組織」（WHO）的「國際疾病分類系統」（第十版）（International Statistical Classification of Diseases and Related Health Problems, 10th ed.，簡稱 ICD-10）（WHO, 1992），此症被稱為**過度活躍症**（hyperkinetic disorder），罹患此症之兒童俗稱為「過動兒」。

根據「美國疾病控制及預防中心」的研究，注意力缺陷過動症其實是多種精神失調的統稱，因此要正確診斷這種疾病，不能只依靠單一種方法，而必須同時採用多種檢驗才能確認。

貳、注意力缺陷過動症的症狀

注意力缺陷過動症是指，無法專心學習、行為過度衝動，這種疾患通常在小學入學之前就出現。根據 DSM-IV-TR 的診斷標準，兒童在下列兩組症狀中出現任何一種，就屬於注意力缺陷過動症（APA, 2000）：

1. 注意力不集中的症狀至少有六項，且持續至少六個月。
   (1)經常無法注意細節，常常粗心大意而犯錯。
   (2)注意力常常無法集中。
   (3)別人對他說話常不專心聽。
   (4)常常不依照規定來完成工作。
   (5)不能規劃工作或活動。
   (6)不喜歡參與需要全神貫注的事情。
   (7)經常遺失活動所需之物品。
   (8)容易受不相關刺激的影響而分心。
   (9)在日常生活中常常遺忘事物。
2. 過動的症狀至少有六項，且持續至少六個月。
   (1)常常坐立不安，手腳扭動。
   (2)在上課教室常常擅自離開座位。
   (3)在教室外的場所經常四處奔跑或攀爬。
   (4)常常無法安靜參與遊戲活動。
   (5)經常處於活躍狀態，到處活動。
   (6)常常說話說個不停。
   (7)上課時，經常當老師還在問問題時，就搶先回答。
   (8)常常無法耐心依序等候。
   (9)常常打斷或侵擾他人。
3. 有些過動的症狀在七歲以前就出現。

4. 有些過動的症狀，在兩種以上的場合造成損害。

注意力缺陷過動症兒童，通常有學習方面與人際溝通障礙的問題，導致學業成績差，同時常有違反班規或校規的行為。另外，有些注意力缺陷過動症兒童會出現情緒困擾及焦慮的問題，一直持續到青春期為止，症狀才會明顯減少，這類兒童以男孩居多。不過，也有些注意力缺陷過動症的兒童，其行為困擾一直延續到成人階段。父母如有注意力缺陷過動症，其子女罹患注意力缺陷過動症的機率會比正常人高出許多。

參、注意力缺陷過動症的成因

注意力缺陷過動症的原因，至少包括生物因素、壓力過大，以及家庭功能失常等。如果父母或教師、同學以有色眼光來看待孩子，就可能使孩子產生負面的自我觀念，進而增強注意力缺陷過動的行為。

有學者利用核磁共振攝影技術，對注意力缺陷過動症患者的腦部掃描，結果顯示，罹患注意力缺陷過動症的患者和正常人的圖象不同，於是不少醫學家認為，注意力缺陷過動症和腦部的創傷有密切關係。不過，真正的原因尚有待進一步探究。

此外，有些研究結果顯示，注意力缺陷過動症乃受遺傳的影響，這類兒童通常都至少有一位近親罹患此症；患者長大成為父親之後，其子女有三分之一以上的比率會罹患注意力缺陷過動症；在同卵雙生子當中，另一位被診斷為注意力缺陷過動症患者的機率非常高。

肆、注意力缺陷過動症的治療

注意力缺陷或過動症的藥物治療，以興奮性藥物較常被使用，例如：methylphenidate〔Ritalin（利他能）〕，這種藥物對過動症兒童有安定情緒的效果，而且可以控制其攻擊行為，並提高學業成績。

心理師可以教導過動症兒童的父母，採用行為治療法來改變其不適應的行為，當孩子過動的行為進步時就給予獎勵，如表現過動或攻擊行為時就施予懲罰，然後配合藥物治療，就可以收到良好的效果。

一般來說，以藥物治療對注意力缺陷過動症的效果相當顯著，使用此類藥品的兒童，80%以上可以改善注意力不集中、衝動，以及人際衝突的症狀，而且兒童的社會性互動及人際關係，也都會有明顯的改善。

此外，利用系統化的行為分析，了解過動兒的行為模式，配合後果增強與削弱的方法，並且教導過動兒學習正確的行為模式，以減少衝動或過動，以及人際之間的衝突。

第四節 情緒障礙

兒童情緒障礙，比較常見的有學校恐懼症、遺尿症，以及遺糞症，茲分別說明如下：

壹、學校恐懼症

有一個國小三年級學生在班上成績名列前茅，一直是一個天真快樂活潑的小朋友；有一天突然不敢去上學，在父母仔細關心詢問之後，她才說出真相。因為全班第二名的學生，在她的書桌抽屜裡面放著一張紙條，上面寫著一句話：「我的成績一定要超越妳，我要打倒妳。」她看了這張紙條之後，心理產生極大的壓力，於是產生**學校恐懼症**（school phobia）。

一、學校恐懼症的徵兆

學校恐懼症是指，對學校產生不合理的恐懼，並藉由生病而留在家中，不去上學，但待在家中時卻又症狀減輕或若無其事。學校恐懼症的徵兆如下：

1. 平時即表現出焦慮，甚至是恐慌的狀態。
2. 藉口稱身體不適，不上學或請假回家。
3. 容易有課業學習困難的現象。

4. 容易有人際關係不良的現象。

二、學校恐懼症的特徵

學校恐懼症嚴重者有以下特徵：

1. 長期無法到學校上課。
2. 一想到上學或到學校時，就產生身體不適的現象，甚至有恐慌的反應。
3. 經常缺課。
4. 容易有課業學習困難的問題，明顯跟不上同學進度的現象。
5. 容易有不良的人際關係。

三、學校恐懼症的原因

學校恐懼症的可能原因如下：

1. 可能與不正確的心理狀態有關。
2. 父母對孩子期望太高。
3. 被老師當眾羞辱。
4. 同儕關係不佳，或被同學欺負。
5. 害怕在學校中可能會發生某些無法應付的問題。
6. 缺乏自信與安全感。
7. 學習困擾或課業適應不良。

四、學校恐懼症的預防

要預防學校恐懼症，以下建議一些方法：

1. 請輔導老師或校外輔導機構的專業人員協助診斷。
2. 對剛入學或重新編班的學生，多給予關懷和輔導。
3. 多舉辦各種活動，以增進同學間彼此的認識與了解。

4. 協助人際關係不良學生做好適應。
5. 多和家長溝通聯繫，以幫助學生解決問題。
6. 注意個別差異，協助學生作適性發展。

五、學校恐懼症的治療

學校恐懼症的治療方式如下：

1. 教師與家長聯繫，請家長接送孩子上、下學。
2. 會同其他任課教師，不要給學生太大壓力，應多給予鼓勵。
3. 對學校恐懼症學童進行個別的補救教學。
4. 透過同儕的支持力量，增強其到學校求學的動機。
5. 採用連續漸進學習法：這種方法是使用**行為塑造**（behavior shaping）原理，將現有行為與目標行為之間，分解成幾個步驟，對每個反應步驟施予操作制約學習；在一個反應學習成功之後，再學習第二個反應，如此循序漸進，最後終於能夠達成目標，例如：有一位罹患學校恐懼症的兒童，住家距離學校五百公尺，第一天背書包離開家門大約一百公尺就回家，第二天背書包離開家門三百公尺就回家，第三天背書包到校門口就回家，第四天到學校與導師見個面就回家，第五天上一堂課就回家，第六天上四堂課就回家，第七天上完整天課程才回家；每一次回家父母都須給予讚美與鼓勵，讓其產生自信心，如此循序漸進，就能革除學校恐懼症。

貳、遺尿症

一、遺尿症的特徵

遺尿症（enuresis）是指，孩子不能控制自己的排尿，夜間常尿濕床鋪，白天有時也有尿濕褲子的現象。遺尿症在兒童期較為常見，根據統計，四歲半有尿床現象者，約占兒童的10至20%，九歲時約占5%，十五歲仍尿床者只占2%；男孩與女孩的比例約為2：1，六至七歲的孩子發病率最高。遺尿症多數在發病數年後即能自然恢復正常，女孩恢復比率較高，但是也有部分患者未經治療，症狀會持續到成年期以後。

二、遺尿症的診斷

根據 DSM-IV-TR 的診斷標準，出現下列三項就是遺尿症：

1. 重複排尿於褲子或床上。
2. 至少連續三個月，每週遺尿兩次，或造成明顯的痛苦或損害。
3. 生理年齡至少五歲。

遺尿症多發生於五至十歲兒童，男孩較多見。在臨床上一般分為兩大類：

1. 原發性遺尿：出生後一直尿床、與睡眠障礙有關的遺尿，絕大多數是屬於原發性遺尿。
2. 繼發性遺尿：在五歲以內，曾有一段時間（約三至六個月）不尿床，以後再發生遺尿現象。本症通常可自癒，隨年齡增大後遺尿消失，大多數在八歲以後就停止尿床。

兒童遺尿症須符合以下三項才需要檢查：

1. 五歲以上在日間或夜間，反覆有不自主的排尿現象。
2. 遺尿嚴重程度：五至六歲兒童，每月至少有兩次遺尿；六歲以上兒童每月至少有一次遺尿。
3. 不是由於神經系統損傷、癲癇、軀體疾病或藥物所引起的遺尿。

三、遺尿症的原因

遺尿症的真正原因，目前仍不十分清楚，但與下列因素應有密切關係：

（一）遺傳因素

大約 30%遺尿症孩子的父親和 20%遺尿症孩子的母親，在小時候也曾有遺尿症。若父母親均有遺尿史，其兒子有 40%會遺尿，女兒有 25%罹患此症。

另外，在雙胞胎中，單卵雙胞胎兄弟同時遺尿的比率，要比雙卵雙胞胎高出兩倍；由此可見，遺尿有遺傳的傾向。

（二）睡眠過度深沉

遺尿症患者常常在睡前玩得過度疲乏，睡得很深沉，不容易被喚醒，所以在夢境中尿床，如果睡前飲水較多，則更容易發生尿床現象。

（三）膀胱功能未成熟

有一些患遺尿症的小孩，其膀胱比正常孩子較小，功能也尚未完全成熟，這些孩子平時排尿的次數相對較多，但是尿量並不多。

（四）精神緊張

根據臨床統計，家人不和睦、父母離異、失去雙親、慘遭虐待、升學考試前等，由於精神緊繃、心理過度焦慮，發生遺尿的機率就明顯增多；但是這種遺尿通常是暫時的，經過一段時間，待緊張情緒恢復正常，遺尿的現象就會逐漸消失。

（五）疾病因素

由於泌尿系統感染、畸形而引起遺尿器質性疾病，這種遺尿的情況並不多見；另外，無癥狀性細菌尿和高鈣尿也會引起遺尿。

（六）做夢

近年來，對遺尿症患者進行睡眠**腦電波儀**（Electroencephalography，簡稱EEG）檢查，發現尿床都發生在睡眠的前三分之一階段，也就是所謂的非快速動眼睡眠的深睡階段。在這個階段中，先尿床然後做夢，因為衣服、被單潮濕，尿床者可能夢見自己掉到了河裡而醒來。有些孩童夢見尿急找不到廁所，在褲子與被單被尿濕了之後醒來，但是大部分的尿液還在膀胱裡沒有解出來，這是由於膀胱積尿太多所產生的夢境遺尿。

四、遺尿症的預防

（一）調整飲食習慣

孩子睡前不要喝太多水，也不宜吃西瓜、喝飲料或牛奶，以減少夜裡膀胱的貯尿量。

（二）養成良好生活習慣

讓孩子的飲食起居有規律，避免孩子過度疲勞及精神緊張，最好能睡午覺，以免夜間睡得太熟，不容易被大人喚醒起床小便。

（三）睡前不宜過度興奮

父母幫助孩子養成按時睡眠的習慣，睡前不可讓孩子進行劇烈活動，也不可以看驚險緊張的影片，以免使孩子情緒過度興奮或緊張而尿床。

（四）上床前把小便排乾淨

父母要孩子養成每天睡前把小便排乾淨的習慣，使膀胱的尿液淨空，盡可能在臨睡之前給孩子洗澡，使其能舒適入睡，即可以減少尿床。

（五）及時更換尿濕的被褥、衣褲

孩子睡覺的被褥要乾淨、暖和，尿濕之後應及時更換，不要讓孩子睡在潮濕的被褥裡，這樣會使孩子更容易尿床。

五、遺尿症的治療

遺尿可能使孩子產生害羞、焦慮、恐懼及畏縮，如果家長不顧及孩子的自尊心，而採用體罰、責罵、威脅、懲罰的手段，會使孩子加重心理負擔，遺尿的癥狀不但不會減輕反而會加重。對待遺尿症的孩子，最好在安慰及鼓勵的情況下進行治療，這是治療成敗的先決條件，對遺尿兒童可採用以下的治療方法。

（一）行為治療法

1. 設置日程表

每天進行記錄可能導致尿床的因素，例如：未按時睡眠、睡前過度興奮、白天過於激動、傍晚攝取太多液體等。

2. 建立條件反射

家長每天在孩子夜晚經常發生尿床的時間前，提前半小時至一小時使用鬧鐘將孩子喚醒，起床上廁所排尿，使喚醒的鈴聲與膀胱積尿的刺激同時呈現，經過一段時間的訓練後，建立條件反射，孩子就能夠被膀胱的刺激喚醒，達到自行控制排尿的目的。

3. 膀胱功能鍛鍊

父母督促孩子白天多飲水，儘量延長兩次排尿的間隔時間，促使尿量增多，使膀胱容量逐漸增大，並鼓勵孩子在排尿中途，中斷排尿，例如：數 1 到 10，然後再把尿排盡，以提高膀胱括約肌的控制能力。

（二）藥物治療

每天睡前一小時服用氯丙咪嗪，七歲以下者見效後持續服藥三個月，然後逐漸減量；用同樣的劑量每兩天睡前服藥一次，持續一個半月；再以每三天服藥一次，持續一個半月才停藥，總療程約需六個月。

採用小劑量氯丙咪嗪配合治療，其作用機制是該藥對膀胱具有抗膽鹼能作用，使膀胱容量擴大，並可刺激大腦皮層，使孩子容易醒來而起床排尿，在服藥過程中可能會出現睡眠不安穩、胃口不好、容易興奮的現象，一般未經處理約一至二週會自行消失。

參、遺糞症

一、遺糞症的特徵

遺糞症（encopresis）是指，重複排便於自己的褲子或床上，通常發生於清醒狀態。四歲以後大約有1%兒童有遺糞症，而且男孩比女孩較常見（APA, 2000）。

遺糞症容易產生不良的人際關係或羞恥，罹患這種症狀的兒童大都會試圖隱瞞他們的症狀，也會避免去上學或參加團體活動，例如：不參加露營活動。

二、遺糞症的診斷

根據DSM-IV-TR的診斷標準，遺糞症有以下三項行為：

1. 重複排泄糞便於內褲、床舖或地上。
2. 至少有三個月期間，每個月至少發生一次遺留糞便。
3. 生理年齡至少四歲。

三、遺糞症的原因

有些心理分析學者認為，小孩在**肛門期**（anal stage）時，如果父母對其排泄衛生訓練過度嚴格或過早實施，就可能使小孩要強迫控制大小便，以符合父母的期望，但是有些小孩由於控制排泄的神經系統尚未發育完成，所以在過大的心理壓力之下，肛門括約肌不能控制自如，就容易形成遺糞症。

另外，有些心理學者研究發現，父母離異、家人之間充滿緊張氣氛、失去雙親或單親、被虐待、缺乏父母的愛等狀況，都可能使小孩產生遺糞症。

四、遺糞症的預防

（一）了解嬰幼兒的生理狀況是否準備好了

1. 白天至少兩、三個小時尿布是乾的。

2. 早晨醒來尿布還是乾的。
3. 想大小便會找自己的便盆。
4. 想如廁時有足夠的自我表達能力。
5. 能聽懂父母的說明或指示。

（二）輔導嬰幼兒排泄糞便的方法

1. 當嬰幼兒尿布濕了就盡快更換，讓孩子感受身體乾燥清潔的舒適感。
2. 為嬰幼兒準備合適的便盆，在小孩停止活動時，發現小孩快要大便時先將尿布脫下來，告訴他在便盆解大便很舒服。
3. 以洋娃娃為道具，和嬰幼兒玩扮演遊戲，先陪小孩使用洋娃娃練習，介紹如廁的程序，以克服小孩的恐懼感。
4. 安排嬰幼兒固定如廁的時間，逐漸養成如廁固定時間的習慣。
5. 在訓練過程中如果無法達成如廁的目標，不可加以懲罰或指責，以免對解大便產生恐懼或焦慮。

第五節　學習與語言障礙

學習障礙（learning disorder）是指，在聽、說、閱讀、書寫、數學推理或運算等方面，有一項或多項顯著的困難，而無法完成教師所指定的作業，以及學業成就偏低。這一類學生不容易自我管理，社會知覺以及社會人際互動也有問題，因此容易產生不正確的自我觀念，且常與人敵對或交不到朋友。學習障礙的原因主要是大腦中樞功能異常，例如：腦性麻痺、小腦症、邊緣性腦神經功能障礙等，學習障礙者大約占總人口的3至5%。學習障礙者不容易在傳統教育之下有效的學習，但如果透過有效的教學策略，他們仍然可以突破學習障礙，充分發揮其個人的潛在能力。

壹、學習障礙者的特徵

根據DSM-IV-TR的診斷標準，表11-1所列的疾患會造成學習上的困難，只有前三者屬於學習障礙。

表11-1　學習障礙的分類

學習障礙類別	特　徵
1. 閱讀障礙	在認字與理解手寫文字時出現障礙。
2. 書寫表達障礙	在拼字、標點、文法、組織等方面出現障礙。
3. 數學障礙	在數學概念、計算、算數等方面出現障礙。
4. 動作技巧障礙	在身體協調技能方面出現障礙。
5. 語言表達障礙	在用字、學習字彙技巧，以及一般語言學習方面出現障礙。
6. 發音障礙	在讀字、發音以及基本咬字等方面出現障礙。
7. 口吃	在語言的流暢度上障礙。

學習困難者不一定就是智力低，有一些學生雖然智力很高，可是學業成就卻不高，像這種高智商低成就的學生，也是學習困難者，例如：有一名學生智商130，可是學科成績平均只有70分，就有學習障礙的現象。換言之，學習困難者的學業成就與其能力之間存有很大的落差，不過有不少學習困難的學生，其智力也不高。

貳、學習障礙的原因

學習障礙者最主要的原因就是過度好動，有一些罹患注意力缺陷或過動症的孩子，其注意力無法長時間集中，上課無法久坐，對外在刺激常有強烈的情緒反應；這類學生容易有衝動行為，對自己有負面的自我觀念，較常表現違規或攻擊行為，其產生原因可能起因於大腦網狀活化系統功能異常，或大腦神經傳導激素的問題。有一些學者認為，過度好動的學生與他們在嬰兒時期所吃的食物有關，例如：食物當中含有大量人工色素、香料或水楊酸，不過其真正原因尚不明朗。

過動學生通常沒有接受特殊教育的權利，除非他們有伴隨其他法定的障礙。過動學生大約占所有學齡兒童的 3 至 5%，男生比女生多，大約 4：1 到 9：1（APA, 2000）。這一類兒童可以接受**利他能**（Ritalin）的藥物治療，此藥物雖然可以提高其學業表現，不過也會伴有失眠、體重減輕，以及血壓升高等副作用。

參、語言障礙

兒童與青少年最常見的語言障礙，就是**口吃**（stuttering）。口吃是指，言語表達發生障礙。一般而言，語言是社會性學習的產物，也是後天學習來的，說話欲流暢，需要呼吸和發音器官緊密配合才行。說話活動是由與其有關的中樞神經系統，通過興奮和抑制兩個過程的錯綜交織進行調節，如果調節不當，就容易產生口吃。

一、口吃的原因

（一）神經生理異常

有些學者研究發現，成年口吃者在發生口吃或想像口吃發生時，小腦都有高於對照組兩倍以上的異常活動現象。又有學者發現，口吃者邊緣系統的一些特定部分活動異常，在口吃者試圖流利說話時發生過度激化，但在口吃發生時卻沒有異常活動。

有學者發現，基底核活動異常與口吃有關，成年口吃者在口吃時，大腦左側尾狀核的活動比正常成年人說話時來得高，此一發現和口吃者的呼吸道、聲門、舌和顎等過度緊張，有密切關係。有學者以解剖學方法，發現口吃成人的右側**顳平面**（planum temporale）的面積比左側較大；反之，正常成人左側顳平面的面積比右側大。

（二）模仿

人類與生俱來就有職司語言的器官，但是必須經過學習、模仿階段，才能學會說話。大部分口吃患者，是在幼年時向他人學習而來的。兒童有很強的模仿力，尤其見口吃的人說話那麼滑稽可笑，更喜歡去模仿；如果親友、手足、同學或鄰居有人口吃，就會成為模仿的對象，學久了就養成了口吃習慣。

（三）驚嚇

突然或持續受到驚嚇，也可能引起口吃。一個人在突然受到震驚、恐懼的事件或令人毛骨悚然的經歷時，例如：遇見某種動物、聽鬼故事之後，因為引起驚恐，就有可能發生口吃。口吃可能在受驚恐的當下發生，也可能是在受驚恐之後幾小時或幾天後出現。當受到驚嚇時，人體各器官都可能失去正常的功能，例如：全身肌肉緊繃、毛髮聳立、面色蒼白、心悸、冒冷汗、四肢發抖，甚至站立不穩、大小便失禁等，語言表達也可能出現紊亂，而發生口吃。

（四）疾病

幼兒時期如果長期患病，也可能使幼兒在病中或病後產生口吃，例如：小兒癲癇、麻疹、大腦疾病、百日咳、猩紅熱、扁桃腺發炎或肥大等疾病，都可能使呼吸和發聲系統受到影響。另外，還有因外傷而引起口吃的病例，例如：由高處墜落、腦震盪、火傷、燙傷、交通事故等，都有可能使得聲帶發音困難，而逐漸成為口吃。

（五）個性急躁

口吃的人大多有急躁的性格，他們說話又急又快，恨不得把想說的話一下子都講完。由於急於表達自己心中的意念，但是說話能力卻無法跟上，這樣就容易發生口吃現象。有些患者初次口吃時，也許不那麼急躁，但是如一再口吃，就會變得急躁起來，愈口吃愈著急，愈著急就愈口吃。

（六）教育方式不當

幼兒後天發育每個人不一，有的剛滿一歲就能清楚地說出簡單的話，有的孩子到了二、三歲還說不出一句完整的句子，但是隨著年齡的增長，語言表達就會逐漸流暢。有一些父母管教方式過度嚴厲，逼自己的孩子要立即把話說好，反而造成小孩說話緊張而發生口吃。兒童時期如果常常遭受打罵，這些印象會深深地烙印在孩子的內心世界，它會引起孩子長期處於緊張狀態，也會造成口吃。另外，在學校中受到老師或同學歧視，也有可能引起口吃。

（七）心理的創傷

一個人的自尊心如受到屈辱，會造成內心的創傷。不少口吃的人，因為說話口吃而受到他人的批評、嘲笑，無形中產生心理上的創傷，只要一想到以前被人們起哄、嘲弄的可怕場面，精神就會處於非常緊張的狀態。如果從此逃避說話，不相信或否認自己有說話流暢的能力，就更不敢與他人溝通，或保持絕對沉默，這種心理的創傷容易使口吃惡化。

二、口吃的治療

目前有相當多的口吃治療法，但沒有任何一種治療方法對所有類型的口吃都有效，由此可知，口吃是由許多因素造成的。因此，許多語言治療師傾向於使用「組合式」治療法，以產生更好的療效。

（一）流利塑造治療

語言治療師使用**流利塑造治療**（fluency shaping therapy），教導患者用腹式呼吸，在開始講話時，降低語言的速度、降低發音時的壓力等。當口吃者充分掌握了這種非正常說話方式後，再逐漸提高話語的速度，並且加上抑揚頓挫，使得話語聽上去漸漸變得正常，最後，患者便能在日常生活中使用這種正常化的說話方式。

（二）口吃改變治療

口吃改變治療（stuttering modification therapy）的目標不在於消除口吃，而是改變口吃者的心理和行為，使口吃變得較為溫和，緩解患者對口吃的恐懼感，以及消除與這種恐懼相關的逃避行為。口吃改變治療法與流利塑造治療法不同，它的基本假設是成年口吃患者最終無法流利的說話，所以帶有口吃，但是以不影響正常溝通的話語為治療的目標。

（三）藥物治療

目前有一些抗多巴胺類藥物（例如：多巴胺拮抗劑）能夠抑制口吃，包括：**利培酮**（Risperidone, Risperdal）和**奧氮平**（Olanzapine, Zyprexa）。這些藥物能夠減輕口吃的療效已經通過雙盲、安慰劑效應的臨床研究試驗，大約可以減少口吃程度約 33 至 55%。利培酮和奧氮平的副作用相對比較小，不過，目前「美國食品暨藥物監督管理局」（FDA）尚未批准這兩種藥物用於口吃治療，目前一些臨床試驗正在進行中，可能會批准第一種用於治療口吃的藥物。另外，**帕戈隆**（Pagoclone）也是對減輕口吃有效的藥物。

第六節　品性疾患

壹、品性疾患的臨床定義

品性疾患（conduct disorder）是指，以暴力行為故意侵犯他人基本的權益，違反與其年齡相稱的主要社會標準或規範。此行為會造成社會、學業或職業功能的重大損害；如已年滿十八歲或更年長，並不符合反社會性人格異常的診斷準則。

貳、品性疾患的特徵

這類患者不遵守學校的校規或社會的法律規範，在學校成為不受歡迎的學生。他們的人際關係很差，對同學欺負或霸凌，參加幫派、喜歡集體鬥毆或虐待動物，他們有吸菸、濫用藥物或酗酒行為，甚至可能任意縱火、破壞公物、無照駕駛、違反交通規則或毀壞他人的財物，或者有偷竊行為被法官判決交付保護管束，這類青少年就是屬於品性疾患者。

品性疾患者以男性青少年居多，大約有一半以上的人罹患注意力缺陷過動症，這類學生容易因為品性疾患而導致學業成績差，或造成中途**輟學**（drop out）。在兒童或青少年時期出現品性疾患，通常是成年時期出現反社會行為的徵兆，或被診斷為違反社會性格障礙。

參、品性疾患的診斷

品性疾患是一種重複而持續的行為模式、侵犯他人的基本權益，或違反與其年齡相稱的社會標準或規範。在過去一年中，若表現出下列準則中三項以上之症狀，至少一項是發生於過去六個月之內，即可稱之：

1. 攻擊他人。
2. 虐待動物。
3. 霸凌、威脅或恐嚇他人。
4. 故意找人打架。
5. 使用器具（例如：磚塊、棍棒、玻璃瓶、刀、槍械等）造成他人身體嚴重傷害。
6. 對受害者搶劫。
7. 曾強迫他人與自己發生性關係。
8. 蓄意縱火，以意圖造成他人財產嚴重損害。
9. 曾經詐欺他人。
10. 侵入他人住宅、建築物或汽車。
11. 偷竊。

12. 偽造文書。
13. 不顧父母禁止，夜間在外遊蕩，在十三歲之前即開始。
14. 至少有二次逃家在外過夜的紀錄（或僅一次但相當長時期未返家）。
15. 常逃學，在十三歲之前即開始。

肆、品性疾患的原因

一、生物或遺傳因素

不少研究結果指出，品性疾患的兒童或青少年，與其頭顱、腦曾受傷，或臉部外傷、中樞神經系統疾病、癲癇、大腦發育成熟緩慢、家庭成員中有精神病者、低智商、發展遲緩，或母親懷孕時感染疾病、生產時不順利等，都有密切關係。研究還發現，品性疾患的青少年，其腦脊髓液中5-HT的代謝產物較低。

近代臨床遺傳學研究發現，單卵雙生子與雙卵雙生子的犯罪率有明顯差異，前者大約為35%， 後者約為13%，此顯示犯罪行為與遺傳有關。少年反社會行為持續發展到成年時期的累犯，遺傳是一個重要的因素。

有些變態心理學者認為，品性疾患與遺傳因素有關，他們對自己的所作所為不會產生焦慮或恐懼。品性疾患青少年的父母容易憤怒，通常會以專制或嚴厲方式管教兒女；不少品性疾患青少年的父親，有犯罪前科、酗酒、賭博，以及性濫交等行為。

二、社會和家庭環境因素

長期以來，許多學者的研究都發現，少年犯罪與低社會經濟地位有關。近二十年以來，在日本和中國的研究亦發現，品性疾患青少年的家庭大多相當貧困，家庭社會經濟水準偏低，父母親的職業以工人、農民占相對多數。家人嚴重不和睦，如家人衝突、矛盾、長期爭吵，家庭氣氛長期處於負向情緒之中，父母有精神疾患、父母離婚或單親家庭，占相當大的比率。各國學者研究結果都認為，缺乏愛或冷漠的親子關係、雙親對孩子的管教不當，包括：對孩子過分嚴苛、缺少監督、過度放任、管教態度前後寬嚴不一致、對孩子過分寵愛、過度保護，疏忽虐待、家庭暴力等，都會造成孩子品性疾患。

三、大眾傳播媒體因素

社會學習理論認為，個體的行為是透過後天學習而來的；在成長環境中，周圍人的行為、父母的行為舉止、媒體宣傳內容等，都會直接影響兒童與青少年的行為。多數品性疾患青少年，在社會生活中受到電視中暴力鏡頭、色情書刊、影片和各種媒體的引誘或影響；此外，結交一些吸菸、打架、敲詐、偷竊等品行不良的同儕友伴，都是促使青少年品性疾患的重要因素。

四、品性疾患的治療

（一）對父母實施親職教育

心理師對父母實施指導、訓練及家庭治療。訓練父母建立一致的正向反應和明確的期待及規範；改善對孩子過度嚴厲、過度溺愛，以及管教態度不一致的行為。

（二）藥物治療

品性疾患青少年如果罹患憂鬱症、躁鬱症、焦慮症及物質濫用、癲癇者，可以使用抗憂鬱劑、鋰鹽，以及 Inderal 來治療。抗精神病藥物雖然可以降低攻擊暴力行為，但其副作用在治療之前必須詳細了解。

（三）心理社會技巧訓練

心理師對品性疾患兒童或青少年，實施個別及團體心理治療，可以著重在案主憤怒的表達與控制，加強心理社會技巧的訓練，以增加自我肯定，加強憤怒情緒的自我管理。

（四）其他治療方法

心理師應先充分了解，品行障礙兒童或青少年是否有腦傷、慢性疾病、身心症狀、智能不足、過動或注意力不足、學習障礙等問題，並對品行障礙兒童或青少年實施心理測驗與評量，例如：智力測驗、學習態度測驗、注意力測驗、人格測驗、投射測驗等，然後根據測驗結果來處理。此外，學校教師、學生家長、保育人員，以及社會工作人員需要加強合作，共同勸導並管教品性疾患兒童或青少年，增加適當的網絡，減少同儕之間的衝突。如果青少年觸犯法律，少年法庭須加強監督與少年保護管束工作。如果有需要，可考慮家庭以外的安置，例如：危機安置中心、中途之家、寄養家庭、住院治療等。

第七節　網路成癮

由於網路資訊傳遞的快速便捷，已成為現今青少年的最愛，而網路隱密的特性，更使得青少年悠遊於網路的虛擬世界中。網路成癮者沉迷於網路，缺乏適當的休閒運動，於是傷害個人健康。有研究顯示，初次接觸網路的學生，其年齡層已經從大學生逐漸下降至高中階段，甚至小學生上網的人數也大幅提升（朱惠瓊，2003）。台灣高中生使用網路的頻率大約平均每週三次，每星期上網時間超過二十小時，是網路成癮的高危險群。上網時間愈長的人，愈容易產生寂寞感或憂鬱症（游森期，2001），而有些人為逃避生活壓力或挫敗感，平均每天上網約六小時，其中男性高於女性，愈具有負面人格特質者，愈容易成為虛擬情感與虛擬社交的網路使用者。

壹、網路成癮的涵義

網路成癮症（internet addiction disorder，簡稱IAD）是指，因為過度使用網路而影響個人身心狀況、生活作息及社交生活，雖曾經努力想要戒斷此一症狀，但卻無法順利克服網路的誘惑。美國精神科醫師郭德堡（Goldberg,

1996），首先以「網路成癮症」此一專有名詞，來形容過度沉迷網路的異常行為。

不少青少年利用網路來交友，雖然在網路上很容易交到朋友，但卻無法建立深度的人際關係。網路具有匿名性，因此網路世界充滿不確定的風險，透過網路所結交的朋友，認識而不熟識，無法避免「相識滿天下，知心無一人」的窘境，最後造成愈上網愈寂寞，愈寂寞愈上網的惡性循環。

陳淑惠（1999）綜合DSM-IV對各種成癮症之診斷標準，以及臨床案主的觀察，主張網路成癮概念模式，需包括下述幾個層面的症狀：

一、網路成癮耐受性（tolerance）

這是指網路成癮者無法克制使用網路的衝動，隨著使用網路的經驗值增加，原先上網所得到的樂趣與滿足感，必須透過更長的上網時間，才能得到與原先程度相當的滿足。

二、強迫性上網行為

這是一種難以自拔的上網渴望與衝突。當想到或看到電腦時，就會有想要上網的慾望或衝動，上網之後就難以離開電腦；使用電腦或者網路時，精神能較為振奮，渴求能有更長的時間留在網路世界。

三、網路退癮反應

網路成癮者如果突然被迫離開電腦，容易出現負面的情緒反應，例如：情緒低落、生氣、空虛感等，或是注意力不集中、心神不寧、坐立難安等反應。

四、網路成癮相關問題

因為使用網路的時間太長，因而忽略原有的家居與社交生活，包括：與家人、朋友疏遠，或擔誤工作、學業等，或為了掩飾自己的上網行為而撒謊，或造成身體不適，例如：眼乾、眼酸、頭痛、肩膀痠疼、腕肌受傷、睡眠不足、胃腸不適等問題。網路成癮症者並不一定會同時出現上述所有的徵狀，但是行為中有一種或多種符合上述症狀，就可能具有網路成癮的傾向。

貳、網路成癮的定義

郭德堡（Goldberg, 1996）首先提出「網路成癮」這個名詞，用來形容因過度使用網路而導致失控性的行為。他提出七項特徵來作為網路成癮症的判斷標準；他認為一個人在一年當中，如果出現以下三個症狀以上，就可以診斷為網路成癮：

1. 耐受性：要不斷增加上網時間才會覺得獲得滿足。
2. 戒斷現象：因停止或減少網路的使用，即出現焦慮不安的反應，並且損害個人社交、工作或其他生活功能。
3. 上網時間或次數超過原來的預期。
4. 無法有效控制網路使用的行為。
5. 花很多時間在從事網路的相關活動上。
6. 因過度使用網路，而放棄或減少日常生活的各種活動。
7. 即使因為過度使用網路，而造成生理、心理、社交或工作上的問題，仍然持續使用網路。

美國匹茲堡大學的心理學者楊（Young, 2007）認為，網路成癮的現象是一種心理病態，過度使用網路者，一旦停止使用網路，即會造成焦躁不安與情緒化的行為反應。他提出八項標準，來判斷網路使用者是否過度沉迷使用網路，如果有五項以上回答是，就是網路成癮症。這八項標準如下：

1. 全神貫注於使用網路，在離開網路之後，上網的景象仍然一直存在腦海。
2. 需要花更多時間在網路上，才能得到滿足。
3. 曾多次努力要停止上網，總是無法成功。
4. 停止使用網路，會產生沮喪、焦躁不安的情緒。
5. 上網的時間超過自己的預期。
6. 為了上網而寧願冒著傷害人際關係、失去工作、學業成績退步的風險。

7. 曾經向家人或朋友說謊，來隱瞞自己涉入網路的程度。
8. 上網是為了逃避問題、減輕罪惡感，或減少焦慮不安的心理。

夏必拉等人（Shapira, Goldsmith, Keck, Khosla, & McElroy, 2000）將網路成癮定義為：個體無法控制自己對網路的依賴，因而導致挫敗感與日常功能的損傷，但必須符合診斷準則所定義的條件，才能稱為網路成癮。瑞西（Rice, 2005）定義網路成癮為：過度且衝動地使用網路，而干擾個體正常的生活能力。布雷克等人（Black, Belsare, & Schlosser, 1999）認為，網路成癮必須是自己認為過度使用網路而導致個人的困擾，或者是造成社會職業功能損傷、經濟困難，或有法律相關問題時，才能判定為網路成癮。此外，蕭與布雷克（Shaw & Black, 2008）認為，網路成癮的診斷準則，除了強調個體功能性的損傷外，在確立診斷之前還須先排除躁狂發作或輕躁發作等診斷。

綜合上述學者的定義，筆者將網路成癮定義為：網路使用者因過度依賴網路而無法自拔，進而產生生理、心理、學業、人際關係、家庭，以及職業等方面的問題。

參、成癮定義的演變

早期學者對「成癮」的定義，僅針對**物質**（substance）的成癮，例如：根據「世界衛生組織」（WHO）的定義指出，成癮是一種慢性或週期性的著迷狀態，是重複地使用自然或人工合成的藥物所導致，並且帶來不可抗拒再度使用的慾望，同時也會產生想要增加用量的張力與耐受度、克制、戒斷等現象，對於藥物所帶來的效果會有持續性的心理和生理之依賴。

葛莉費斯（Griffiths, 2000）提出，行為性成癮應符合以下六項準則：

1. 某個行為成為個體生活中最重要的活動，且主宰著個體的想法、感覺及其他行為。
2. 當個體從事此一活動之後，會覺得心情變好。
3. 個體必須從事更多同樣的行為或活動，才能獲得和先前相同的滿足感。
4. 當不再從事此一活動之後，會產生負向的生理或心理反應，例如：躁動不安、發抖或心情低落等。

5. 當從事此一行為時，會造成家庭或人際的衝動或職業功能損傷。
6. 當成功控制或戒除之後，在無法自我控制之下，又再次發生此一行為。

霍連（Holden, 2010）發表在《科學雜誌》（*Science*）的文章指出，成癮行為會導致腦中酬賞迴路長期性的改變，甚至造成大腦長期性的傷害，此一迴路就是**多巴胺系統**（dopamine system），如圖 11-1 所示。

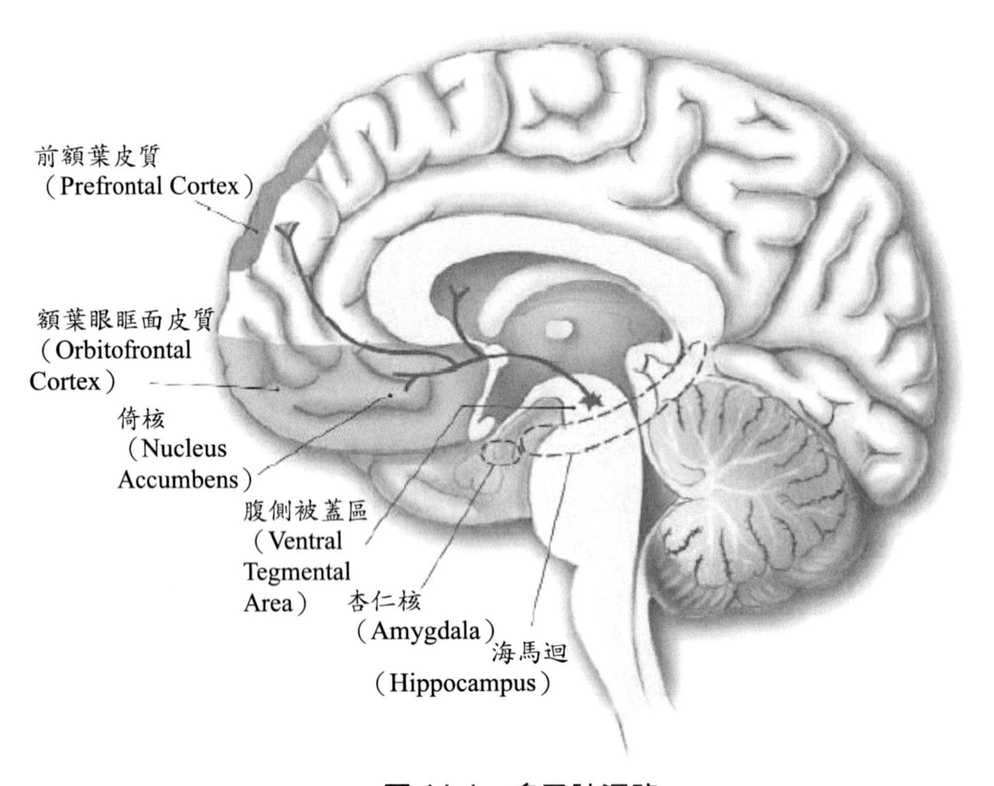

圖 11-1　多巴胺迴路

資料來源：Holden（2010）

如今，「成癮」這個名詞的應用範圍，已經不再只侷限於物質性成癮，更擴及到行為性成癮。霍連發表在《科學雜誌》（*Science*）的文章更指出，DSM-V 將會有行為性成癮的專區（Holden, 2010）。根據過去文獻探討的資料，成癮行為可能包括：病態性賭博、飲食過度、電視成癮、電玩成癮，以及網路成癮等。因此，人類不只對藥物會上癮，各種物質或活動經由人類心智運作而產生無法自拔的現象，都可稱之為「成癮」。

近期的幾篇研究，也同樣證實網路成癮者和物質成癮者一樣，於從事成癮行為時，會造成腦中多巴胺迴路的改變。漢等人（Han et al., 2007）的研究發現，相對於配對年齡的正常控制組，網路成癮組的青少年，其多巴胺感受器官D2（dopamine D2 receptor）的可得性會下降，且促進多巴胺濃度下降的催化酶會增加。

肆、網路使用人口持續攀升

近年來，台灣網路使用人口持續不斷攀升（如圖 11-2 所示），民眾上網的時數也持續增加。發表在 SCI 或 SSCI 類期刊上，有關網路成癮之研究，也日益增多，如圖 11-3 所示。

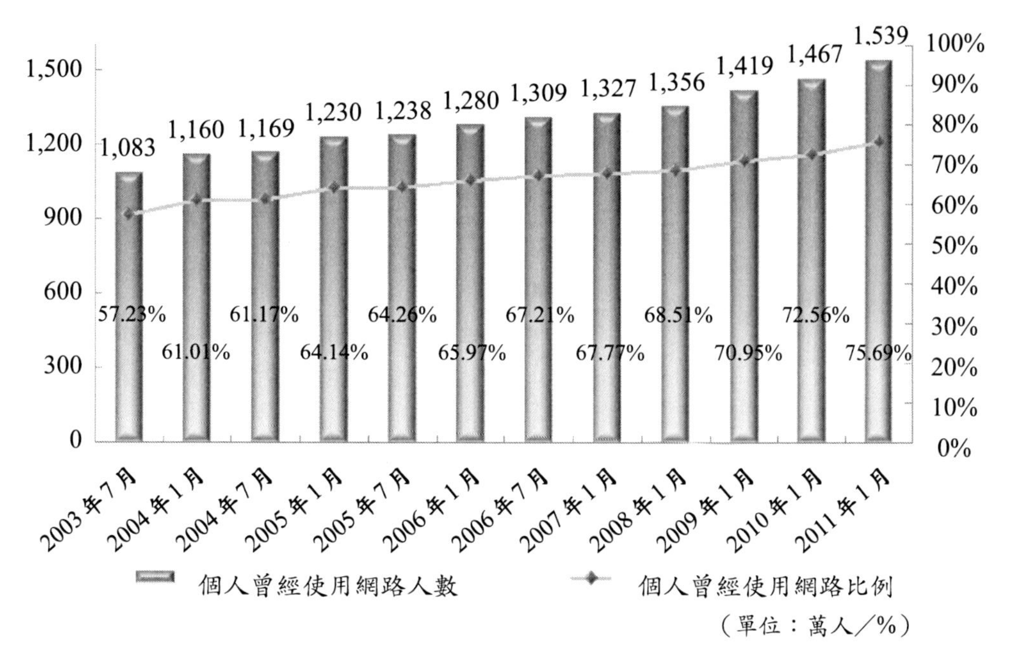

圖 11-2　個人曾經上網比例趨勢

資料來源：財團法人台灣網路資訊中心（2011）

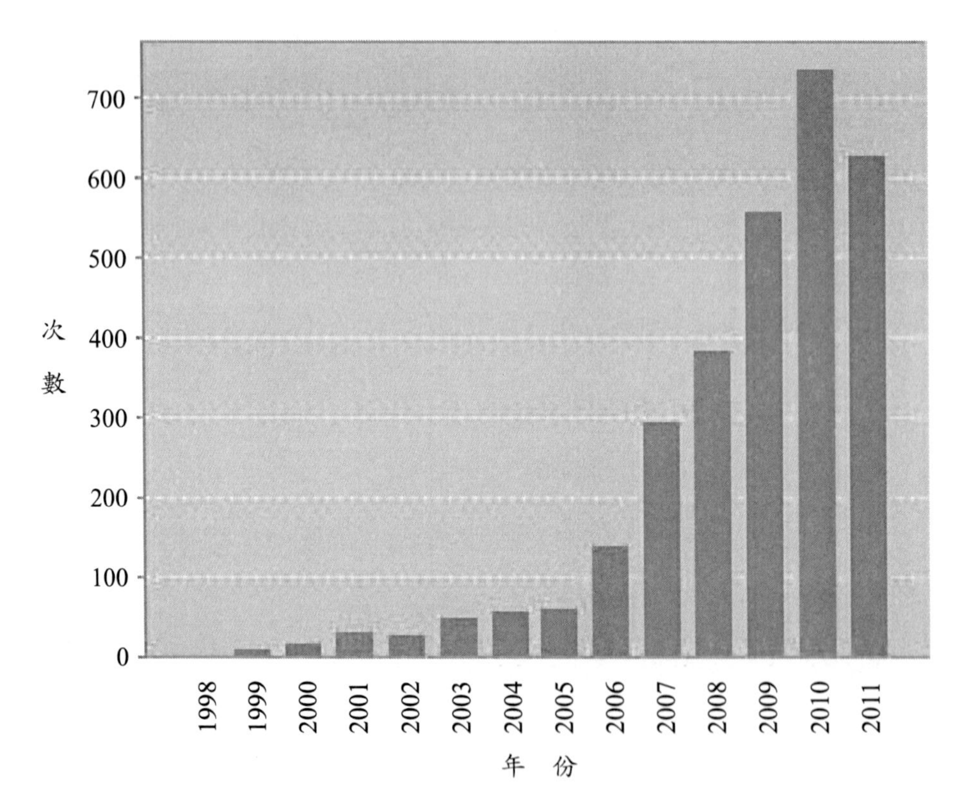

圖 11-3 網路成癮研究主題被 SCI／SSCI 類期刊引用次數之趨勢

資料來源：Web of Science（統計截止時間：2011.10.28）

另一方面，教育部於官方電子報中，曾刊登網路成癮的嚴重性，其「上網不迷惘」的系列主題，呼籲國人重視青少年與大學生沉迷於網路的問題，希望藉由一系列的報導，喚醒沉迷於網路世界的年輕人，能多參加戶外活動，遠離網路的誘惑。另外，我國教育部自 2009 年 11 月起，歷經六個多月，發出 53,636 份調查問卷，調查結果發現，小學四到六年級學生平時與寒暑假的上網時間，每週分別為十六及二十四小時、國中學生分別為二十及三十五小時，以及高中生平時每週上網約二十二小時，寒暑假期間每週上網高達四十二小時。以上資料顯示，學生使用及依賴網路的程度相當嚴重。

高雄市立小港醫院精神科柯志鴻醫師與其團隊，發表在《精神醫學研究期刊》（*Journal of Psychiatric Research*）的研究指出（Ko et al., 2009），針對十位線上遊戲成癮者與十位非線上遊戲成癮者，利用**功能性磁振攝影**（functional MRI，簡稱 fMRI），偵測兩組人在觀看「魔獸世界」遊戲的圖片時，其不同腦區的反應。結果發現，線上遊戲成癮者在**右側額葉眼眶面皮質**（right Orbitofrontal Cortex）、**右側倚核**（right Nucleus Accumbens）、**兩邊前面色帶環繞**（Bilateral Anterior Cingulate）、大腦**兩邊內側額葉皮質**（medial Frontal Cortex）、**右背側前額葉**（right Dorsolateral Prefrontal Cortex），以及**右尾狀核**（right Caudate Nucleus）等區域的活動量，比非線上遊戲成癮者來得高，且這些腦區的活動量與遊戲渴望之自陳量表呈現顯著的正相關。

過去研究已指出，物質成癮者在渴望使用物質時，上述腦區活動量會遽增，目前在線上遊戲成癮者身上也發現有同樣現象，因此該研究推估，物質成癮者和線上遊戲成癮者，在渴望使用物質與渴望上網時，是有共同的**神經生理機制**（neurobiological mechanism）。此外，該研究依循過去實徵研究的結果指出，上述許多腦區域皆涉及**多巴胺迴路**（dopamine circuit）的運作，進而造成個體失控性地使用線上遊戲。

帕克等人（Park et al., 2010）的研究更進一步地證實，網路成癮者腦部的多巴胺神經系統會產生神經生理結構的改變。他們發現，網路成癮組比起正常控制組，在使用網路時，其多巴胺的主要投射區域（例如：Orbitofrontal 與 Striatum 區域）之血糖代謝，會從靜止狀態變成活躍狀態。他們歸結該研究與其他的結果推論出，網路成癮者和其他物質成癮者一樣，擁有相同的神經機制。

金姆等人（Kim et al., 2011）發表在《神經學報告期刊》（*Neuroreport*）的研究，同樣利用年齡配對比較的研究方法，也發現網路成癮組比起正常控制組，其 dopamine D2 receptor 較低，而且和網路成癮嚴重度呈現負相關。網路成癮者腦部多巴胺系統的功能缺損情況，和其他物質或賭博成癮者是一樣的，因此，網路成癮者和其他物質或賭博成癮者，都會出現神經生理功能異常之現象。

他們在回顧相關文獻後指出，多巴胺感受器官的可得性較低，已被證實為一種獲得酬賞缺陷的徵候，這是因為個體的酬賞迴路之多巴胺神經細胞，已產生基因性的改變，造成個體需要增加興奮度與刺激性，因而重複地尋求物質使用或從事賭博行為，來補足大腦中多巴胺活性低落的情況；而使用網路與從事線上活動，同樣可以增進網路成癮個體的興奮度、刺激性及愉悅感，以刺激大腦中多巴胺活性低落的酬賞迴路，因而造成個體過度使用網路、沉迷於網路。由於網路成癮者和其他物質或賭博成癮者，同樣擁有多巴胺迴路的神經生理改變，因此該研究也指出，網路成癮者和其他物質或賭博成癮者一樣，有相同的神經生理改變之基礎。

由上述內容可以發現，成癮定義從早期僅針對物質性成癮，到近期擴及至行為性成癮，而且由於有關網路成癮的基因和腦影像學研究的進展，指出網路成癮者和物質成癮者，有同樣的神經機制與神經生理改變之基礎，這奠定了網路成癮屬於成癮定義的範疇，甚至變成DSM-V成癮疾患中，最優先列入考量的新診斷。

伍、網路成癮納入 DSM-V 或 DSM-VI 的呼聲漸起

美國醫學會的科學與公共衛生委員會，於2007年6月向該學會提出報告，建議遊說美國精神醫學會，應將網路成癮行為正式列為精神疾病，加入精神病診斷手冊中。2008 年 3 月，美國《精神醫學研究期刊》上，更出現了建議將網路成癮納入 DSM-V 診斷的文章；同年 11 月，中國向「世界衛生組織」（WHO）申請登記，是最早把網路成癮列為精神疾病的國家。

《科學期刊》（*Science*）在 2010 年刊登了兩篇文章，討論網路成癮是否應該放入 DSM-V 的診斷系統中。米勒與荷典（Miller & Holden, 2010）指出，DSM-V 對於有關成癮疾患的診斷準則部分已經列入考慮，但是實際的診斷準則仍在討論之中。

荷典（Holden, 2010）更指出，DSM-V 已將網路成癮列為眾多可能納入行為性成癮的疾患中之首選。納入的原因為：從網路成癮第一篇研究的 1998 至 2005 年，一直到 2005 至 2010 年，網路成癮的研究文獻已大幅增加，因此網路成癮被列入DSM的診斷系統中，是遲早的事情。此外，DSM的審查委員很重視基因、腦影像、危險因子、性格特質，以及治療成效的研究，網路成癮有

關上述的研究，也於最近五年陸續出現，並提出相關的驗證，這些研究的出現將會增加網路成癮被列入 DSM 系統診斷的可能性。

陸、網路成癮的衡鑑

目前有關衡鑑網路成癮的篩選工具，從 1996 年開始至今，有如雨後春筍般地發展出來。由於國外網路成癮的衡鑑工具眾多，但對國內的臨床實務和研究幫助並不大，故有關網路成癮衡鑑工具之介紹，本文僅鎖定在國內部分。

在評估量表部分，國內主要使用的是台灣大學心理學系陳淑惠教授等人發展出的「**陳氏網路成癮量表**」（Chen Internet Addiction Scale）（陳淑惠、翁儷禎、蘇逸人、吳和懋、楊品鳳，2003）。她們綜合 DSM-IV 對各成癮症之診斷標準、對臨床案主的觀察，以及與重度使用者的焦點訪談結果，編製了「中文網路成癮量表」；再以 1,336 名大學生為對象，進行進一步的分析，修訂「中文網路成癮量表」為「中文網路成癮量表」（修訂版），而後改名為「陳氏網路成癮量表」。「陳氏網路成癮量表」有兩個分量表，分別是網路成癮核心症狀與網路成癮相關問題，前者有三個因素：強迫性上網、網路成癮戒斷反應，以及網路成癮耐受性；後者則有兩個因素：人際與健康問題與時間管理問題。讀者如果想運用於實務工作或研究上，可以參閱《中華心理學刊》第 45 期，並請切記，使用該量表前必須徵得作者的同意。

在「陳氏網路成癮量表」的切分點方面，高雄市立小港醫院精神科柯志鴻醫師與其團隊有實徵研究佐證，相當有利於引用和使用。在年齡處於國中與高中等青少年階段之案主，柯志鴻醫師與其團隊在《高雄醫學科學期刊》（*Kaohsiung Journal of Medical Sciences*）的研究建議（Ko et al., 2005），63 或 64 分為最佳診斷切分點，也就是 64 分以上為國高中生網路成癮組；其後，柯志鴻醫師與其團隊又於《精神病學綜合期刊》（*Comprehensive Psychiatry*）的研究（Ko et al., 2009），進一步針對大學階段的案主，建議 67 或 68 分為最佳診斷切分點，也就是 68 分以上為大學生網路成癮組，並且也提出了國內第一個網路成癮準則，該準則如下：症狀持續三個月以上，且至少有以下六項以上問題：

1. 經常無時無刻想著網路上的事情。
2. 無法控制上網的衝動。
3. 需要愈來愈多的時間上網才能感到滿足。
4. 幾天不上網就會感到不安、憤怒。
5. 上網總是超過預期的時間。
6. 無法控制或減少網路的使用。
7. 花費過多的時間上網。
8. 為了上網，會想盡各種辦法。
9. 明知上網會產生身心問題，仍無法停止。
10. 要先排除精神疾病。

柯志鴻醫師與其團隊認為，網路成癮者可能出現的症狀，包括以下幾項：

1. 上網的時間顯著增加。
2. 停止或減少網路使用，將導致在數天或一個月內發生以下情況：焦慮不安、對網路上所發生的事情有反覆的思想、產生與網路有關的聯想，以及自發性或非自發性的手指頭打字動作。
3. 網路的使用逐漸超出原來預期的頻率與時間。
4. 曾努力想要控制或停止網路使用，但卻徒勞無功。
5. 會花更多時間在與網路有關的事務上，例如：上網訂購書籍、測試新的瀏覽器、研究網路上的廠商資料，以及整理下載的檔案等。
6. 重要的社交、工作及娛樂等活動，均因深受網路使用影響而放棄或減少。
7. 即使發現由於過度使用網路，而導致在心理、生理、社交及工作上不斷出現問題（例如：睡眠時間減少、婚姻問題、上班或上課遲到，或怠忽職守等），仍不願停止使用網路。

柒、網路成癮的輔導與治療

一、網路成癮的輔導

1. 加強青少年人際關係的建立與溝通社交技巧的訓練，避免沉迷於網路上，影響現實生活的人際互動。擴展其人際社交圈，學習社交的溝通技巧，免於過度依賴網路，藉由學習社交技巧與處理人際衝突的方式，可以避免在現實社會中受到人際互動的傷害與挫折。
2. 協助青少年增進自我認識，規劃作息時間與安排休閒活動。許多學生認為生活太無聊，或對學習活動的內容興趣缺缺，於是將上網當作是紓解壓力、殺時間的休閒活動；所以輔導青少年對自己的時間做好規劃，也是可以改善生活方式之一。
3. 學生家長或教師對孩子適度的行為規範與約束。
4. 學生家長或教師與青少年建立良好的雙向溝通，多傾聽他們的心聲。
5. 政府規劃更多的青少年休閒與遊樂場所，提供青少年更多元的生活空間與設施。
6. 鼓勵網路成癮者參與社交活動（例如：社團）、娛樂性活動（例如：音樂會、藝術欣賞），使其在現實生活中獲得肯定與成就。
7. 教師教導網路成癮者正確及適當地使用網際網路，將網路視為一種工具，可利用網路拓展自我視野、增廣見聞，而並非將自己所有的情感投入在虛幻的網路上，成為一種依賴或精神寄託。

二、網路成癮的治療

韓國政府對於網路成癮防治的工作相當積極，並提供補助款協助網路成癮學生接受治療。韓國健康福利家事部宣布，於 2009 年普查全國 5,813 所國民小學的 63 萬名四年級學生，鑑定孩童上網成癮的等級程度；2011 年時則對國中一年級與高中一年級學生，實施上網成癮檢測，家中如有被鑑定為網路成癮的青少年或兒童，政府提供每戶五十萬韓元（約折合新台幣一萬三千元）

的心理諮商或治療的補助款。

韓國重視學生網路成癮的問題，增置專業輔導人員。韓國政府估計，十九歲以下網路成癮症的兒童及青少年，大約有十六萬七千名；而國小學童網路成癮行為表現，在目前的社會上已普遍增加。韓國衛生福利家事部認為，學校內若有一定數量的學童沉迷於網路，則需由特別的專業輔導人員進行輔導；在2009年，有一百五十名輔導網路成癮學生之諮商師，於2011年底增加為五百名。

南韓政府已將網路成癮視為一項嚴重的公共衛生議題，進行網路成癮盛行率統計，並對網路成癮者免費提供心理諮商或治療。另外，還訓練一批網路成癮介入的專業人員，並且提出一百九十家以上的醫院與治療中心，供網路成癮案主選擇，同時由學校提出一系列大規模的介入計畫。

第一篇有關網路成癮的研究提出至今，大約十五年，而於**科學引文索引**（Science Citation Index，簡稱SCI）或**社會科學引文索引**（Social Science Citation Index，簡稱SSCI）的期刊上，有關網路成癮的研究僅有三篇，且從2007年才有第一篇研究。以下就分別簡介此三篇介入研究實際的內容，供有需要進行實務介入或研究者參考。

（一）認知治療

楊（Young, 2007）綜合分析許多研究發現，網路成癮的案主沉迷於網路世界中，是因為對現實生活世界中的各種事件，存有許多負面的認知與信念（例如：災難化想法、過度類化、負向核心信念及認知扭曲），導致為了逃避因這些負面認知與信念所產生的不適感，而沉淪於網路世界中（例如：網路具有匿名性，而且具有短期保護效果）。因此，在她的治療過程中，特別針對案主沉迷於網路世界之際，有關婚姻、職業倦怠、職場人際問題、學業困擾等議題，進行一般傳統的認知介入，尤其是和加深網路成癮有關的生活壓力事件，導正案主的認知。

在她自己設立的線上成癮中心（http://www.netaddiction.com/，讀者可以上網瀏覽，該網站從1995年設立至今，是為關心網路成癮的教育、支持及治療的民眾所設立的），針對一百一十四位符合網路成癮測驗篩選量表切分點、主動求助的民眾（平均年齡男性三十八歲、女性四十六歲），進行十二個時段的個別治療，結果發現在治療完成的六個月後，網路成癮症狀普遍恢復良好。

在行為介入部分，她認為完全禁止案主不使用網路是不切實際的，而是應該讓案主適度地使用非成癮的網路類型（例如：收發 E-mail、搜尋資訊等），許多易成癮的網路類型（例如：網路色情、網路賭博、線上遊戲等），則應逐步運用行為改變技巧的方式，來減少這類型的網路使用。另一方面，應該幫助案主發展正向的生活型態，以利案主不使用網路時，不會覺得無聊或無所事事，進而防止再度沉迷於網路世界中。

（二）多層次介入

謝克等人（Shek, Tang, & Lo, 2009）針對國小五年級至高中三年級，共五十九位網路成癮兒童與青少年，採用個別與團體治療，進行長達十五至十九個月的長期介入；利用相關評估工具發現，這五十九位研究參與者的網路成癮有顯著下降的現象。謝克等人提出該介入方案，共有以下六大執行重點：

1. 幫助青少年自我管理與健康使用網路。
2. 了解青少年網路成癮者之成癮行為，以其所處於階段來加以處理。網路成癮可以分為：前沉思、沉思、決定、行動、維持及重新陷入等六個階段；治療就依不同階段採取不同的策略（例如：沉思階段的重要介入策略，就是突破案主的矛盾心態，讓案主相信網路成癮是可以改變）。
3. 使用動機式晤談法，協助案主發現成癮的矛盾心態，來誘發改變成癮行為。動機式晤談法能幫助案主了解，成癮行為改變的責任在於自己。
4. 青少年成癮行為與家庭系統有關，因此對網路成癮案主實施家族治療，是有其必要性。
5. 利用個別會談、家族治療及支持性團體，聯合介入和治療。
6. 個別治療與團體治療並進。由於對青少年發展而言，同儕關係是非常重要的，因此同儕支持團體是必要性的輔助；透過團體動力相互支持，以及同儕間相互的模仿機會等，都有利於改變網路成癮行為。

（三）認知行為治療

認知行為治療（cognitive behavioral therapy，簡稱CBT）是一種心理治療取向，以解決案主異常的情緒、行為與認知問題。杜等人（Du, Jiang, & Vance, 2010）利用 CBT 來進行介入，對象是針對五十六位符合網路成癮的中國上海市國、高中生。他們利用隨機分派的方式，將三十二位網路成癮青少年分派到治療介入組、二十四位網路成癮青少年則分派到控制組，經過八週的團體認知行為治療，再經過半年追蹤；結果發現治療介入組與控制組，網路成癮嚴重度皆有顯著下降，但從改變的效果量來看，治療介入組的網路成癮嚴重度下降的效果程度大於控制組。因此研究者推論，時間本身可能就是一個有效的療效因子，但是如果加入團體認知行為治療的介入，網路成癮嚴重度的下降效果程度會較大。

（四）網路成癮工作坊

教師可參與網路成癮心理工作坊，了解與辨識青少年網路成癮，以及心理治療的方法。另外，參與實際案例進行案主分析、討論、角色演練及有效教學技巧，可幫助網路成癮學生調控自我衝動的技巧。

（五）父母效能訓練

1. 幫助父母辨識網路成癮孩子的情緒狀態。
2. 幫助父母改善家庭成員間良好的溝通技巧。
3. 父母協助網路成癮孩子提升問題解決技巧。
4. 父母協助網路成癮孩子調控自我情緒與行為技巧。
5. 提升父母管教網路成癮子女的技巧。

本章摘要

1. 自閉症患者通常是由於先天腦部功能受損傷而引起的發展障礙，通常在二歲半以前就可發現。自患者從小開始，即表現出語言理解和表達的困難、很難與身旁的人建立情感、對各種感官刺激的異常反應常一成不變。
2. 某些自閉症患者在某些領域上有特殊的天分。部分自閉症患者可以經過診斷、治療、實習及特殊教育，改善他們的社交能力。
3. 根據DSM-IV-TR的診斷標準，在自閉症的症狀中，社會互動障礙方面至少有兩項以下症狀：(1)使用肢體語言有明顯障礙；(2)不能與同儕有效互動；(3)不能與他人分享自己的興趣或快樂；(4)缺乏社交與情緒表達能力。溝通的障礙方面，下列症狀中至少出現一項；(1)語言發展遲緩；(2)與他人談話的能力有明顯障礙；(3)使用怪異的語句或語言並一直重複；(4)無法與同伴正常遊戲。行為重複且刻板方面，下列症狀中至少出現一項；(1)常專注於某一件事；(2)不能從事各種例行性的工作；(3)常刻板而且重複某些肢體動作；(4)常專注於物體的一部分。
4. 自閉症患者有語言和溝通的障礙、語言發展遲緩的現象。即使隨著年齡增長，語言溝通有些進步，但與人對話仍呈現機械式的回答。自閉症兒童的記憶力佳，但是理解、抽象、推理等能力則較差。
5. 自閉症患者有時會出現重複性行為或有固定特殊的玩耍方式，無法玩有規則的遊戲。另外也會出現某些動作，例如：觸摸物品、斜眼視物、凝視霓紅燈或旋轉物體等。除了玩法固定外，也會有固定化、儀式化的現象。
6. 自閉症患者常出現感官統合困難，最常見的例子是聽覺問題。他們在多人同時說話時，無法分辨誰在說話。大部分的自閉症患者，習慣做一些規律性的行為。
7. 同卵雙胞胎當中有一位罹患自閉症，另一位罹患自閉症的機率是 63 至

98%。異卵雙胞胎同時罹患自閉症的機率則介於 0 至 10%之間。同父母的手足，同時罹患自閉症的機率大約 3%。自閉症兒童的手足患有自閉症的機率較高。自閉症的家族約四分之一家庭有言語障礙病歷。

8. 孿生子研究顯示，同卵孿生有自閉症的可能性比異卵孿生的高，而且前者有認知障礙的比率達 80%，而後者只 12%。
9. 大約四分之一的自閉症兒童有癲癇症，發病的時間通常在青少年期，而發病的可能性和弱智的程度有關。
10. 自閉症患者與腦神經網絡的信息傳導有關。最新的腦電波影像研究顯示，自閉症患者顳葉地區有異常現象。而且自閉症和感染德國麻疹、腦炎、苯酮尿症或流行性感冒等有關。
11. 婦女在懷孕期間窘迫性流產等因素而造成胎兒大腦發育不全，在生產過程中早產、難產、新生兒腦傷，以及嬰兒期因感染腦炎、腦膜炎等疾病造成腦部傷害，都可能增加自閉症的機會。
12. 預防自閉症，應以預防腦傷為主。
13. 自閉症的治療：(1)預防性治療：防止自閉症的出現，包括遺傳學上的輔導；(2)補救性治療：及早診斷，針對生理因素而加以治療；(3)徵狀性治療：藥物治療可以減輕過分活躍、不集中、情緒不穩定、暴力傾向、睡眠困難等徵狀；(4)行為治療法對改變自閉症兒童不適應的行為，很有幫助。
14. 言語治療師與社會工作人員，對自閉症兒童的行為改變扮演相當重要的角色。
15. 亞斯伯格症患者在兩歲左右，會逐漸出現人際溝通和互動的問題，常以自我為中心、對人缺乏同情心、眼睛不太注視他人、講話缺乏幽默感、常對某事物喜歡努力去鑽研。
16. 亞斯伯格症患者常先學會說才會走路，動作協調能力比較差，大部分智能正常，甚至智力優異且學習障礙不明顯。
17. 亞斯伯格症患者的人際關係普遍很差，與人溝通時臉部常缺乏表情，不會用眼神傳遞訊息，不善於理解別人的身體語言。

18. 亞斯伯格症患者缺乏與同儕正常互動的能力，傾向於機械性的活動，缺乏彈性思考與想像力，不會調整自己去適應他人，並且喜歡從事例行性的工作。
19. 教師可以製作教材，利用圖片或光碟的方式，讓亞斯伯格症患者理解他人的情緒，教導他們如何表達自己的情緒，鼓勵他們與同儕發展友誼關係，並請父母教導其如何玩遊戲，如何在遊戲中與人競爭與合作。
20. 心理師可以角色扮演的方式，讓亞斯伯格症患者學習理解他人的想法，並且練習某些進階的社會互動能力。
21. 智能障礙又稱為智能不足或心智遲緩，是指智力低於正常人。美國智能不足協會對智能障礙的定義為，心智遲緩是指在十八歲以前，心智能力低於正常人，以致於缺乏自我照顧、人際溝通、家庭生活、社交、社區活動參與及健康等方面的基本能力。
22. 智能障礙可以分為四大類：(1)輕度智能障礙；(2)中度智能障礙；(3)重度智能障礙；(4)極重度智能障礙。
23. 輕度智能障礙又稱為輕度智障，是指智商介於 50 至 70 之間，大約占智能障礙者總人口的 85%，占一般總人口的 2%，這種人又稱為可教育型智障。輕度智障者可以從事一些半技術性或非技術性的工作，學業成就比一般學生差，經過學校教育後其智力會逐漸增進；畢業步入社會之後，跟正常人很像，一般人難以分辨出來。
24. 輕度智障者的幼年通常生活在貧困的家庭，缺乏文化刺激，親子互動關係不佳；如果家裡改善生活環境、充實學習資訊，可以有效改善以後的學習表現。學校宜提供藝術性課程，協助輕度智障學生習得才藝，可以培養藝術才能、增進溝通能力與自信心。
25. 輕度智障與母親在懷孕期間酗酒、藥物濫用，以及營養不良有關，如果在小時候沒有及時補充營養，他們的智力就很難改善。
26. 中度智能不足又稱為中度智障，是指智商介於 35 至 55 之間。在學校有學習障礙，如果給予特殊教育，大約可以讀到小學四年級。中度智能不足者可以從事半技術性或非技術性的工作，可以自我照顧，在有專人督導之下，自己可以勝任工作。

27. 重度智能不足又稱為重度智障，智商介於 20 至 40 之間，只能在有結構性的庇護工廠從事一些基本的工作。在教養院，或與家人生活在一起，或在有專人督導的工作環境之下，可以學會做一些簡單的自我照顧工作。
28. 極重度智能不足又稱為極重度智障，智商低於 20 以下。如果加以訓練，可以學習一些生活基本技能，例如：學會說話、走路、自己飲食。極重度智障者需要長期接受他人的養護，在有特殊教育人員教導之下，可以使其潛能發揮出來。患者通常有嚴重的生理問題，需要接受醫療照護。
29. 染色體異常導致智能障礙，最普遍的一種就是唐氏症（Down's syndrome），患者第 21 對染色體多了一個染色體，也就是有 47 個染色體。大多數唐氏症患者之智商介於 35 至 55 之間，大約四十歲就有失智的現象。由新陳代謝失調造成，最常見的是苯酮尿症（Phenylketonuria, PKU），這是一種先天性代謝異常的遺傳病。
30. 唐氏症有一種新陳代謝失調，就是黑朦性家族失智症，這是由一對隱性基因所造成的。
31. 克汀症（cretinism）或稱呆小症，或稱甲狀腺機能衰退症。起因於甲狀腺素分泌不足導致甲狀腺機能衰退，嬰兒在出生時可能智能正常，但是約六星期後智能則逐漸受損。克汀症所引發的智力受損程度，視甲狀腺素缺乏的程度，以及被發現時的年齡而定。
32. 腦水腫通常是由於腦脊髓液分泌過多，無法被吸收或順暢流通，導致頭蓋骨擴張、前額突出，抑制腦部的發展而形成智力受損。小頭症的形成，大多由腦部組織發育不全所造成，頭愈小，智力缺損愈嚴重。
33. 母體和胎兒 Rh 血液因子不合，母體血液中產生的抗體可能會危害到胎兒，因而導致智能受損。如對Rh型母親施打疫苗，可以防止母親血液產生抗體。

34. 孕婦酗酒會產生胎兒酒精症候群，影響胎兒大腦在母親體內的發展，出生後幼兒會有注意力分散及過動的問題，而且可能導致嚴重的智力受損。若孕婦在懷孕前三個月感染德國麻疹，會導致胎兒耳聾、心臟缺損和智能障礙；如果母親感染愛滋病，或血液中有此病毒，在子宮中感染愛滋的胎兒，便可能出現生長異常的情形，以後會造成智能缺損的現象。
35. 孕婦發生車禍、缺氧，或身處於充滿化學物質、放射線、輻射線、高濃度鉛的環境，所生出的兒童智力比較低。
36. 孕婦在待產期間，婦產科醫師若使用產鉗不慎，可能會使新生兒腦部損傷，造成胎兒缺氧而傷及腦部組織。早產兒因為出生前發育不成熟，分娩時更容易受到傷害，因而影響智力的發展，甚至造成智能障礙。生產後嬰兒如有鉛、鎘、汞等金屬中毒，或意外傷害導致大腦受損，或重大腦部病變，例如：腦神經瘤、腦炎、腦膜炎，或長期高燒等，都會造成腦部組織受損，進而造成智能障礙。嬰兒百日咳、麻疹、腦膜炎等疾病，也有可能造成智能障礙。
37. 嬰兒因撫養者的虐待、很少與人溝通對話，或長期生活在被隔離的環境，都有可能導致智能障礙。嬰兒如有營養不良、不良的醫療照顧、因低收入或貧窮導致缺乏人際互動，都會影響智能發展。吸入過量的汽車廢氣、吃下含鉛的玩具、接觸殺蟲劑，以及缺乏正常的親子互動，都會對嬰兒的智力造成不利的影響。
38. 幼兒生活在離島或高山地區，若缺乏感官刺激，照顧幼兒者又缺乏愛心與善意的溝通，則不利於幼兒智力的發展。政府當局應重視特殊教育，讓智能障礙者學習基本的生活技能，幫助他們自力更生；衛生單位應幫助他們接受各種治療，使他們身心健康進而提高生活品質，提供他們步入社會之後的就業機會，使他們不致於成為社會的負擔。

39. 如果重度或極重度智能障礙者離開教養院之後，能被社會大眾接受，也能夠順利就業，即可減輕家庭的負擔。政府教育當局對於智能障礙者應提供早期療育，且愈早實施愈好，但仍需考慮個人智能障礙的程度。
40. 學校中的特殊班，通常有特殊教育專業的教師，利用操作制約原理或代幣制來治療、教導智能障礙者；資源教室也提供更多的教學資源。
41. 智能障礙者也有情緒及行為的問題，除了接受智能障礙的診斷之外，也需要接受各種心理疾患的診斷；若經過心理診斷後，確定有人際關係的問題，可以實施團體治療，如果發現有精神疾病，則需家長陪同孩子就醫，及早接受藥物治療或心理治療。
42. 政府為智能障礙者提供庇護工場，讓他們學習做麵包、手工藝品，他們可以工作也可以養活自己。丹麥與瑞典政府設置許多智能障礙者俱樂部，讓他們自立自強，跟正常人一樣過獨立的生活，在俱樂部裡也教導社交技巧，以及婚姻、性行為、避孕等知識。
43. 注意力缺陷過動症是指，不能專心學習、行為過度衝動。這種疾患通常在小學入學之前就出現症狀，是一種常見的精神失調狀況，必須同時採用多種檢驗才能確認。
44. 注意力缺陷過動症兒童，通常有學習與人際溝通障礙的問題，有些注意力缺陷過動症兒童會出現情緒困擾，且一直持續到青春期，症狀才會明顯減少。父母如有注意力缺陷過動症，其子女罹患此症的機率比正常人高出許多。
45. 不少醫學家認為，注意力缺陷過動症和腦部的創傷，以及遺傳，都有密切關係。患者長大成為父親之後，其子女有三分一以上機率罹患注意力缺陷過動症。在同卵雙生子當中，另一位被診斷為注意力缺陷過動症患者的機率非常高。
46. 注意力缺陷過動症的藥物治療，以興奮性藥物較常被使用，例如：methylphenidate〔Ritalin（利他能）〕，這種藥物對過動症兒童有安定情緒的效果，而且可以控制攻擊行為，並提高學業成績。

47. 心理師可以教導過動症兒童的父母，採用行為治療法來改變其不適應的行為，當孩子過動的行為進步時就給予獎勵，如表現過動或攻擊行為時就給予懲罰，然後配合藥物治療，就可以收到良好的效果。
48. 學校恐懼症是指，對學校產生不合理的恐懼，並藉由生病而留置在家中，但不去上學在家裡時，卻又症狀減輕或若無其事。
49. 學校恐懼症的徵兆：(1)平時即表現出焦慮，甚至是恐慌的狀態；(2)藉口稱身體不適，不上學或請假回家；(3)容易有課業學習困難的現象；(4)容易有人際關係不良的現象。
50. 學校恐懼症嚴重者有以下特徵：(1)長期無法到校上課；(2)一想到上學或到校時，就產生身體不適現象，甚至有恐慌的反應；(3)經常缺課；(4)課業學習困難，明顯跟不上同學進度；(5)容易有不良的人際關係。
51. 學校恐懼症的預防：(1)請輔導老師或校外輔導機構協助診斷；(2)對剛入學或重新編班的學生，多給予關懷和輔導；(3)多舉辦各種活動，以增進同學間彼此的認識與了解；(4)協助人際關係不良學生做好適應；(5)多和家長溝通聯繫，幫助學生解決問題；(6)注意個別差異，協助學生作適性發展。
52. 學校恐懼症的危機處理：(1)與家長聯繫，請家長接送孩子上、下學；(2)了解缺課原因，訂定輔導策略；(3)會同其他任課教師，不要給予太大壓力，應多給予鼓勵；(4)進行個別補救教學；(5)透過同儕支持力量，增強其到學校求學的動機。
53. 遺尿症好發於五至十歲兒童，男孩比較多見。在臨床上分為兩大類：(1)原發性遺尿：出生後一直尿床，以及與睡眠障礙有關的遺尿，絕大多數是屬於原發性遺尿；(2)繼發性遺尿：在五歲以內，曾有一段時間（約三至六個月）不尿床，但以後又再發生遺尿現象。
54. 兒童遺尿症須符合以下三項才需要檢查：(1)五歲以上在日間或夜間，反覆有不自主排尿現象；(2)遺尿嚴重程度：五至六歲兒童，每月至少有兩次遺尿；六歲以上兒童每月至少有一次遺尿；(3)並非因神經系統損傷、癲癇、軀體疾病或藥物所引起的遺尿。

55. 遺尿的原因目前仍不十分清楚，但與下列因素有關：(1)遺傳因素；(2)睡眠過度深沉；(3)膀胱功能未成熟；(4)精神緊張；(5)疾病因素；(6)做夢。

56. 遺尿症的預防：(1)調整飲食習慣；(2)養成良好生活習慣；(3)睡前不宜過度興奮；(4)上床前把小便排乾淨 ；(5)及時更換尿濕的被褥、衣褲。

57. 遺尿症的治療：(1)行為治療法；(2)藥物治療。

58.幼兒遺糞症，四歲以後約占 1%，男孩多於女孩。

59.根據DSM-IV-TR的診斷標準，遺糞症有三項行為：(1)重複排泄糞便在不適當地方；(2)至少三個月，每個月至少發生一次遺糞；(3)至少大於四歲。

60.遺糞症與父母對肛門期幼兒排泄訓練過嚴或太早有關。

61.遺糞症的預防，父母須視小孩生理狀況並循序漸進訓練之。

62. 學習障礙是指，在聽、說、閱讀、書寫、數學推理或運算等方面，有一項或多項顯著的困難，對於教師所指定的作業無法完成，以及學業成就偏低。

63. 學習障礙的分類：(1)閱讀障礙；(2)書寫表達障礙；(3)數學障礙。

64. 學習障礙學生最主要的原因，就是過度好動、注意力不容易長時間集中。

65. 口吃是指，言語表達發生障礙。口吃的原因：(1)神經生理異常；(2)模仿；(3)驚嚇；(4)疾病；(5)個性急躁；(6)教育方式不當；(7)心理的創傷。

66. 口吃的治療：(1)流利塑造治療法；(2)口吃改變療治法；(3)藥物治療。

67. 品行障礙是指，以暴力行為故意侵犯他人基本的權益，違反與其年齡相稱的主要社會標準或規範。此行為會造成社會、學業或職業功能的重大損害。

68. 品行障礙者不遵守學校校規或法律、人際關係很差、欺負同學、霸凌或虐待動物，有吸菸、濫用藥物或酗酒行為，甚至任意縱火、破壞公物，違反交通規則或毀壞他人財物，有偷竊行為被法官判決交付保護管束。
69. 品行障礙以男性青少年居多，有一半以上屬於注意力缺陷過動症。在兒童或青少年時期出現品行障礙，是成人之後出現反社會行為的徵兆。
70. 品行障礙與遺傳、社會和家庭環境因素、社會學習有關。
71. 品行障礙的治療包括：對父母實施親職教育、藥物治療、心理社會技巧訓練，加強監督與少年保護管束工作，或考慮家庭以外的安置。
72. 網路成癮症（Internet Addiction Disorder，簡稱 IAD）是指，因為過度使用網路而影響個人身心狀況、生活作息及社交生活，曾經努力想要戒斷此一症狀，但卻無法順利克服者。
73. 網路成癮的特徵：(1)要不斷增加上網時間才能使心理獲得滿足；(2)停止或減少網路的使用，就會出現焦慮不安，且損害個人社交、工作或其他生活功能；(3)上網時間或次數超過原來的預期；(4)無法有效控制網路使用的行為；(5)花過多時間從事網路的相關活動上；(6)因過度使用網路，而放棄或減少日常生活的各種活動；(7)即使因為過度使用網路，而造成生理、心理、社交或工作上的問題，仍然持續使用網路。
74. 心理學者楊（Young）認為，網路成癮是一種心理病態，過度使用網路者在無法使用網路的時候，會有焦躁不安與情緒化的行為反應。
75. 網路成癮的定義：網路使用者，過度依賴網路而無法自拔，因而產生生理、心理、學業、人際關係、家庭，以及職業等方面的問題。
76. 成癮行為會導致腦中酬賞迴路長期性的改變，甚至造成大腦長期性的傷害，此一迴路就是多巴胺系統（dopamine system）。
77. 網路成癮納入 DSM-V 或 DSM-VI 的呼聲漸起。
78. 在評估量表部分，台灣大學心理學系陳淑惠教授等人發展出「陳氏網路成癮量表」（Chen Internet Addiction Scale）。

79. 網路成癮治療分為：認知治療、多層次介入治療、認知行為治療。
80. 除了針對網路成癮青少年治療之外，其父母親也要接受父母效能訓練，教師也需參與網路成癮工作坊，才能夠收到更好的治療效果。

Chapter 12

老年失智症

近年來，因美國前總統雷根（R. W. Reagan）罹患老年失智症，致使失智症成為重要的醫療及社會熱門話題。台灣已邁入高齡化社會，老人的人口比率愈來愈高，加上現代社會許多兒女結婚後搬出去獨立居住，最後剩下兩老為伴；老人乏人照顧，加上體能逐漸衰退，身體疾病逐漸浮現。許多老人慢性疾病纏身、社交孤立，以及生病服用多種藥物，容易造成錯綜複雜的影響，尤其以神經系統功能異常最常見。

根據統計，中國老年痴呆症的盛行率，低於歐洲、美國或日本。台灣老年痴呆症的盛行率，六十五至六十九歲約占 1.2%、七十至七十四歲約占 2.2%、七十五至七十九歲約占 4.3%、八十至八十四歲約占 8.4%、八十五至八十九歲約占 16.3%、九十歲以上為 30.9%。台灣老年失智症的盛行率約為 2 至 4%，目前大約有四萬名失智老人，其中五至九成為阿茲海默症患者。由此可知，老年失智症是台灣重要的醫療及社會問題。以下分別說明失智症的定義、類型、症狀、原因、預防與治療。

第一節　失智症的定義

失智症（dementia）是指，由於各種腦部疾病造成的症候群，而引起失智的疾病，又稱為腦退化症，它是一種源自大腦功能持續退化的疾病。國人常將失智症稱為**老年癡呆症**（dementia sickness），但是，為了避免「癡呆」給人的負面印象，國內醫學界近年以「失智症」來取代「癡呆症」。

失智症與一般所謂正常老化，有很大的不同，失智症患者會有全面性的心智能力逐漸喪失，包括：思考能力、記憶能力、判斷力、知覺、時空感、理智、學習能力，以及解決能力；而患者本身並未感受到以上感官知覺的改變，仍保持意識清醒、身體功能良好，甚至仍具有警覺性。由於此類病症為心智功能喪失，是無法回復的，病情發展到最後階段，心智功能會完全喪失。

第二節　失智症的類型

失智症可根據不同病因而分類，包括：老年失智症、血管型失智症、頭部創傷造成的失智症、巴金森氏症造成的失智症，以及愛滋病造成的失智症等。雖然失智症類別很多，成因不盡相同，但其基本特徵皆相似，在這些疾病當中，以老年失智症最常見。

老年失智症又稱為退化型失智症，大約占失智症患者之一半，遺傳基因、缺少醯膽素、更年期婦女荷爾蒙降低、腦傷、溺水缺氧、一氧化碳中毒等因素，都比較容易造成腦部漸進式之萎縮型失智症。茲將失智症的類型說明如下：

壹、阿茲海默症

1906 年德國阿茲海默（Alzheimer）醫師，首先發現**阿茲海默症**（Alzheimer's Disease），因此後人以其名字來稱此症，這種症狀是最常見的失智症。阿茲海默症的特性，是有兩種以上認知功能障礙，且以記憶功能為主；患者大腦會緩慢而逐步退化，退化的歷程是不能回復的。其腦部神經受到破壞，過世後解剖腦部通常可以發現，有異常老年斑和神經纖維糾結。

阿茲海默症大約占失智症患者的 60 至 70%，在北歐及北美地區，更高達 70 至 80%的比率，所以阿茲海默症又常被稱為老年失智症，或是老年癡呆症。阿茲海默型失智症發病的年齡介於四十至九十歲間，最常見於六十五歲以後。

通常家人很難說出發病的正確時間，因為患者功能是逐漸退化，整個病程大約八至十年，但也有到十五年之久的案主。

阿茲海默症主要分為家族性阿茲海默症與阿茲海默老年痴呆症兩類，其中又以後者較常見，其主要病徵如下：

一、外觀儀表

阿茲海默症患者早期對於衣著及外觀尚無特殊變化，不像額葉萎縮患者於早期時即顯得個人衛生習慣差。但在中期、晚期之後，即逐漸忽略其儀容外表，甚至必須依賴他人提醒或勸誘哄騙，才願意去進行洗澡、理髮、梳頭、剪指甲等個人衛生工作。

二、器質性行為改變

阿茲海默症患者早期無特殊異常，於中期之後即呈現表情遲鈍、木訥、欣快感、傻笑、缺乏病識感、激動不安、愚昧及不適當的社會互動等行為。

三、注意力

阿茲海默症患者早期尚可重複說出某個數字，但到中期之後逐漸退化，到了晚期就無法重複說出某數字，並且對於外界環境較大的刺激容易模糊，且當專注於某一件事時，無法轉移反應到另一件事的刺激，例如：當你指示患者照著你的手指轉動的時候，患者的眼睛往往只凝視著你的臉，而無法隨著你的手指轉動。

四、語言

阿茲海默症患者早期就顯示出語言方面的退化，若於規定之時間範圍內，在有壓力的情況下，患者便無法講述多種事物、工具、水果等名稱，或者字句開始的字母等。

貳、血管型失智症

血管性失智症是由於腦血管疾病所引起的失智症，其特性是認知功能突然惡化、有起伏現象、呈階梯狀退化，在東方人身上發生的比率甚高。血管性失智症常見的臨床特徵有：情緒及人格變化、尿失禁、假延髓性麻痺（吞嚥困難、構音困難、情緒失禁）、步履障礙（例如：失足跌倒）。血管性失智症則依其腦血管病變而定，一般呈階梯式退化的現象。

血管型失智症的危險因子，包括：腦中風、糖尿病、心臟病、高血壓、心血管疾病、血脂肪高、抽菸等，因為腦部的血管破裂或堵塞，導致腦細胞受損，以致於思考能力時好時壞，影響心智、情緒，症狀起伏不定，有時合併情感失控等現象。

參、額顳葉型失智症

額顳葉型失智症（front temporal lobe degeneration），其腦部障礙以侵犯額葉及顳葉為主。特性為早期即出現性格改變，無法調整行為，以致於有不適切之行為反應及活動。早期即出現語言障礙，例如：語言理解或表達困難、溝通困難等，兩者都有逐步退化的現象。

肆、路易氏體失智症

路易氏體失智症（Dementia with Lewy Bodies）的特性，除認知功能障礙之外，常常有不明原因的跌倒、時好時壞起伏變化大、對抗精神病藥物十分敏感、有鮮明的視或聽幻覺、每次發作會持續幾星期到幾個月。

伍、混合型失智症

混合型失智症是阿茲海默症與血管型失智症的混合體，大約占10至15%。早期症狀是阿滋海默症的症狀，接著是血管型失智症的症狀，例如：身體反應遲鈍或是側肢沒有力氣，檢查腦部可能發現血管堵塞。這個類型的患者，也可能兩種病情前後發生或交替發生。

陸、雷錐氏體失智症

雷錐氏體失智症（Lewy Body Dementia）大約占失智症的6%，在失智的早期就呈現視幻覺、情緒變化大、對抗精神病藥物特別敏感等。此失智症的另一個徵狀，是早期會有憂鬱症的症狀伴隨著出現，中期有妄想或欣快感、走錯路或房間。到了晚期時，認不得親人、面無表情、對事物沒有任何反應，甚至因為判斷能力差，以致於有些人會激動不安，因此應盡快就醫，藉助醫學檢查及藥物，來獲得幫助與改善。如果女性因為更年期症狀導致失智症，建議服用適量的荷爾蒙，可以保護腦部細胞，以預防失智症的惡化。

柒、巴金森氏症

巴金森氏症（Parkinson's disease）又名**震顫麻痺**（the shaking palsy），最早是由英國醫師詹姆士．巴金森（James Parkinson）於1817年，首次於醫學研究中提出報告。巴金森氏症大多發生在中老年人，年紀愈大者，罹患此症的機率也愈大。依據近年美國波士頓區的調查報告，發現症狀像巴金森氏症之患者，大於六十五歲以上者約15%，七十五歲以上者約35%，八十五歲以上者則高達55%以上，也就是說，活得愈老，罹患巴金森氏症的機率也就愈高。

一、巴金森氏症的症狀

巴金森氏症的主要症狀包括：顫抖、僵硬、行動遲緩、行走困難等。當大約50%的多巴胺神經元退化死亡之後，巴金森斯症的症狀就會開始出現，因此到晚期才呈現失智現象。巴金森氏症依照症狀嚴重度可分為以下五期：

第一期：單側肢體先產生症狀。若發生在右側，右手寫字或作精細動作會較差，手會有些顫抖，也比較僵硬，寫字會有些扭曲。若在左側，也會感覺到手部精細動作較笨拙。這些顫抖、僵直症狀會愈來愈嚴重，書寫自己的姓名，會愈寫愈小字或愈來愈困難。

第二期：兩側肢體皆有症狀。臉部缺乏表情，雙手皆會有顫抖、僵直或動作緩慢的現象，行走時軀體及兩腳皆較僵直、遲緩，此階段仍有能力從事輕便工作，日常生活也可以自我照顧。

第三期：兩側肢體之症狀皆加重。這時已無法工作，部分日常生活必須由旁人協助。此時走路相當緩慢，步履蹣跚、老態龍鐘，不但步伐很小，動作也很緩慢，即使要由坐椅站起來或坐下時，都相當困難；臉部表情更為呆滯，說話聲音很小，語音也較不清晰，但是病患的神智及記憶力仍然正常。

第四期：肢體的症狀更加嚴重。病患行走時相當不穩，舉步維艱，需要旁人扶持才能走動，日常生活如吃飯、洗澡等，皆須旁人幫助。

第五期：巴金森氏症末期。病患已無法行走，整天臥床，連吞嚥、咳痰、翻身都相當因難，因此容易產生褥瘡、肺炎及營養不良，甚至死亡。由於巴金森氏症患者行動僵直、遲緩、步態不穩，很容易摔倒產生意外，再加上長期臥床，容易產生感染，因此其死亡率是同年齡者的兩倍。

二、巴金森氏症的原因

巴金森氏症之特徵是中腦的**黑質組織**（substantia nigra，拉丁文意為 the black substance）的**多巴胺神經細胞**（dopaminergic neurons）退化死亡。雖然其退化原因不明，但是近年來的一些研究結果推測，多巴胺神經細胞退化、死亡可能與基因有關，影響了粒腺體電子傳遞鏈的 complex I，以致於細胞內產生過多的自由基，使細胞產生過氧化而退化、死亡。有一種麻醉藥的衍生物稱為 MPTP，也可選擇性的使黑質多巴胺神經細胞粒腺體內的 complex I 遭到破壞，以致於細胞過氧化而死亡，造成人類及猿猴的巴金森氏症。除了上述兩種原因外，腦血管意外及其他多發性的腦組織退化，也可造成黑質組織的病變。

捌、其它類型失智症

其他類型的失智症有：酒精中毒、腦炎、水腦、愛滋病（AIDS）、外傷、尿毒、腦瘤、貧血、缺乏維他命B12，以及甲狀腺過低等所造成，約占失智症的 10%。另外，有些憂鬱症患者也會逐漸產生失智症的現象。

第三節　老年失智症的症狀

失智症的症狀，除了認知障礙，例如：記憶力、判斷理解能力、語言能力及操作功能等退化之外，還有非認知障礙，例如：人格的變化，以及約有40%的病人常伴隨幻聽、幻覺、妄想等精神病症狀，其意識應是清醒的老年失智症，會造成腦部神經細胞逐漸喪失。由於最早的病變位置與日常記憶功能有關，所以記憶障礙或失憶症狀會很早出現，並容易被察覺。

由於大腦功能減退，導致日常生活、社交功能受到干擾，逐漸的日常生活獨立能力也跟著喪失，到了後期連最基本的刷牙、洗澡、大小便等都不會自行處理，病患必須長期臥床，生活起居完全得依賴他人照料。部分患者在病程中伴隨著精神方面的症狀，包括：妄想、幻覺、暴力、憂鬱、焦慮、睡眠障礙等。

老年失智症的初期症狀為近期記憶喪失，遠程記憶比近程記憶較佳，患者經常談論幾十年前的往事，卻對最近發生的事記不得，讓家屬誤以為他記憶力不好；有些病患會經常重複詢問相同的問題，把家中的物品藏東藏西，其實一部分與病患近期記憶力及學習新事物的能力減退有關。除了記憶力不佳之外，患者的定向力及思考能力也隨之減退。

第四節　老年失智症的原因

在失智症的成因中，有 50 至 60%是因腦部退化而造成的阿茲海默症。年齡是失智症最主要的危險因子，美國神經學雜誌有一篇關於失智老人的研究顯示，在一百歲以上的人口中，失智症患者大約占 89%。大多數研究顯示：高血壓是造成阿茲海默症及其他失智症的高危險因子。造成失智症的疾病有許多種，其中以阿茲海默症為最多，大約占 60%；其次為多發性腦梗塞失智症（由多次腦中風所造成之失智症）；再其次為較少見而可以治療的各種失智症，例如：硬腦膜下腔出血、良性腦瘤、甲狀腺功能過低、水腦症、腦瘤、甲狀腺功能過低、維他命 B12 缺乏症、神經性梅毒等及抑鬱症。

巴金森氏症患者中，約有 10%會合併有失智症。所以當診斷為失智症後，醫師會對患者作各種檢查，例如：血液檢查、腦部電腦斷層或磁振攝影等，以找出是何種疾病所造成的失智症。

第五節　老年失智症的預防與治療

老年失智症中常見的阿茲海默症，目前尚無藥物可以完全治癒，只能改善症狀；想要活得老、活得健康，最好從年輕開始，在日常生活中注意可能的致病因素。罹患老年失智症不僅病患本身喪失能力，對家人也造成巨大的經濟與精神負擔，付出的社會成本十分驚人；如不想因老年失智症影響老年生活，應從年輕即開始奉行簡單的日常生活養生之道，不必花大錢，也能當個健康快樂的銀髮族。

壹、老年失智症的預防

由於老年人口逐年增加，老年失智症已成為新的社會問題，罹患率隨著年齡增高而增加。上了年紀的人，記憶力變差、意識不清、言語行為反常等，並非自然老化，而有可能是罹患了失智症；因此自中年起，就應該重視年度身體檢查、注意飲食習慣、隨時鍛鍊自己的頭腦、改善周圍的污染環境，這些都可改善或避免失智症的發生。

老年失智症以預防與控制身體疾病的發生為主，例如：高血壓、心臟病、糖尿病、肝腎疾病、巴金森氏症等病情之控制，可以減緩失智症之發生。老年失智症的預防方法，分別說明如下：

一、生活及飲食習慣之調整

抽菸是導致罹患血管型失智症危險因子的第三位，大約占35%。一個人從年輕時，即應養成規律運動和正常休閒、藝術、交友等生活習慣，少吃油膩及內臟、鹹鹽類食物，並有充足的睡眠及休息；每天可以服用約三分之一片的**阿斯匹靈**（Aspirin），減少血小板之凝集沉澱在血管壁上，以保持血流的暢通；吃素者或缺乏維他命 B12之攝取者，可定期適量以口服片劑或注射方式補充維他命B12，皆可有效預防失智症。至於味精、味素等是否可以間接刺激**乙醯膽素**（Acetylcholine）之形成，以預防退化型失智症？仍尚有待進一步的研究證實。

血管型失智症患者，應避免酗酒及抽菸，多思考、勤運動，以及多參加電影、戲劇、音樂、舞蹈、美術等藝文活動，並且盡量出席家庭聚會或與親友餐敘，切勿自我孤立。

二、注意生活上的復健與照護

（一）隨時給予現實感的定向力

老年失智症的照護者，應隨時糾正或提醒患者關於人、時、地、物等定向力的正確觀念，避免患者因定向感錯誤或認知的誤判，而引起恐慌、不安、錯覺及幻覺等，例如：患者稱自己今年是二十五歲，照護者需立刻糾正他說：「不對，你已經八十五歲啦！」或無論是時代、地點、時間、身分的錯置與誤認，都需要即刻改正。如果患者時常走錯房間或找不到廁所，則可在房間及廁所利用鮮豔的圖案來標明位置。

（二）注意個人衛生的維護

失智症患者對於個人衛生的自我照顧能力較差，容易再度感染疾病而導致失智症的惡化，所以應該隨時隨地關切其個人衛生的維護，例如：要勤洗澡、剪指甲、梳頭髮，衣物及被褥等要時常換洗、曝曬，維持正常的便溺習慣，保持生活環境的衛生整潔。

（三）營養的攝取要足夠、均衡

平時適當攝取各種水溶性維他命（例如：維他命B、C）及油溶性維他命（例如：維他命A、D、E、K），可以防止人體免疫力的惡化，但是油溶性維他命若使用過多，會導致中毒。另外，各類礦物質，例如：鋅、鐵、鈣、磷等，可促進酵素合成，也具有延緩腦力老化的功用。

在飲食上，不要吃得太飽、太油膩或太精緻，也不要攝取過多動物性脂肪。食物調理過程避免煎、炸，多用清蒸、水煮方式，以免營養流失或吸收太多油脂。失智症患者由於心智受損，在飲食方面可能缺乏控制的能力，有時候會大吃一頓，有時候卻一點都不肯吃。如患者有偏食習慣，恐造成營養不均衡、消化不良，而使得疾病惡化。

（四）適度運動

患者可能因有某方面身體的缺陷或殘障，或由於行動不便、全身乏力，甚至因害怕意外傷害而不敢出門運動，以致於體力更差。若合併患有糖尿病、心血管疾病、腦中風、高血壓等類疾病者，更難以治療。缺乏活動者容易形成失眠、胃腸的蠕動緩慢、便秘、降低食慾，使得營養吸收不夠。患者應適度從事有氧運動，例如：體操、慢跑、快步走、游泳、打羽毛球、網球、騎自行車、打太極拳等，這樣不但可以消除緊張、安定睡眠、促進血液循環、新陳代謝、增加食慾及排泄，也可以增添生活的樂趣及信心，然而耗氧量大的運動，則較不適宜。

（五）預防意外傷害

有些失智症患者，由於身體合併其他疾病，或因缺乏運動，日久之後其神經血管運動的調節功能降低，而老年人因血管壁缺乏彈性，更容易因突然從床舖上或低姿勢站立而產生「體位性低血壓」；尤其解完小便，不再尿脹，血壓就降得更低，而可能在廁所昏倒，或因而跌倒、骨折、外傷等。所以患者欲從臥姿站立之前，須先坐幾分鐘，讓血壓的調節適當之後再站立起來。

合併有神經障礙或身體缺陷的患者，行動不靈活而且容易跌倒，或意外傷害，宜多留心照顧，患者居所之床舖不宜太高，地板不宜太滑或太硬等。並要注意提醒患者，吞食藥物或吃東西時，切勿急躁，避免誤入氣管而窒息，或造成吸入性肺炎。

（六）鼓勵參加社團活動

失智症患者由於身體的疾病、殘缺、行動不便等，害怕發生意外之故，加上智力減退，對於外界新鮮的事務缺乏興趣及適應力差，而不願外出活動，因此整日待在屋內，生活圈子變小、生活亦顯得單調乏味，不但是心靈易感到孤單寂寞，且因缺乏活動，憂鬱症及癡呆症的發生機率會更為提高。照顧者在合適的時機，不但要鼓勵患者投入社會的人群團體中，且要用愛心、耐心來接納患者，免得患者因自卑、憂鬱、孤寂而更退縮。

老年失智症的女性發病年齡較男性晚，但是發病率卻高於男性。因此，在兒女成家後，負擔減輕時，應多走出戶外參加社交活動，多與社會接觸，讓腦力繼續活動以防止退化。

（七）需要有人陪伴

失智症患者伴隨有孤獨、畏縮、幼稚、自卑、憂鬱、疑心等心理困擾，需要有人陪伴、與其做朋友，藉以維護其安全感、愛與被愛、歸屬感、自尊心以及價值感等感受，也能夠增進人際關係及社會生活的和諧。假如患者有過度悲傷或情緒激動的情形，照顧者需體諒其幼稚、退化的心智狀態，如同小孩子般地情緒化、易衝動、不能等、馬上要的自我中心態度，以及依賴且害怕分離的特性。有時候身體方面可以有適當的接觸、安撫等非語言的溝通，例如：握握手、輕拍肩背、撫摸臉頰、額頭等，但如果是面對合併有妄想症的患者，在身體的接觸部分則宜小心。

合併有失明的患者，也因較敏感、多疑，而不宜輕易地去撫摸他們，避免弄巧成拙，反而被列入其妄想的思考內容之中。陪伴者勿時常更換新人，或請陌生人代替，免得患者無法適應陌生人，安全感受到威脅，而產生分離焦慮感，使情緒更為波動，影響其病情的復健治療之推行。

如果家人不幸罹患失智症，家庭中其他成員的愛心、耐心、支持與體諒是非常重要的。絕大多數患者需要長期照護，與居家護理取得連繫，可以提供定期指導與最新資訊。常見家屬將老年失智症患者送往安養院，如果是在不夠理想或不合格的養護機構，就等於將患者「與世隔絕」。而居家護理員或患者所屬醫師，除了應有的專業指導外，也必須疏導照顧者的情緒和壓力。

（八）培養正當的娛樂嗜好

有些人在年輕時不懂得培養正當的娛樂、嗜好，到了晚年想要學也學不來，結果整天待在家裡看天花板、沉思或看電視，社會化生活孤立及退縮，外界的刺激減少而導致愈來愈退化、愈來愈失智。核子醫學的研究發現，當一個人正在從事看書、思考、作工藝品、打麻將、拉提琴等精細技巧動作的時候，腦內的紅色區會增加，藍紫區會減少，這表示腦內血液循環流量增加，營養和氧氣的吸收量及腦細胞的活動量熱絡起來，而活化了腦神經細胞。

一個人靜止不動也不思考，其腦內核子醫學的檢查呈現大部分的藍紫區，此顯示腦內細胞處於沉寂狀態，氧氣及營養吸收不良，腦內的毒素排泄受阻而逐漸形成腦細胞的萎縮、頹退，容易導致失智症。所以從年輕時期開始，即應養成有益身心健康的各種活動、培養娛樂嗜好、藝術欣賞等生活調適的習慣，晚年時期仍然可以繼續享受生活的樂趣，活化腦細胞，以防止老年失智症的發生。

（九）服用減緩老化的藥物

百服寧（Bufferin）：含有阿斯匹靈（325mg）及保護胃壁的附型物質，每天晚餐服用四分之一片，一天一次75mg以上的劑量即可。美國拜耳藥廠生產的 Enteric（81mg）在鹼性的腸內吸收，在酸性的胃裡不會溶解、不吸收，而較不傷胃，每天一次飯後服用一粒即可。但是小兒**溫刻痛**（Tapal 100mg）會刺激胃壁，需加服胃藥，每天一次，飯後一粒服用，以減少血小板凝結而預防及治療冠狀動脈心臟病、腦中風等。

女性荷爾蒙 Estrogen 動情激素（商品名 Premarin）：可以保護腦神經細胞，預防退化、失智症狀，舒暢心情，減輕憂鬱症狀；產生類似抗精神病的物質而預防疑心、猜忌、妄想等症狀。預防骨質疏鬆症之意外，若沒有患肝病或癌症者，每天服用一粒即可，肝臟功能不良者，可使用動情激素藥膏塗擦。

（十）服用健康食品

紅葡萄酒（白葡萄酒沒效）或紅葡萄汁、紅葡萄果實的皮連子一起吃，皆有抗氧化作用；但肝功能不良者，不宜飲酒過量。

預防勝於治療，為了減少醫療資源的消耗浪費，且降低社會的資源成本，以及讓老年人在晚年期可以擁有一個舒適、幸福、高品質的生活，從年輕時期起就應該注意身體的健康、衛生，培養良好的休閒、娛樂與嗜好，長期維持運動的習慣，以及建立良好的人際關係，以預防老年失智症的發生。

貳、失智症的治療

失智症患者常有認知與行為困擾，目前以藥物治療為主。**乙醯膽鹼類**（cholinominetics）藥物，是一種認知促進藥物，對治療阿茲海默症有相當大的助益。尤其是較長效的 THA（tetrahydroaminocridine），又名 Tacrine（商品名為 Cognex），已有大規模研究結果顯示，使用六至十二週後，輕至中度失智症患者的認知功能有顯著的改善，可以達到醫師與照顧者可察覺的顯著程度；但該藥物也有副作用，例如：肝功能略微異常（ALT 升高）。

如果由腦中風引起的血管型失智症，就需要控制高血壓、糖尿病、心律不整等危險因子，其次患者可以服用阿司匹靈或銀杏等抗血小板凝結藥物，這些藥物的使用劑量必須由專科醫師根據患者的病情來做決定，不宜自行購買服用。

有些女性服用一種女性荷爾蒙**雌激素**（estrogen），在更年期以後使用數年，可以減少罹患老人失智症的風險。另外，有些醫學研究發現，長期服用非類固醇的抗發炎藥物，例如：ibuprofen與naprosyn，也可以減少老人失智症的發生。

認知行為治療法應用在失智症的個案，也發現有良好的效果。治療者使用角色扮演、示範，加上反覆的練習，在失智症患者表現出預期的行為時，就給予正增強，以逐漸塑造出預期的行為。在先進國家有專門的失智老人長期照護中心，患者白天到該中心接受治療並且參加各種活動，晚上可以回去與家人團聚，結果發現這種措施有助於減緩患者認知的退化，並且達到延年益壽的效果。

本章摘要

1. 老年失智症俗稱老年癡呆症，是一種源自大腦功能持續退化的疾病，大約占老年人口的 5%。失智症有 50 至 60%因腦部退化而造成阿茲海默症（Alzheimer disease）。阿茲海默症原因不明，多數患者腦部類澱粉沉澱引起腦部發炎，導致大腦內顳葉海馬迴、大腦皮質等大腦區域的腦細胞受其毒害，造成腦細胞提早凋零，以致於喪失記憶、認知功能發生困難。
2. 退化型失智症約占失智症患者之一半，遺傳基因、缺少醯膽素、更年期婦女荷爾蒙降低、腦傷、溺水缺氧、一氧化碳中毒等原因，都容易造成腦部漸進式之萎縮型失智症。
3. 血管型失智症的危險因子，包括：腦中風、糖尿病、心臟病、高血壓、心血管疾病、血脂肪高、抽菸等，因為腦部的血管破裂或堵塞，導致腦細胞受損，以致於思考能力差，影響心智、情緒，症狀起伏不定，有時合併情感失控等現象。
4. 混合型失智症約占 10 至 15%。症狀早期是阿茲海默症，接著是血管型失智症的症狀，這類型的患者可能兩種病情前後發生或交替發生。
5. 阿茲海默氏症又常被稱為老年失智症或是老年癡呆症。阿茲海默型失智症發病的年齡介於四十至九十歲間，最常見於六十五歲以後。
6. 雷錐氏體失智症約占失智症的 6%，在失智的早期呈現類似巴金森氏症的症狀，視幻覺、情緒變化大、對抗精神病藥物特別敏感等。
7. 巴金森氏症是由腦部機體合的多巴胺神經元退化所造成的，其主要症狀包括：顫抖、僵硬、行動遲緩、行走困難等。當大約 50%的多巴胺神經元退化死亡之後，巴金森氏症的症狀就會開始出現，晚期才呈現失智現象。另外，有些憂鬱症患者也會逐漸產生失智症的特徵。
8. 失智症的症狀，有非認知障礙症狀，例如：人格的變化，以及約有 40%的病人常伴隨幻聽、幻覺、妄想等精神病症狀，其意識應是清晰的老年失智症，會造成腦部神經細胞逐漸喪失。

9. 由於大腦功能減退，導致日常生活、社交功能受到干擾，日常生活獨立能力也會逐漸喪失，後期連最基本的刷牙、洗澡、大小便等都無法自理，病患必須長期臥床，生活起居得完全依賴他人照料。部分患者在病程中伴隨有精神方面的症狀，包括：妄想、幻覺、暴力、憂鬱、焦慮、睡眠障礙等。
10. 老年失智症初期症狀為近期記憶喪失，遠程記憶比近程記憶較佳，患者會經常重複詢問相同的問題，其實一部分與病患近期記憶力及學習新事物的能力減退有關。病患之定向力及思考能力也隨之減退，後期生活起居完全得依賴他人照料。阿茲海默症並不會導致死亡，死因多為長期臥床所引發的併發症。
11. 老年失智症患者經常談論二十多年前的往事，卻對最近發生的事記不得，讓家屬誤以為病患記憶力很好；而且病患會經常性重複詢問相同的問題，或把家中的物品藏起來。其實一部分與病患近期記憶力及學習新事物的能力減退有關。
12. 除了阿茲海默症之外，20 至 25%的老年失智症患者，為腦中風或外傷性腦出血所造成的血管型失智症，其餘為水腦症、腦瘤、甲狀腺功能過低、維他命 B12 缺乏症及神經性梅毒等，所造成的可逆性失智症。
13. 年齡是失智症最主要的危險因子，美國神經學雜誌一篇關於失智老人的研究顯示，一百歲以上的人口約 89%有失智症。
14. 大多數研究顯示：高血壓為阿茲海默症及其他失智症的危險因子，其中以阿茲海默症為最多，大約占 60%；其次為多發性腦梗塞失智症（因多次腦中風所造成之失智症）；再其次為較少見而可以治療的各種失智症，例如：硬腦膜下腔出血、良性腦瘤、甲狀腺功能過低、水腦症、腦瘤、甲狀腺功能過低、維他命 B12 缺乏症、神經性梅毒等，以及抑鬱症。
15. 巴金森氏症患者中，約有 10%會合併有失智症，所以當診斷為失智症後，醫師會對患者作各種檢查，例如：血液檢查、腦部電腦斷層或磁振攝影等，以找出是何種疾病所造成的失智症。

16. 老年失智症的預防方法：(1)生活及飲食習慣之調整，不抽菸；(2)少吃油膩及內臟、鹹鹽類食物；(3)充足的睡眠及休息；(4)注意生活上的復健與照護；(5)營養的攝取要足夠、均衡；(6)適度運動；(7)預防意外傷害；(8)鼓勵參加社團活動；(9)需要有人陪伴；(10)培養正當的娛樂嗜好，例如：作手工藝品、打麻將、拉提琴等；(11)服用減緩老化的藥物及健康食品，例如：紅葡萄酒。

17. 失智症的治療，目前以藥物治療為主。乙醯膽鹼類（cholinominetics）藥物是一種認知促進藥物，對治療阿茲海默症有相當大的助益，尤其是較長效的THA（tetrahydroaminocridine），已有大規模研究證實使用六至十二週後，輕至中度失智症患者的認知功能有顯著、可察覺的改善。

Chapter 13

睡眠障礙

第一節　睡眠障礙的種類

睡眠障礙（sleep disorder）是門診患者中，最常見到的疾病之一，根據DSM-IV-TR 對睡眠障礙的定義，睡眠障礙有兩個特點：(1)連續睡眠障礙時間長達一個月以上；(2)睡眠障礙的程度足以產生疲倦、焦慮，或導致工作效率下降、影響日常生活。心理學或精神醫學的研究發現，睡眠障礙有失眠、突發性睡眠症、窒息性失眠症、類似失眠症、嗜睡症等五種，以下分別說明之：

壹、失眠

失眠（insomnia）是指，個人無法安然入睡、睡得太少，睡醒後覺得沒睡足夠，或無法從睡眠中獲得真正的休息；不該睡時偏偏意識不清楚，想睡時卻又無法入睡，甚至需要依賴藥物才能入睡；隔天清晨醒來時，沒有飽足感及重獲精力的感覺。由此可知，失眠是睡眠品質不好的一種現象，它就像是發燒或腹痛一樣，只是一種症狀，並不是一種疾病，因此，針對睡眠障礙，仍必須找出潛在的原因加以治療，而不應只是治療失眠的症狀而已。

我們無法以睡眠時間的長短，來決定一個人的睡眠是否足夠，因為每個人在一天當中所需要的睡眠時間因人而異，有人一天只睡四、五個小時就足夠了，但有人就一定要睡上十個小時，才覺得有飽足感。目前在美國，約有35%的人有失眠困擾，其中有一半的人已嚴重到會影響白天工作。

以往人們總是以為失眠是精神上或心理上的問題，因為一時的緊張無法放鬆，或一般俗稱「腦神經衰弱」造成。但事實上，大部分失眠的患者都沒有精神上或心理上的問題，故應積極找出其潛在的病因，才能對症治療，不應把所有失眠的問題完全歸咎於「腦神經衰弱」。倘若失眠超過一年，而沒有適當的治療，則容易產生精神方面的疾病，例如：憂鬱症或焦慮症等。

一、失眠的種類

1984年，美國「**國家健康機構**」（National Institute of Health）將失眠依病程時間的長短，分為短暫性失眠、短期性失眠，以及長期性失眠，茲分別說明如下：

（一）短暫性失眠（transient insomnia）

這是指因壓力或作息時間改變所導致，且失眠症狀短於一個星期。短暫性失眠幾乎每個人都經歷過，當你遇到重大的壓力（例如：考試或會議）、情緒上的波動（例如：興奮或憤怒的事物），都可能會造成你當天晚上有失眠的困擾。此外，跨越多個時區的旅行所造成的**時差**（jet lag）反應，也會對到達目的地的前幾晚睡眠有所影響（Moline, 1993）。

（二）短期性失眠（short term insomnia）

這是指失眠困擾時期在一星期或二星期之內，此類失眠的病因和短暫性失眠很類似，只是失眠時間較長。一般短期性失眠亦可能是因重大生活事故，例如：家人生重病、死亡、火災、失戀、破產、婚姻破裂，以及訴訟等，造成心情久久無法平復；要恢復正常睡眠，往往需要一段時間。

（三）長期性失眠（long term insomnia）

這是指失眠症狀長於三星期，此類患者是失眠門診中，最常遇到的疾病類型。其病史有些長達數年甚至數十年，必須找出其潛在病因，才有痊癒的希望。

二、失眠的種類與人數百分比

幾乎每個人都有失眠的經驗，根據美國全國睡眠基金會的統計，在美國大約有五分之一的人因工作時間太長或上網時間太久而造成失眠（中央社，2008年3月4日的報導），其中以女性、中老年人、身材瘦長型的人居多數。短暫性失眠大多由壓力、飛行時差，以及其他情境因素所造成的。情境因素有很多種，例如：破產、親人病故、換床睡覺、離婚、失戀、考試失敗、戰爭、失業、失學、觸犯法律等生活上的挫折與壓力，而形成心理調適困難。經常或嚴重失眠的成人大約占 15%，輕微或偶而失眠者約占 15%（Bootzin, Manber, Perlis, Salvio, & Wyatt, 1993）。

有些失眠者屬於**假性失眠**（pseudo-insomnia），這種人常抱怨自己失眠，但經過精神科醫師診斷，卻發現他們睡眠正常；換言之，患者不是真正失眠，只是在主觀上認為自己沒睡足自己認定的時間就是失眠，例如：某生準備考試，連續熬夜一星期，每天晚上少睡四個小時；在考試結束後，該生認為應在一週內，每天比平時多睡四個小時才足夠。事實上，這是不正確的想法。又如：有些人認為每天要睡滿八個小時才夠，但實際上，睡眠時間的長短與年齡、個人生理狀況等都有密切關係，因人而異，例如：五十歲以上的中老年人，每天睡六個小時就已足夠。

三、失眠的原因

幾乎每一個人都曾經有「睡不好覺」的經驗，其實偶發性的失眠或睡眠障礙，不一定是病態。失眠患者有較高比率的身體不適症狀，但經醫師詳細評估之後，失眠患者真正有身體疾病的比率並不高，除非刻意的嚴重「睡眠剝奪」，否則失眠並不會引發嚴重的身體疾病。失眠的原因非常複雜，至少可以歸納成以下幾類：

（一）物理因素

例如：噪音太大、光線太強、溫度太高或太低、濕度太高、空氣污染及通風不良等。

（二）生理因素

例如：氣喘病、身體疼痛、胃腸潰瘍、慢性腎病、內分泌疾病、關節炎、腦部病變、代謝異常、神經科疾病（例如：巴金森氏症），以及過度肥胖症等。人很容易因為身體的病痛或伴隨而來的擔心、焦慮、憂鬱等，而導致失眠，也有人因為疾病所伴隨化學治療或放射治療的副作用而導致失眠。

（三）心理或精神因素

根據醫學研究報告，80%的失眠與精神疾病有關，例如：妄想症、焦慮性精神官能症、憂鬱症、躁鬱症、過度緊張或狂歡、遭遇重大挫折、精神分裂症、歇斯底里症、人格性異常等。

（四）藥物因素

例如：服用鎮定劑、古柯鹼、安非他命、酒精或安眠藥等而造成藥物成癮，沒有使用藥物時會產生「戒斷症候群」，而無法入睡。

（五）生活習慣因素

例如：睡前劇烈運動、暴飲暴食；喝酒、咖啡、茶等刺激性飲料；生活不規律、作息不正常、平時缺少運動等。

（六）其他因素

例如：飛行時差、輪班工作、長期壓力等。

四、失眠對工作、學業、家庭、人際關係的影響

輕微或偶發性的短暫失眠，對工作或學業並不會造成明顯的影響。但是，睡眠時間持續低於基本生理的需要（約六至八小時），大約達二、三天以上，由於生理上有補足睡眠的需求，就會影響其注意力、思考能力、學習效率、記憶力，以及創造思考能力。

長期性失眠會影響生理功能，導致食慾不振、身體疲憊、性慾減低、情緒低落、容易發怒、與人發生衝突，進而影響到家庭與人際關係。長期性失眠使人的工作效率降低、學習成績退步、判斷力下降。

五、失眠的預防

1. 日常生活規律化，睡覺時間宜定時。
2. 培養正確的睡眠觀念，注意睡眠的品質。
3. 平時適度運動，但是睡前應盡量避免劇烈運動。
4. 不酗酒、不吸菸、不使用毒品。
5. 睡前飲食適量，不要過飽或飢餓，不喝刺激性的飲料。
6. 保持舒適的睡眠環境，例如：臥室要安靜、溫度適中、空氣流通，光線不宜太強，保持臥室整潔。
7. 寢具舒適，房內不要堆積太多雜物；室內色調不宜太鮮艷刺眼，室內布置清幽。
8. 夜晚放鬆心情，例如：聽輕鬆的音樂、睡前泡個溫水澡或喝半杯溫熱牛奶、不接觸刺激性的視聽媒體訊息。
9. 不服鎮定劑或安眠藥物。
10. 白天不睡覺或打瞌睡。

貳、突發性睡眠症

突發性睡眠症（narcolepsy）是一種在日間突然產生昏睡的現象。患者在發作期間，會四肢無力突然倒下，又稱為**猝倒症**（cataplexy），會伴隨視覺模糊不清、記憶力喪失、呼吸不規律。患者男性多於女性，有時一日發生數次，每次幾分鐘到一小時不等，但是，這類患者頗為少見。

突發性睡眠症患者，最常在從事單調工作時或暴飲暴食之後發生，也有可能在開車、走路或工作時突然發生；由於患者發作時易產生意外，因此有些人被強迫退休或解僱。這類患者常伴隨憂鬱症及性無能。根據精神醫學臨床研究，造成突發性睡眠症的原因很多，其中又以突然改變睡眠習慣或心理遭受嚴重打擊者，最為常見。發病期以十五至二十五歲者居多數；治療方法通常施以藥物來改善病情，同時建議患者午睡，並接受心理治療。

參、窒息性失眠症

窒息性失眠症（sleep apnea）是指，睡眠期間呼吸中止造成睡眠障礙的現象。患者有時一個晚上暫時停止呼吸上百次，每一次大約幾秒鐘至一兩分鐘，這時就容易醒過來，因而影響睡眠品質。呼吸不正常的原因很多，例如：肺病、氣管或支氣管疾病、高血壓，以及大腦控制呼吸的中樞神經系統功能失常等，患者常在深夜因頭痛或呼吸困難而醒來。這類患者以老年人、肥胖者和男性居多，通常伴隨幾個月或長期的失眠。患者在睡眠中常會說夢話，早上醒來時常感覺身心疲憊；患者如果是兒童，則有尿床的習慣。

患窒息性失眠症的人，較具有攻擊與易怒的性格，部分患者具有憂鬱症或性無能。根據精神醫學研究，治療方面不宜服用鎮定劑或安眠藥，應先找出真正的原因方能對症下藥，進而收到治療的效果。

肆、類似失眠症

類似失眠症（parasomnias），包括：**夢遊**（sleepwalking），又稱為**夢遊症**

（somnambulism）、夜驚、說夢話與夢魘等。茲分述如下：

一、夢遊

夢遊者會在睡眠中起床，從事各種活動，然後再回到床上繼續睡眠；隔日醒來，卻對昨夜的夢遊過程渾然不知。成人夢遊發生率低於 2.5%（Bixler, Kales, Soldatos, Kales, & Healey, 1979），六至十六歲的兒童或青少年，每個年齡層大約各有 5%曾在一年內有三次以上夢遊的行為（Klackenberg, 1987）；由此可知，患夢遊症者以兒童居大多數。夢遊與遺傳有關，同卵雙生子罹患夢遊症者多於異卵雙生（Bakwin, 1970）。許多案主都是由於情緒或環境適應不良所造成的，夢遊者大多在幼年就有睡眠障礙；另外，不少病患有偏頭痛的疾病。

精神醫學家克拉肯伯（Klackenberg, 1982）曾以「**羅夏克測驗**」（Rorschach test），對十歲以上的夢遊者實施測驗，結果發現，夢遊者具有攻擊和自我壓抑的性格。

夢遊的時間常在**非快速眼動睡眠**（non-rapid eye movement，簡稱 NREM）時發生，也就是說，做夢時不會夢遊。有些兒童隨著年齡增加，夢遊也就不藥而癒。不過患者過了青春期以後，如果還有夢遊的行為，就需要請精神科醫師或臨床心理學家診治。根據文獻記載，催眠對夢遊有很好的治療效果。

二、夜驚

夜驚（night terror），在兒童晚期和青少年發生的比率較高。卡禮斯（Kales et al., 1980）研究北美洲五至十二歲兒童，結果發現，夜驚者大約占此年齡層兒童的 1 至 3%，而成人夜驚者比較少。這種睡眠失常現象與遺傳因素有關（Bakwin, 1970）。白天過度疲勞與睡眠時呼吸不順暢，都有可能引起這種症狀。

夜驚者會在睡眠中突然驚醒，面露憂傷表情、處於朦朧狀態，有時會發出尖叫哭聲，對父母的安慰無動於衷，大約十幾分鐘後又睡著。有時候除了張大眼睛、尖叫以外，還會出現極端害怕、冒冷汗、不安、呼吸急促與攻擊行為；有時會下床盲目走動，因而容易發生意外。大多數夜驚兒童都有情緒困擾的問題，尤其在父母離婚、分居、搬家或家庭充滿緊張氣氛之下，比較容易產生。

夜驚不是從做惡夢中醒來，其發生的時間都在非快速眼動睡眠階段，尤其是以第四階段睡眠最常見，也就是在沒有做夢的情況之下發生，因此，夜驚又稱為**睡驚**（sleep terror）。目前有關夜驚的治療，一般民間採收驚法，雖然這不是科學方法，但是有安定患者及其家人情緒的功能。在治療方面，通常不必使用藥物治療，可採用心理諮商、心理治療或催眠治療等方式，比較具有療效。

三、說夢話與夢魘

說夢話（sleep talking）是指，在睡眠中有說話的行為。說夢話在各個年齡層都可能發生，通常女性多於男性；有時會在快速眼動睡眠階段時發生，不過大多數人會在非快速眼動睡眠的第一與第二階段時出現說夢話的症狀。說夢話的語言大部分為喃喃自語，且以無意義的話語居多，並非因身旁有人說話而引發其說夢話。說夢話者通常還不到必須看精神科醫師或接受心理諮商的程度。

夢魘（nightmare）是指，在睡眠中做惡夢，甚至驚醒過來之後，對夢境的內容仍然記憶猶新，且難以再安然入睡。大多數人都有夢魘的經驗，例如：夢見鬼壓身、毒蛇猛追纏身、被強盜綁架、遭人暗殺、從懸崖上掉落、親人死亡等。夢魘者以兒童較多，如果兒童長期做惡夢，大多數有情緒上的困擾。

有些人因服用**抗巴金森氏症**（anti-parkinsonian）藥物，或降高血壓藥物，而產生夢魘；另外，有些人因日常生活壓力太大、過度焦慮不安或心理上遭遇嚴重創傷，而產生夢魘。不過，如果一個人長期做惡夢，就有可能是心理疾病或精神疾病的前兆。夢魘者大多具有**強迫性格**（obsessive character）及固執的個性，如果對患者實施諮商與心理治療，宜偏重在建立正確的自我觀念，建議患者增加休閒活動，多從事藝文活動，以紓解精神緊張與心理壓力，對於改善夢魘現象，有很大的幫助。

中國民間常有與做惡夢相關的傳說，例如：夢見自己睡在棺木中會做官、夢見棺材將會發財、夢見被人欺負是大吉、夢見掉牙齒會傷父母、夢見猴子會有訴訟……等。雖然這些傳說毫無科學根據，但能將夢見可怕的事解釋為吉祥、好運，也具有安撫夢魘者不安情緒的效果。

伍、嗜睡症

嗜睡症（hypersomnia）是指，在不該睡覺時睡著，例如：在開車、吃飯、講電話時，或在會議中睡著。造成嗜睡症的原因，至少有以下幾種：

一、睡眠不足症候群

睡眠不足症候群（insufficient sleep syndrome）是指，由睡眠不足引起的白天嗜睡，這是在所有嗜睡症中最常見的疾病。由於現今工商業發達，有些人下班之後，晚上還需要兼差或外出交際應酬，一直到三更半夜才能回家睡覺，隔天早上仍然要照常上班；如此惡性循環，造成慢性睡眠剝奪，導致白天昏昏欲睡。但是大部分的人通常會在假日時，把不足的睡眠補回來。另外有些貨車司機，常常因為工作時間過長，睡眠不足、精神不濟，很容易發生交通意外。台灣有許多中小學學生，因為課業壓力沉重，而有睡眠不足的情形；不少大學生則是因為沉迷於網路，而造成睡眠不足。

二、突發性睡眠症

突發性睡眠症（narcolepsy）是屬於一種神經方面的疾病，由於腦幹中睡眠覺醒中樞的功能出現問題，而產生**過度嗜睡**（excessive daytime sleepiness）、**猝倒症**（cataplexy）、**睡眠癱瘓症**（sleep paralysis），以及**活生生的入眠期幻覺**（vivid hypnagogic hallucination）等四大主要的症狀。

突發性睡眠症的過度嗜睡症狀，是在白天的日常活動中，在不適當的場所睡著，例如：在吃飯、開車及工作中突然睡著；此類患者容易發生交通意外或工作意外事件。但是突發性睡眠症患者卻經常抱怨晚上失眠，有可能是因晚上睡眠無法一覺到天亮，也有可能是因為白天嗜睡的時間過長，而干擾到晚上的睡眠。但其實突發性睡眠症患者一天二十四小時的總睡眠時數，並不比正常人長。

突發性睡眠症中的猝倒現象，通常是因有情緒上的刺激（例如：大笑、憤怒、興奮等）所誘發，甚至發作時會伴有入眠期幻覺的發生。猝倒現象是患者突然膝蓋無力而跌倒，或頸部突然失去肌肉張力，而向後仰或向前低頭，或突然顏面肌肉張力喪失，而變得面無表情、講話模糊不清。這三種臨床猝倒症狀，發作時間通常少於一分鐘，而且意識清醒。

突發性睡眠症中的睡眠癱瘓，可能在**入睡時發作**（hypnagogic）或在正要**清醒時發作**（hypnopompic），症狀為患者意識清醒，但是眼睛卻無法張開，四肢無法移動，大約持續一到四分鐘。而入眠期的幻覺，乃是在患者剛入睡時，看到不認識的人或事物，或聽到有人叫他的名字，常伴隨著猝倒現象一起發作。

大約有 85%的患者，在突發性睡眠症病發前，存在著一些明顯的誘發因子，例如：嚴重的睡眠不足、睡眠覺醒週期非常不規則、長期的晝夜輪班工作，以及頭部傷害（例如：頭部外傷、腦瘤或多發性硬化症）等。每個年齡層都可能發生此症，尤其好發於青少年，且男性的比率略高於女性。

突發性睡眠症之病因目前未明，但是可發現此病與基因、環境因素及某些中樞神經疾病有關係。根據研究，突發性睡眠症患者的體內，常可偵測到 HLA-DR2 這個基因，但是不能只以 HLA-DR2 即判斷是否有突發性睡眠症，因為在正常人中，也有 30%的人有 HLA-DR2，且某些疾病也會造成 HLA-DR2 呈陽性反應。如果一等親之中，有人罹患突發性睡眠症，則罹患突發性睡眠症的機率是其他沒有家族史的人之六至十八倍。目前有許多種藥物，可用來控制突發性睡眠症的症狀，但是只能控制，而無法治癒。

三、特發性中樞嗜睡症

特發性中樞嗜睡症（idiopathic CNS hypersomnia）的患者不會發生猝倒現象，也沒有入眠期的快速眼動期（即快速眼動期在入睡後約十五分鐘內即發生）。一天二十四小時內的總睡眠時數，要比突發性睡眠症來得長，且不會抱怨晚上失眠的情形，嗜睡程度也沒有突發性睡眠症來得嚴重。特發性中樞嗜睡症好發於十幾歲的青少年，診斷及治療方法和突發性睡眠症相類似。

四、反覆性嗜睡症

反覆性嗜睡症（recurrent hypersomnia）較常見的有：**克萊恩－李文症候群**（Kleine-Levine Syndrome）以及**反覆性經前嗜睡症**（recurrent premenstral hypersomnia）等疾病，說明如下：

（一）克萊恩－李文症候群

克萊恩－李文症候群是一種好發於青少年的疾病，男性多於女性，臨床症狀表現為**發作性嗜睡症**（episodic hypersomnia），並伴隨有食量增加和性慾提高等症狀。症狀發生通常為突然（幾小時之內）或逐漸的（幾天之內）產生嗜睡的症狀，並伴隨有心智狀態的改變，尤其是躁動不安的情緒。嗜睡症狀的持續時間可短至一天或長達一個月，但是通常典型出現為四至七天；且每隔一段時間會重複發作，通常為期幾個月。這種症候群的發作頻率會隨著年紀增大而減少。克萊恩－李文症候群的病因尚未清楚，可能和下視丘的功能異常有關。

（二）反覆性經前嗜睡症

反覆性經前嗜睡症會呈現週期性的嗜睡症狀，且跟月經週期有關；過了月經期之後，嗜睡的症狀便逐漸消失。此種情況必須連續發生至少三個月，才能被診斷為反覆性經前嗜睡症。

在經前嗜睡發作的期間，從多項睡眠生理腦波儀檢查中，都顯示患者有正常的夜晚睡眠；但在睡眠過程中引起的**片斷睡眠**（sleep fragmentation）則可能造成白天的嗜睡。而引起片斷睡眠的疾病，例如：呼吸暫停症候群、週期性肢體抽動，或睡中異常等，皆可能造成白天的嗜睡。

五、內科疾病引起的嗜睡症

有一些內科疾病本身即會引起患者嗜睡的症狀，例如：糖尿病、肝功能障礙、急性呼吸衰竭、急性腎衰竭、懷孕初期、甲狀腺低下症，或肢體肥大症等，都會讓患者嗜睡；解決潛在隱藏的內科疾病才可有效治療此類的嗜睡症。另外，腦血管意外、腦瘤、多發性硬化症、腦炎及頭部外傷等疾病，也都可能引起嗜睡的症狀。

六、藥物引起的嗜睡症

有些用來治療皮膚過敏、鼻塞及流鼻涕等症狀的抗組織胺藥物，常會引起使用者有嗜睡的現象。不當使用長效型的鎮靜安眠藥物，也會引起患者整天昏昏欲睡的現象。另外，某些種類的抗憂鬱藥物有鎮靜的效果，也會使人產生嗜睡的現象。

嗜睡症的診斷，除了詳細的病史之外，血糖、肝功能、腎功能及甲狀腺功能等檢查，缺一不可，甚至還需要多項睡眠生理腦波儀及多次入睡潛伏時間測試等檢查，以及腦部接受電腦斷層攝影或核磁共振攝影診斷，種種繁複的檢查才能診斷嗜睡症的種類。嗜睡症的治療必須要靠正確的診斷，根據不同的症狀加以治療。

第二節　睡眠中的異常現象

睡眠中異常是指，發生於睡眠當中的疾病，而產生一些非預期的身體現象或行為。造成睡眠中異常的這群疾病，依症狀發生時所處的睡眠期，可分為四大類：第一大類為從覺醒進入淺度睡眠期的異常症狀；第二大類為在深度睡眠期發生的異常症狀；第三類則為在快速眼動期發生的異常症狀；第四大類則為不限於某一個睡眠期的異常症狀。茲將這四大類中常見的疾病，簡述如下：

壹、從覺醒進入淺度睡眠期的異常症狀

從覺醒進入淺度睡眠期的異常症狀，包括：意識不清、夜驚及夢遊的喚醒等三種疾患。這類的疾病乃是病患從深度睡眠期覺醒，但是卻無法完全清醒過來，而表現出一些奇怪的動作或行為。隔天醒來，對昨晚發生的事件卻一點都不記得。

孩童的喚醒疾患比較沒有心理或精神上的問題，也通常沒有夢的記憶，如果有也是片片斷斷，沒有一個完整的故事；然而成人的喚醒疾患卻常見有精神或心理上的症狀，即使喚醒患者也不見得能夠改善。多項睡眠生理腦波儀通常顯示，患者從深度睡眠期醒來，醒來後的腦波依然可處在深度睡眠期，或變成淺度睡眠期，甚至處在清醒的狀態。

一、意識不清

意識不清的特徵是指，患者在晚間睡眠的前三分之一睡眠期間，通常是從深度睡眠期覺醒過來，由於他們並無法完全恢復意識，而導致意識混亂、半夢半醒，會講一些顛三倒四的話或做一些莫名其妙的行為，而這些行為通常有躁動的現象；隔天早上醒來，卻對昨晚發生的事毫不知情，儘管事件的發生持續了數分鐘甚至數小時。此症好發於睡眠不足或沉睡的人。

二、夜驚

夜驚主要發生在四至十二歲的孩童，盛行率大約3%，男孩多於女孩，有時可見到患童有家族史。此症的特徵是：從前三分之一晚上的深度睡眠期覺醒，常伴著尖叫，坐在床上哭鬧、躁動，並且滿身大汗、瞳孔放大、脈搏及呼吸加快等。不論父母如何擁抱或安撫，患童仍然持續於不加理會的狀態，哭鬧躁動大約持續十至十五分鐘，肌肉張力呈現增加的狀態，並且對任何身體上的接觸有抗拒的行為舉動。如果患童被強迫叫醒，其意識可能會顯得混

亂、語無倫次，但不久又睡著，隔天早晨對昨晚發生的事卻毫無所知。夜驚會隨著孩童的長大而自然逐漸消失。睡眠不足、發燒及服用抑制中樞神經的藥物，都是產生夜驚的重要因子。

三、夢遊

夢遊又叫做睡行，常見於四歲以後的小孩。特徵是在前三分之一的晚上，孩童從睡覺中坐起來，睜開眼睛，漫無目的的走來走去，但是步伐緩慢且能避開障礙物，有時手上還把玩一些器具，例如：廚房的器皿或浴室的水瓢等，衣衫不整且喃喃自語。如果試圖叫醒他，他可能會變得意識混亂並有躁動的現象。

通常孩童可以沒有困難的再回到床上，並很快繼續入睡，隔天早上醒來對昨晚發生的事卻毫無記憶。夢遊的孩童很少有做夢的報告，即使有亦是片段、殘缺不全，沒有一個完整的故事；但是成人的夢遊卻經常有活生生的夢發生。大約有 30%夜驚的孩童，同時有夢遊的現象。夢遊並無男女的差異，但是卻常見有家族史。據統計，在所有的人口中，大約有 15%的人在其孩童時期，有過至少一次夢遊的經驗，發生的尖峰期在四至八歲，十五歲後會慢慢消失，大約 0.5%的成年人會有偶發性的夢遊發生。而誘發因子包括睡眠不足、發燒、過度疲倦、使用安眠藥和一些抗精神病的藥物。精神心理疾患跟孩童的夢遊無關，但跟成人的夢遊卻有關，只不過成人的精神症狀即使治癒，夢遊仍會持續。

當孩童發生夢遊時，應該引導他回到床上睡覺，不要試圖叫醒他，隔天早上也不要告訴或責備孩童，否則會造成孩童有挫折感及焦慮感。如果發作次數過於頻繁，就應該求助醫師給予藥物的幫忙。成人的夢遊大多源自孩童時未完全緩解的夢遊，當然以前毫無夢遊病史的成人也可能發生夢遊，且大多有精神或心理方面的問題，因此成人夢遊除了以藥物控制外，心理治療也扮演著相當重要的角色。

貳、在深度睡眠期發生的異常症狀

一、睡驚

睡驚是指，剛入睡的半夢半醒階段，其上肢及下肢的肌肉群，伴隨著頸部或整個軀幹的肌肉群，突然迅速的收縮；這些肌肉收縮的現象，沒有週期性亦不對稱，可自然發生，亦可因外在環境刺激喚醒而發生。避免咖啡因、香菸和其他的刺激物，對症狀改善會有幫助；如果症狀未緩解，可以使用藥物來控制。

二、節律性動作疾患

節律性動作疾患（rhythmic movement disorder）是一種發生在睡眠時，產生不自主節律性動作的疾患，動作可發生在身體不同的部位，尤其好發於頭部及軀幹。症狀多發生於入睡前或剛入睡時，動作發生時，患者俯臥臉部朝下，重複將頭抬起來撞擊枕頭，或仰臥臉部朝上，重複將頭部抬起撞擊枕頭、床墊、床頭板等，或將頭部左右重複轉來轉去，或將身體軀幹部位左右轉來轉去。另外，患者有一種比較奇特的姿勢，即趴在床上，用手及膝幹支撐著身體，隨即前後搖動。這些動作的規律大約每秒半次至二次，持續大約十至十五分鐘。

三、說夢話

說夢話是指，人在入睡後，通常在淺度睡眠期會講一些無法令人理解、喃喃自語的話語。持續時間短暫，通常是短的句子，且內容缺乏意義，沒有聲調的高低或情緒起伏；不過在少有的情況下，會有清楚、充滿情緒化的冗長句子，足以使身邊的人聽到且聽懂，這些夢話的內容多半和患者職業或關心的事物有關。通曉多種語言的人，講的夢話也可能包含多種語言。對於容易講夢話的人，如果在他睡著時跟他講話，可能誘發他說夢話；這種現象即可解釋，為什麼有時候兩個在睡覺的人能夠彼此交談。

四、夢魘

夢魘乃指，患者做焦慮害怕的夢，使患者從恐懼中驚醒，且對剛才的惡夢歷歷在目、心生恐懼。夢魘一定是在快速眼動期中發生，且好發於下半夜當快速眼動期最強烈密集的時候。

不過夢魘的患者，不論做的夢有多可怕，夢裡的動作絕不會表現在現實的世界中。孩童從三歲開始，就可能有夢魘的發生，幾乎一半以上的人都有夢魘的經驗；到了六歲後，夢魘開始減少而逐漸消失。只有少數的青少年和成年人，持續有夢魘的報告，這些人通常是**邊緣型人格異常**（borderline personality disorder）或情感較脆弱的女性。

另外，在現實生活中，如果患者曾經歷對內心深處有重大創傷的經驗時（例如：重大車禍、戰爭、被性侵害、大地震、水災、風災、被搶劫等），亦容易造成重複性的夢魘，特別是情感較脆弱的人。

五、睡眠癱瘓症

睡眠癱瘓症（sleep paralysis）是指，患者在剛入睡時，或一覺醒來時，發現身體無法動彈、眼皮睜不開、想叫又叫不出來，但是意識清楚，知道身體所處的情境，甚至有些人會併有影像的幻覺，這就是一般人俗稱的「鬼壓床」。睡眠癱瘓有可能是**突發性睡眠症**（narcolepsy）的四大症狀之一，但也可以獨立發生，無關於突發性睡眠症。

據統計，美國獨立發生的睡眠癱瘓，在全部人口的盛行率高達 40%至 50%，幾乎很多人有此經驗，但是通常只偶爾發生一次，很少有連續性的發生（但是在突發性睡眠症的患者中，則可連續發生）。睡眠癱瘓好發於睡眠不足、晝夜輪班工作，以及有時差問題的人。

參、在快速眼動期發生的異常症狀

一般人在**快速眼動**（rapid eye movement，簡稱 REM）期間，全身的肌肉張力降至最低（眼外肌及橫膈肌除外），因此夢裡的動作無論多激烈，肢體也無法表現在現實世界裡；然而快速眼動期睡眠異常的患者，卻能將夢裡的情境表現在現實世界中，而此種患者的夢又常與暴力有關，不是跟人打架就是被人毆打或追殺，因此常會因拳打腳踢而傷害到自己或枕邊人。

此病好發於老人，且以男性居多，根據統計，此症患者中有 40%的人有中樞神經的病變，例如：巴金森氏症，或是先前有中樞神經感染或蜘蛛膜下腔出血等。另外，有 60%的患者則為特發性，找不到特別的原因，目前認為病灶乃是腦幹中引起肌肉張力降低的神經元或神經路徑，無法執行其正常功能，因而引起快速眼動期行為疾患。此病對藥物的反應良好，但必須長期服用才能控制得當。

肆、不限於某一個睡眠期的異常症狀

磨牙（sleep bruxism）此一異常現象，有可能出現於睡眠時間的任何時期，而不侷限於某一個睡眠期。磨牙是指，在睡眠中（特別是在睡眠第二期）重複的磨動牙齒，產生令人不舒服的聲音，而干擾到枕邊人或室友的睡眠。磨牙會出現間歇性下顎肌肉張性的收縮，並且伴隨有規律性咀嚼的動作，患者以孩童或年輕人比較常見。

成人發生磨牙的現象通常有情緒上的壓力，或有牙齒或下顎的問題。有些人在一個晚上可以發生數百次的磨牙，因而造成牙齒的磨損、牙週的損壞、牙齒鬆動及顳顎關節疼痛等症狀。如果磨牙發生在清醒時，患者常有**心智缺陷**（mental deficiency）。磨牙的症狀如果嚴重，造成牙齒嚴重受損，應找牙醫製作牙套來保護牙齒；如果有牙齒或上、下顎的咬合異常，也應接受牙齒矯正的治療。如果磨牙是由於情緒的壓力過大所引起的，則應尋求心理師實施心理治療。

第三節　睡眠障礙的原因

壹、身體疾病

失眠患者會覺得身體不舒服的狀況，通常很普遍，但經詳細評估之後，真正有身體疾病的比率並不高；除非刻意的嚴重「睡眠剝奪」，否則一般失眠並不會引發嚴重的身體疾病。類身體症狀是指，失眠者經常抱怨身體不舒服，例如：頭痛、胸口悶、呼吸困難、心悸、胃腸不適、肌肉酸痛等，以上這些症狀大多由「精神官能症」所引起的。

貳、身體病痛

人很容易因為身體的病痛，或伴隨而來的擔心、焦慮、憂鬱等情緒問題，而導致失眠，例如：心臟病患者可能因為對疾病的焦慮、疾病本身造成的疼痛、代謝異常、化學治療或放射治療的副作用等而失眠。其他疾病，例如：氣喘病、胃腸潰瘍、慢性腎病、內分泌疾病、關節炎、神經科疾病（如帕金森氏症）及過度肥胖症等，均容易引發失眠。

參、藥物

許多食物或藥物的成分可能使人導致失眠，例如：咖啡因（茶葉、咖啡、可可等飲料）、安非他命類（提神藥物、減肥藥物）等。少量的酒精具有興奮作用，多量則有安眠作用，酒癮患者一旦停止不喝酒，會產生戒斷症狀。某些感冒藥含有麻黃素的成分，容易使服用者產生失眠現象。此外，氣喘藥、消炎藥、偏頭痛藥物、高血壓藥物、治療過動兒的藥物等，也都有可能使人產生失眠。

肆、精神疾病

根據研究報告，80%的失眠和精神疾病有關，失眠也是許多精神疾病所呈現的主要症狀之一。白天覺得心慌、不安、心跳、發抖、頭痛等焦慮性精神官能症，夜裡容易輾轉反側難以入眠。憂鬱症患者易情緒低落、心情煩悶、自責、罪惡感，也容易失眠；躁鬱症患者在狂躁期間，精神亢奮、精力充沛，時常會有睡不著的現象。

精神分裂症患者可能因為妄想、幻覺等症狀導致失眠，案主在發病初期，睡眠及做夢均顯著減少。不當使用酒精及某些藥物成癮者，會影響睡眠，停止使用時，又會產生「戒斷症候群」。器質性腦症的患者，尤其是中老年人或動脈硬化所引起者，常常在白天安靜，到晚上出現失眠、激動不安、失去定向感、幻覺等症狀。其他精神疾病患者，例如：妄想症、歇斯底里症、人格異常等，都可能伴隨有不安與焦慮情緒而導致失眠。

伍、睡眠障礙的影響

一、失眠對工作、學業的影響

失眠的影響是多方面的，影響的程度與失眠的嚴重度及時間長短有關，輕微或偶發性的短暫失眠，對工作或學業並不會造成明顯影響；但如果睡眠時間持續低於生理的需要（大約六至八小時），達到二、三天以上，由於生理上有補足睡眠的需求，即會造成立即且明顯的影響。最先受到影響的是注意力、專注力、精細動作能力、高智力思考及記憶力，學習效率及創造性思考力也會顯著減退。

二、失眠對家庭、人際關係的影響

持續性失眠對身心均有明顯影響。失眠會影響生理功能，導致食慾不振、身體疲乏、性慾減低，更容易因為疲倦、情緒低落、發怒、容易衝突、爭吵，進而影響到家庭和諧與人際疏離。失眠使工作效率降低，與同事相處困難。學生成績退步，注意力、集中力、判斷力及記憶力下降，使父母親失望。

第四節 睡眠障礙的預防與治療

壹、改善睡眠環境

臥室要賞心悅目，睡眠環境要保持舒適清幽，只留一盞小燈或關掉燈光、減少噪音、保持安靜（大約 50 分貝以下）、溫度（大約 24°C 至 26°C）與溼度（大約 60%至 70%）適中、空氣保持清新流通、枕頭不要太高或太硬、棉被柔軟、床鋪不要太硬等，環境也要盡量調整到最舒適的情況，例如：移除雜物，保持臥房清潔。

貳、培養正常生活作息

要養成良好的睡眠習慣，不要太晚就寢，大約晚上十一點以前就要上床睡覺。盡可能定時就寢及定時起床，即使是前一晚沒有睡好，隔天仍要定時起床，才能養成規律的睡眠型態，盡可能保持每天睡一樣長的時間。臥室及床只做睡眠用，不要在床上看報紙、看電視、讀小說等，也不要躺在床上想東想西，應該等真的有睡意了再上床。

每天適度運動，可以緩和交感神經系統並且改善睡眠，但切忌在睡前做激烈運動。睡前可以喝一小杯加糖的溫牛奶，找出適合幫助自己入睡的活動，例如：洗熱水澡、做柔軟操等。

另外，不要午睡或在白天補眠、晚上不要做激烈運動或刺激的活動、傍晚不要喝含咖啡因的飲料（例如：咖啡、茶）、晚餐不要吃太飽、不要太晚進食、睡前不要喝太多水或飲料、上床前一小時不要喝酒、不要空著肚子上床睡眠。

參、失眠的藥物治療

關於睡眠障礙的治療，首先應有正確的認知：藥物治療不等於服用安眠藥。在決定使用安眠藥之前，應先針對可能引發失眠的各項身心疾病詳盡且完整地評估。失眠治療以盡量不使用藥物為原則，先以環境、生理、行為、心理等層面的處理方式，針對失眠的症狀和原因，給予特別的處理。

如果是身體病痛所引起的失眠，應針對身體疾病給予治療，例如：氣喘病、心臟病、風濕痛等疾病。如果是精神疾病引起的失眠，應針對精神疾病給予治療，例如：焦慮性精神官能症、憂鬱症、精神分裂症、妄想症、藥癮及酒癮等。

當必須使用安眠藥時，應選擇安全性高、副作用少、不影響隔天工作的藥物，且盡量以短期使用為原則。在使用安眠藥時，仍須給予環境、生理、行為、心理等層面的處理，以建立良好的生活節奏及適度的運動習慣。如果由酒癮、藥癮產生的失眠，就必須按照醫師指示，先轉換成安全性較高的藥物，再逐步減輕藥物的劑量。

肆、失眠的行為治療

失眠患者容易對外在環境的刺激產生制約反應，無法放鬆自己，導致失眠。行為治療透過放鬆技巧訓練、生理回饋訓練等，使患者學習到放鬆全身的肌肉，控制自己的呼吸、心跳等，來減輕焦慮、紓解緊張與壓力，經由對睡眠環境、外在刺激的操控，除去引發失眠的不良刺激之制約反應，並尋找能幫助睡眠的新制約反應。

伍、失眠的心理治療

失眠症狀通常伴隨著各種壓力事件與複雜的心理因素，如果能適當處理將可產生良好效果。暫時性失眠除了失眠症狀之外，並無明顯的身心症狀，這類患者的治療比較困難，除了採用環境、心理及行為的治療之外，通常需要配合藥物治療，也可讓患者明白自己個性上的缺陷，並學習如何表達及控制個人的情緒。

綜言之，醫師對失眠的治療，最常給患者服用鎮定劑或安眠藥，藉以減少夜晚醒過來的機會，並增加睡眠的時間；但是，患者服用藥物並非長久之計，因為患者會習慣性地使用藥物，劑量愈用愈多，到後來必須依賴藥物才能夠睡眠，而形成惡性循環。且安眠藥服用過多，次日會感覺昏昏沉沉與行動遲緩。精神科醫師開給短暫性失眠者的藥方，通常效果很好；可是，對於長期性失眠患者的治療，除了藉藥物來減輕病情之外，更需要配合睡眠衛生訓練、行為治療及心理治療，多管齊下才能產生良好的效果。

本章摘要

1. DSM-IV-TR對睡眠障礙的定義提到，睡眠障礙有兩個特點：(1)連續睡眠障礙時間長達一個月以上；(2)睡眠障礙的程度足以產生疲倦、焦慮或工作效率下降、影響日常生活。
2. 失眠是指，個人無法安然入睡、睡得太少，睡醒後覺得沒睡夠，或無法從睡眠中獲得真正的休息；不該睡時意識不清楚，想睡時卻又無法入睡，甚至需要依賴藥物才能入睡。隔天清晨醒來時，沒有飽足感及重獲精力的感覺。
3. 短暫性失眠是指，失眠症狀短於一個星期，幾乎每個人都有此經驗。當遇到重大的壓力、情緒上的激動都可能會造成失眠的困擾。此外，跨越多個時區的旅行所造成的時差反應，也會影響剛到達目的地的前幾晚睡眠。
4. 短暫性失眠是指，因壓力、作息時間改變、環境變動等所形成之失眠，且困擾時期連續數日。
5. 短期性失眠是指，失眠困擾約在一或二星期，此類失眠的病因和短暫性失眠很類似，只是時間較長。一般短期性失眠可能源於重大生活事故，心情久久無法平復，往往需要一段時間才能恢復正常睡眠。
6. 長期性失眠是指，失眠症狀長於三星期，這也是失眠門診中最常遇到的疾病。其病史有些達數年甚至數十年，必須找出其潛在病因，才有痊癒的希望。
7. 假性失眠者常抱怨自己失眠，但經精神科醫師診斷，卻發現他們的睡眠正常。
8. 失眠的原因非常複雜，至少可以歸納成物理、生理、心理或精神、藥物、生活習慣，以及其他因素。
9. 失眠的預防：(1)日常生活規律化，睡覺時間宜定時；(2)培養正確的睡眠觀念，注意睡眠的品質；(3)平時適度運動，但是睡前避免劇烈運動；

(4)不酗酒、不吸菸、不使用毒品；(5)睡前飲食適量，不要過飽或飢餓，不喝刺激性的飲料；(6)保持舒適的睡眠環境；(7)寢具舒適，房內不要堆積太多雜物；室內色調不宜刺眼，室內布置高雅；(8)夜晚放鬆心情；(9)不服用鎮定劑或安眠藥物；(10)白天不睡覺或打瞌睡。

10. 醫師對失眠的治療，最常給患者服用鎮定劑或安眠藥。但病患服用藥物劑量通常會愈用愈多，到後來必須依賴藥物才能夠睡眠，如此便形成惡性循環。安眠藥服用過多，次日會感覺昏昏沉沉與行動遲緩。精神科醫師開給短暫性失眠者的藥方，通常效果很好；但對於長期性失眠者，除了藉藥物來減輕病情之外，還需要配合睡眠衛生訓練、行為治療及心理治療，多管齊下才能產生良好的效果。

11. 突發性睡眠症（narcolepsy）是指，一種在日間突然產生昏睡的現象。患者在發作期間，會四肢無力突然倒下，又稱為猝倒症（cataplexy），會伴隨視覺模糊不清、記憶力喪失、呼吸不規律。突發性睡眠症患者，最常在從事單調工作時，或暴飲暴食之後發生此症；也有可能在開車、走路或工作時突然發生。患者常伴隨憂鬱症和性無能。造成突發性睡眠症的原因很多，以突然改變睡眠習慣或心理遭受嚴重打擊者，最為常見。發病期在十五至二十五歲者居多數，治療方法通常施以藥物來改善病情，同時建議患者午睡，並接受心理治療。

12. 窒息性失眠（sleep apnea）是指，睡眠期間呼吸中止造成睡眠障礙的現象。呼吸不正常的原因很多，患者常在深夜因頭痛或呼吸困難而醒過來。這類患者以老年人、肥胖者和男性居多，通常伴隨幾個月或長期失眠。患者在睡眠中常會說夢話，早上醒來時常感覺身心疲憊；患者如果為兒童，會有尿床的習慣。

13. 患窒息性失眠症的人，較具有攻擊與易怒的性格，部分患者具有憂鬱症或性無能。根據精神醫學研究，治療方面不宜服用鎮定劑或安眠藥，應先找出真正的原因，方能對症下藥，進而收到治療的效果。

14. 夢遊者會在睡眠中起床，從事各種活動，然後再回到床上繼續睡眠；

次日醒來，卻對昨夜的夢遊過程渾然不知。患夢遊症者以兒童居大多數。夢遊與遺傳有關，同卵雙生子罹患夢遊症者多於異卵雙生。許多案主都是由於情緒或環境適應不良所造成的，夢遊者大多在幼年就有睡眠障礙。

15. 精神醫學家克拉肯伯（Klackenberg）曾以「羅夏克測驗」（Rorschach test），對十歲以上的夢遊者實施測驗，結果發現，夢遊者具有攻擊和自我壓抑的性格。

16. 夢遊的時間常在非快速眼動睡眠（NREM）時發生。有些兒童隨著年齡增加，夢遊也就不藥而癒。若患者過了青春期以後還有夢遊的行為，就需要請精神科醫師或臨床心理學家診治。根據文獻記載，催眠對夢遊有很好的治療效果。

17. 夜驚（night terror），在兒童晚期和青少年發生的比率較高。這種睡眠失常現象與遺傳因素有關。白天過度疲勞與睡眠時呼吸不順暢，都有可能引起這種症狀。夜驚者會在睡眠中突然驚醒，面露憂傷表情，處於朦朧狀態，有時會發出尖叫哭聲，對父母的安慰無動於衷。有時候除了張大眼睛、尖叫以外，還會出現極端害怕、冒冷汗、不安、呼吸急促與攻擊行為。大多數夜驚兒童都有情緒困擾的問題，尤其在父母離婚、分居、搬家或家庭充滿緊張氣氛之下，比較容易產生。

18. 夜驚不是從做惡夢中醒來，其發生都在非快速眼動睡眠階段，以第四階段睡眠最常見，也就是在沒有做夢的情況之下發生。在治療方面，通常使用心理諮商、心理治療或催眠治療等方式，較具療效。

19. 說夢話是指，在睡眠中有說話的行為。說夢話在各個年齡層都可能發生，通常女性多於男性。有時會在快速眼動睡眠階段時發生，不過大多數人會在非快速眼動睡眠的第一與第二階段時出現。說夢話的語言大部分為喃喃自語，且以無意義的話語居多，並非因身旁有人說話而引發其說夢話。說夢話者通常還不需要去看精神科醫師或接受心理諮商。

20. 夢魘（nightmare）是指，在睡眠中做惡夢，驚醒過來之後對夢的內容仍然記憶猶新。夢魘者以兒童較多，如果兒童長期做惡夢，大多數有情緒上的困擾。有些人服用抗巴金森氏症藥物，或降高血壓藥物，就會產生夢魘。夢魘者大多具有強迫性格及固執的個性。建議患者增加休閒活動，多從事藝文活動，以紓解精神緊張與心理壓力，對於改善夢魘現象，有很大的幫助。
21. 睡眠不足症候群是指，由睡眠不足引起的白天嗜睡，這是在所有嗜睡症中最常見的疾病。有些人下了班後仍需要外出應酬，直到三更半夜才能回家睡覺，隔天早上仍然要照常上班；如此惡性循環，造成慢性睡眠剝奪，導致白天昏昏欲睡。有些貨車司機，常因工作時間過長，睡眠不足、精神不濟，很容易發生交通意外。
22. 突發性睡眠症（narcolepsy）是屬於一種神經方面的疾病，由於腦幹中睡眠覺醒中樞的功能出現問題，而產生過度嗜睡（excessive daytime sleepiness）、猝倒症（cataplexy）、睡眠癱瘓（sleep paralysis），以及活生生的入眠期幻覺（vivid hypnagogic hallucination）等四大主要的症狀。
23. 突發性睡眠症的過度嗜睡症狀，是在白天的日常活動中，在不適當的場所睡著，此類患者容易發生交通意外或工作意外事件。突發性睡眠症中的猝倒現象，通常是因有情緒上的刺激所誘發，甚至發作時伴有入眠期幻覺的發生。猝倒現象是患者突然膝蓋無力而跌倒，或頸部突然失去肌肉張力，而向後仰或向前低頭，或突然顏面肌肉張力喪失，而變得面無表情，講話模糊不清。
24. 突發性睡眠症中的睡眠癱瘓，可在入睡時或正要清醒時發作，症狀為患者意識清醒，但是眼皮卻無法睜開、四肢無法移動，持續時間約一至四分鐘。而入眠期的幻覺，乃是在患者剛入睡時，看到不認識的人或事物，或聽到有人叫他的名字，常伴隨著猝倒現象一起發作。目前有許多藥物可用來控制突發性睡眠症的症狀，但只能控制，無法治癒。

25. 特發性中樞嗜睡症的患者不會發生猝倒現象，沒有入眠期的快速眼動期。一天中的總睡眠時數要比突發性睡眠症來得長，並且不會有晚上失眠的抱怨，嗜睡程度也沒有突發性睡眠症來得嚴重。好發的年紀在青少年，診斷及治療方法和突發性睡眠症相類似。

26. 反覆性嗜睡症較常見的有：克萊恩－李文症候群及反覆性經前嗜睡症等疾病。

27. 反覆性經前嗜睡症會呈現週期性的嗜睡症狀發生，且跟月經週期有關；過了月經期之後，嗜睡的症狀便逐漸消失。此種情況必須至少連續發生三個月，才能被診斷為反覆性經前嗜睡症。在經前嗜睡發作的期間，從多項睡眠生理腦波儀檢查中，都顯示有正常的夜晚睡眠。在睡眠過程中，若引起斷斷續續睡眠，都可能造成白天的嗜睡。

28. 某些內科疾病本身即會引起患者嗜睡的症狀，例如：糖尿病、肝功能障礙、急性呼吸衰竭、急性腎衰竭、懷孕初期、甲狀腺低下症，或肢體肥大症等，都會讓患者嗜睡。解決潛在隱藏的內科疾病才能有效治療此類的嗜睡症。另外，腦血管意外、腦瘤、多發性硬化症、腦炎及頭部外傷等疾病，也都會引起嗜睡的症狀。

29. 抗組織胺藥物會引起使用者會有嗜睡的現象；不當使用長效型的鎮靜安眠藥物，也會引起患者整天昏昏欲睡的現象。另外，某些種類的抗憂鬱藥物有鎮靜的效果，也會使人有嗜睡的現象。嗜睡症的診斷，有時候還需要用到腦部斷層攝影或核磁共振影像診斷，才能診斷嗜睡症的種類。嗜睡症的治療要靠正確的診斷，並根據不同的疾病加以治療。

30. 人處在快速眼動期，全身的肌肉張力降至最低，因此夢裡的動作無論多激烈，肢體也無法表現在現實世界裡，但快速眼動期睡眠異常之患者卻能將夢裡的情境表現在現實世界中。患者的夢常常和暴力有關，因此常會因拳打腳踢而傷害到自己或枕邊人。

31. 成人發生磨牙的現象通常是因為情緒上有壓力，或有牙齒或下顎的問題。如果磨牙發生在清醒時，患者常有心智缺陷。磨牙的症狀如果嚴重，造成牙齒嚴重受損，應找牙醫製作牙套來保護牙齒；如果有牙齒或上、下顎的咬合異常，亦應做矯正的治療。如果磨牙是因為壓力過大，則應尋求心理師實施心理治療。

32. 人很容易因為身體的病痛或伴隨而來的擔心、焦慮、憂鬱等，而導致失眠，例如：心臟病患者可能因為對疾病的焦慮、疾病本身造成的疼痛、新陳代謝異常、化學治療或放射治療的副作用等而失眠。
33. 許多食物或藥物的成分可能導致失眠。少量酒精有興奮作用，酒癮患者一旦不喝，會有戒斷症狀。氣喘藥、消炎藥、偏頭痛藥物、高血壓藥物、治療過動兒的藥物等，均有可能使人產生失眠。
34. 焦慮性精神官能症、精神分裂症、憂鬱性疾患、器質性腦症均可能導致失眠。
35. 長期失眠會影響注意力、專注力、精細操作、高智力思考及記憶力，學習效率及創造性思考力也會顯著減退。
36. 保持臥室的舒適與養成良好的睡眠習慣，都能預防失眠。
37. 不良的睡眠習慣包括：(1)午睡或白天睡覺；(2)晚上做激烈運動或刺激的活動；(3)傍晚喝含咖啡因的飲料（如咖啡、茶）；(4)進食過度豐盛的晚餐；(5)太晚進食或睡前喝太多水或飲料；(6)空肚子上床；(7)上床前一小時喝酒。
38. 在決定使用安眠藥治療睡眠障礙之前，應先針對可能引發失眠的各項身心疾病詳盡且完整地評估。失眠治療以盡量不用藥為原則，先使用環境、生理、行為、心理等層面的處理方式，針對失眠的症狀和原因。如果是身體病痛所引起的失眠，應針對身體疾病給予治療；若是精神疾病引起的失眠，應針對精神疾病給予治療。
39. 當一定要使用安眠藥時，要選擇安全性高、副作用少、不影響隔天工作的藥物，且盡量以短期使用為原則。如果由酒癮、藥癮產生的失眠，必須按照醫師指示，先轉換成安全性較高的藥物，再逐步減輕藥物的劑量。

40. 對失眠患者進行行為治療，以放鬆技巧訓練、生理回饋訓練、學習放鬆全身肌肉、控制呼吸、心跳等，來減輕焦慮，對失眠者有幫助。

41. 暫時性失眠者除了失眠症狀之外，並無明顯的身心症狀，這類患者的治療比較困難，除了採用環境、心理及行為的治療之外，通常需要配合藥物治療，此外，可以讓患者明白自己個性上的缺陷，並且學習如何表達及控制個人的情緒。

Chapter 14

心理治療

心理治療（psychotherapy）是指，由受過心理學專業訓練的人員，透過與案主建立和諧的關係，以臨床心理學的方法或技術，來診斷與治療心理異常者，協助其增進自我了解，減少或消除困擾問題或症狀，進而發展出正向人格與心理健康。心理治療常使用**諮商**（counseling）或輔導，來處理**案主**（client）心理失常的問題。心理治療的方法，包括：勸告、情緒支持、說服、討論、放鬆訓練、角色扮演、**生理回饋**（biofeedback），以及團體治療等。近年來，有一些心理醫師採用詩歌或音樂治療的方式；事實上，心理治療的方法超過四百種（Kazdin, 1994）。臨床心理學家在實施心理治療之前，需要對患者進行心理診斷。

一般美國人身心不舒適時，都願意接受心理或精神科醫師診治，而女性治療師也有日漸增多的趨勢；反觀台灣一般人民，身心不舒適時都只找一般醫師診治，效果不見得理想。

雖然心理治療的種類繁多，不過大致可以歸納成**領悟治療**（insight therapy）、**行為治療**（behavior therapy）、**認知治療**（cognitive therapy）、**折衷取向治療**（eclectic orientation therapy），以及生物醫學治療等取向。以下將分別作簡要說明：

第一節　領悟治療法

領悟治療法包括：心理分析治療、案主中心治療、認知治療與團體治療等方法。領悟治療法旨在協助案主徹底領悟自己的思想、情緒、動機、行為，以及心理防衛機制，使內心深處的苦楚得到釋放，進而使案主的心理得以健全發展。以下分別就各種領悟治療法，作簡要說明：

壹、心理分析治療法

佛洛伊德首創**心理分析治療**（psychoanalytic therapy），這種心理治療法在 1940 至 1950 年代曾為精神醫療的主流，而目前，它在心理治療領域上仍占有一席之地。心理分析治療，旨在揭露案主潛在意識的衝突、動機與心理防衛機制，徹底斬除其幼年時代的心理創傷。

佛洛伊德以心理分析法，治療患者的焦慮症、強迫性思想與行為、恐懼症以及歇斯底里症，結果頗具有療效。他認為上述這些精神官能症，來自幼年時期潛在意識的壓抑與衝突，也是造成個人心理失常的根本原因。這些內在衝突大多來自性與攻擊的衝動，使得個人人格的自我、本我，以及超我之間失去平衡。心理分析可以治癒案主內心深處的傷痕，使個人的人格得以健全發展，其治療的步驟如下：

一、自由聯想

自由聯想（free association）是心理分析的重要技術。治療時，心理分析師請案主躺在一張舒適的沙發椅上（如圖 14-1 所示）。分析師坐在躺椅的後方，藉以減少案主分心，同時不打擾案主的思想與話語，讓案主在毫無拘束的情境之下，盡情說出心中所想到的一切；不論是多恐怖的、尷尬的、荒誕不經的、愉快的或痛苦的思想、感受或幻象，隨心所欲、毫無顧忌地講出來。

心理分析師邊聽邊做筆記，對案主所訴說的一切內容，都不做任何評論。

佛洛伊德認為，自由聯想法可以使案主在童年時的心理創傷、壓抑，在潛意識裡的衝動、慾望以及動機等，都完全釋放出來。心理分析師再根據案主自由聯想的資料，給予說明和解釋，使案主充分領悟到其心理困擾的真正原因。

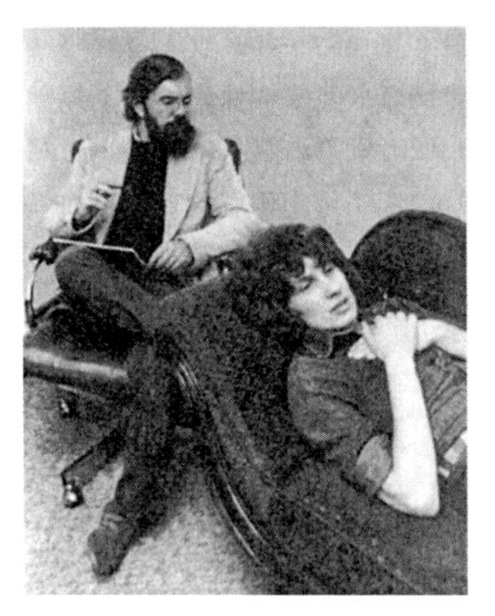

圖 14-1 自由聯想

資料來源：Lindzey、Thompson 與 Spring（1988）

二、夢的解析

案主在自由聯想時，提到自己做夢的內容，乃是心理分析很重要的資料。佛洛伊德認為，個人在意識清醒之下，內心中不為社會所接受的思維、內心的衝突、動機或慾望等，受到壓抑而進入潛意識裡；這些潛意識容易在做夢時，以象徵的方式呈現出來。**夢的解析**（dream analysis），即是指心理分析師依據案主的夢境，解析患者做夢內容的潛在涵義。

三、抗拒分析

案主接受心理分析，全部療程大約十次以上。在治療期間，有時案主不願聽從分析師的話，將內心壓抑的感情全部傾吐出來；有時不按事先約定的時間，到治療室接受心理分析；有時對心理分析師表現敵意；有時則沉默不語。案主表現這些不合作的態度，即稱為**抗拒**（resistance）。案主抗拒的心理防衛方式，不願意將潛意識中不合情理的慾念盡情道出，也是案主對心理分析採取拖延的策略，藉以防止心理分析師發現自己的真實面貌。任何抗拒行為的潛在涵義，心理分析師應使案主領悟，進而察覺這是心理失常的原因。

四、移情分析

案主在接受心理分析的過程中，有可能將其童年關係密切的人物、愛與恨的情感，轉移到分析師身上，這種現象稱為**移情**（transference）。個人的重要關係人物，以父母、兄弟姊妹、情人等比較常見；當心理分析師的某些特徵，與案主關係密切的人物相似時，最容易產生移情作用。移情可以分為三類：其一為**正移情**（positive transference），這是指案主將潛藏在內心深處，對他人的愛意轉移到分析師身上；其二為**負移情**（negative transference），這是指案主將隱藏在內心深處，對他人的憤怒轉移到分析師身上，例如：謾罵心理治療師、自動終止治療、常不按照約定的時間來治療等。其三為反移情（counterference），這是指分析師將自己的情感轉移到案主身上。心理分析師在對案主進行心理分析之前，應先對自己作心理分析，以避免自己的情感捲入案主身上，對案主造成困擾。

心理分析師對案主移情行為的分析，稱為**移情分析**（analysis of transference），它可以協助案主深入了解其童年生活與他人的關係、態度及感情經驗，使案主心理的壓抑和衝突得到釋放。

五、闡釋

心理分析的最後一個步驟，就是**闡釋**（interpretation）。心理分析師根據案主自由聯想、做夢的內容、抗拒，以及移情等資料，向案主剖析這些行為的深層意義。分析師適當的闡釋，如果能夠獲得案主的信服，案主就能夠領悟到自己心理困擾的潛在意識，進而願意面對內心壓抑的心結，對自己的問題做正確的詮釋，而逐漸以建設性的態度，來解決內心的問題，案主的人格就能夠朝著成熟的方向去發展。

貳、新心理分析治療法

新心理分析治療法是指，**新佛洛伊德學派**（neo-Freudian）的學者，例如：佛洛姆（Erik Fromm）、榮格（Carl Jung）、阿德勒（Alfred Adler）等人，所使用的心理分析治療法。新佛洛伊德學派認為，意識對一個人的影響大於潛在意識，個人的自我意識主要受社會文化的影響。新心理分析治療法與古典心理分析治療法，至少有七點不同，如表 14-1 所示。

表 14-1　新心理分析治療法與古典心理分析治療法之比較

新心理分析治療法	古典心理分析治療法
1. 大約每週一至兩次治療	大約每週四至五次治療
2. 分析師與案主面對面	案主躺在舒適的沙發椅上
3. 治療目標重視問題解決、增進適應、增強自我的功能	治療目標重視性格重建
4. 分析師扮演積極引導的角色	分析師保持中立的角色
5. 不重視童年經驗對目前行為的影響	重視童年不愉快的生活經驗
6. 重視社會文化與家庭因素的影響	重視性壓抑是心理異常的主要原因
7. 對案主的問題給予解釋、支持、教導	採用自由聯想、夢的解析、抗拒分析、移情分析以及闡釋

由表 14-1 可知，新心理分析治療法的治療次數比較少，重視案主意識層面的問題；治療時心理分析師與案主面對面溝通，較少探討案主性壓抑的部分，以及個人過去的不愉快事件。心理治療師以案主目前的問題與生活經驗、社會人際關係等，作為心理分析的重點。

參、案主中心治療法

羅吉斯（C. Rogers）秉持人文主義的理念，於 1940 至 1950 年代之間，倡導**案主中心治療**（client centered therapy），又稱為**案主中心治療法**（person centered therapy）。這種治療法屬於領悟治療法的一種，強調治療者對案主的支持和鼓勵，幫助案主重視自己的感受與尊嚴，使案主重建正確的自我觀念，進而自我接納及自我成長。由於案主中心治療法強調：治療師的主要任務在於引導案主洞察自己的問題，而不對患者的心理問題作任何解釋或建議；因此，案主中心治療法又稱為**非指導式心理治療法**（nondirective psychotherapy），其要義如下：

一、治療的氣氛

羅吉斯認為，在治療過程中，治療師營造安適、和諧的氣氛是非常重要的。治療師對案主要有溫暖的、支持的，以及接納的態度。案主處於有充分安全感的環境中，心理防衛自然會降低，於是能勇於面對自己的心理困擾問題。為了達到上述效果，治療師至少必須具備以下四個條件：

1. **真誠**（genuineness）：治療師對案主必須真誠、坦誠溝通、態度誠懇及自然，不虛偽造作、不擺出權威的姿態，隨時與案主保持誠摯的關係。
2. **無條件的正向關懷**（unconditional positive regards）：治療師對案主所陳述的一切，都要無條件正向關懷；尊重案主的人格，對其行為、思想不作任何批判或糾正，關懷與接納案主。治療師在諮商的過程中，應給案主有賓至如歸與備受尊重的感覺。
3. **同理心**（empathy）：治療師在傾聽案主自我陳述之後，應站在案主的立場，設身處地的去體會案主的內心世界，讓案主感受到治療師能真正了解他的苦衷。
4. **一致性**（congruence）：治療師對案主能做到內外一致的接納與關懷，使案主對治療師產生完全的信賴感。

二、治療的程序

案主中心治療法特別重視治療師與案主之間的關係，因為這是諮商與心理治療成功的重要因素。在諮商與心理治療的歷程中，要讓案主找回失去的信心，藉以自我重建，達到自我成長的境界，案主需要經歷以下程序：

1. 案主在諮商治療初期，其思想和感情處於不一致的狀態。
2. 案主消極的思想、情感與行為逐漸減少，於是有意願去認識和經驗自己的情感。

3. 案主不良的自我結構鬆動，能重新建構自我。
4. 案主願意談論自己，了解自己主觀的經驗。
5. 案主逐漸澄清自己的情感，體察自己內心的問題癥結所在，願意採取建設性的行動，來面對自己的問題。
6. 案主在安全的環境氣氛中，勇於真實表達自己的情感，並與他人坦然自在的接觸。
7. 案主能掌握自己的情感，並與他人作有效的溝通，成為一個更成熟、適應良好，且自我潛能充分發揮的人。

第二節　認知治療法

認知治療理論主張，變態心理問題的產生並不是由潛在意識的衝突所造成的；該理論認為，心理困擾問題之所以存在，是因為個人對事情的看法錯誤或作非理性的解讀，所以認知治療就是要透過改變案主錯誤看法或非理性的想法，建立正確的認知，來幫助心理困擾及心理疾病的人，使其恢復心理健康。以下分別介紹貝克與艾理斯的認知治療法：

壹、貝克的認知治療法

認知治療是根據認知理論，治療師藉著解說和指導的方式，協助案主改正對人、事、物不合理的思想與觀念，經由領悟和認知結構的重整，達到心理治療的效果。貝克（Aaron T. Beck, 1921～）是認知治療的先驅學者，他強調認知對一個人的重要性，認為案主不適應的行為乃起因於認知的扭曲，尤其是憂鬱症的個案，大都具有鑽牛角尖與固執的認知思考模式；因此，要治療憂鬱症，必須要先改變患者的認知。經許多研究結果顯示，在治療憂鬱症上，認知治療法確實比其他治療法更具有療效（Perris & Herlofson, 1993）。

一、貝克的認知治療理論

圖 14-2 貝克
(Aaron T. Beck)

貝克在1946年畢業於美國耶魯大學，獲得醫學博士學位。他曾受過嚴謹的**心理動力治療**（psychodynamic therapy）訓練，在長期觀察憂鬱症、躁鬱症等情感性失常患者之後，發現患者的核心問題在於不正確的認知。他認為患者的情感性疾病，大部分來自個人對周遭人、事、物的錯誤認知與解釋，於是提出了**認知治療**（cognitive therapy）。

貝克（Beck, 1988）認為，錯誤認知是造成情感性疾病的主要原因，所以在認知治療的歷程中，協助案主除去錯誤認知，矯正其錯誤觀念，就能夠減輕心理壓力，欲改變那些失調的情緒與行為最直接的方法，就是改變不正確且不適當的思想。憂鬱症患者常有錯誤的認知方式，因而易產生憂鬱的情緒，所以要治療憂鬱症患者，必須先導正患者認知的偏差。

貝克認知治療的主要目標，在於協助案主克服模糊的知覺、認知的盲點、不正確的判斷，以及改變其認知中對現實的扭曲或不合邏輯的思考。治療者透過接納、同理心、真誠關懷的態度，引導案主以嘗試錯誤的方法，逐步解決自己困擾的問題。貝克認知治療的理論要義如下：

（一）認知三角

認知三角（cognitive triad）是指，個體與外界互動時，對於自我、他人及未來的認知。貝克認為，個體若在此三個認知向度產生問題，就容易導致憂鬱症。憂鬱症患者常**以個人為中心**（personalization）、**想法極端**（polarized thinking）、**遵循規則**（law of rules）等想法，因此易產生負面的認知三角，並以此負面的認知來評估自我、周遭世界及未來。

一個憂鬱的人可能對自己的負面想法為：「我是愚笨的、懦弱的、沒用的、失敗的人。」他可能認為他人對他的看法是：「你真是個笨蛋、自私鬼、沒出息的人。」並且認為自己一定會愈來愈糟糕。憂鬱悲觀的人總是記住及回憶那些負面事件，認為自己無法翻身，因此產生情緒上的困擾。

（二）自動化思想

在貝克的臨床心理研究中，他發現個體在引發情緒反應之前，總是在腦海中出現一些**自動化思想**（automatic thoughts）。這種思考的出現通常是慣性的、頗為迅速的，而且常是模糊的，自己不但很難加以終止，且會毫不猶疑的接受。憂鬱症患者通常對自己、周遭世界以及未來，都具有負面的自動化思考，常覺得自己很無助、無望、失敗，且有罪惡感。

（三）基模

基模（schema）是指，個人辨認外界訊息，進行分類、評估與解釋訊息，並做出因應的認知架構。它是由過去經驗的累積與不斷的修正所形成，透過基模的運作，可以將新的訊息與過去的資訊相連結，以便對外界訊息做出最快的反應。處理和自我有關訊息的基模，稱為**自我基模**（self-schemas）。貝克強調，自我基模是處理和自我有關訊息的機制。

（四）認知扭曲

認知扭曲（cognitive distortion）是指，個體對外界訊息做不正確的解讀。貝克認為，情緒障礙者可能出現以下幾種認知扭曲：

1. 二分法（dichotomous thinking）

對事件的想法絕對分明，例如：「不是對就是錯」、「非黑即白」，「不是成功就是失敗」、「不是好就是壞」。

2. 過度類推（overgeneralization）

對一件事情作過度推論，遇到一件小挫折就認為完蛋了。

3. 以個人為中心（personalization）

過度把責任都歸到自己身上，常常以為事情都與自己有關，自己對所有事情都應該負責。

4. 斷章取義（selective abstration）

只看事件的負面，而忽略它正向的一面。例如：只注意別人的批評，卻忽略他人的關懷。

5. 誇大與誇張（magnification and exaggeration）

把一件不重要的事情看得比實際重要，例如：頭痛就以為長腦瘤。

6. 任意推論（arbitrary inference）

常根據相反的事實，或毫無任何證據的事件作推理，或下結論。

7. 錯誤歸因（attribution error）

對事情的因果關係做錯誤的推論。例如：我不是就讀明星高中，所以將來就沒有前途。

8. 宿命論（fatalism）

認為自己的命運是老天註定的。例如：我家貧窮，老天對我很不公平。

二、貝克認知治療的實施

貝克認知治療在治療歷程中，心理治療師須先與案主建立**治療的合作關係**（the therapeutic collaboration relationship）。治療者透過與案主一起檢核其想法的可信度，教導案主檢視信念形成歷程中的步驟，以跨越**認知的陷阱**（cognitive traps），且改變原有不正確的思考模式，進而改善困擾問題。

（一）治療關係

貝克強調，治療師與案主的治療關係，是決定認知治療是否成功的基礎。治療師如果具有健全的人格特質，例如：真誠、同理心、接納、關懷、一致性，並能與案主建立信任與支持的關係，即能對治療效果有著良好的影響。認知治療乃透過治療師與案主之間的合作，使案主學會去認識、觀察並監控自己的想法，特別是負面的自動化思想。當案主能分辨自己的想法和現實間的差距，了解正確認知對他們的情感、行為的影響力，就能夠產生良好的治療效果。

認知治療技術在治療師與案主的合作之下，最為有效。認知治療師讓案主主動參與治療的每一個階段，治療師請案主找出自己所作的結論是否正確，並覺察自己的錯誤思考，進而改進不適應的行為。

（二）治療方法

1. 識別自動化思想

案主在接受認知治療的過程中，首先要學會識別自己在憤怒、悲觀和焦慮等情緒之前，所出現的慣性思想。治療師可詢問案主對自己問題的想法，來發現自己的慣性想法；一旦案主能夠認清那些慣性想法，治療師即可要求案主保持放鬆，閉目想像自身處於不良壓力環境之中，然後詳細描述他在經歷這種情境下的感受。另外，治療師可以應用**角色扮演**（role playing）的方式，讓案主扮演自己或者某扮演某一角色，治療師則扮演與其相對應的另一個角色；當案主扮演自己的角色之後，就可以發現自己的自動化思想。一旦案主學會識別和監控自動化思想，治療師即可要求案主每日填寫「慣性思想紀錄表」，記錄每天所出現的情緒反應和自動化的思想。

2. 協助案主認識想法對情緒後果的影響

治療師應幫助案主認識與了解自己的想法、對情緒後果的影響，並且在刺激與反應之間，填入自己的想法。

3. 去除以自我為中心

治療師應幫助案主以客觀的方式，來探討自己的想法與情緒之間的關係，釐清情感症與認知的關係，當案主能排除個人中心化思想的習慣，就能夠逐漸出現適應行為。

4. 獲取可靠的結論

心理師應讓案主知道，自己的想法與推論也可能和事實不符，對任何事件的想法，只有以務實的方法與步驟，才能獲得正確的認知。

5. 改變規則

心理師透過以上的步驟，讓案主知道他所遵循的錯誤謬論，並且改變慣性思考與錯誤認知，使其更能適應生活的情境。

貳、艾理斯的理性情緒治療法

美國心理學家艾理斯（Allbert Ellis, 1913-2007）為執業心理師，在行醫期間發現許多婚姻不幸福的案主，其主要問題係來自情緒困擾，於是在 1955 年提出了**理性情緒治療法**（rational-emotive therapy，簡稱 RET）。他認為一般人對自己的問題若無法作明智的思考，情緒困擾問題自然就會產生。理性情緒治療的基本要義如下：

圖 14-3　艾理斯
（Allbert Ellis）

一、理性情緒治療的理論基礎

理性情緒治療的人格理論，又稱為A-B-C-D-E-F理論（如圖14-4所示）。A 代表發生的事件，B 代表個人對事件所持的信念，C 代表由信念所引起的情緒後果，D代表對信念的駁斥，E代表駁斥之後產生的效果，F代表新的情感。

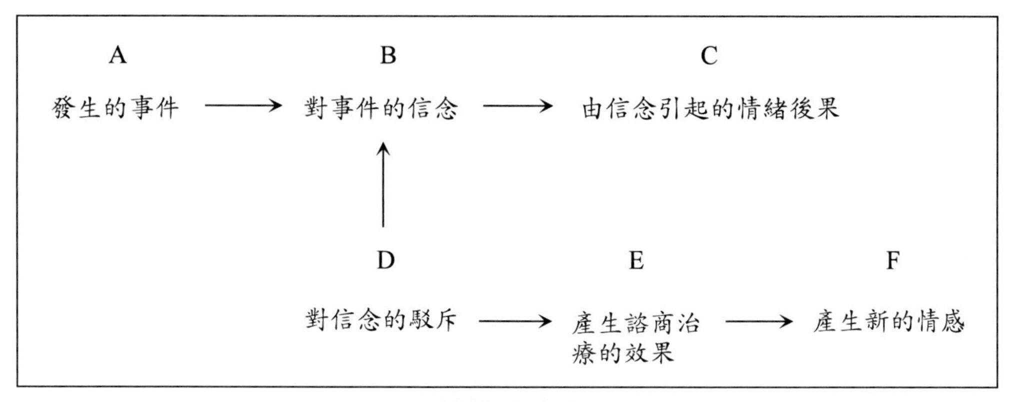

圖 14-4　理性情緒治療的人格理論

由圖 14-4 來看，在某一個事件發生之後，個人對該事件的思想、觀念、信念等，會引發情緒反應；假如該情緒產生不良後果，心理師必須對其非理性的信念加以駁斥，使案主改變錯誤的認知，產生適當的想法，方能獲得治療的效果。

二、心理異常起源於非理性信念

艾理斯在多年的臨床心理診療工作中，發現許多人的心理異常係來自情緒困擾，非理性信念是造成負面情緒的主要原因。一般人常具有以下幾項非理性信念：

1. 個人應受他人的喜愛與讚美。
2. 一個有價值的人，必須無所不能，凡事做到十全十美。
3. 為非做歹、卑鄙、邪惡的人，都會受到法律的制裁。
4. 個人的期望不能如願以償時，將是一種可怕的災禍。
5. 個人的一切不幸，自己無法掌控，而是由外在環境所造成的。
6. 個人對危險或可怕的事，應該非常關注，且須隨時注意其發生的可能性。
7. 逃避困難與自我應負擔的責任，比去面對它們還容易。
8. 個人應依賴他人才能成功，尤其要有強者可以依靠。

9. 過去的經驗和事件會影響現在的行為，過去的影響是永遠無法抹滅的。
10. 個人應該為他人的問題和困難感到難過。
11. 每一個問題都只有一個正確完美的解決方法，假如找不到這個方法，將會失敗。

艾理斯深信，許多人都擁有上述的非理性信念，因而無法理智思考問題，而形成自我挫敗的思考模式；不能以積極、樂觀的態度來處理問題，因而產生心理異常。理性情緒治療的目的，在指導案主將非理性思考轉變成理性思考，使困擾的情緒得到紓解。當個人對任何問題均能理性思考，自我的潛在能力才能夠充分發揮。

三、心理治療的程序

理性情緒治療的心理治療師，扮演著教師與教練的角色，以人本的精神去接納案主，關心案主的問題，並且教導案主洞察情緒困擾的原因。治療目標在使案主形成健全的人格特質，其治療常採取以下幾個步驟：

1. 鼓勵案主反省目前生活中，有哪些情緒上的困擾是來自非理性信念？
2. 讓案主自行分析與檢視，這些非理性信念是否合乎邏輯與情理？
3. 依據案主陳述的內容，指出其明顯非理性信念之處。
4. 讓案主知道自己情緒上的困擾，是因為不合邏輯的信念所造成的。
5. 以幽默的口吻，駁斥案主的非理性信念。
6. 教導案主反駁自己的非理性信念。
7. 教導案主以科學的方法，來處理自己的問題。
8. 讓案主學會採取理性的思考方式，來處理自己的一切問題。

第三節　行為治療法

自從 1950 年代行為主義興起之後，在心理諮商與輔導方面，普遍採用**行為諮商**（behavior counseling）、**行為治療**（behavior therapy）與行為矯正；這三者的涵義相似，其目的都在培養良好的行為，治療、矯正及革除個人不良適應的行為。不過，這三者的對象不同：行為諮商以正常人為對象，行為治療以行為失常者為對象，行為矯正則以行為嚴重不良適應者為主。簡言之，行為治療應用學習心理學的原理，來治療案主的不良適應行為；這種治療法對恐懼症、強迫症特別有效，同時治療的時程比較短。但行為治療對憂鬱症、人格異常等，比較沒有治療效果。行為治療法的基本要義如下：

壹、對人性的假設

1. 人性非善亦非惡，人有表現各種行為的潛力。
2. 人能了解與控制自己的行為。
3. 人有能力學習新的行為。
4. 人可以改變自己的行為，能影響他人，也受他人行為的影響。
5. 人類的各種行為，都是由生活經驗中學習而來的。
6. 任何行為可經由反學習的歷程來改變。
7. 個人的行為在不同時空、不同情境下，會有不同的改變。
8. 不良適應行為也是學習而來，亦可利用學習原理給予調整或改變。

貳、不良適應行為

史金納（Skinner, 1953）認為，**個人不良適應行為**（maladaptive behavior）通常是從生活經驗中學習而來的。他將不良適應行為歸納成以下十類：

1. 濫用藥物、酗酒。
2. 過分衝動、固執和焦慮不安。
3. 過分壓抑自己，造成沮喪、恐懼及歇斯底里。

4. 忽視現實環境，惹來他人的批評、攻擊和報復。
5. 自我誇大或無法控制自己的行為。
6. 自責、自卑及自我傷害。
7. 偷竊、恐嚇與暴力等犯罪行為。
8. 缺乏溝通及社交技巧的能力。
9. 做事不負責任。
10. 優柔寡斷，缺乏自信。

參、行為治療的目標與程序

行為治療具有下列三大目標：(1)協助案主改變不良適應行為；(2)教導案主對各種問題做正確的決定；(3)強化案主良好的適應行為，以防止不良適應行為的發生。為了達成這些目標，行為治療的程序有以下幾項：

1. 由案主陳述自己的不良適應行為。
2. 由案主明確指出，不良適應行為發生的時間，以及相關的人、事、地、物。
3. 對案主希望達成的行為，建立基準線。
4. 安排適於表現良好行為的情境。
5. 提供適宜的增強物，增強所期望的行為。
6. 記錄與評估行為改變的情形。

肆、行為治療法的種類

一、系統減敏感法

系統減敏感法（systematic desensitization），是由南非心理學者歐爾培（Wolpe, 1990）所倡導的。這種行為治療法利用**反制約**（counter conditioning）與**交互抑制**（reciprocal inhibition）的原理，使案主的恐懼或焦慮等異常行為，逐漸成為正常的行為。

一般人最常見的情緒困擾，就是焦慮與恐懼，這些困擾都是在生活經驗中，經由古典制約的歷程學習而來。案主對普通的刺激，因不當的學習而產生過度敏感的行為反應；因此，讓案主學習與其過度敏感相反的行為，就可以革除不良適應行為。治療者實施系統減敏感法，常採取以下幾個步驟。

（一）協助案主確定焦慮階層

焦慮階層（anxiety hierarchy）是指，案主面對特定事物時，所引發不同程度的焦慮層次，例如：害怕面對群眾、害怕參加聯考、恐懼死亡、害怕坐飛機等。案主將自己對某一刺激所引起的焦慮，由最輕微依序排至最嚴重程度，每一項焦慮的事物屬於一個階層。

（二）對案主實施放鬆訓練

當一個人焦慮、恐懼時，身體肌肉通常會緊繃，透過身心放鬆，即能克服焦慮。放鬆訓練有很多種方法，例如：瑜珈術、坐禪、肌肉放鬆等；因篇幅有限，在此僅介紹**肌肉放鬆訓練**（muscle relaxation training）。

在實施放鬆訓練之前，讓案主坐在舒適的座椅上，房間裝潢典雅，燈光微亮，而且寂靜無聲，讓案主聆聽肌肉放鬆的光碟，依照光碟內容來做。全身放鬆通常分成幾個部位：臉部、頸部、上背部肌肉、胸部、腹部、臀部、腿部。由第一個部位漸次到最後一個部位，每一個部位重複實施，大約各做十分鐘，放鬆的方法都相同。以頸部放鬆為例，其步驟如下：

1. 將注意力集中到頸部的肌肉。
2. 盡力將頭朝下，將下巴頂住胸部，頂緊、再緊、再緊一點……把頭回復到原位，放鬆、放鬆、再放鬆。
3. 盡力將頭向後仰，用力、用力、再用力……感覺頸部的緊張，放鬆、放鬆、再放鬆。
4. 把頭盡力向左彎，用力、用力、再用力……感覺頸部的緊張，放鬆、放鬆、再放鬆。
5. 再把頭盡力向右傾，用力、用力、再用力……感覺頸部的緊張，放鬆、放鬆、再放鬆。

（三）身體放鬆時，想像焦慮的事項

當案主身體完全放鬆時，讓他從焦慮階層 1 的事項開始想像，想得愈逼真愈好，且必須重複進行，一直到對該焦慮事項不再敏感時，才可進入焦慮階層 2。依此方法循序漸進，一直到對所有焦慮階層的恐懼事項，都不再敏感為止。

當案主能夠以放鬆的方法，克服所想像的恐懼事物時，治療師再鼓勵其去面對真實害怕的事物。最終，案主必能放鬆身心，革除焦慮與恐懼的心理。

二、嫌惡治療法

嫌惡治療法（aversive therapy）是利用案主厭惡的刺激，來改變其不良適應行為的治療法。嫌惡治療法適用於酗酒、藥物濫用、口吃、抽菸、偷竊、過度肥胖等案主（Wolpe, 1990），例如：有一名想戒酒的案主，願意接受嫌惡治療，治療師便在其酒瓶內，暗中加入嘔吐劑，案主在不知情下喝了這瓶酒，不久後就開始反胃、大量嘔吐，非常難受。酒本來是案主所喜好的刺激，經過古典制約作用之後，就變成了嫌惡的刺激，於是案主從此就戒酒了。

實施嫌惡治療法應注意五個原則：(1)案主願意接受治療；(2)當其他心理治療沒有成效時使用；(3)嫌惡刺激必須是案主所厭惡的刺激；(4)嫌惡刺激必須與不良適應行為同時出現；(5)嫌惡刺激不可以超過案主所能忍受的程度。

三、代幣法

代幣法（token economy）是指，當案主表現適當行為時，就給予替代錢幣的物品；當案主累積代幣到一定數量時，就可以向治療師換取自己所期望的東西（例如：口香糖、餅乾、玩具等），或享有特殊的權利（例如：住舒適的房間、假日可以外出等），藉以養成案主良好的適應行為；反之，在治療期間，若案主表現不良適應行為，治療師就取消或減少代幣。精神科醫師使用代幣法，能改善慢性精神病患者自我照顧及社交能力；監獄教誨師管理受

刑人時，也常採用代幣法；學校教師亦可以使用代幣法，來導正學生的偏差行為。

當代幣法產生治療效果之後，治療師宜逐漸取消代幣，改用精神上的鼓勵或讚美，使案主產生自我控制的能力。代幣法不適用於失眠、恐懼症等類型的案主。

四、隔離法

隔離法（time out）是指，將行為偏差的案主暫時與他人隔離，使其產生不愉快的經驗，藉以減弱或消除偏差行為。隔離法適用於導正不守規矩的學生，例如：在實施之前先宣布，凡在團體中不遵守規定、妨礙秩序或影響他人者，將請他暫時離開這個團體，單獨一人在空教室停留大約十五分鐘。案主被隔離之後，一時失去書本、玩具、同學等增強物，感覺很不好受，因此隔離結束之後，再回到原來的地方，即能改正自己的偏差行為了。治療師使用隔離法時，需相當謹慎，應留意案主在被隔離房間的行為，以防發生意外。

五、刺激飽和法

刺激飽和法（stimulus satiation）是指，對案主提供大量其所需要的東西，透過過多的增強物使其失去吸引力，進而改正偏差行為，例如：有一名國小學生上課時，在教室內丟擲飛鏢，於是教師叫他在下課時間，到大操場丟擲飛鏢，一直重複到手痠麻、不堪負荷為止。這名學生因大量丟擲飛鏢而產生不愉快的經驗，以後上課時再也不敢表現這類行為。

六、洪水法

洪水法（flooding）是指，對案主呈現其最感到恐懼的刺激，藉以降低對恐懼事物的敏感度，例如：案主患懼高症，治療師帶他到超高大樓的樓頂往下看，治療師在旁邊陪伴，並且給予精神上的支持；當案主恐懼程度降低時，就給予增強物，漸漸地，案主覺得可怕的事情不過如此而已，其懼高症就會逐漸消失。洪水法的治療程序與系統減敏感法完全相反，治療時間每次大約三十分鐘到兩小時，其恐懼程度才會明顯下降；前後大約需進行六次，才能見到效果（Marshall & Segal, 1988）。

七、爆炸法

爆炸法（explosive）是指，在案主沒有心理準備的情形之下，突然呈現其最恐懼的刺激，當其能克服這個刺激之後，對恐懼刺激的敏感程度自然降低。治療師在決定實施爆炸法之前，應事先徵得案主的同意；同時，應考慮案主承受突如其來恐怖刺激的忍受程度，以免造成身心傷害。

八、社會技巧和自我肯定訓練

社會技巧（social skill）訓練，是以教導和訓練方法，協助案主學習人際溝通與社交技巧，以建立良好的人際關係。**自我肯定訓練**（self-assertive training），旨在增進個人自我果敢、自在以及果斷的行為。上述這兩種訓練法，對自卑、退縮、內向，以及沮喪者，都很有幫助。

社會技巧和自我肯定訓練的程序如下：

1. 教導案主學習特定的社交技巧：向案主**示範**（modeling）其所期望的適應行為，示範的方法包括：治療師示範、角色扮演示範，以及電子媒體示範等。治療者在逐步示範時，對於案主的學習行為，應給予鼓勵和支持。
2. 讓案主學習示範者，並以實際**行為演練**（behavior rehearsals）。由治療師對案主所學會的行為，作**矯正回饋**（corrective feedback），使案主了解其所學習的行為，還有哪些地方需要改進。
3. 利用各種增強方式，例如：褒獎、代幣、物品等；當案主學習行為進步時，就給予獎勵。
4. 提供家庭作業給案主，例如：閱讀相關書籍、行為記錄、自行演練等。

5. 行為塑造（behavior shaping）。將社會技巧或自我肯定分解成幾個部分，依序逐一練習，最後從頭到尾連貫起來。

九、行為契約法

行為契約法（behavior contracting）是指，由治療師與案主協商，將案主預期達成的新行為當作目標，彼此簽定契約。如果案主達成契約規定，就給予獎勵；反之，未達成契約規定就施予懲罰，藉以達到治療不適應行為的效果。行為契約的簽訂，應把握以下幾個原則：

1. 將想要達成的行為目標，以明確的文字記載。
2. 獎勵或懲罰事項，需由雙方互相協商訂定。
3. 所有契約的條文，必須在案主自由意志之下簽署，治療師也應一起簽名。

案主的行為進步到何種程度，才可以得到獎勵？反之，在預訂日期之前未達成目標，應受到何種懲罰？都應先由雙方事先協商，並且明確記載在契約條文上。雙方必須嚴格遵守行為契約，如果要更動契約條文的內容，必須先徵得雙方同意。

十、自我管理

自我管理（self-management）是指，由治療師協助案主，自動自發地自我約束、管理不良適應行為，進而收到治療的效果。在治療過程中，治療師觀察案主能自我管理時，就給予獎勵；逐漸培養案主在表現良好行為時，就自我激勵，最後能自動自發約束自己的行為。自我管理的實施步驟如下：

1. 治療師與案主建立和諧的關係。
2. 讓案主認知自我管理的結果。治療師可以列舉一些成功者作為楷模，供案主學習、仿效。
3. 讓案主知道，在無法自我管理時，所可能產生的後果。
4. 協助案主了解改變行為的計畫與執行方法。

5. 要求案主確實執行計畫，必要時共同討論。
6. 治療師定期或不定期，評量案主執行計畫的情形。
7. 治療師對案主任何負責或進步的行為，皆給予支持、肯定或獎勵。

第四節　折衷取向治療法

折衷取向治療是指，不以某一理論學派為心理治療的基礎，而是針對案主的心理特徵，採取兩個以上學派方法的優點，靈活運用，以期收到更好的治療效果，以下簡要說明幾種常用的折衷取向治療法：

壹、完形治療

一、完形治療的哲理基礎

完形治療（Gestalt therapy）是由皮爾斯（Frederik Perls, 1894～1970）所倡導。該治療法源自存在哲學，重視人存在的價值、主觀經驗與自我成長，認為個人的感覺、知覺、思考與情感是整體的，要了解一個人，必須身歷其境。人的認知、情緒、動機與知覺，彼此相互關聯，是無法分割的。

二、完形治療的人格理論

完形治療主張，個人是一個統合的有機體，人具有生物性與社會性需求，健康的人會自我調節身心的需求，以達成平衡的狀態。皮爾斯強調，個人對事物**覺察**（awareness）的能力，是構成人格的基本要素；自己想要做的與認為應該做的，這兩股力量是個人內在衝突的來源。人格健全的人能夠對自己的行為負責，同時能夠以真誠的態度，接納自己、發揮潛能、施展自己的抱負，達成自己的願望。

人格不健全的人，具有以下四個特徵：

1. 完全接受外在環境的一切，無法展現自己獨特的風格。

2. 不能明察自己應負的責任，將一切責任推給他人。
3. 凡事委屈求全，自我壓抑。
4. 與人同流合污，不能堅持自己的理想。

三、治療的目標與程序

完形治療的主要目的，在於提升案主對人、事、物的覺察能力，使自己的觀念、情緒和行為得以統整。治療師應先與案主建立和諧的關係，仔細體察其心境，了解其價值觀，協助案主了解自己的優缺點，採取建設性的行為方式，以積極負責的態度，來面對一切挑戰，促使自我成長與發展。為了達成治療目標，完形治療實施的程序如下：

1. 讓案主表達自己的內在經驗。
2. 協助案主了解其內在的衝突和矛盾，是造成行為困擾的主要因素。
3. 讓案主體會到，對自己行為負責的重要性。
4. 使案主的思想、情感與信念統合起來，成為身心健全的人。

四、完形治療常用的技術

（一）空椅技術

讓案主坐在一張椅子上，在其面前擺放一張**空椅**（empty chair）。這張空椅子代表案主自己想要做的，而案主所坐的這一張椅子，則代表他應該要做的。治療師引導案主與空椅子互相對話，從而增進其覺察能力。

（二）倒轉

讓案主扮演一個完全相反的角色，以協助案主發現被自己否認或隱藏的部分，使其人格逐漸統整，例如：讓一名退縮的案主，扮演積極、外向的角色。

（三）誇耀

引導案主大膽表現各種身體語言，使案主體會到自由自在的感受。

（四）演練

教導案主對自己所期望的適當行為事先演練，以增加自信心。

（五）穿梭技術

引導案主不斷反覆體會適當的行為，使其逐漸朝向適應的行為，這種方法稱為**穿梭技術**（shuttle technique）。

（六）秘密分享

鼓勵案主將自己內心的隱私，充分表達出來；進而體驗到，即使這些秘密讓他人知道，也沒有什麼關係。

（七）對案主提供建議

治療師如果發現案主優柔寡斷，即可對案主提出建議，請案主重複說出以下這些建設性的話，例如：「成功要有堅持的毅力和正確的人生態度」。

（八）重歷夢境

讓案主重新想起以前的美夢，或與美夢對話，藉以體驗美夢成真的喜悅，進而激發其追求夢想的毅力與決心。

（九）我負責任

治療師要求案主說出：「我要對……負責」，例如：「我要對自己的學業成績表現負責」，藉以培養案主凡事有負責任的精神。

貳、現實治療

現實治療（reality therapy）是由美國心理學者葛拉瑟（William Glasser, 1925～）所創。他曾出版《沒有失敗的學校》（*School Without Failure*）一書，該書中提到，現實治療的技術在作為學校教育人員協助挫敗學生重拾自信心，獲得成就感的指標，對於改善學生偏差行為，有相當卓越的貢獻。

現實治療法以**理性實在主義哲學**（philosophy of rational realism）為基礎，強調人類行為必須合乎理性，同時與現實環境相結合。每一個人必須為自己的行為負責，遵守社會的規範；個人若對自己的行為不負責，就容易產生偏差行為。

一、現實治療的人格理論

葛拉瑟認為，個人不斷經歷挫敗的經驗，會使自己誤以為自己是個失敗者，因而產生自暴自棄、消極悲觀、憤世嫉俗的心理；反之，個人在人生旅程中，經常有成功與成就感，就能產生積極進取、負責任、自信、自重與自愛的人格特質。

今日，許多人有偏差行為，不是他們與生俱來就具有不良適應的人格，而是他們的行為無法得到他人的肯定，社會忽視他們，於是他們反擊社會，許多人世間的不幸、社會的悲劇因而產生。

二、現實治療的目標與程序

現實治療的主要目標，在協助案主成為理性、自主、自愛，以及負責任的人。為了使個人具有成就感，治療師協助案主獲得成功的經驗及自我價值感，放棄自我批評與不負責任的行為。為了達成上述目標，治療師必須尊重、接納、關懷，並了解案主的抱負，同時拒絕案主任何不負責任的行為。現實治療的程序如下：

1. 心理治療師充分涉入案主的生活領域，深入體會其經驗與感受，並且具有接納、同理、關懷的態度，同時與案主建立良好的治療關係。

2. 關切案主目前的行為，引導其深入檢討自己目前的不良行為。
3. 教導案主判斷自己行為的是非善惡，學習對自己的行為負責。
4. 與案主訂立行為契約，要求其依契約行事。案主若履行承諾，就給予獎勵，使其體驗自我成就的喜悅。
5. 心理治療師對案主的不良行為，不接受任何藉口。案主如果無法履行行為契約的承諾，宜協助其訂立新的計畫或契約，並且督導案主依新計畫或契約行事。
6. 因為懲罰容易使案主產生偏差的自我觀念，同時產生逃避責任的藉口，所以應避免對案主進行懲罰。
7. 永不放棄案主，相信他只要有成功的經驗，必定有良好的行為。

三、現實治療常使用的策略

現實治療常採用以下方法，使案主表現出負責任的行為：

1. 接納案主的挫敗、失望與無助感，引導案主注重自己的情感與行為。
2. 當案主表現出不負責任的行為時，治療師就提出質詢，促使案主履行行為契約的承諾。
3. 對案主溝通、說服和直接教導，使其學習負責任的行為。
4. 鼓勵案主討論其不良適應行為，進而建立正確的自我觀念。
5. 培養案主具有幽默風趣的人格特質。
6. 案主表現負責任的行為時，就給予鼓勵和支持。
7. 心理治療師以身作則，做一個對自己行為負責的人，以作為案主模仿和學習的榜樣。

參、存在治療與意義治療

存在治療（existential therapy）源自存在主義哲學，是由猶太人佛蘭克（Viktor E. Frankl）所創。他在第二次世界大戰期間，被德國納粹士兵拘禁於集中營長達七年；他在集中營期間，飽受飢餓、凌辱、日以繼夜的工作，在此惡劣的環境之下，只有極少數人存活下來。法蘭克了解到這些倖存者的內心深處，都有一個共同目標，就是只要活下來就有機會見到失散的親人，有人甚至堅信會看到暴政必亡，於是體會出生命存在的意義。而他也發現，許多原來身體健壯的士兵相繼死亡，究其主要原因，發現這些被監禁的士兵，覺得再活下去並沒有意義，人生毫無指望。佛蘭克回想起，他之所以能夠存活下來，完全是憑著個人堅強的生存意念。他雖然失去外在的一切，但是精神上完全自由。

意義治療（logotherapy）是由存在治療分化出來的，強調人生的價值在於生活得有意義。存在治療與意義治療的共同點，就是協助案主尋求存在的價值，以及人生的意義。

一、存在治療與意義治療的基本概念

存在治療與意義治療皆強調個人存在的價值，主張個人有選擇生活意義與生活目標的自由。其基本概念，有以下五項：

1. **自我統整**（self-identity），有助於發現自我的價值和意義。
2. 人是自由意志的動物，人有選擇自己未來的權利，但是選擇之後，應對自己的決定負責任。
3. 人存在必須做自己的主人，才有真正的意義。
4. 人生的價值，在於過著有意義的生活。
5. 心靈空虛、生活沒有意義，是造成心理疾病的主要原因。

二、存在治療與意義治療的步驟

1. 治療師與案主建立和諧的關係。
2. 尊重案主對生活的抉擇。
3. 協助案主追尋有意義的生活。
4. 當案主在尋求有意義的生活時，所產生的焦慮和痛苦，治療師應給予支持和鼓勵，讓案主了解受苦的經驗對生命的意義和啟示。

5. 鼓勵案主為自己所決定的一切，負起完全的責任。

三、存在治療與意義治療常用的策略

1. 治療師引導案主找回自我、認同自我。
2. 協助案主由解決各種困擾問題中，找尋生存的價值。
3. 重視案主的主觀經驗，協助其提升自由意志的能力。
4. 協助案主了解自己的前途乃掌握在自己手中，自己的決定會影響自己的未來。
5. 指導案主建立正確的人生觀與態度。
6. 協助案主從努力工作、成功與失敗的經驗中，獲得生活的價值。

四、協助案主了解人生的意義

許多人認為，只有活得長壽、擁有很多財富、有高的社會地位，或有能力環遊世界，這樣人生才有價值；然而人生的價值與意義，不在壽命長短，也不在財富多寡，而是在於人生的內容；就好像一篇文章是否精彩，不在於文章的長短，而在文章的內容。台灣俗諺說：「人死留名，虎死留皮」。即使一個人壽命不長，但他在世的時候能對人類社會做出很大的貢獻，過世以後依然會留名青史，被後人永遠感念，這樣的人生就具有意義，例如：耶穌（Jeshua ben Joseph）只活了三十三歲、孫中山先生活了六十歲，但他們都被後人永遠紀念。而非洲之父史懷哲（Albert Schweitzer, 1875-1965），活了九十歲，他將一生所有的積蓄、版稅收入、演奏所得，以及諾貝爾和平獎的獎金，都投注在非洲籌建醫院，他也受到世人永遠崇敬，他們的人生都很有意義。

又如，馬偕在他年輕的時候，就從加拿大來台灣，藉著行醫的機會傳揚基督教的福音，一生奉獻給台灣，後人為了感念馬偕對台灣的貢獻，乃籌建馬偕醫院。因此簡單來說，人生的意義並不在於生命的長短，而是在於生命的內容是否受人尊崇。

也許有案主會自問：「我的學歷低，又沒有多少財富，如何對人類社會做出大的貢獻？」其實，要對人類社會做出大的貢獻，不一定要有多高的學位或多大的財富，例如：劉俠女士，她在十二歲時罹患了罕見疾病「類風溼性關節炎」，發病時手腳腫痛，行動極為不便，但是她由信仰中體驗到生命的價值和尊貴，漸漸改變了她對生命的看法，轉而充滿了樂觀與積極。

劉俠女士一生以社會公益為依歸，1982 年創立伊甸殘障基金會，曾任總統府國策顧問、伊甸社會福利基金會董事長、殘障聯盟理事長等職。她推動身心障礙者社會福利制度之建立，曾榮獲十大傑出女青年獎、國家文藝基金會散文獎、吳三連基金會社會服務獎等殊榮。在幾乎無法執筆的情況下，劉俠女士仍不間斷地寫作，作品中充滿了求生的意志，足以激勵人心。她的著作有：《生之歌》、《生之頌》、《杏林小記》等四十本以上的勵志書籍，並且她將出版稿費所得全數捐給伊甸殘障基金會。

有一些案主，大學畢業之後就很努力工作，但是收入相當微薄，工作多年一直無法買房子或結婚，甚至工作壓力大導致無法生小孩，自己的理想難以實現，因而覺得人生沒有意義。

一個人的價值觀就像人生的指南針，會主宰人的想法與決定，進而影響命運。如果一個人有正確的價值觀，即會帶來無比的力量，進而邁向成功的道路。人生是否有意義，就看自己怎麼去體會，例如：有一個學校的工友，雖然工作很辛苦、待遇低，又沒有什麼升遷機會，但當他想到自己也在從事培育人才的神聖工作時，就覺得自己的工作很有意義，而不覺得工作的辛苦了。

肆、團體治療

團體治療（group therapy）是指，以一個團體的患者為對象，團體的成員大約六至八人，他們有相似或相同的問題，所以使用團體治療可以節省人力、物力與時間。心理治療師運用團體心理動力原理，鼓勵成員相互討論、彼此互動，並使患者獲得心理上的支持，重建人際關係，或學習他人面對問題的態度與方法，從其他成員的正向方面得到啟示。團體治療的方法如下：

一、心理劇

心理劇（psychodrama）是指，由心理治療師設計衝突情境，讓患者與其他成員共同來演一齣戲。在**角色扮演**（role playing）過程中，通常請患者本身當主角，其他成員當配角，在演戲過程中，治療師擔任導演，協助患者探索其內在深層的心理問題，使患者了解其心理衝突的原因，並且體驗重要他人與事件對自己的影響，對自己問題產生新的覺察和領悟，進而逐漸除去其心理困擾。由於在演戲中能真情流露，所以其效果非諮商晤談所及，患者可以角色互換，體驗他人的感受，了解自己與他人困擾問題的真相及來龍去脈，以達到潛移默化的效果。心理劇對人際關係問題、家庭問題、情緒困擾、創傷經驗、哀傷調適、創傷經驗，以及自我成長，都有很好的治療成效。

二、家庭治療

家庭治療（family therapy）是指，以全家人為對象，在治療者引導之下家人彼此互動，每週實施一次。其治療步驟如下：

1. 治療師與全家人建立良好關係，且需站在客觀超然的立場。
2. 引導家庭成員述說自己內心對問題的想法與感受。
3. 支持家人所表達的內心感受。
4. 鼓勵家人調整自己的態度與看法，朝妥協的方向努力。
5. 對家人願意協調或棄守自己的成見，共謀家人和諧的作法給予肯定。

家庭治療對於改善親子關係、婚姻問題，相當有幫助。但是，家人如不放下自己主觀的想法，或不願意接納家人的觀念，家庭治療就不容易達到效果。

三、遊戲治療

遊戲治療（play therapy）是指，以兒童為對象，治療師利用遊戲情境，協助兒童解決不良適應的問題。治療師在遊戲室內先準備好各種材料，例如：玩具、泥沙、積木、木偶、布偶、家具等，讓兒童盡情玩各種玩具，容許其搗毀玩具，以發洩其內心壓抑的情緒。如果兒童的困擾問題在人際關係方面，治療者應與兒童在遊戲中建立友誼關係，使其改善自信心並促進友善的人際關係。

有時，治療者可以利用講故事的方法，或玩木偶、玩具的時候與兒童對話；協助兒童將內心的衝突充分表達出來，進而解除其內在的心理問題。

四、敏感性訓練

（一）敏感性訓練的目的

敏感性訓練（sensitivity training），又稱為**訓練團體**（training group，簡稱T-group），這種訓練方法是由美國行為科學家布雷德福（L. P. Bradford）所創，其目的在透過受訓人員在共同的學習環境中相互影響，以提高受訓人員的感情，重視自己在組織中所扮演的角色，增進自己與他人相互影響的敏感性，進而改變個人與團體的行為，達到提升工作效率的目標。

（二）敏感性訓練的作法

敏感性訓練最早被應用在工商企業組織，它的作法是把不同單位、不同層級和互不相認識的職工人員，組成不超過十五人的小組，進行一至兩週的訓練，讓參加人員自由的討論自己感興趣的話題，自由自在的發表意見，分析自己的感情和行為，並接受他人的批評或意見，從而提高自己對各種問題的敏感度。

（三）敏感性訓練的特點

1. 沒有嚴密組織，沒有主席、沒有議題或議程。
2. 讓團體成員自由自在的交談，彼此相互對話。
3. 培訓指導人員僅從旁加以協助，扮演引導的領導角色。
4. 訓練一開始，接受訓練的人員常有不知所措的情況，這時有的人不耐煩，有的人思索問題，有的人提議指定一個人當主席，有的人提出各種問題，團體成員逐漸熱絡起來，彼此展開討論、交換意見，進而彼此間更加了解和認識。團體成員提升了自信，掌握人際交往技巧，提高了人際溝通能力，提升了服務態度，強化了團隊精神。

第五節　生物醫學治療

壹、生理回饋

生理回饋技術（biofeedback technique）是指，利用儀器傳達身體功能訊息，以增進案主控制生理活動歷程的行為治療法。生理回饋法常使用**肌電儀**（electromyography，簡稱 EMG）來幫助案主放鬆身心，這種儀器可以測量骨骼肌肉的緊張程度。治療師將肌電儀附貼於案主身上，由該儀器所測量的生理訊息轉換成聲音，案主藉著聲音的大小，可以知道自己的心跳、血壓、腦電波等生理現象；當聲音變大時，心理治療師教導案主身心放鬆或轉移注意力的技巧，然後進行生理回饋訓練。這種訓練對於控制緊張、焦慮、不安、偏頭痛、背痛、胃不舒服、氣喘、皮膚癢、高血壓，以及肩膀痠痛等，都相當有效果。

貳、電擊治療

電擊治療（electro-convulsive therapy，簡稱 ECT）是由一位義大利的精神科醫師在 1938 年所發明的，治療時使用電流來破壞中樞神經系統的神經元，對長期性重鬱症的患者可以使其短暫安靜下來，但其治療效果尚待證實。但是，電擊治療可能引起失憶症、智商降低、腦部多重功能障礙、學習障礙等副作用，且大部分的重鬱症都可以使用藥物治療，所以這種治療法目前已經很少被使用。

參、藥物治療

有些嚴重的精神或心理疾病，無法只使用心理治療就能見到效果，仍需配合精神病藥物，才能發揮最大的治療效果。精神病藥物可以分為以下四類：

一、抗憂鬱藥物（antidepressant drug）

此類藥物包括三環抗鬱劑與單胺類氧化酵素抑制劑，這兩種藥物可以增加腦中神經傳導物質的濃度，患者服用之後，需經過幾星期之後才能見到效果。另外一類抗憂鬱藥物是**百憂解**（Prozac）、**千憂解**（Cymbalta），需持續服用三星期之後才能見到效果，但是容易產生口渴、緊張、噁心等副作用。

二、抗精神病藥物（antisychotic drug）

比較常使用的抗精神病藥物是 phenothiazines，這種藥物可以阻隔神經傳導物質**多巴胺**（dopamine）接受器的作用，對精神分裂症、妄想症都有療效，但容易產生口渴、抽搐、肌肉僵硬等副作用。

三、抗焦慮藥物（antianxiety drug）

又稱為鎮定劑或安眠藥，這種藥物以肌肉放鬆劑及 benzodiazepines 較常見。由於有些抗焦慮藥物有降低注意力的副作用，所以需要開車或專心工作者，應避免使用。

四、抗躁鬱藥物

自 1949 年起，**鋰鹽**（Lithium）就被醫學界證實對躁鬱症有很好的治療效果。但是，患者如果服用過量，容易導致抽搐或死亡。

第六節　心理治療的發展趨勢

在心理學成為一門科學之前，就有治療心理異常者的方法。目前心理治療的種類繁多，方法各有所長，治療效果不一。以下簡述心理治療的沿革，以及未來的發展趨勢。

壹、早期的心理治療方法

古代人大多相信，心理異常者是被魔鬼附身，因此會邀請神職人員以宗教儀式來驅趕病魔。如果不見效果，就採取鞭打、焚燒、監禁、在身體烙印等殘酷手段，來對付患者。根據文獻記載，歐洲地區在15至17世紀之間，因心理異常而被凌虐致死者，達到三十餘萬人。

1792年，法國人俾尼爾（P. Pinel）呼籲該國政府當局，解除精神病患收容所監禁措施，打開患者的鎖鍊，同時將其安置在舒適的病房，並且以愛心對待之；結果發現，多數患者的病情都有好轉的趨勢。後來，他組織國際心理衛生委員會，鼓吹心理疾病的預防勝於治療，心理衛生運動逐漸成為一股潮流。

貳、心理治療的新趨勢

一、心理醫院功能式微

20世紀以後，在世界先進國家中，許多大型醫院都附設心理診療部。另外，也有專門以心理異常者為對象的心理醫院，對心理異常者的治療效果大為提升。可是，自第二次世界大戰以後，這一類醫院隨著時代變遷逐漸轉型，僅提供門診而不辦理住院。不少心理學家認為，如果讓心理異常者長期住院，患者會產生依賴醫院的心理，不想出院去自力更生，這樣不但無法達到治療效果，反而會加重病情。同時，醫院經費短缺、人員不足、工作負荷量過重，也會影響醫療品質。此外，長期住院的患者在離開醫院之後，大多難以適應外在的社會環境。

二、社區心理健康運動興起

社區心理健康（community mental health）運動，自1960年代就逐漸風行。

其強調，心理異常患者應由社區心理衛生中心先行診治，病情嚴重者再轉診至大型醫院；一方面可以節省醫療資源，另一方面可以減少患者依賴住院治療的心理。社區心理衛生中心，同時具有宣導與預防心理疾病的功能，該中心的服務項目包括四類：

1. 在嚴重心理異常者長期住院治療之前，提供短期醫護工作。
2. 對一般心理異常者提供門診服務，患者可以一面接受治療，一面工作或求學。
3. 設置電話服務專線，對社區居民提供各種心理問題諮商輔導工作。
4. 對社區民眾、在校學生、企業公司與政府機構員工等，實施心理測驗、心理衛生教育、諮商與輔導工作。

三、重視患者追蹤服務工作

心理異常者接受門診或出院之後，需要持續服用精神科醫師所指定的藥物，或接受心理諮商與輔導，才能產生治療的效果。社區心理衛生中心的社會工作人員，宜採取家庭訪視的方式，以了解患者病情進展及就學、就業情形，鼓勵患者繼續接受心理治療，並敦促社區居民共同協助患者。這樣的長期**追蹤**（follow-up）工作，對於患者心理異常的治療，可以提供各種有益的資訊，同時可以防範患者舊病復發。

四、心理治療專業人員組成工作團隊

一般精神科醫院或社區心理健康中心，其從業人員至少包括：精神科醫師、臨床心理師、諮商心理師、心理衛生護士與社會工作人員等。心理異常的治療工作，無法僅由某一類專業人員就可發揮完整的效果。精神科醫師主要負責精神病理之診斷，並提供藥物治療；臨床心理師或諮商心理師負責心理測驗、心理衡鑑、心理診斷、諮商，以及心理治療工作；社會工作人員負責蒐集案主個人的生活歷史資料，以及長期追蹤服務工作。這些專業人員面對棘手的案主，有時需要共同研討治療策略，方能收到最大的治療效果。

本章摘要

1. 心理治療是指，由臨床心理學家，對心理異常者進行心理診斷、諮商與治療的技術。
2. 心理治療的種類很多，大致可歸納成領悟治療、行為治療、認知治療、折衷取向治療，與生物醫學治療等五類。
3. 領悟治療法旨在協助案主徹底領悟自己的心思、動機、情緒，將內心深處的苦楚釋放出來，進而使其心理健全發展。
4. 領悟治療法包括：心理分析治療、案主中心治療、認知治療與團體治療等方法。
5. 佛洛伊德的心理分析治療，可分為五個步驟：自由聯想、夢的解析、抗拒分析、移情分析、闡釋。
6. 新心理分析治療法重視案主的意識層面問題，分析師與案主面對面溝通，以案主當前的問題及人際關係，作為分析的重點。
7. 案主中心治療法強調治療者對案主的支持與鼓勵，幫助案主重視自己的感受和尊嚴，使其重建正確的自我觀念，進而自我接納及自我成長。
8. 心理治療師採用案主中心治療法，必須具備真誠、無條件積極關懷，以及同理心及一致性等條件。
9. 認知治療是由治療師以解說和指導方式，協助案主改正對人、事、物不合理的觀念，產生認知結構的重新整合，進而達到心理治療的效果。
10. 理性情緒治療法認為，心理異常起源於個人非理性的信念，治療的目的旨在協助案主將非理性的思考轉變成理性的信念，困擾的情緒就得以紓解。
11. 團體治療法是由治療師引導團體成員相互激勵、相互觀摩，進而改正自己偏差行為的心理治療方法。
12. 行為治療法是應用學習心理學的原理，來治療案主的不良適應行為。
13. 行為治療法包括：系統減敏感法、嫌惡治療法、代幣法、隔離法、刺激躉足法、洪水法、爆炸法、社會技巧和自我肯定訓練、行為契約法、自我管理等。

14. 折衷取向治療法是兼採各種心理治療法的優點，以收到更好的治療效果。折衷取向治療法最主要的有：完形治療法、現實治療、存在與意義治療、團體治療。
15. 完形治療的主要目的，在提升案主對人、事、物的覺察能力，使自己的觀念、情緒和行為能夠統整。
16. 現實治療的主要目的，在協助案主成為具有理性、自主、自愛，以及負責任的個人。
17. 存在治療與意義治療認為：個人心靈的空虛、生活沒有意義、人生沒有價值感，是造成心理疾病的主要原因。
18. 生物醫學治療包含：生理回饋法、電擊治療、藥物治療等。
19. 在心理治療的新趨勢中，社區心理衛生中心先行診治患者，病情嚴重者再轉介至大型醫院。對患者做長期追蹤服務，由臨床心理師、精神科醫師、社會工作人員等組成工作團隊共同會診，治療效果較為顯著。

Chapter 15

壓力與身心健康

健康對每一個人來說，都是最重要的，如果失去健康，即使擁有再多的財富也是空的。人類有許多疾病起因於壓力與挫折，尤其在生活競爭日益劇烈的工商業社會裡，人們的壓力可說是與日俱增。如何在面對各種壓力時做好調適，是現代人生活上的重要問題。

個人壓力適應良好，有利於身心健康發展，也是邁向成功之路；反之，有些人遭遇到壓力時，會選擇以負面的方式來應付，例如：怨天尤人、自艾自憐、攻擊他人、抽菸、酗酒、使用毒品、退縮、消極、手淫、大量進食、放縱自己為所欲為，甚至犯罪或自殺；這些不當的適應壓力方式，久而久之將導致各種身心疾病，並產生各類偏差行為。

本章的內容主要探討：(1)壓力的理論；(2)壓力的來源；(3)壓力、人格與健康；(4)生活方式與健康；(5)維護心理健康之道。茲分述如下：

第一節　壓力的理論

壹、一般適應症候群

最早對人類心理壓力（stress）作系統研究者，首推心理學者肯農（Cannon, 1932）。他認為，個人在面對各種壓力時，常產生攻擊或逃避的行為，藉以適應生活。到了 1956 年，心理學者薛黎（Hans Selye）深入探討壓力對人類行為的影響，認為個人在面對各種壓力時，會產生**一般適應症候群**（general adaptation syndrome，簡稱 GAS），該症候群包含以下幾個階段（如圖 15-1 所示）：

一、警覺階段

個體面臨各種壓力的初期，心理上感受到威脅，於是處於**警覺階段**（alarm stage）。此時期交感神經系統的運作相當活絡，腎上腺素分泌增加、心跳呼吸加速、血壓升高，生理處於備戰狀態，隨時準備對壓力做反應，以便度過危機。

二、抗拒階段

如果壓力一直持續存在，就進入**抗拒階段**（resistance stage）。此時期個體將大部分的生理功能，用來對抗原來的壓力，生理功能處於高昂狀態。

三、耗竭階段

如果該壓力仍然持續存在，個體無法抗拒，則進入**耗竭階段**（exhaustion stage）。這個時期個體喪失適應能力，身心疲憊，體能消耗殆盡，嚴重者可能導致死亡。

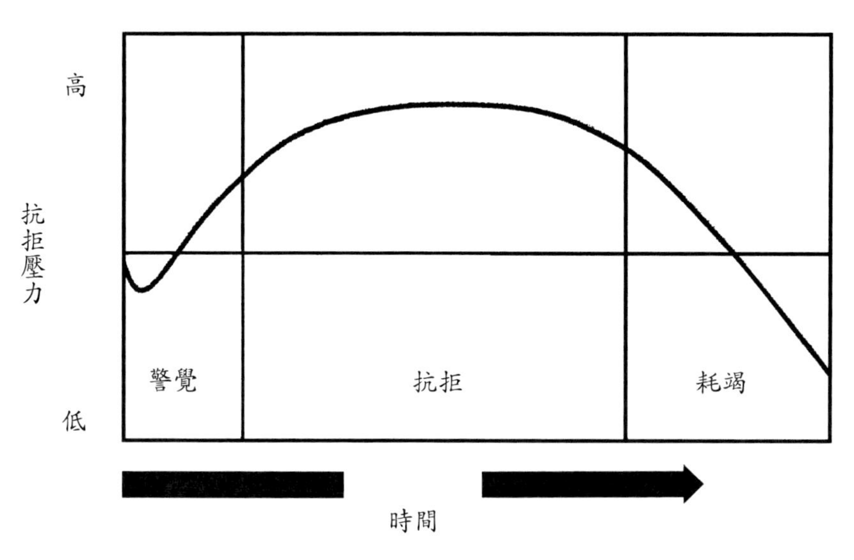

圖 15-1　抗拒壓力的心理歷程

薛黎所提出的一般適應症候群理論，只能解釋人類適應生活壓力的部分現象，並不能對壓力的調適做普遍性的推論；因為在相同壓力之下，個人對於壓力的認知並不一致，因而產生不同的壓力，不過該理論仍有助於了解壓力導致疾病的關係。近年來，結合心理、大腦與免疫學的**心理神經免疫學**（psycho-neuroimmunology，簡稱PNI）認為，太大的壓力會過度刺激免疫系統的運作，導致感冒、過敏、皮膚病、關節炎等疾病，如果強大壓力一直存在，個人又無法有效調適，就有可能導致腫瘤或癌症的發生。

貳、壓力認知理論

個人對**壓力源**（stressor）的知覺，是造成心理壓力的主要原因（Croyle, 1992; Lazarus & Folkman, 1984; Tomaka, Blascovich, Kelsey, & Leitten, 1993）。拉哲陸斯（Lazarus, 1993）將人類心理壓力的歷程，分為四個階段：第一階段為壓力源的出現；第二階段為個人對壓力衝擊，作**初步評估**（primary appraisal）；此時如果評估壓力確實會對自己構成威脅，則進入第三階段：個人對壓力作**次級評估**（secondary appraisal），並決定對壓力源採取應對措施；如果個體傾全力應付壓力之後，壓力仍然持續存在，就進入第四階段，於是就會產生長期壓力。這個階段個人在生理方面，會出現自主神經系統亢奮，內分泌增加；情緒方面出現焦慮、恐懼、憤怒、悲傷、憂鬱、急躁不安等特徵；在行為方面，可能以問題為核心，力圖謀求解決之道或採取非理性方式來面對壓力事件。

參、壓力與行為反應

一、攻擊

一般人在壓力之下，容易表現出肢體或言語的攻擊行為。多勒等人（Dollard, Doob, Miller, Mowner, & Sears, 1939）曾提出**挫折攻擊假說**（frustration-aggressive hypothesis），該假說強調，一個人在遭遇到重大的挫折之後，為了發洩心中的憤怒，於是容易產生攻擊行為。根據佛洛伊德的精神分析理論，攻擊行為可以使不愉快的情緒得到發洩。可是，如果攻擊他人容易導致人際之間的衝突，反而會因此升高心理壓力。

二、放縱自己

有些人在巨大壓力之下，表現出一些自暴自棄的放縱行為，例如：酗酒、使用禁藥、嚼食檳榔、吸菸、暴飲暴食、亂花錢、犯罪等。

三、退縮

有些人遭遇壓力時，就從社會人際關係中退縮下來，表現出恐懼、沮喪、退縮或幼稚的行為，例如：某生犯錯被老師責罵後，從此不敢去向老師請教問題。

四、自我防衛

大多數人在面對壓力的情境之下，就以自我防衛的方式來應付壓力。自我防衛方式包括：壓抑、投射、合理化、認同作用、反向作用、否認、隔離作用、抵消作用、昇華、過度補償、幻想等。自我防衛方式雖然可以使人短暫的防禦焦慮或罪惡感，可是如果壓力一直存在又無法得到紓解，就容易產生疾病。

肆、壓力對工作的影響

人在日常生活中的情緒難免起伏不定，例如：學生在面臨考試時，會產生考試焦慮；焦慮愈高，考試成績通常愈差，因為焦慮對記憶力與注意力會產生干擾（Sarson, 1984）。情緒高昂對簡易工作的表現較為有利，可是對複雜工作的表現較為不利（Mandler, 1993）；換言之，保持適度的情緒狀態，所產生的工作效率較佳。

個人在強大壓力情境之下，注意力容易降低，導致工作表現不佳。許多大型的球類比賽，地主隊在開賽不久勢如破竹，常有傲人的佳績出現，可是到了比賽接近結束時，由於在鄉親熱情加油之下，造成非贏不可的極大心理壓力，因此常以失敗收場。

一個人長期存在的壓力，容易使其產生疲勞、無力感、無助與無奈，進而產生**倦怠**（burnout）。此時，個人會覺得工作毫無意義、士氣低落，生產力與工作績效降低。在高度工業化的社會裡，人們長期扮演某種角色，其所承擔的工作壓力，就很容易產生職業倦怠感，尤其以助人專業者，例如：教師、律師、護士等，比較常見。此外，長期或突如其來的巨大壓力，容易使人產生心理異常問題，例如：失眠、做惡夢、憂鬱、精神官能症等，嚴重者可能導致精神崩潰。

第二節　壓力的來源

壓力的來源相當多樣與複雜，有一些壓力源只會使人產生短暫的壓力，但另有一些壓力源則會使人產生長期的壓力，例如：慢性病、貧窮、失業、身心障礙等。壓力的來源，大致可以分為以下幾類：

壹、生活改變

在日常生活中，難免會遇到一些不愉快的事件，使得自己的生活作息改變，進而產生壓力，例如：學業成績不及格、工作上的挫折、親人死亡、重大車禍、財物失竊、失業、離婚等。各種不愉快事件，對個人所造成的壓力不完全相同。賀梅斯與拉喜（Holmes & Rahe, 1967）設計了一份「**社會再適應量表**」（Social Readjustment Rating Scale，簡稱 SRRS），該量表包含四十三項重大生活事件，然後請一群人對這些不愉快事件分別加以評分（最高 100 分），結果如表 15-1 所示。由該表來看，在各種生活壓力事件中，以配偶死亡所產生的壓力最大，離婚次之，分居再次之；可是結婚、渡假、過聖誕節等令人歡樂的事件，也會使人產生心理壓力。

表 15-1 社會再適應量表

等第	生活事件	評分	等第	生活事件	評分
1	配偶死亡	100	23	子女離家	29
2	離婚	73	24	訴訟	29
3	分居	65	25	個人有傑出成就	28
4	牢獄之災	63	26	太太就業或離職	26
5	親人死亡	63	27	初入學或畢業	26
6	個人受傷或生病	53	28	改變生活條件	25
7	結婚	50	29	調整個人習慣	24
8	失業	47	30	與上司不和	23
9	離異夫妻恢復同居	45	31	改變工作時間或環境	20
10	退休	45	32	搬家	20
11	家庭有人生病	44	33	轉學	20
12	懷孕	40	34	改變休閒方式	19
13	性關係適應困難	39	35	改變宗教活動	19
14	家庭添新成員	39	36	改變社交活動	18
15	事業重新整頓	39	37	小額貸款	17
16	財務欠佳	38	38	改變睡眠習慣	16
17	親友亡故	37	39	家人團聚減少	15
18	改換行業	36	40	改變飲食習慣	15
19	夫妻爭吵加劇	35	41	渡假	13
20	借貸巨大金額	31	42	過聖誕節	12
21	貸款抵押品被沒收	30	43	不慎觸犯法律	11
22	改變工作職位	29			

資料來源：採自 Holmes 與 Masuda（1974）

貳、生活瑣事

俗語說：「人生不如意的事情，十常八九。」每個人在日常生活中，時常有許多瑣碎的事情，讓自己無法逃避，如果這些事件愈多，且存在時間愈久，就會對身心構成壓力，以下列舉幾項容易造成心理壓力的瑣事：

一、家庭支出方面

每個家庭都有食、衣、住、行、教育、醫藥、納稅、娛樂、交際應酬等生活費用的支出，如果因為經濟困難無法順利開支，而必須向他人借錢度日，就會有相當沉重的壓力。

二、工作與職業方面

除非家財萬貫，否則每個家庭都需要靠工作的收入來維持生計。在生活競爭激烈的今日社會，分工日益精細，個人若未能具備特殊的職業技能，隨時都有面臨失業的可能，這正說明工作帶來的心理壓力。工作負荷過重、經濟不景氣放無薪假、工作不穩定、上司要求嚴苛、長期加班、工作危險性高等，都容易造成心理壓力。

三、身心健康方面

俗語說：「花無百日紅，人無千日好。」人難免會生病，在家庭成員中，若有人身心不健康甚至久病不癒，難免相處不愉快與不和諧，甚至造成衝突，心理壓力自然產生。

四、時間分配方面

現代社會生活分秒必爭，時間就是金錢，每天有忙不完的事，時間不夠支配與不容易掌握，都會造成很大的心理負擔，例如：晚一分鐘到達車站，車子已經開走；大學入學招生考試遲到二十分鐘，就不准進場；交通擁擠、塞車造成遲到，也是日常生活的夢魘。

五、生活環境方面

在高度工業化的社會中，居住在城市的人，遭受擁擠與環境污染日益嚴重。除了空氣、噪音、水、農藥等污染之外，不良廣告、書刊、攤販、光碟、垃圾、電腦網路、媒體等污染，也隨著社會劇烈變遷而日漸惡化，對於每天必須面對這些污染的人來說，就感到壓力沉重。

六、生活保障方面

在古代農業社會裡，有大家庭的庇護，生活保障自然不成問題。可是在今日社會，小家庭到處可見，萬一負擔家庭生計的主人傷亡、失業、生重病，全家生活就會頓時失去保障。因此，必須參加保險、儲蓄、退休金籌措、追求高待遇等，這些也都將造成很大的心理壓力。

參、不可預測的因素

俗語說：「天有不測風雲，人有旦夕禍福。」人力不可以抗拒的事情時有所聞，這些事情常常使人產生重大的心理壓力，例如：颱風、洪水、海嘯或大地震毀壞家園、車禍造成重大傷亡、火災燒毀家產、飛機失事導致旅客罹難等，這些重大的打擊使人措手不及，亦使案主或家人產生莫大的壓力。

在日常生活中，已經有許多事情是自己無法掌控，若又遇到突如其來或不可預料的事件，往往帶來極大的心理壓力，例如：即將接受大手術、國際局勢詭譎多變、婚姻能否幸福美滿、能否順利升學或就業等。生活在這些不確定的情境下，也會使人產生心理壓力。

肆、人為的災禍

在犯罪、暴力、罪惡充斥的社會裡，人們隨時隨地都可能遭受攻擊與侵犯，無形中使人產生莫名的壓力，例如：媒體報導割喉之狼、核子反應爐故障導致核能外洩、工廠毒氣外洩、戰爭爆發、飛機失事，以及重大車禍等。

伍、挫折與衝突

一、挫折

挫折（frustration）是指，個人的動機或期望受到個人或外在因素的阻礙，而產生挫敗感，且產生諸如：焦慮、煩惱、困惑、憤怒、冷漠、退化、攻擊等行為。個人因素包括：自己的外貌、身高、體能、智力、人格、興趣等；外在因素則包括：其他人、事、物、社會習俗、社會制度、國際關係等。

在個人日常生活中，隨時都可能遇到挫折的情境，因而產生挫折感，例如：自己體能的限制或缺陷，無法參加升學或就業考試，這屬於個人因素而產生的挫折；交異性朋友遭父母反對，這是因他人而生的挫折；用功讀書成績仍然不佳，這是由事而生的挫折；車輛半途故障，使得上班或上課遲到，這種挫折來自物體；婚、喪、喜、慶，必須選擇黃道吉日，而擔誤了自己的工作計畫，這種挫折來自社會習俗；學校暑假不開課，必須到下學年才能重修不及格的課程，這是教育制度所造成的挫折；敵人的威脅、青年男子都要服兵役，這種挫折來自政治或國際關係。挫折使人無法順利達成生活目標，挫折愈多，壓力就愈大。

個人遭遇挫折時，如果失去理性而使用偏激的言行，缺乏高的**逆境商數**（adversity quotient，簡稱 AQ），這樣就容易產生更大的挫折。

二、衝突

衝突一詞，為**心理衝突**（mental conflict）的簡稱。當個人同時懷有兩個或兩個以上的動機，而無法同時獲得滿足時，所產生的心理困境就稱為衝突。心理衝突至少有以下幾種：

（一）雙趨衝突（approach-approach conflict）

當兩個動機促使個人追求兩個目標，但是因為某種條件的限制，只能在這兩個目標當中選擇其一，就會產生雙趨衝突，例如：魚與熊掌不可以兼得、買機車就沒錢買電腦。當這兩個目標對個人的吸引力相同時，個人的心理衝突最大。

（二）雙避衝突（avoidance-avoidance conflict）

兩個目標同時都是個人所討厭的，但必須接受其中一個時，就會產生雙避衝突，例如：醫師告訴患者，吃苦藥或打針要任選一種，這時患者即會產生雙避衝突。雙避衝突對個人造成的壓力，比其他衝突較大。

（三）趨避衝突（approach-avoidnace conflict）

當個人心目中只有單一目標，可是同時擁有想趨近與厭惡（或逃避）的心理，在這兩難的心理困境中，就會構成趨避衝突，例如：想吃巧克力，可是怕胖；考試想作弊，但是擔心被監考人員發現。這種趨避衝突，在日常生活中最常見。

（四）雙趨避衝突（double approach-avoidance conflict）

當個人同時處於兩個想趨近，與兩個想避之的目標時，但個人只能在這些目標之中選擇其一，此時的心理困境屬於雙趨避衝突，例如：某君有兩個非常要好的異性朋友，其一貌美但是學歷低，另一外貌不雅但是學歷高，當他要選擇其中一名作為結婚對象時，其心理困境就是屬於雙趨避衝突。

（五）多趨避衝突

當個人有多個動機，促使其在行為上同時追求多個目標，而這些目標有的具有誘己性，但同時又具有威脅性，惟礙於形勢，在這困境中只能選擇其一時，就可能形成多趨避衝突，例如：某君畢業後求職，有三個工作機會：其一，待遇高，但是離家遠，工作又繁重；其二，待遇低，可是離家近，工作又輕鬆；其三，待遇普通，但升遷機會較大。在其做選擇時的心理矛盾困境，就是屬於多趨避衝突。

第三節　壓力、人格與健康

壹、壓力對生理的影響

個人在承受心理壓力時，大腦將壓力訊息傳遞到內分泌系統，分泌出各種激素，其路徑如圖 15-2 所示。由該圖可知，壓力促使大腦下視丘激發自主神經系統交感部分，繼而促使腎上腺分泌增加，個人乃處於攻擊或逃避的反應狀態，結果導致心跳加速、呼吸急促、流汗增多、血液快速流向肌肉，使得肌肉力量大增、心智活躍及注意力集中。

壓力同時會促使腦下垂體分泌增加，刺激副腎皮質分泌激素，結果導致蛋白質與脂肪消耗，力量大增，自動減少身體的組織發炎。此外，重大壓力會改變身體的免疫力，降低抵抗疾病的能力；同時，亦會影響大腦神經傳導物質的正常運作，進而產生憂鬱、失眠、偏頭痛等現象。

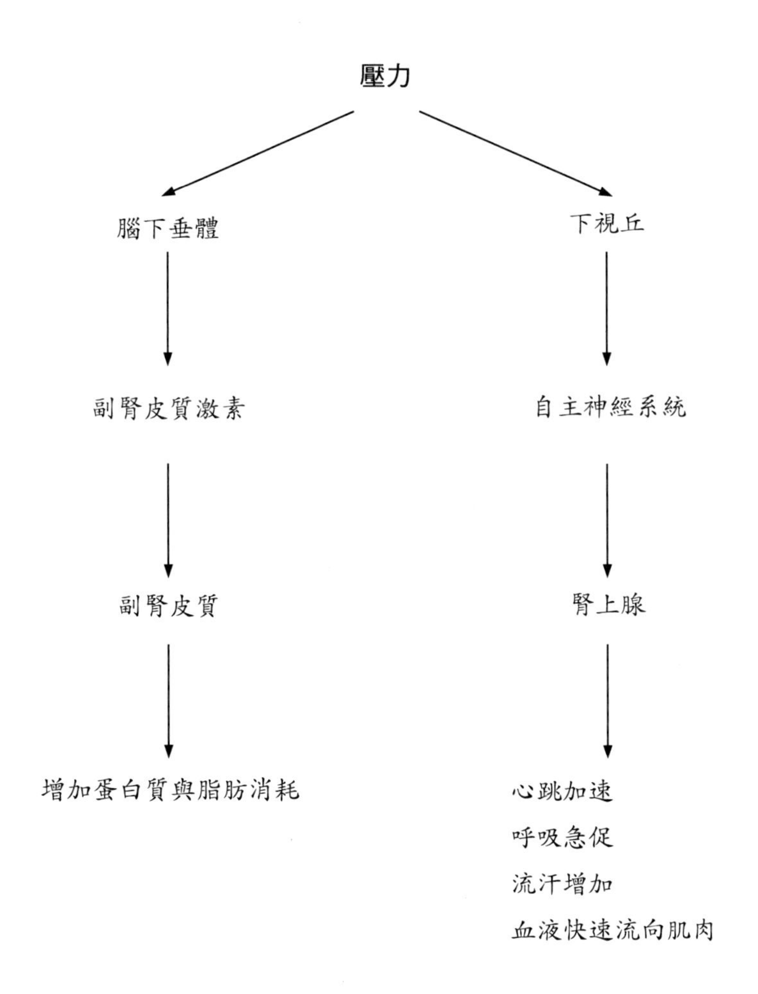

圖 15-2　壓力對身心影響的路徑

貳、壓力對身體健康的影響

在 1930 至 1940 年之間，許多心理學家認為，心理壓力容易使人情緒惡化，因而產生各種疾病，例如：心臟病、腸胃潰瘍、氣喘病、皮膚病、偏頭痛等。到了1970年代，有心理學者更發現：中風、肺結核、風濕性關節炎、糖尿病、白血球過多症（血癌）、癌症、過敏症、傳染性疾病、長期背痛、性無能、難產、疝氣、青光眼、陰道感染、疱疹、甲狀腺腫大、血友病、盲腸炎、便秘、牙周病、感冒等疾病，也都是由於壓力過大所引起的（Elliott, 1989）。

茲舉二個例子如下：

有一位大學女生，從小就罹患氣喘病，看過許多中西醫師都無法痊癒，尤其上大學之後，氣喘病更嚴重。經過心理師多次晤談之後發現，這位女大學生離開家之後，氣喘變得比較嚴重，是因為她擔心媽媽會去自殺，而產生更大的不安全感。案主回憶小時候父母常吵架，好幾次媽媽哭泣的時候就揚言要去自殺，使得她內心非常恐懼與焦慮；可見她的氣喘病與幼年時期的重大壓力有關。臨床心理學者認為，氣喘就是代表**小聲哭泣**（small crying）或內心的吶喊，她的氣喘病不是生理上的因素；因此經過幾次心理治療之後，就不藥而癒了。

1976年，賈伯斯（Steve Paul Jobs, 1955-2011）在車庫創辦蘋果公司。他出生在敘利亞，後來移民至美國，出生時就被人收養，至死不願與生父相認，可見他對父親有很大的怨恨。他曾在史丹佛大學（Stanford University）畢業典禮上，述說他生命中的三個故事，包括輟學、被迫離開自己一手創辦的蘋果公司（1978年股票市值達近十八億美元），以及罹患胰臟癌，最後他以正值壯年的五十六歲英才早逝，震驚全世界。由此可見，賈伯斯罹患癌症與其心理壓力過大，有密切的關係。

近年來，有一些人因為工作時間過長，又經常超時加班，壓力過大導致過勞死，使得過勞死有逐年增加的趨勢。這種人大多是因為心臟病發作而猝死，其中以科學園區的高科技新貴、執行長、**高階經理人**（Chief Executive Officer，簡稱CEO），或長時間從事學術研究工作者居多。

參、人格類型與疾病

一、A 型人格

美國心臟病學家佛雷德曼與羅森曼（Friedman & Rosenman, 1974）的研究發現，心臟病患者大多數具有 **A 型人格**（type A personality），這一類型的人具有與人競爭、求好心切、好勝心強、個性急躁、做事求完美、好攻擊、心中懷恨不平、容易憤怒等人格特質；他們的身體總是處於緊張狀態，這種人在都市化的工商業社會中最常見。由於生活中有許多機會，凡事都要競爭，勝者生存，敗者淘汰；在這樣重大的生活壓力情境之下，內分泌腺會分泌出有毒的物質。如果一個人在壓力很大的情境之下，又有抽菸習慣、喜歡喝酒、或者過度肥胖又缺乏運動，就容易罹患冠狀動脈心臟病，包括：高血壓、狹心症、心肌梗塞、心律不整等，嚴重者會導致死亡。根據斐利曼與高曼（Friedman & Goodman, 1992）的研究發現：A 型性格者罹患心臟病的機率，是 B 型性格者的六倍。

二、B 型人格

B 型人格（type B personality）與 A 型人格相反。具有 B 型人格特質者，凡事從容不迫、悠閒自在、怡然自得、一切隨緣、與世無爭、對名利看得很淡薄、生活步調緩慢、工作的態度比較輕鬆、不會有罪惡感，對自己的成就容易感到滿足，這種人比較不會罹患心臟病或高血壓。

三、C 型人格

C 型人格（type C personality）特質者，凡事自我克制、服從權威、循規蹈矩、追求完美、自我犧牲、做事有耐心、相當理智、注意細節、常吃悶虧、遭受不公平對待時，不願表現憤怒或不滿的情緒；這種人長期壓抑自己的情緒，容易罹患癌症，而且患病後病情容易迅速惡化。

四、D型人格

D型人格（type D personality）特質者，凡事容易悲觀、憤世嫉俗、**苦惱**（distress），任何一點風吹草動都易緊張、焦慮不安，總覺得不幸的事情會降臨到自己身上，這種人比較容易罹患心臟血管疾病。

一般人都有生病的經驗，大多數人也都希望以後不要再生病，但是為什麼無法避免？根據社會心理學者巴森氏（Parsons, 1979）的研究，不少患者因為生病時，可以得到他人的注意、同情、關心，甚至可以獲得他人贈送不少禮物，因此造成其在潛意識裡，期望再生病。這類患者常有頭痛、胃痛、喉嚨痛、背痛、腹瀉等輕微的疾病。由於患者的病因來自心理因素，而非器官的病變，因此採心理治療來減輕或消除其心理壓力，才是根本之道。

第四節　生活方式與健康

身體健康是心理健康的基礎，對每個人而言，健康是最重要的；但許多不良的生活習慣有礙身心健康，身體健康若亮起紅燈，就會產生很大的心理壓力。生活在工商業社會的人們，因工作相當忙碌，生活競爭劇烈，因此常過著熬夜的生活，這種違反早睡早起自然律的作息方式，對健康相當不利，許多疾病都是由此產生。

今日許多大學生，平時即使沒有課業壓力，也過著「夜貓子」的生活，這對自己的健康，可說是弊多利少。這種生活型態如果不加以改變，年輕時或許尚不覺得有何害處，長此以往，過了中年可能百病纏身，實在值得我們警惕、注意。因此，想要擁有健康，就必須先養成良好的生活習慣，例如：不吸菸、不酗酒、適度運動、不嚼食檳榔、良好飲食習慣，茲分別簡述如下：

壹、不吸菸

吸菸有礙身體健康，是眾人皆知的事。一般來說，吸菸者比不吸菸的人早死。三十歲的青年人如果每天吸二包香菸，其壽命比不吸菸的同年齡者少活八年（Hammond & Horn, 1984）。因為長期吸菸的人，罹患肺癌、支氣管炎、口腔癌、食道癌、胃癌、十二指腸潰瘍、肝硬化、心臟病、膀胱癌、腎臟癌等疾病的機會，比正常人高出好幾倍（Fielding, 1985; McBride, 1992; Newcomb & Carbone, 1992）。

吸菸者在喝酒、咖啡，以及不健康食物的消費上，也比一般人較多，對其健康也有相當不良的影響。吸菸不但對自己健康不利，同時對家人、同事，以及其他吸入二手菸的人，也容易造成各種疾病，最常見的是肺癌，其次為呼吸系統的疾病。惟戒菸成功者，通常在五年之後，其身體健康大多有好轉的現象（Samet, 1992）。不過，根據許多學者的研究，大多數吸菸者，戒菸成功者約四分之一而已。由此可見，拒絕吸菸才是明智之舉。

貳、不酗酒

喝酒是交際應酬常見的行為，喝少許的酒可以增進胃口、促進血液循環；但是，如果經常大量喝酒，會傷害大腦神經系統及血液循環系統。許多嚴重車禍都是酒後開車所造成的，因為喝酒過量會造成意識不清、精神恍惚，甚至於酒後亂性。

有些人遇到挫折或壓力時，就借酒澆愁，雖然喝酒可以使人暫時忘掉煩惱，可是酒醒之後，煩惱的事情仍然存在，沒有任何幫助；如果再以喝更多的酒，來作為解除煩惱的方法，久而久之就容易上癮。

酗酒者常有犯罪傾向，戒除相當不容易，而且其學業、工作，甚至婚姻、家庭，都會受到嚴重影響，因此，他們常漸漸變成社會的邊緣人或者遊民。有的患者也可能會發生肝硬化，合併食道靜脈瘤破裂大吐血，對個人身心健康與對他人的傷害，是難以估計的。

參、適度運動

一、運動的好處

1. 可以促進血液循環，減少心臟血管疾病的發生，降低高血壓。
2. 規則性運動可以消耗體內貯存的多餘熱量，達到減肥的效果，進而預防糖尿病以及呼吸系統的疾病。
3. 多運動可以減少結腸癌、乳癌及其他癌症的發生（Blair, Kohl, Gordon, & Paffenbarger, 1992）。
4. 運動使人減少由壓力所產生的各種疾病，對降低憂鬱亦有幫助。
5. 參加團體式的運動，可以增進人際之間的交往與溝通，對於降低焦慮、緊張不安、憂鬱，以及增強自我概念等，都有很大的幫助。
6. 運動後，腦中含氧量提高，能釋放出腦內嗎啡，可以增進思考敏銳度與舒適感。
7. 運動可以降低曠職率，增加工作滿意度。

二、運動的方式

運動可以預防甚至治療許多疾病，適合各年齡層的運動，包括：**有氧運動**（aerobic exercise）、慢跑、騎腳踏車、體操、游泳、打太極拳、划船等。

三、運動需要注意的事項

1. 空氣污濁的地方不適合運動。
2. 飯後或睡前不可做劇烈運動。
3. 心臟病患者不可做劇烈運動。
4. 孕婦較適合的運動是散步。
5. 老年人不適合長期劇烈運動。
6. 要避免運動傷害，注意關節及肌肉不受扭傷。

肆、不嚼食檳榔

根據行政院衛生署的統計，2007 年全台灣嚼檳榔的人數，約占全部人口數的十分之一。這些紅唇族罹患口腔癌或舌癌的機率，約為正常人的十幾倍。雖然嚼少許檳榔有提神的作用，但是對人體健康的危害是相當大的。

伍、良好飲食習慣

俗語說：「病從口入」，不良的飲食習慣會傷害身體健康。飲食方面應注意以下幾項：

1. 不宜大量攝取乳酪、蛋、牛油、香腸、油炸食物等，以免造成心臟病。
2. 避免大量攝取烤焦、發霉、過期，或有農藥殘留的食物，以免導致癌症。
3. 避免攝取高鹽分的食物，以免造成高血壓。
4. 少攝取熱量過高的食物，以免造成肥胖。
5. 要吃含有鈣質的食物，以免產生骨骼方面的疾病。
6. 一個成人每天大約需要喝 2,000 CC 的開水。
7. 多攝取蔬果高纖維的食物，對身體健康很有幫助。
8. 三餐飲食均衡，正餐以外少吃零食。
9. 盡量少喝或不喝酒，以免傷害肝臟。
10. 不暴飲暴食，以免傷害胃腸。

陸、健康長壽的要領

健康長壽是大多數人的願望，人類壽命的極限大約一百二十歲，但是為何許多人都活不到八十歲？根據「世界衛生組織」（簡稱 WHO）的研究報告，個人的健康和壽命，有 15%決定於遺傳，10%決定於社會因素，8%決定於醫療條件，7%決定於氣候影響，60%決定於自己。如果一個人很長壽卻不健康，這種人活得辛苦，家人也跟著辛苦。日本人長壽的三個秘訣：生活簡單、快樂生活、與人分享。高加索有許多一百歲以上的人瑞，探詢他們長壽的秘訣：運動、無憂、無慮。綜合上述，健康長壽有以下幾個要素：

1. 心平氣和，處世樂觀。
2. 飲食節制，營養適量。
3. 生活規律，起居正常。
4. 運動適量，持之以恆。
5. 根據體質，適度滋補。

根據英國太陽報的報導資料，一個人的壽命估計，如表 15-2 所示。

每個人都希望自己長壽，然而即使再注重飲食健康和運動健身，也很少有人能保證自己可以健康到老。近日，美國紐約醫學院精神醫學專家在美國《老人學家》雜誌上的文章指出，在調查了一百名九十歲老人的生活狀況後，發現活過九十歲的人，通常有以下幾項共同特徵：

1. 到中年時未罹患過重大疾病。
2. 沒有罹患老年癡呆症。
3. 身材中等，體重適中。
4. 理解力強，記憶力好。
5. 獨立自主，無憂無慮。
6. 懂得享受生活，個性樂觀，且有幽默感。
7. 適應能力強，喜歡多變化的現實生活。
8. 每天知足常樂。
9. 有宗教信仰與精神寄託。
10. 飲食以高蛋白質與低脂肪食物為主。
11. 一生中很少吃藥。
12. 不吸菸，喝酒只是小酌淺嚐。
13. 多數人有喝咖啡的習慣。
14. 平時有適度的運動。
15. 個性樂觀，能將危機視為轉機。

表 15-2　壽命的估計

1. 已結婚男人	＋3 年
2. 已結婚女人	＋0 年
3. 壓力大	－3 年
4. 獨居	－0.5 年
5. 每晚睡眠少於六小時	－1 年
6. 經常超時工作	－1 年
7. 一天抽十支菸	－1 年
8. 一天抽四十支菸	－15 年
9. 每天喝茶	＋0.5 年
10. 每天喝咖啡	－0.5 年
11. 每天喝三罐以上啤酒	－7 年
12. 每天喝三杯酒	－7 年
13. 每天喝四杯紅酒	－7 年
14. 沒用牙線清潔牙齒	－1 年
15. 經常日光浴	－1 年
16. 過度肥胖	－5 年
17. 每天吃紅肉	－3 年
18. 經常吃垃圾食品	－2 年
19. 經常吃零食	－1 年
20. 一天吃糖果超過一次	－1 年
21. 不做運動	－1 年
22. 每天運動超過三十分鐘	＋5 年
23. 癌症檢查	＋1 年
24. 輕微高血壓	－1 年
25. 溫和高血壓	－5 年
26. 非常高血壓	－15 年
27. 高膽固醇	－2 年

資料來源：英國太陽報

綜言之，影響個人健康與疾病的因素，大致可以分為四大類：第一類為心理因素，包括：壓力、應付壓力的技巧、人格特質、對疾病的心理反應；第二大類為生活方式；第三大類為生理因素，包括：生活環境、免疫力、遺傳因子；第四大類為社會因素，包括：環境與公共衛生、衛生教育、醫療體系、污染防治、社會支持等。健康就是財富，為了身心健康，個人應注重上述因素；此外，定期接受健康檢查，是非常有必要的，如果覺得身體不適，應早日接受合格醫師的診斷與治療，這樣才能夠長保健康。

第五節　維護心理健康之道

俗諺說：「人生不如意的事情，十常八九。」每一個人在日常生活中，難免會遭遇到各種壓力與挫折，因而影響心理，為了消除心理的焦慮不安，就採取各種心理防衛機制。一般人常使用以下的自我防衛機制：壓抑自己、生氣、將自己的過錯推給他人、否認不愉快事情的存在、轉移問題的焦點、以不理性的方式去應付問題、對自己的失敗找藉口、討好他人避免被懲罰、行善事抵銷自己的過錯、逃避問題。以上各種自我防衛機制，雖然可以讓自己暫時解除心中的焦慮，但並不是最好的辦法。因為壓抑自己容易造成心理的創傷；把過錯推給他人，他人通常無法接受，而導致人際關係的惡化，甚至受到他人的報復；轉移問題焦點與否認不愉快事情的存在，只是一種駝鳥心態。

壹、心理健康者的特質

一、對現實有適當的知覺

正常的人能對自己的能力或環境，做適度的評價。這種人不怨天尤人，也不低估或高估自己的能力，能夠以客觀的態度，來分析現實的一切事物。

二、有自知之明

一個良好適應的人，能夠覺察到自己的動機和感覺，不自欺欺人。凡事有自知之明，能將自己的心思意念充分表達出來，對自我有深入的了解。

三、有控制自己行為的能力

雖然正常人也會生氣、衝動，以及表現出情緒性行為，但是能夠管理與約束自己，而不致於做出違反社會倫理道德規範的行為。

四、自尊和自我接受

一個良好適應的人，能夠自尊、自重、自愛，為周圍的人所接受，並具有良好的人際關係，為他人所敬重，但不盲從他人。此外，能接受自己的優缺點，不會有嚴重自卑感，能接納自己的一切。

五、有和諧與和睦的人際關係

一個正常的人，能夠和他人維持和諧的人際關係，不只追求自我需求的滿足，也會關心他人的需要、了解他人的感受，主動關懷且幫助他人。

六、工作能力

一個正常的人能熱衷於自己的工作，生活充滿朝氣與活力；反之，不正常的人對自己的工作感到厭煩、厭倦，經常轉換工作，注意力不集中，工作效率很差，甚至時常發生意外事件。

貳、維護心理健康的作法

俗語說：「天有不測風雲，人有旦夕禍福」，世界上本就有很多事，個人無法預料，也無法掌控，甚至無法避免。每個人在人生旅途中，都難免遭遇到各種壓力，如何因應以利於自己的身心健康，就成為相當重要的課題。對付壓力的方法很多，除了運動、吃美食、唱歌、旅遊、泡湯、看畫展、音樂欣賞、按摩之外，還有以下幾種作法：

一、針對問題尋求解決之道

有些人遇到壓力就採取逃避的因應方式，轉移注意力不願去面對問題，或以喝酒、嗑藥來暫時忘掉煩惱，這種駝鳥心態使得煩惱的問題一直存在，甚至導致嚴重的後果。另外，有些人遇到壓力時，即採取**情緒中心因應**（emotion-focus coping），也就是轉移焦點，以情緒化來面對問題，例如：某生學業成績不及格，就怪罪老師評分不公正。以上兩種因應方式都無助於解決問題。

針對問題就是找出壓力來源的癥結所在，尋求解決問題的方法，以理性的態度來處理各種難題，也就是**問題中心因應**（problem-focus coping），例如：某生修習微積分，學期成績不及格，而該學科是必修科目，如果不及格就無法畢業，於是產生心理壓力；為了消除該壓力，該名學生至少可以對壓力源進行分析，如自己的學習方法是否正確？學習動機是否強烈？不懂的地方有無請教老師或同學？如能針對壓力源去克服，困難的問題自然能夠迎刃而解，壓力也會消失於無形之中（楊語芸、張文堯譯，1997）。如果困擾問題自己都無法解決，宜尋求專業人員的協助。

二、視危機為轉機

許多壓力事件是個人無法避免的，例如：追求異性遭拒，如果在遭遇到此挫折與壓力時，就以藉酒澆愁或使用迷幻藥來麻醉自己，或去報復對方，結果只會帶來更大的壓力，這絕非解決壓力的好辦法。在這種情況之下，不必怨天尤人或坐以待斃，應換個角度去看問題，以樂觀的態度去面對，往往可以達到消除壓力的功效。

在一生當中，每個人都難免遭遇各種困難與挫折，在經歷挫折煎熬之時，其實是成功的契機，就好像黑夜之後黎明就會到來。要相信「事在人為」，要檢討失敗的原因，一切信任自己、肯定自己，不畏懼、不退縮、不怨天尤人，腳踏實地一步一步向前行，相信任何困難都可以克服。只要心中充滿希望，並持續為生活目標而奮鬥，再艱難的日子也總有結束的時候，最後就能夠享受成功的果實。

若遭遇失敗與挫折，即感到沮喪、自我責備、怨天尤人、埋怨上天或怪罪他人，其實並沒有任何幫助，例如：有人認為中途輟學就沒前途，而放棄自己，但其實世界上有許多名人，例如：微軟創辦人比爾．蓋茲（Bill Gates）、蘋果電腦執行長史蒂夫．賈伯斯（Steve Jobs）、Facebook創辦人查克伯格（Mark Zuckerberg）、美國著名建築師萊特（Frank Lloyd Wright）、女神卡卡（Lady Gaga）、大導演詹姆斯．卡麥隆（James Cameron）、史上最成功的高爾夫球選手德瑞克．老虎．伍茲（Eldrick "Tiger" Woods）、好萊塢演員湯姆．漢克斯（Tom Hanks）等人，都曾經輟學過；又如，林書豪經歷過許多挫折，遭遇很多的冷落與屈辱，如今在美國NBA籃球賽有傑出表現，而他們的人生都仍大放異彩。

如果生了重病或得了癌症，不要認為必定會死，而是要改變自己的生活習慣、人生觀，以及做好情緒管理，秉持要活下去的堅強意志力，如此才能戰勝病魔、重獲健康。當遇到重大天災人禍，要主動尋求社會支持，必定有善心人士會伸出援手。如果事業失敗或失業，要仔細分析自己失敗的原因、建立好人際關係，不斷充實自己，以獲得專業證照，仍可以開創美好的未來。

三、多關心與參與自身以外的事務

俗語說：「助人為快樂之本」，一個人應多去關心外在環境的一切，不要只把焦點放在自己身上，就會發現世界上還有很多人比自己更不幸，相比較之下，也可以減輕自己的心理壓力。此外，參與各種社團活動、廣交朋友，讓自己有訴苦的對象，讓朋友協助你解決所遭遇的困難，主動積極參與社會活動，擴展生活層面，多去助人與服務人群，也可以達到紓解壓力的效果（陳皎眉，2007）。

四、樂觀積極進取

樂觀的人在面對困難問題時，會採取**正向思考**（positive thinking）的方式，總是對自己的未來充滿希望，這種人通常身體比較健康。有一項研究發現，樂觀的人在醫院接受大手術之後，復原的速度比悲觀的人快得多；而樂觀的癌症患者存活率比悲觀者高出許多（Scheier et al., 1989）。樂觀的人在面對重大壓力時，比較能夠作良好的適應、比較會主動去尋求他人的協助，同時對壓力事件作出較正面的評價；反之，悲觀的人凡事容易作負面的解釋，沒有解決問題的勇氣和決心，將壓力事件歸咎於命運，致使壓力一直存在，無法去克服。

五、尋求社會支持

社會支持（social support）是指，社會中的個人或團體，例如：配偶、親戚、朋友、同事、同學、社團、教友、鄰居等，對案主提供物質的協助或精神上的支持。社會支持有如汽機車的避震器，當個人遭遇到重大壓力時，具有緩衝壓力與調適壓力的效果。換言之，當個人在強大壓力之下，若能尋求社會支持的力量，一路上有人相伴，可以使人承受較大的打擊。巴隆等人（Baron, Cutrona, Hicklin, Russell, & Lubaroff, 1990）的研究發現：社會支持有益身心健康，可使人提高免疫力，進而產生抵抗疾病的能力，也可使癌症患者與心臟病患者延長壽命，對正常人也具有同樣效果。

個人在一個親密友善的團體中工作，由於同事之間相互關懷與支持，有樂同享、有苦同擔，也可以將壓力化於無形。亞倫等人（Allen, Blascovich, Tomaka, & Kelsey, 1991）的研究發現，有團契式工作伙伴或有知心朋友的人，比較能夠承受大的壓力。此外，有研究發現，飼養寵物的人，比較不需要醫療照顧。

六、做好時間管理

俗語說：「青春年華稍縱即逝，少小不努力、老大徒悲傷。」我們也都聽過：「一寸光陰一寸金，寸金難買寸光陰。」時間一轉眼就過去，而時間一過去就永不復返。天下不論再怎麼有錢有勢的人，都無法阻擋時間的流逝；時間對每一個人來講是最公平的，因為每一個人的一天都是二十四小時。一天扣除睡覺、吃飯、運動、交通、休息的時間，真正能運用的時間大約只有八小時。俗諺說：「勤有功、戲無益。」台灣民間有一句俗語：「小時候不會想，長大不成樣。」到底如何把握時間？請參考以下名言：

1. 不要為已消盡之年華嘆息，必須正視匆匆溜走的時光～布萊希特。
2. 放棄時間的人，時間也放棄他～莎士比亞。
3. 把活著的每一天，看作生命的最後一天～海倫．凱勒。
4. 普通人只想到如何度過時間，有才能的人設法利用時間～叔本華。
5. 只要我們能善用時間，就永遠不愁時間不夠用～歌德。
6. 盛年不重來，一日難再晨，及時宜自勉，歲月不待人～陶淵明。

當有許多工作必須在限定的時間內完成，如果無法達成目標，就會產生壓力。反之，個人做好時間管理，將工作順利完成，就可減輕或消除壓力。時間管理的技巧至少有以下幾項：

1. 依工作的重要性排列優先順序，先完成重要的工作，再完成次要的工作。
2. 將艱鉅的工作，化整為零，逐步加以完成。
3. 將工作安排每日、每週或每月的進度，按進度來執行。
4. 避免浪費時間，舉凡聊天、打電話、交際應酬、看電視等，應盡量縮短時間。
5. 養成今日事、今日畢的習慣。
6. 在一天精力最旺盛、最有工作效率的時段，做最重要的工作。
7. 有些工作可請人代勞，不必凡事都要親自來做。

除了上述對付壓力的方法之外，平時多運動、睡眠充足、樂於助人、凡事感恩惜福、知足常樂、靜坐冥想、培養幽默感與嗜好、多從事戶外旅遊活動、均衡的營養、做全身肌肉放鬆訓練，以及情緒管理等方法，均有益個人解除壓力。個人的心理壓力如果用盡各種辦法仍然無法得到紓解，宜接受專家的心理諮商、輔導或治療。

參、做好情緒管理

每一個人都有情緒，情緒可以使人生過得多采多姿、光輝燦爛；但是，情緒也可以使人生黯淡，使人抑鬱寡歡。情緒會影響個人的生理反應與身體健康，尤其是激動的情緒容易使人的思考失去理性、行為失去控制，因而導致不堪想像的後果；反之，如果情緒表達得宜，可以建立良好的人際關係。一個人如何做好情緒管理，成為情緒成熟的人？以下提出幾點供讀者參考：

1. 了解激發情緒的刺激，避免對該刺激做過度反應。
2. 對激發情緒的刺激做正向思考。
3. 做好情緒適當發洩，避免人身攻擊。
4. 從事運動或有趣而且忙碌的工作，以消耗過多的情緒能量。
5. 將過多的情緒能量加以昇華，使緊張的情緒得到舒緩。
6. 在激起情緒之前，講一些幽默的話，以化解緊張的情緒。

肆、做好三級預防工作

俗語說：「預防勝於治療」，身心要健康，需做好以下三個等級的預防工作：

一、一級預防

一級預防的目的旨在促進個人的身心健康，其主要作法如下：

1. 鼓勵教師參加輔導知能相關研習活動，使教師具備輔導學生的基本能力。
2. 多提供身心健康媒體、書籍，供師生借閱，增加身心健康的知能。
3. 學校提供舒壓中心，充實相關設備，如生理回饋儀，讓學生紓解壓力。

4. 學校提供彈性運用的空間，供學生使用。
5. 學校多舉辦各類活動競賽，使學生多餘的體力能得到釋放。
6. 學生諮商輔導中心辦理身心健康相關講座、工作坊、小團體輔導、影片欣賞、性別平等、生命關懷等活動。

二、二級預防

二級預防的主要目的，在早期預防與早期介入，其主要作法如下：

1. 運用心理健康量表、憂鬱量表、絕望量表、人格測驗，對學生實施測驗，及早做好篩檢工作。
2. 對檢測出需要高關懷的學生，進行個案輔導、諮商以及**追蹤**（follow-up）。
3. 對班級學生實施智力、性向、興趣、價值觀測驗，並提供測驗結果的解釋服務。
4. 請學有專精之心理、諮商、輔導從業人員，對師生提供心理健康諮詢服務。
5. 透過導師轉介或學生主動求助，進行個案諮商輔導服務。
6. 對個案問題邀請相關從業人員，例如：臨床心理師、精神科醫師、諮商心理師進行**案主會議**（case conference），以便對個案的問題有更深入的了解。

三、三級預防

三級預防的主要目的，在防止問題的惡化以及恢復心理健康，其主要作法如下：

1. 對嚴重的個案，例如：憂鬱症、精神分裂症、躁鬱症、吸毒、酗酒等個案，轉介至精神醫療機構，接受專科醫師進一步的診斷與治療。
2. 學校提供師生心理衛生教育、心理健康與諮商。
3. 學校諮商輔導中心的臨床心理師或諮商心理師，對於特殊個案，進行深度晤談或實施心理治療。

本章摘要

1. 個人在面對各種壓力時，會產生一般適應症候群，該症候群包含：警覺、抗拒與耗竭等三個階段。
2. 心理壓力與個人對壓力來源的認知有關。
3. 壓力的來源大致可分為以下幾類：(1)生活改變；(2)生活瑣事；(3)不可預測因素；(4)人為的災禍；(5)挫折與衝突。
4. 壓力與工作效率有關，保持適度的情緒狀態，工作效率較佳。
5. 強大壓力容易使人的注意力降低，工作表現不佳。
6. 長期的壓力易使人產生疲勞、無力感、無助與無奈，甚至產生倦怠感。
7. 壓力會使個人腎上腺分泌增加，導致心跳加速、呼吸急促、力量大增。
8. 個人遭遇到壓力時，有可能產生攻擊、放縱自己、退縮、自我防衛等行為。
9. 許多疾病是因壓力太大所造成的，最常見的有：心臟、胃腸、呼吸、皮膚等系統的疾病，這類疾病又稱為心身性疾病。
10. A 型人格者，做事力求完美，個性急躁、好勝心強，比較容易罹患心臟病。B 型人格者，凡事從容不迫、淡薄名利、與世無爭，這種人比較不會得心臟病。C型人格者，凡事自我克制、服從權威、自我犧牲、常吃悶虧、避免表現憤怒或不滿的情緒，這種人容易罹患癌症。D 型人格者，凡事容易悲觀、憤世嫉俗、苦惱，任何一點風吹草動都很緊張、焦慮、不安，總是覺得不幸的事情會降臨到自己身上，這種人容易罹患心臟血管疾病。
11. 心理衝突的類型：(1)雙趨衝突；(2)雙避衝突；(3)趨避衝突；(4)雙趨避衝突；(5)多趨避衝突。
12. 維護心理健康之道很多，其中以健全自我概念、妥善運用時間、工作與休閒並重、建立良好人際關係、服務人群、培養樂觀積極人格、自我成長等較為重要。

13. 維護心理健康的方法：(1)針對問題尋求解決之道；(2)視危機為轉機；(3)多關心與參與自身以外的事務；(4)樂觀積極進取；(5)尋求社會支持；(6)做好時間管理。
14. 如果用盡各種辦法，仍然無法有效紓解心理壓力，應接受專家心理諮商、輔導或治療。
15. 個人遭遇到挫折時，若對人產生攻擊行為以發洩心中不愉快的情緒，則容易遭致他人反擊，心理壓力反而升高。
16. 高昂的情緒對簡易工作的表現較為有利，但是對複雜的工作表現反而不利。
17. 多勒等人提出挫折攻擊假說，認為攻擊行為是由個人的挫折所引起的。
18. 長期的壓力容易使人產生慢性病、貧窮、失業、身心障礙等。
19. 良好的生活習慣，例如：不吸菸、不酗酒、適度運動、不嚼食檳榔、良好飲食習慣等。
20. 影響個人健康與疾病的因素，大致可分為：(1)心理因素；(2)生活方式；(3)生理因素；(4)社會因素。
21. 保持心理健康需要：(1)建立正確的自我觀念；(2)生活有適當目標；(3)妥善管理與運用時間；(4)培養良好的人群關係，多學習他人的長處；(5)主動積極參與社會活動，擴展生活層面；(6)培養正向思考，凡事樂觀、積極進取；(7)培養正當的娛樂、嗜好，以及藝術欣賞之能力；(8)做好生涯規劃，不斷自我充實與自我成長；(9)凡事盡力而為，不必講求事事完美；(10)培養高度幽默感及穩定的情緒。
22. 維護心理健康之道：(1)做好壓力因應；(2)做好情緒管理；(3)懂得保持心理健康的要領。
23. 做好情緒管理的方法包括：(1)了解激發情緒的刺激；(2)對激發情緒的刺激作正向思考；(3)做好情緒適當發洩；(4)從事運動或有趣而且忙碌的工作；(5)將過多的情緒能量加以昇華；(6)講幽默的話以化解緊張的情緒。

24. 如果無法解決自己的困擾問題，應尋求心理專業人員的協助。
25. 身心要健康需應做好三級預防工作：(1)初級預防，在問題發生之前就先做好預防；(2)次級預防，在問題出現的早期就檢查出來，以免問題繼續擴大；(3)三級預防，對已經產生的問題進行治療，以免問題繼續惡化。

Chapter 16

助人專業的倫理議題

第一節　社區心理衛生運動

壹、社區心理衛生運動的緣起

大家都知道，各種疾病皆是預防勝於治療，如果等到一個人出現嚴重問題再來治療，通常為時已晚。心理疾病的發生也非一朝一夕所形成，如果能做好預防或控制，更可以收到事半功倍的效果。

有關社區心理衛生運動的起源，最早可追溯自 1930 年代，美國經濟大蕭條與第二次世界大戰對整體社會所造成的衝擊；後來，又受到各項社會與政治改革浪潮之影響，例如：反戰、兩性平等、反貧窮、同性戀權利等運動。近年來，美國社區心理學的發展，融入各國在地或跨國區域間的文化脈絡與多元價值。1963 年，美國國會通過「社區心理衛生中心法案」；1967 年，社區心理學會成為「美國心理學會」的第 27 分會；1973 年，美國《社區心理學期刊》創刊。

1975 年，美國各地的社區心理學家，在德州大學奧斯汀分校（University of Texas at Austin）舉辦了一場社區心理學研討會，對社區心理學的發展有相當深遠的影響，加速了社區心理學開展不同社會層面的議題（例如：性別、種族、貧窮、正義等），並且強調心理疾病預防的重要性，成為社區心理學的核心價值。

在1970年代，加拿大開始推動社區心理學教育與實務的工作；1982年，加拿大心理學會設立社區心理學組；同年，加拿大也首度出版《社區心理衛生期刊》；1983年，澳洲心理學會成立社區心理學家**委員會**（Board）；1984年，社區心理學家委員會開始發行**網路**（Network）的通訊；2010年，澳洲衛生人力資源部將社區心理學納入「**衛生機構執業管理法**」（Health Practitioner Regulation Act）認可的心理專業領域之一。澳洲社區心理學也是起源於心理衛生領域，特別聚焦在女性主義、和平與原住民等議題。

1990年代開始，英國社區心理學家網路組織，每年皆固定舉辦會議。2010年，英國心理學會設立社區心理學分組；英國社區心理學立基在臨床心理學、心理衛生、教育心理學與應用社會心理學等領域。

1970年代，台灣省政府衛生處設置了社區心理衛生中心，以推動初級預防、心理衛生教育、心理健康促進、心理諮詢、危機處理等工作，後來在各大都會陸續成立社區心理衛生中心。近年來，由於重大災難事件不斷，造成許多人家破人亡，其心理皆受到重大的創傷，因此諮商心理學、臨床心理學等助人專業領域，有不少學者投入進行相關的探討或應用。

貳、去機構化

在社區心理衛生運動的影響之下，許多人都認為，精神疾病患者不必長期住在大型醫院接受治療，這樣一來，容易使長期住在大醫院的患者不想出院，而造成醫療資源的浪費。因為大多數患者的生理疾病，都根源於心理上的因素，所以不必直接到大醫院求診；凡是病情比較輕微的患者，可以先到居家附近的社區心理衛生中心接受諮商或心理治療，病情比較嚴重者，才需要被轉介到大型醫院去接受診斷與治療。

此外，從大醫院出院的患者，若舊疾復發，也可到附近的社區心理衛生中心接受診斷或照護，如此一來，許多心理或精神疾病患者，即可回到自己居住的社區，過正常的生活。也就是說，將心理衛生服務回歸到社區，提供社區居民短期服務，社區心理衛生中心同時提供心理諮詢，來間接服務社區民眾，以達到及早預防的效果。

第二節　心理治療是一種專業

美國心理學會（American Psychological Association，簡稱 APA）在 1992 年提出了心理師的倫理及行為守則，條列如下：

1. 心理師應努力維持高標準的專業能力。
2. 心理師要在學術、教學，以及實務上尋求整合。
3. 心理師要遵守專業的行為準則，明白自己的角色與義務，並對自己的行為負責。
4. 心理師應對人們的基本權利、尊嚴與價值，給予適當的尊重。
5. 心理師應維護與其專業接觸者的福祉。
6. 心理師應對社會負起自己的專業責任。

第三節　助人專業的倫理守則

台灣輔導與諮商學會明定助人專業人員的倫理守則，供執業人員遵守。該專業倫理守則如下：

1. 總則

1.1.諮商的目的：諮商的主要目的在維護當事人的基本權益，並促進當事人及社會的福祉。

1.2.認識倫理守則：諮商師應確認其專業操守會影響本專業的聲譽及社會大眾的信任，自應謹言慎行，知悉並謹遵其專業倫理守則。

1.3.專業責任：諮商師應認清自己的專業、倫理及法律責任，以維護諮商服務的專業品質。

1.4.與服務機構合作：服務於學校或機構的諮商師應遵守學校或該機構的政策和規章，在不違反專業倫理的原則下，應表現高度的合作精神。

1.5.責任衝突：諮商師若與其服務之學校或機構之政策發生倫理責任衝突時，應表明自己須遵守專業倫理守則的責任，並設法尋求合理的解決。

1.6.諮商師同仁：若發現諮商師同仁有違反專業倫理的行為，應予以規勸，若規勸無效，應利用適當之管道予以矯正，以維護諮商專業之聲譽及當事人之權益。

1.7.諮詢請益：諮商師若對自己的倫理判斷存疑時，應就教諮商師同仁或諮商專家學者，共商解決之道。

1.8.倫理委員會：本會設有倫理委員會，以落實執行倫理守則，接受倫理問題之申訴，提供倫理疑難之諮詢，並處理違反諮商專業倫理守則之案件。諮商師應與倫理委員會密切合作。

2. 諮商關係

2.1.當事人的福祉

2.1.1.諮商關係的性質：諮商師應確認其與當事人的關係是專業、倫理及契約關係，諮商師應善盡其因諮商關係而產生的專業、倫理及法律責任。

2.1.2.諮商師的責任：諮商師的首要責任是尊重當事人的人格尊嚴與潛能，並保障其權益，促進其福祉。

2.1.3.成長與發展：諮商師應鼓勵當事人自我成長與發展，避免其養成依賴諮商關係的習性。

2.1.4.諮商計畫：諮商師應根據當事人的需要、能力及身心狀況，與其共同研擬諮商計畫，討論並評估計畫的可行性及預期的效果，儘量尊重當事人的自由決定權，並為其最佳利益著想。

2.1.5.利用環境資源：當事人的問題多與其所處環境有關，諮商師應善用其環境資源，特別是家庭資源，協助其解決問題，並滿足其需要。

2.1.6.價值影響：諮商師應尊重當事人的價值觀，不應強為當事人做任何的決定，或強制其接受諮商師的價值觀。

2.2 當事人的權利

2.2.1. 自主權：諮商師應尊重當事人的自由決定權。

a. 諮商同意權：當事人有接受或拒絕諮商的權利，諮商師在諮商前應告知諮商關係的性質、目的、過程、技術的運用、限制及損益等，以幫助當事人做決定。

b. 自由選擇權：在個別或團體諮商關係中，當事人有選擇參與或拒絕參與諮商師所安排的技術演練或活動、退出或結束諮商的權利，諮商師不得予以強制。

c. 未成年當事人：為未成年人諮商時，諮商師應以未成年當事人的最佳利益著想，並尊重父母或監護人的合法監護權，需要時，應徵求其同意。

d. 無能力做決定者：若當事人因身心障礙而無能力做決定時，諮商師應以當事人最佳利益著想，並應尊重其合法監護人或第三責任者的意見。

2.2.2. 公平待遇權：當事人有要求公平待遇的權利，諮商師實施諮商服務時，應尊重當事人的文化背景與個別差異，不得因年齡、性別、種族、國籍、出生地、宗教信仰、政治立場、性別取向、生理殘障、語言、社經地位等因素而予以歧視。

2.2.3. 受益權：諮商師應為當事人的最佳利益著想，提供當事人專業諮商服務，維護其人格之尊嚴，並促進其健全人格之成長與發展。（參看 2.1）

2.2.4. 免受傷害權：諮商師應謹言慎行，避免對當事人造成傷害。

a. 覺知能力限制：諮商師應知道自己的能力限制，不得接受超越個人專業能力的個案。

b. 覺察個人的需要：諮商師應覺知自己的內在需要，不得利用當事人滿足個人的需要。

c. 覺知個人的價值觀：諮商師應覺知自己的價值觀、信念、態度和行為，不得強制當事人接受諮商師的價值觀。（參看 2.1.6.）

d. 雙重關係：諮商師應盡可能避免與當事人有雙重關係，例如下述，但不止於此：親屬關係、社交關係、商業關係、親密的個人關係及性關係等，以免影響諮商師的客觀判斷，對當事人造成傷害。

e.親密及性關係：諮商師不可與當事人或與已結束諮商關係未超過兩年的當事人建立親密或性關係，以免造成當事人身心的傷害。諮商師若與已結束諮商關係兩年以上的當事人建立親密或性關係，必須證明此等關係不具剝削的特質，且非發展自諮商關係。

f.團體諮商：諮商師領導諮商團體時，應審慎甄選成員，以符合團體的性質、目的及成員的需要，並維護其他成員的權益。運用團體諮商技術及領導活動時，應考量自己的專業知能、技術及活動的危險性，做好適當的安全措施，以保護成員免受身心的傷害。

2.2.5.要求忠誠權：當事人有要求諮商師信守承諾的權利，諮商師應對當事人忠誠，信守承諾。

2.2.6.隱私權：當事人有天賦及受憲法保障的隱私權，諮商師應予尊重。

2.3.諮商機密

2.3.1.保密責任：基於當事人的隱私權，當事人有權要求諮商師為其保密，諮商師也有責任為其保守諮商機密。

2.3.2.預警責任：當事人的行為若對其本人或第三者有嚴重危險時，諮商師有向其合法監護人或第三者預警的責任。

2.3.3.保密的特殊情況：保密是諮商師工作的基本原則，但在以下的情況下則是涉及保密的特殊情況：

a.隱私權為當事人所有，當事人有權親身或透過法律代表而決定放棄。

b.保密的例外：在涉及有緊急的危險性，危及當事人或其他第三者。

c.諮商師負有預警責任時。（參看 2.3.2.）

d.法律的規定。

e.當事人有致命危險的傳染疾病等。

f.評估當事人有自殺危險時。

g.當事人涉及刑案時等。

2.3.4.當事人的最佳利益：基於上述的保密限制，諮商師必須透露諮商資料時，應先考慮當事人的最佳利益，再提供相關的資料。

2.3.5.非專業人員：與諮商師共事的非專業人員，包括助理、雇員、實習學生及義工等，若有機會接觸諮商資料時，應告誡他們為當事人保密的責任。

2.3.6.個案研究：若為諮商師教育、訓練、研究或諮詢之需要，必須運用諮商資料時，諮商師應預先告知當事人，並徵得其同意。

2.3.7.團體諮商：領導諮商團體時，諮商師應告知成員保密的重要性及困難，隨時提醒成員保密的責任，並勸告成員為自己設定公開隱私的界線。

2.3.8.家庭諮商：實施家庭諮商時，諮商師有為家庭成員個人保密的責任，沒有該成員的許可，不可把其諮商資料告知其他家庭成員。

2.3.9.未成年人諮商：未成年人諮商時，諮商師亦應尊重其隱私權，並為其最佳利益著想，採取適當的保密措施。

2.3.10.諮商資料保管：諮商師應妥善保管諮商機密資料，包括諮商紀錄、其它相關的書面資料、電腦處理的資料、個別或團體錄音或錄影帶、及測驗資料等。

a.諮商紀錄：未經當事人的同意，任何形式的諮商紀錄不得外洩。

b.本人查閱：當事人本人有權查看其諮商紀錄及測驗資料，諮商師不得拒絕，除非這些諮商資料可能對其產生誤導或不利的影響。

c.合法監護人查看：合法監護人或合法的第三責任者要求查看當事人的諮商資料時，諮商師應先了解其動機，評估當事人的最佳利益，並徵得當事人的同意。

d.其他人士查看：其他人包括導師、任課教師、行政人員等要求查看當事人的諮商資料時，諮商師應視具體情況及實際需要，為當事人的最佳利益著想，並須徵得當事人的同意後，審慎處理。

e.諮商資料轉移：未徵得當事人同意，諮商師不可轉移諮商資料給他人；經當事人同意時，諮商師應採取適當的安全措施進行諮商資料之轉移。

f.研究需要：若為研究之需要須參考當事人的諮商資料時，諮商師應為當事人的身分保密，並預先徵得其同意。

g.演講或出版：若發表演講、著作、文章、或研究報告需要利用當事人的諮商資料時，應先徵求其同意，並應讓當事人預閱稿件的內容，才可發表。

h.討論與諮詢：若為專業的目的，需要討論諮商的內容時，諮商師只能與本案有關的關係人討論。若為諮詢的目的，需要做口頭或書面報告時，應設法為當事人的身分保密，並避免涉及當事人的隱私。

2.4.諮商收費

2.4.1.免費諮商：服務於學校或機構的諮商師為本校學生或機構內人員諮商，乃係諮商師的份內事，不得另外收費。

2.4.2.收費標準：自行開業或服務於社區諮商中心的諮商師可以收費，但應訂定合理的收費標準。合理的收費標準應比照當地其他助人機構一般收費的情形而定，並應顧及當事人的經濟狀況，容有彈性的付費措施。

2.4.3.預先聲明：實施諮商前，諮商師應向當事人說明諮商專業服務的收費規定。

2.4.4.收受饋贈：諮商師應避免收受當事人饋贈的貴重禮物，以免混淆諮商關係或引發誤會及嫌疑。

2.5.運用電腦及測驗資料

2.5.1.電腦科技的運用：在諮商過程中運用電腦科技時，諮商師應注意以下的事項：

a.確知當事人是否有能力運用電腦化系統諮商。

b.用電腦化系統諮商是否符合當事人的需要。

c.當事人是否了解用電腦化系統諮商的目的及功能。

d.追蹤當事人運用的情形，導正可能產生的誤解，找出不適當的運用方式，並評估其繼續使用的需要。

e.向當事人說明電腦科技的限制，並提醒當事人審慎利用電腦科技所提供的資料。

2.5.2.測驗資料的應用：在諮商過程中運用測驗資料時，諮商師應注意：

a.解釋測驗資料應力求客觀、正確及完整，並避免偏見和成見、誤解及不實的報導。

b.審慎配合其它測驗結果及測驗以外的資料做解釋，避免以偏概全的錯誤。

2.6.轉介與結束諮商

2.6.1.轉介時機：因故不能繼續給當事人諮商時，應予轉介。

a.當事人自動要求結束諮商：若當事人自動要求結束諮商，而諮商師研判其需要繼續諮商時，諮商師應協調其他輔助資源，予以轉介。

b.專業知能限制：若當事人的問題超越諮商師的專業能力，不能給予諮商時，應予轉介。（參看 2.2.4.a.）

c.雙重關係的介入：若因雙重關係的介入而有影響諮商師的客觀判斷或對當事人有傷害之虞時，應予轉介。

2.6.2.禁止遺棄：諮商師不得假借任何藉口忽略或遺棄當事人而終止諮商，應為當事人安排其他管道，使能繼續尋求協助。

2.6.3.轉介資源：為便利轉介服務，諮商師應熟悉適當的轉介資源，協助當事人獲得其需要的幫助。

2.6.4.結束諮商的時機：在以下的情形下，諮商師可徵求當事人同意結束諮商：

a.當事人不再受益時，可結束諮商。

b.當事人不需要繼續諮商服務時，可結束諮商。

c.諮商不符合當事人的需要和利益時，可結束諮商。

d.當事人主動要求轉介時，無須繼續諮商。

e.當事人不按規定付費或因服務機構的限制不准提供諮商服務時，可結束諮商。

f.有傷害性雙重關係介入而不利諮商時，應停止諮商關係，並予轉介。

3. 諮商師的責任

3.1.諮商師的專業責任

3.1.1.熟悉專業倫理守則：諮商師應熟悉其本職的專業倫理守則及行為規範。

3.1.2.專業知能：為有效提供諮商專業服務，諮商師應接受適當的諮商專業教育及訓練，具備最低限度的專業知能。

3.1.3.充實新知：諮商師應不斷進修，充實專業知能，以促進其專業成長，提升專業服務品質。

3.1.4.能力限制：諮商師應覺知自己的專業知能限制，不得接受或處理超越個人專業知能的個案。（參看 2.2.4.a.）

3.1.5.專業領域：從事不同專業領域的諮商師，應具備該專業所需要的專業知能、訓練、經驗和資格。

3.1.6.自我了解：諮商師應對個人的身心狀況提高警覺，若發現自己身心狀況欠佳，則不宜從事諮商工作，以免對當事人造成傷害，必要時，應暫停諮商服務。（參看 2.2.4.b.）

3.2.諮商師的倫理及社會責任

3.2.1.提升倫理意識與警覺：諮商師應培養自己的倫理意識，提升倫理警覺，並重視個人的專業操守，盡好自己的倫理及社會責任。

3.2.2.維護當事人的權益：諮商師的首要倫理責任，即在維護當事人的基本權益，並促進其福利。（參看 2.1.2.、2.2.1.～2.2.6.）

3.2.3.公開陳述：諮商師在公開陳述其專業資格與服務時應符合本倫理守則之要求。所謂公開陳述包括但不限於下述方式：付費或免費之廣告、手冊、印刷品、名錄、個人履歷表或資歷表、大眾媒體上之訪談或評論、在法律程序中的陳述、演講或公開演說、出版資料及網頁內容等。

a.宣傳廣告：以任何形式做諮商服務宣傳或廣告時，其內容應客觀正確，不得以不實的內容誤導社會大眾。

b.諮商師在委託他人為其專業工作、作品或活動促銷時，應擔負他人所作公開陳述之專業責任。

c.諮商師若得知他人對自身工作做不正確之陳述時，應力求矯正該陳述。

d.諮商師應避免不實之公開陳述，包括但不限於下述內容：(1)所受之訓練、經驗或能力；(2)學分；(3)證照；(4)所屬之機構或組織；(5)所提供之專業服務；(6)所提供專業服務之學理基礎或實施成效；(7)收費標準；(8)研究發表。

3.2.4.假公濟私：有自行開業的諮商師不得藉由其在所屬機構服務之便，為自己招攬當事人。

3.2.5.工作報告：發表諮商工作報告時，諮商師應力求具體、客觀及正確，給人真實的印象。

3.2.6.避免歧視：諮商師不得假借任何藉口歧視當事人、學生或被督導者。（參看 2.2.2.）

3.2.7.性騷擾：諮商師不可對當事人做語言或行為的性騷擾，應切記自己的專業角色及身為諮商師的專業身分。（參看 2.2.4.e.）

3.2.8.媒體呈現：諮商師透過媒體演說、示範、廣播、電視、錄影帶、印刷品、郵件、網路或其他媒體以提供正確之訊息，媒體從事諮商、諮詢、輔導或教育推廣工作時，應注意理論與實務的根據，符合諮商專業倫理規範，並慎防聽眾與觀眾可能產生的誤解。

3.2.9.圖利自己：諮商師不得利用其專業地位，圖謀私利。

3.2.10.互相尊重：諮商師應尊重同事的不同理念和立場，不得冒充其他同事的代言人。

3.2.11.合作精神：諮商師應與其他助人者及專業人員建立良好的合作關係，並表現高度的合作精神，尊重各人應遵循的專業倫理守則。

3.2.12.提高警覺：服務於機構的諮商師，對雇主可能不利於諮商師倫理責任的言行、態度，或阻礙諮商效果的措施，提高警覺。

4. 諮詢

4.1.諮詢的意義：提供諮詢是鼓勵當事人自我指導、適應及成長的關係和過程。

4.2.了解問題：諮商師提供諮詢時，應設法對問題的界定、改變的目標及處理問題的預期結果與當事人達成清楚的了解。

4.3.諮詢能力：諮商師應確定自己有提供諮詢的能力，並知悉適當的轉介資源。（參看 2.6.3.）

4.4.選擇諮詢對象：為幫助當事人解決問題需要請教其他專業人員時，諮商師應審慎選擇提供諮詢的專業人員，並避免陷對方於利益衝突的情境或困境。

4.5.保密：在諮詢過程中所獲得的資料應予保密。（參看 2.3.10.h.）

4.6.收費：諮商師為所服務機構的人員提供諮詢時，不得另外收費或接受報酬。（參看 2.4.1.）

5. 測驗與評量

5.1.專業知能：諮商師實施或運用測驗於諮商時，應對該測驗及評量方法有適當的專業知能和訓練。

5.2.知後同意權：實施測驗或評量之前，諮商師應告知當事人測驗與評量的性質、目的及結果的運用，尊重其自主決定權。（參看 2.2.1.）

5.3.當事人的福利：測驗與評量的主要目的在促進當事人的福利，諮商師不得濫用測驗及評量的結果和解釋，並應尊重當事人知悉測驗與評量結果及解釋的權利。（參看 1.1、2.3.10.b.）

5.4.測驗選擇及應用：諮商師應審慎選用測驗與評量的工具，評估其信度、效度及實用性，並妥善解釋及應用測驗與評量的分數及結果，避免誤導。

5.5.正確資訊：說明測驗與評量工具技術時，諮商師應提供正確的訊息，避免導致誤解。（參看 2.2.1.a.）

5.6.解釋結果：解釋測驗及評量結果時，諮商師應考慮當事人的需要、理解能力及意見，並參考其他相關的資料，做客觀、正確和適當的解釋。（參看 2.5.2.a.、2.5.2.b.）

5.7.智慧財產權：諮商師選用測驗及評量工具時，應尊重編製者的智慧財產權，並徵得其同意，以免違反著作權法。

5.8.施測環境：諮商師應注意施測環境，使符合標準化測驗的要求。若施測環境不佳、或受測者行為表現異常、或有違規事件發生，應在解釋測驗結果時註明，得視實際情況，對測驗結果之有效性做適當的評估。

5.9.實施測驗：測驗與評量工具若無自行施測或自行計分的設計，均應在施測者監督下實施。

5.10.電腦施測：諮商師若利用電腦或電子科技施測，應確定其施測的功能及評量結果的正確性。（參看 2.5.1.、2.5.2.）

5.11.報告結果：撰寫測驗或評量結果報告時，諮商師須考慮當事人的個別差異、施測環境及參照常模等因素，並指出該測驗或評量工具的信度及效度的限制。

5.12.測驗時效：諮商師應避免選用已失時效之測驗及測驗資料，亦應防止他人使用。

5.13.測驗編製：諮商師在運用心理測驗及其他評量技術發展和進行研究時，應運用科學之程序與先進之專業知識進行測驗之設計、標準化、信效度考驗，以力求避免偏差，並提供完善的使用說明。

6. 研究與出版

6.1.以人為研究對象：諮商師若以人為研究對象，應尊重人的基本權益，遵守倫理、法律、服務機構之規定，及人類科學的標準，並注意研究對象的個別及文化差異。

6.2.研究主持：研究主持人應負起該研究所涉及的倫理責任，其他參與研究者，除分擔研究的倫理責任外，對其個人行為應負全責。

6.3.行為規範：諮商師應遵循做研究的倫理規範，若研究問題偏離研究倫理標準時，應特別注意防範研究對象的權益受損。

6.4.安全措施：諮商師應對研究對象的身心安全負責，在實驗研究過程中應先做好安全措施。（參看 2.2.4.f.）

6.5.徵求同意

6.5.1 自由決定：諮商師應尊重研究對象的自由決定權，事先應向研究對象說明研究的性質、目的、過程、方法與技術的運用、可能遭遇的困擾、保密原則及限制，以及諮商師及研究對象雙方的義務等。

（參看 2.2.1.）

6.5.2 主動參與：參與研究以主動參與為原則，除非此研究必須有其參與才能完成，而此研究也確實對其有利而無害。

6.5.3 缺乏判斷能力者：研究對象缺乏判斷能力不能給予同意時，諮商師應盡力解釋使其了解，並徵求其合法監護人或第三責任者的同意。（參看 2.2.1.c.、2.2.1.d.）

6.5.4 退出參與：研究對象有拒絕或退出參與研究的權利，諮商師不得以任何方式予以強制。（參看 2.2.1.）

6.5.5 隱瞞或欺騙：諮商師不可用隱瞞或欺騙的方法對待研究對象，除非這種方法對預期的研究結果有必要，且無其他方法可以代替，但事後應向研究對象做適當的說明。

6.6.解釋研究結果

6.6.1 解釋蒐集的資料：完成資料蒐集後，諮商師應向研究對象澄清研究的性質及資料的運用，不得延遲或隱瞞，以免引發誤解。

6.6.2 解釋研究結果：研究完成後，諮商師應向研究對象詳細解釋研究的結果，並應抱持客觀、正確及公正的態度，避免誤導。

6.6.3 糾正錯誤：發現研究結果有誤或對當事人不利時，諮商師應立即查察、糾正或消除不利現象及其可能造成的影響，並應把實情告知研究對象。

6.6.4 控制組的處理：實驗研究需要控制組，實驗研究結束後，應對控制組的成員給予適當的處理。

6.7.撰寫研究報告

6.7.1 客觀正確：撰寫研究報告時，諮商師應將研究設計、研究過程、研究結果及研究限制等做詳實、客觀及正確的說明和討論，不得有虛假不實的錯誤資料、偏見或成見。

6.7.2 誠實報導：發現研究結果對研究計畫、預期效果、實務工作、諮商理念、或投資利益有不符合或不利時，諮商師仍應照實陳述，不得隱瞞。

6.7.3 保密：諮商師撰寫報告時，應為研究對象的身分保密，若引用他人研究的資料時，亦應對其研究對象的身分保密。（參看2.3.1.、2.3.10.f.）

6.8.發表或出版

6.8.1 尊重智慧財產權：發表或出版研究著作時，應注意出版法和智慧財產權保護法。（參看 5.7）

6.8.2 註明原著者：發表之著作引用其他研究者或作者之言論或資料時，應註明原著者及資料的來源。

6.8.3 二人以上合著：發表或出版之研究報告或著作為二人以上合著，應以適當的方式註明其他作者，不得以自己個人的名義發表或出版。

6.8.4 對著作有特殊貢獻者：對所發表或出版之著作有特殊貢獻者，應以適當的方式給予鄭重而明確的聲明。

6.8.5 利用學生的報告或論文：所發表的文章或著作之主要內容係根據學生之研究報告或論文，應以該學生為主要作者。

7. 教學與督導

7.1.專業倫理知能：從事諮商師教育、訓練或督導之諮商師，應熟悉與本職相關的專業倫理，並提醒學生及被督導者應負的專業倫理責任。

7.2.告知督導過程：督導者應向被督導者說明督導的目的、過程、評鑑方式及標準，並於督導過程中給予定期的回饋及改進的建議。

7.3.雙重關係：諮商師教育者應清楚地界定其與學生及被督導者的專業及倫理關係，不得與學生或被督導者介入諮商關係、親密或性關係。（參看2.2.4.d.、2.2.4.e.）

7.4.督導實習：督導學生實習時，督導者應具備督導的資格，善盡督導的責任，使被督導者獲得充分的實務準備訓練和經驗。

7.5.連帶責任：從事諮商師教育與督導者，應確實了解並評估學生的專業能力，是否能勝任諮商專業工作。若因教學或督導之疏失而發生有受督導者不稱職或傷害當事人福祉之情事，諮商師教育與督導者應負連帶的倫理責任。

7.6.人格陶冶：諮商師教育者及督導者教學與提升學生的專業知能外，更應注意學生的專業人格陶冶，並培養其敬業樂業的服務精神。

7.7.專業倫理訓練：從事諮商師教育者應給學生適當的倫理教育與訓練，提升其倫理意識、警覺和責任感，並增強其倫理判斷的能力。

7.8.理論與實務相結合：諮商師教育者應提供學生多元化的諮商理念與技術，培養其邏輯思考、批判思考、比較及統整的能力，使其在諮商實務中知所選擇及應用。

7.9.注意個別差異：諮商師教育者及督導者應審慎評估學生的個別差異 、發展潛能及能力限制，予以適當的注意和關心，必要時應設法給予發展或補救的機會。對不適任諮商專業工作者，應協助其重新考慮其學習及生計方向。

7.10.教育課程

7.10.1 課程設計：應確保課程設計得當，得以提供適當理論，並符合執照、證書或該課程所宣稱目標之要求。

7.10.2 正確描述：應提供新近且正確之課程描述，包括課程內容、進度、訓練宗旨與目標，以及相關之要求與評量標準，此等資料應為所有有興趣者可取得，以為修習課程之參考。

7.10.3 評估回饋：在教學與督導關係中，諮商師應根據學生及被督導者在課程要求上之實際表現進行評估，並建立適當之程序，以提供回饋或改進學習之建議予學生和被督導者。

8. 網路諮商

8.1 資格能力：實施網路諮商之諮商師，應具備諮商之專業能力以及實施網路諮商之特殊技巧與能力，除應熟悉電腦網路操作程序、 網路媒體的特性、網路上特定的人際關係與文化外，並具備多元文化諮商的能力。

8.2 知後同意：提供網路諮商時應進行適當之知後同意程序，提供當事人相關資訊。

8.2.1 一般資訊：應提供當事人有關諮商師的專業資格、收費方式、服務的方式與時間等資訊。

8.2.2 網路諮商特性：應提供有關網路諮商的特性與型態、資料保密的規定與程序，以及服務功能的限制、何種問題不適於使用網路諮商等資訊。

8.2.3 電腦網路的限制與顧慮：有關網路安全與技術的限制、網路資料保密的限制，特別應對當事人加以說明。

8.2.4 未成年當事人：若當事人為未成年人時，諮商師應考慮獲得其法定監護人的同意。

8.3 網路安全：實施網路諮商時，在網路通訊上，應採必要的措施，以利資料傳輸之安全性與避免他人之冒名頂替。如：文件的加密，使用確認彼此身分之特殊約定等。諮商師亦應在電腦網路之相關軟硬體設計與安全管理上力求對網路通訊與資料保存上之安全性。

8.4 避免傷害：諮商師敏察網路服務型態的限制，避免因網路傳輸資訊之不足與失真，而導致在診斷、評量、技術使用與處理策略上之失誤，而造成當事人之傷害。諮商師應善盡保密之責任，但面臨當事人可能自我傷害、傷害他人或涉及兒童虐待時，諮商師應蒐集資訊，評估狀況，必要時應採取預警與舉發的行動。

8.5 法律與倫理管轄權：在實施網路諮商與督導時，應審閱諮商師、當事人及督導居住所在地之相關法律規定與倫理守則以避免違犯。

8.6 轉介服務：諮商師應盡可能提供當事人其居住地附近之相關諮商專業機構與諮商師之資訊與危機處理電話，以利當事人就近求助。網路諮商師應與當事人討論當諮商師不在線上時的因應方式，並考慮轉介鄰近諮商師之可能性。

8.7 普及服務：網路諮商師應力求所有當事人均能得到所需之諮商服務，除在提供電腦網路諮商服務時能在使用設計上盡量考慮不同當事人使用的方便性之外，亦應盡可能提供其他型態與管道的諮商服務，以供當事人選擇使用。

由上述可知，心理師的專業包括：研究、教學、診斷與治療。舉例來說，心理師要懂得使用最新，且具有高信度與高效度的心理測驗，來衡量與鑑定案主的問題。在心理治療之前就必須對案主，將治療的方式、收費與保密原則說明清楚。心理師不宜對自己的學生或助理實施心理治療，也不可以和案主有任何生意上的往來，以免產生糾纏不清的治療關係。

有時心理師必須以專家證人的身分，在法庭上作證，例如：有一名年輕人被檢察官提起告訴，因為他意圖逃避兵役，假裝精神疾病使精神科醫師做錯誤的判斷，而開立精神疾病的診斷證明書。此時，該名心理師必須對法官提出被告的心理衡鑑資料，以便法官做正確的判決。

當一個人的行為會危害自身與社會大眾安全時，患者就必須被強制到精神科醫院住院治療，可是有些醫院以病床不足的理由，不願意接受病患的住院申請，此時心理師可以以專業人士的身分，提出可靠的資料給醫院，以做為接受患者住院的依據。可是，住院的患者其精神與心理狀況如何，以及出院之後是否會再度危害社會大眾的安全，此時心理師可在醫院請求之下，再度對患者實施心理衡鑑，然後將衡鑑資料提供給醫院行政人員，以成為決定是否讓病患出院的參考。

第四節　保護心理疾病患者的隱私

心理師與案主諮商晤談內容的筆記、錄音或心理衡鑑的資料，除了案主有危及自己生命的情況之下，才可以提供給監護人、導師作危機處理，否則都必須加以保密，不可以提供給任何人，例如：記者、教師、作家、家人、親戚、上司、同事、部屬、朋友等，以免案主心理受到創傷，也可以避免案主提出法律訴訟，而吃上官司。因此，與案主的諮商晤談、心理測驗與評量等資料，不可以任意帶離諮商室或心理治療室，如果這些資料存放在電腦中，必須鎖碼加密，以免他人輕易取得有關資料。此外，也不可以將上述資料透過網路系統，傳送給任何人。

1960 年代，美國普立茲獎得主薛克統（Anne Sexton）因為憂鬱症、藥物濫用與企圖自殺等問題，接受了五年的心理治療，最後仍然結束自己的生命。在薛克統過世之後，其精神科醫師將治療過程的錄音帶，提供給一位作家來撰寫傳記，雖然薛克統的女兒是該位作家的助理，也同意該作家的作法，但依據美國精神醫學會倫理委員會會員的評論，即使接受治療的患者已經過世了，心理師仍然要保障其個人的隱私權。

本章摘要

1. 社區心理衛生運動的起源，最早可追溯自 1930 年代，美國經濟大蕭條與第二次世界大戰對整體社會所造成的衝擊；後來，又受到各項社會與政治改革浪潮之影響。近年來，美國社區心理學的發展，融入各國在地或跨國區域間的文化脈絡與多元價值。
2. 1970 年代，台灣省政府衛生處在大都會設置了社區心理衛生中心，推動初級預防、心理衛生教育、心理健康促進、心理諮詢、危機處理等工作；後來在各大都市陸續成立社區心理衛生中心，提供心理諮詢服務社區民眾，以達到及早預防的效果。
3. 心理或精神疾病病情比較輕微的患者，可先到居家附近的社區心理衛生中心接受諮商或心理治療，病情比較嚴重者，才需要被轉介到大型醫院去接受診斷與治療。
4. 心理或精神疾病患者從大醫院出院之後如果疾病復發者，可到附近的社區心理衛生中心，接受診斷或照護，如此患者可以回到自己居住的社區，過正常的生活。也就是說，心理衛生服務回歸到社區，提供社區居民短期服務。
5. 心理治療是一種專業，心理師必須遵守專業的倫理，以及行為守則。
6. 心理師的專業包括：研究、教學、診斷與治療。
7. 心理師要懂得使用最新且具有高信度與高效度的心理測驗，來衡量與鑑定案主的心理問題。
8. 心理師在實施心理治療之前，必須對案主將治療的方式、收費與保密原則說明清楚。
9. 心理師不宜對自己的學生或助理實施心理治療，也不可以和案主有任何生意上的往來，以免產生糾纏不清的治療關係。
10. 當患者的行為會危害自身與社會大眾的安全時，心理師不宜繼續實施諮商或心理治療，必須被轉介到精神科醫院接受治療。

11. 住院的患者，其精神與心理狀況如何，以及出院之後是否會再度危害社會大眾安全，心理師可以在醫院請求之下，再度對患者實施心理衡鑑，並將衡鑑資料提供給醫院行政人員，以成為決定是否讓病患出院的參考。
12. 心理師與案主諮商晤談內容的筆記、錄音或心理衡鑑的資料，除了案主有危及自己生命的情況之下，才可以提供給監護人、導師作危機處理，否則都必須加以保密。
13. 心理師不可以將案主的資料提供給任何人，以免案主心理受到創傷，也可以避免案主提出法律訴訟，而吃上官司。
14. 心理師與案主的諮商晤談、心理測驗與評量等資料，不可以任意帶離諮商室或心理治療室，如果這些資料存放在電腦，則必須鎖碼保密，以免他人輕易取得有關資料。此外，也不可以將上述資料透過網路系統，傳送給任何人。
15. 依據美國精神醫學會倫理委員會會員的評論，即使接受治療的患者已經過世了，心理師仍然要保障其個人的隱私權。
16. 諮商師應謹言慎行，避免對案主造成任何傷害。
17. 諮商師應確認自己與案主的關係是專業、倫理及契約關係，諮商師應善盡諮商關係而產生的專業、倫理及法律責任。
18. 諮商師要尊重案主的人格尊嚴與潛能，並且保障其權益，促進其個人福祉。
19. 諮商師應尊重案主的價值觀，不應強行擅自為案主做任何決定，或強制其接受諮商師的價值觀。
20. 案主有接受或拒絕諮商的權利，諮商師在諮商前，應告知諮商關係的性質、目的、過程、技術的運用、限制及損益等，以協助案主做決定。
21. 諮商師應根據案主的需要、能力及身心狀況，與其共同研擬諮商計畫，討論並評估計畫的可行性及預期的效果，儘量尊重案主的自由決定權，並為其個人最佳利益著想。

22. 在個別或團體諮商關係中，案主有選擇參與或拒絕參與諮商師所安排的技術演練或活動、退出或結束諮商的權利，諮商師不得予以強制。
23. 為未成年人諮商時，諮商師應以未成年案主的最佳利益著想，並尊重父母或監護人的合法監護權，需要時應徵求其同意。
24. 案主有要求公平待遇的權利，諮商師實施諮商服務時，應尊重案主的文化背景與個別差異，不得因年齡、性別、種族、國籍、出生地、宗教信仰、政治立場、性別取向、生理殘障、語言、社經地位等因素，而予以歧視。
25. 諮商師應盡可能避免與案主有雙重關係，例如：親屬關係、社交關係、商業關係、親密的個人關係及性關係等，以免影響諮商師的客觀判斷，對案主造成傷害。
26. 案主的行為若對其本人或第三者有嚴重危險時，諮商師有向其合法監護人或第三者提出預警的責任。
27. 在涉及有緊急的危險性，危及案主或其他第三者時，諮商師可以不必保密。
28. 服務於學校或機構的諮商師，為本校學生或機構內人員諮商，乃係諮商師的份內事，不得另外收費。
29. 自行開業或服務於社區諮商中心的諮商師可以收費，但應訂定合理的收費標準。合理的收費標準應比照當地其他助人機構一般收費的情形而定，並應顧及案主的經濟狀況，容有彈性的付費措施。而且在實施諮商前，諮商師應向案主說明諮商專業服務的收費規定。
30. 諮商師應避免收受案主饋贈的貴重禮物，以免混淆諮商關係或引發誤會及嫌疑。
31. 諮商師應清楚地界定其與學生及被督導者的專業及倫理關係，不得與學生或被督導者介入諮商關係、親密行為或性關係。
32. 諮商師解釋測驗資料時，應力求客觀、正確及完整，並且避免偏見和成見、誤解及不實的報導。

33. 諮商師因故不能繼續對案主諮商，或案主自動要求結束諮商時，應給予轉介，協助案主獲得其需要的幫助。
34. 諮商師可以徵求案主同意結束諮商。
35. 諮商師不可以假公濟私、歧視、性騷擾，或利用其專業地位，圖謀私利自己。
36. 諮商師透過媒體從事諮商、諮詢、輔導或教育推廣工作時，應注意符合諮商專業倫理規範。
37. 諮商師撰寫報告時，應為研究對象的身分保密；若引用他人研究的資料時，應對其研究對象的身分保密。
38. 諮商師為了研究而蒐集案主的資料，應詳細解釋研究的結果，並應抱持客觀、正確及公正的態度，避免發生誤會。

參考文獻

一、中文部分

小知堂編譯組（譯）（2000）。**24個比利：多重人格分裂的紀實小說**（原作者：D. Keyes）。台北市：小知堂。（原著出版年：1981）

孔繁鐘（編譯）（2007）。**DSM-IV-TR精神疾病診斷準則手冊**（原作者：American Psychiatric Association）。台北市：合記。（原著出版年：2000）

王大延（1994）。自閉症者的特徵。**特殊教育季刊，52**，7-13。

朱惠瓊（2003）。從網路成癮談青少年網路人際互動特質。**諮商與輔導，206**，35-40。

李玉霞（編）（1997）。**家長資源手冊**。台北市：中華民國自閉症基金會。

卓良珍（2006）。失智症的原因與預防之效。**精神醫學概論講義**，196-214。

周勵志（1993）。正視同性戀。**台灣醫界，36**（11），51-58。

林天德（1995）。**變態心理學**。台北市：心理。

林旻沛（2011）。**性格與認知因素對大學生網路成癮之影響：一年追蹤研究**。國立成功大學健康照護科學研究所博士論文，未出版，台南市。

柯永河（1978）。**臨床心理學：心理治療**。台北市：大洋。

洪國翔、馮煥光（2001）。成人廣泛性焦慮之診斷與治療。**臨床醫學，47**（1），44-49。

徐　靜（1991）。**精神醫學**。台北市：水牛。

徐世傑（2003）。**靈藥與魔藥**。台北市：旺文社。

財團法人台灣網路資訊中心（2011）。**個人曾經上網比例趨勢圖**。取自 http://www.twnic.net.tw/download/200307/1101d.pdf

張典齊（1998）。**情緒、思緒與生活脫序：心理疾病面面觀**。台北市：健行。

曹純瓊（1994）。**自閉症兒與教育治療**。台北市：心理。

陳美君、陳美如、陳秀卿、林宜美（譯）（2003）。**變態心理學**。台北市：五南。

陳淑惠（1999）。**我國學生電腦網路沉迷現象之整合研究：子計畫一：網路沉迷現象的心理病因之初探**（2/2）。行政院國家科學委員會專題研究計畫成果報告（NSC 89-2511-S-002-010-N）。

陳淑惠、翁儷禎、蘇逸人、吳和懋、楊品鳳（2003）。中文網路成癮量表之編製與心理計量特性研究。**中華心理學刊，45**，279-294。

陸雅青、劉同雪（譯）（2008）。**心理診斷與人格測驗手冊**（原作者：D. P. Ogdon）。台北市：心理。（原著出版年：2001）

游森期（2001）。e世代青少年網路成癮及網路使用之輔導策略。**諮商與輔導，74**，34-43。

湯華盛、葉英堃（2003）。泛焦慮症之社區流行病學。**當代醫學，30**（14），40-46。

楊宗仁（譯）（2004）。**亞斯伯格症者實用教學策略：教師指南**（原作者：Leicester City Council & Leicestershire County Council）。台北市：心理。（原著出版年：1998）

楊語芸、張文堯（譯）（1997）。**心理與健康**。台北市：五南。

廖克玲等（譯）（1982）。**焦慮與精神官能症**。台北市：桂冠。

蔡美香（2004）。強迫症的面貌。**諮商與輔導，223**，26-29。

二、英文部分

Allen, K. M., Blascovich, J., Tomaka, J., & Kelsey, R. M. (1991). Presence of human friends and pet dogs as moderators of autonomic responses to stress in women. *Journal of Personality and Social Psychology, 61*, 585-589.

American Psychiatric Association [APA] (2000). *Diagnostic and statistical manual of mental disorder* (4th ed., Text Revision) (DSM-IV-TR). Washington, DC: The Author.

Angst, J. (1999). Major depression in 1988: Are we providing optimal therapy? *Journal of Clinical Psychiatry, 60*, 5-9.

Aring, C. D. (1974). The Gheel experience: Eternal spirit of the chainless mind. *JAMA, 230*(7), 998-1001.

Asimov, I. (1997). *Isaac Asimov's book of facts*. New York, NY: Random House.

Bakwin, H. (1970). Sleep-walking in twins. *The Lancet, 2*, 446-447.

Bandura, A. (1973). *Aggression: A social learning analysis*. Englewood Cliffs, NJ: Prentice-Hall.

Baron, R. S., Cutrona, C. E., Hicklin, D., Russell, D. W., & Lubaroff, D. M. (1990). Social support and immune function among spouses of cancer patients. *Journal of Personality and*

Social Psychology, 59, 344-352.

Baron-Cohen, S., & Bolton, P. (1993). *Autism-the fact.* NewYork, NY: Oxford University Press.

Beck, A. T. (1988). Cognitive approaches to panic disorder: Theory and therapy. In S. Rachman & J. Maser (Eds.), *Panic: Psychological perspectives*. Hillsdale, NJ: Lawrence Erlbaum Associates.

Bickman, L., & Dokecki, P. (1989). Public and private responsibility for mental health services. *America Psychologist, 44*(8), 1133-1137.

Bixler, E. O., Kales, A., Soldatos, C. R., Kales, J. D., & Healey, S. (1979). Prevalence of sleep disorders in the Los Angeles metropolitan area. *American Journal of Psychiatry, 136*(10), 1257-1262.

Black, D. W., Belsare, G., & Schlosser, S. (1999). Clinical features, psychiatric comorbidity, and health-related quality of life in persons reporting compulsive computer use behavior. *Journal of Clinical Psychiatry, 60*, 839-843.

Blair, S. N., Kohl, H. W., Gordon, N. F., & Paffenbarger, R. S. (1992). How much physical activity is good for health? In G. S. Omenn, J. E. Fielding & L. B. Lave (Eds.), *Annual review of public health* (Vol. 13). Palo Alto, CA: Annual Reviews.

Blazer, D. G., Hughes, D., & George, L. K. (1987). Stressful life events and the onset of generalized anxiety syndrome. *American Journal of Psychiatry, 144*, 1178-1183.

Blazer, D. G., Hughes, D., George, L. K., Swartz, M., & Boyer, R. (1991). Generalized anxiety disorder. In L. N. Robins & D. A. Regier (Eds.), *Psychiatric disorders in America: The epidemiologic catchment area study*. New York, NY: The Free Press.

Bockoven, J. S. (1963). *Moral treatment in American psychiatry*. New York, NY: Springer.

Bootzin, R. R., Manber, R., Perlis, M. L., Salvio, M. A., & Wyatt, J. K. (1993). Sleep disorders. In P. B. Sutker & H. E. Adams (Eds.), *Comprehensive handbook of psychopathology* (2nd ed.). New York, NY: Plenum.

Bozarth, M. A., & Wise, R. A. (1985). Toxicity associated with longterm intravenous heroin and cocaine self-administration in the rat. *Journal of the American Medical Association, 254*(1), 81-83.

Bracht, G. H., & Glass, G. V. (1968). The external validity of experiments. *American Educational Research Journal, 5*, 437-474.

Bradley, S. J. (1995). Psychosexual disorders in adolescence. In M. Oldham & M. B. (Eds.), *American Psychiatric Press Review of Psychiatry* (Vol 14). Washington, DC: American Psychiatric Press.

Burney, J., & Irwin, H. J. (2000). Shame and guilt in women with eating-disorder symptomatology. *J. Clin. Psychol., 56*(1), 51-61.

Cannon, W. B. (1932). *The wisdom of the body*. New York, NY: W. W. Norton.

Clark, D. M. (1996). Panic disorder: From theory to therapy. In P. M. Salkovskis (Ed.), *Frontiers of cognitive therapy* (pp. 318-344). New York, NY: The Guilford Press.

Clark, D. M., & Wells, A. (1995). A cognitive model of social phobia. In R. Heimberg, M. R. Liebowitz, D. A. Hope & F. R. Scheier (Eds.), *Social phobia: Diagnosis, assessment and treatment* (pp. 69-93). New York, NY: The Guilford Press.

Coleman, P. (1993). Overview of substance abuse. *Primary Care, 20*(1), 1-18.

Croyle, R. T. (1992). Appraisal of health threats: Cognition, motivation, and social comparison. *Cognitive Therapy and Research, 16*, 165-182.

Delgado, P. L., Price, L. H., Heninger, G. R., & Charney, D. S. (1992). Neurochemistry. In E. S. Paykel (Ed.), *Handbook of affective disorders* (2nd ed.). New York, NY: The Guilford Press.

Dollard, J., Doob, L. W., Miller, N., Mowner, O. H., & Sears, R. R. (1939). *Frustration and aggression*. New Haven, CT: Yale University Press.

Du, Y. S., Jiang, W., & Vance, A. (2010). Longer term effect of randomized, controlled group cognitive behavioural therapy for Internet addiction in adolescent students in Shanghai. *The Australian and New Zealand Journal of Psychiatry, 44*, 129-134.

Elliott, E. (1989). Stress and illness. In S. Cheren (Ed.), *Psychosomatic medicine: Theory, physiology, and practice* (Vol. 1). Madison, CT: International University Press.

Faravelli, C., & Pallanti, S. (1989). Recent life events and panic disorders. *American Journal of Psychiatry, 146*, 622-626.

Feldman, M. D., Ford, C. V., & Reinhold, T. (1994). *Patient or pretender: Inside the strange world of factitious disorders*. New York, NY: John Wiley & Sons.

Fielding, J. E. (1985). Smoking: Health effects and control. *New England Journal of Medicine, 313*, 491-498, 555-561.

First, M. B., & Tasman, A. (2004). *DSM-IV-TR mental disorders: Diagnosis, etiology and treat-*

ment. New York, NY: John Wiley & Sons.

Fowles, D. C. (1993). A motivational theory of psychopathology. In W. Spaulding (Ed.), *Nebraska symposium on motivation: Integrated views of motivation, cognition and emotion* (Vol 41). Lincoln, NE: University of Nebraska Press.

Friedman, L. S., & Goodman, E. (1992). Adolescents at risk for HIV infection. *Primary Care, 19*(1), 171-190.

Friedman, M., & Rosenman, R. F. (1974). *Type a behavior and your heart*. New York, NY: Knopf.

Goldberg, I. (1996). *Internet addicative disorder (IAD) diagnostic criteria*. Retrieved from http://www.psycom.net/iadcriteria.html

Golding, J. M., Smith, G. R., & Kashner, T. M. (1991). Does somatization disorder occur in men-clinical characteristics of women and men with multiple unexplained somatic symptoms. *Archives of General Psychiatry, 48*, 231-235.

Gonsiorek, J. C., & Weinrich, J. D. (Eds.) (1993). *Homosexuality: Research implications for public policy*. Newbury Park, CA: Sage.

Goodstein, L. D., & Calhoun, J. F. (1982). *Understanding abnormal behavior*. Reading, MA: Addison-Wesley.

Goodwin, D. W. (1992). Alcohol: Clinical aspects. In J. H. Lowinson, P. Ruiz & R. B. Millman (Eds.), *Substance abuse: A comprehensive textbook* (2nd ed.). Baltimore, MD: Williams & Wilkins.

Goodwin, F. K., & Jamison, K. R. (1990). *Manic-depressive illness*. New York, NY: Oxford University Press.

Gorman, J. M., Kent, J., Martinez, J., Browne, S., Coplan, J., & Papp, L. A. (2001). Physiological changes during carbon dioxide inhalation in patients with panic disorder, major depression, and premenstrual dysphoric disorder: Evidence for a central fear mechanism. *Archives of General Psychiatry, 58*(2), 125-131.

Greenberg, D. A., Hodge, S. E., Sowinsk, J., & Nicoll, D. (2001). Excess of twins among affected sibling pairs with autism: Implications for the etiology of autism. *American Journal of Human Genetics, 69*(5), 1062.

Griffiths, M. (2000). Internet addiction: Time to be taken seriously? *Addiction Research, 8*, 413-418.

Hamilton, L. M. (2000). *Facing autism*. Spring, CO: Waterbrook Press.

Hammond, E. C., & Horn, D. (1984). Smoking and death rates: Report on 44 months of follow-up of 187, 783 men. *Journal of the American Medical Association, 251*(21), 2840-2853.

Han, D. H., Lee, Y. S., Yang, K. C., Kim, E. Y., Lyoo, I. K., & Renshaw, P. F. (2007). Dopamine genes and reward dependence in adolescents with excessive internet video game play. *Journal of Addiction Medicine, 1*, 133-138.

Hoehn-Saric, R. (Ed.) (1993). *Biology of anxiety disorders*. Washington, DC: American Psychiatric Association.

Holden, C. (2010). Behavioral addictions debut in proposed DSM-V. *Science, 327*(5968), 935.

Holmes, T. H., & Masuda, M. (1974). Life change and illness susceptibility. In B. S. Dohrenwend & B. P. Dohrenwend (Eds.), *Stressful life events: Their nature and effects*. New York, NY: John Wiley & Sons.

Holmes, T. H., & Rahe, R. H. (1967). The Social Readjustment Rating Scale. *Journal of Psychosomatic Research, 11*, 213-218.

Ingram, R. E. (Ed.) (1990). *Contemporary psychological approaches to depression: Theory, research, and treatment*. New York, NY: Plenum.

Inskip, H. M., Harris, E. C., & Barraclough, B. (1988). Lifetime risk of suicide for affective disorder, alcoholism and schizophrenia. *British Journal of Psychiatry, 172*, 35-37.

Jamison, K. R. (1993). *Touched with fire: Manic depressive illness and the artistic temperament*. New York, NY: Van Nostrand.

Johnson, C. (1995). *National Collegiate Athletic Association study*. CT: The Hartford Courant.

Judd, L. L. (1995). Depression as a brain disease. *Depression, 3*, 121-124.

Kales, A., Kales, J. D., Soldatos, C. R., Caldwell, A. B., Charney, D. S., & Martin, E. D. (1980). Night terrors: Chinical characteristics and personality patterns. *Archives of General Psychiatry, 37*, 1413-1417.

Karno, M., & Golding, J. M. (1991). Obsessive-compulsive disorder. In L. N. Robins & D. A. Regier (Eds.), *Psychiatric disorders in America: The epidemiologic attchment area study*. New York, NY: The Free Press.

Kaye, W. H., Gendall, K. A., Fernstorm, M. H., Fernstorm, J. D., McConaha, C. W., & Weltzin, T. E. (2000). Effect of acute tryptophan depletion on mood in bulimia nervosa. *Biol. Psychiatry, 47*(2), 151-157.

Kazdin, A. E. (1994). Methodology, design, and evaluation in psychotherapy research. In A. E. Bergin & S. L. Garfield (Eds.), *Handbook of psychotherapy and behavior change* (4th ed.). New York, NY: John Wiley & Sons.

Kendler, K. S., Gruenberg, A. M., & Kinney, D. K. (1994). Independent diagnoses of adoptees and relatives as defined by DSM-III in the provincial and national samples of the Danish adoption study of schizophrenia. *Archives of General Psychiatry, 51*, 456-468.

Kendler, K. S., Heath, A. C., & Martin, N. G. (1987). Agenetic eoidemiologic study of self-report suspicousness. *Comprehen Psychiat, 28*(3), 187-196.

Kendler, K. S., Neale, M. C., Kessler, R. C., Heath A. C., & Eaves, L. J. (1992). Generalized anxiety disorder in women: A population-based twin study. *Archives of General Psychiatry, 49*, 267-272.

Kessler, R. C. (2003). Epidemiology of woman and depression. *Journal of Affective Disorders, 74*(1), 5-13.

Kety, S. S., Wender, P. H., Jacobsen, B., Ingraham, L. J., Jansson, L., Faber, B., & Kinney, D. K. (1994). Mental illness in the biological and adoptive relatives of schizophrenic adoptees: Replication of the Copenhagen study in the rest of Denmark. *Archives of General Psychiatry, 51*, 442-455.

Kim, S. H., Baik, S. H., Park, C. S., Kim, S. J., Choi, S. W., & Kim, S. E. (2011). Reduced striatal dopamine D2 receptors in people with Internet addiction. *Neuroreport, 22*, 407-411.

King, G. R., & Ellinwood, E. H. (1992). Amphetamines and other stimulants. In J. H. Lowinson, P. Ruiz & R. B. Millman (Eds.), *Substance abuse: A Comprehensive textbook* (2nd ed.). Baltimore, MD: Williams & Wilkins.

Kinsey, A. C., Pomeroy, W. B., Martin, C. E., & Gebhard, R. H. (1953). *Sexual behavior in the human female*. Philadelphia, PA: Saunders.

Kirmayer, L. J., Robbins, J. M., & Paris, J. (1994). Somatoform disorders: Personality and the social matrix of somatic distress. *Journal of Abnormal Psychology, 103*(1), 125-136.

Klackenberg, G. (1982). Somnambulism in childhood: Prevalence, course and behavioral correlations. *Acta Pediatr Scand, 71*, 495-499.

Klackenberg, G. (1987). Incidence of parasomnias in children in a general population. In C. Guilleminault (Ed.), *Sleep and its disorders* (pp. 99-113). New York, NY: Raven.

Klerman, G. L. (1988). Depression and related disorders of mood (affective disorders). In A.

M. Nicholi Jr. (Ed.), *The new Harvard guide to psychiatry* (pp. 309-336). Cambridge, MA: Belknap/Harvard University Press.

Ko, C. H., Liu, G. C., Hsiao, S., Yen, J. Y., Yang, M. J., Lin, W. C., Yen, C. F., & Chen, C. S. (2009). Brain activities associated with gaming urge of online gaming addiction. *Journal of Psychiatric Research, 43*, 739-747.

Ko, C. H., Yen, J. Y., Chen, S. H., Yang, M. J., Lin, H. C., & Yen, C. F. (2009). Proposed diagnostic criteria and the screening and diagnosing tool of Internet addiction in college students. *Comprehensive Psychiatry, 50*, 378-384.

Lazarus, R. S. (1993). Why we should think of stress as a subset of emotion. In L. Goldberger & S. Breznitz (Eds.), *Handbook of stress: Theoretical and clinical aspects* (2nd ed.). New York, NY: The Free Press.

Lazarus, R. S., & Folkman, S. (1984). *Stress, appraisal, and coping.* New York, NY: Springer.

Levay, S. (1991). A difference in hypothalamic structure between heterosexual and homosexual men. *Science, 253*, 1034-1037.

Levin, B. L. (1992). Managed health care: A national perspective. In R. W. Manderscheid & M. A. Sonnenschein (Eds.), *Mental health United States, 1992*. Washington, DC: U.S. Department of Health and Human Services.

Lindzey, G., Thompson, R. F., & Spring, B. (1988). *Psychology* (3rd ed.). New York, NY: Worth.

Links, P. S. (1996). *Clinical assessment and management of severe personality disorders.* Washington, DC: American Psychiatric Press.

Lopiccolo, J. (1985). Advances in diagnosis and treatment of male sexual dysfunction. *Journal of Sex Marital Therapy, 11*(4), 215-232.

Magherini, G., & Biotti, V. (1988). Madness in Florence in the 14th-18th centuries: Judicial inquiry and medical diagnosis, care, and custody. *International Journal of Law and Psychitary, 21*(4), 355-368.

Maher, W. B., & Maher, B. A. (1985). Psychopathology (I): From ancient times to the eighteenth century. In G. A. Kimble & K. Schlesinger (Eds.), *Topics in the history of psychology* (Vol. 2). Hillsdale, NJ: Lawrence Erlbaum Associates.

Mandler, G. (1993). Thought, memory, and learning: Effects of emotional stress. In L. Goldberger & S. Breznitz (Eds.), *Handbook of stress: Theoretical and clinical aspects* (2nd ed.).

New York, NY: The Free Press.

Marshall, W. L., & Segal, Z. (1988). Behavior therapy. In C. G. Last & M. Hersen (Eds.), *Handbook of anxiety disorders* (pp. 338-361). New York, NY: Pergamon.

McBride, P. E. (1992). The health consequences of smoking: Cardi-vascular diseases. *Medical Clinics of North America, 76*, 333-353.

McIntosh, J. L. (1991). Epidemiology of suicide in the U.S. In A. A. Leenaars (Ed.), *Life span perspectives of suicide*. New York, NY: Plenum Press.

Meltzer, H. Y. (2000). Genetics and etiology of schizophrenia and clozapine treatment. *Journal of Clinical Psychiatry, 59*, 15-20.

Mesibov, G. B., Adams, L.W., & Klinger, L. G. (1997). *Autism: Understanding the disorder*. New York, NY: The Plenum Press.

Miller, G., & Holden, C. (2010). Proposed revisions to psychiatry's canon unveiled. *Science, 327*(5967), 770-771.

Moline, M. L. (1993). Jet lag. In M. A. Carskadon (Ed.), *Encyclopedia of sleep and dreaming*. New York, NY: MacMillan.

Neimeyer, G. (1996). Glossary of therapists. In R. Comer (Ed.), *Abnormal psychology newsletter* (Issue No. 6). New York, NY: Bedford, Freeman & Worth Publishing Group.

Neugebaur, R. (1979). Medieval and early modern theories of mental illness. *Arch Gen Psychiat, 36*, 477-483.

Newcomb, P. A., & Carbone, P. P. (1992). The health consequences of smoking: Cancer. *Medical Clinics of North America, 76*, 305-331.

Nolen-Hoeksema, S. (1987). Sex differences in uni-polar depression: Evidence and theory. *Psychological Bulletin, 101*, 259-282.

Nurnberger, J. I. Jr., & Gershon, E. S. (1992). Genetics. In E. S. Psykel (Ed.), *Handbook of affective disorders* (2nd ed.). New York, NY: The Guiford Press.

Nutt, D. J. (2001). Neurobiological mechanisms in generalized anxiety disorder. *Journal of Clinical Psychiatry, 62*(11), 11-27.

Ozonoff, S., Dawson, G., & McPartland, J. (2002). *A parent guide to asperger syndrome & high-functioning autism*. New York, NY: The Guiford Press.

Park, H. S., Kim, S. H., Bang, S. A., Yoon, E. J., Cho, S. S., & Kim, S. E. (2010). Altered regional cerebral glucose metabolism in internet game overusers: A 18F fluorodeoxy glucose positron emission tomography study. *CNS Spectrums, 15*, 159-166.

Parsons, T. (1979). Definitions of health and illness in light of the American values and social structure. In E. G. Jaco (Ed.), *Patients, physicians and illness: A sourcebook in behavioral science and health*. New York, NY: The Free Press.

Perris, C., & Herlofson, J. (1993). Cognitive therapy. In G. Sartorius, de. Girolano, G. Andrews, G. A. German & L. Eisenberg (Eds.), *Treatment of mental disorder: A review of effectiveness*. Genava, Switzerland and Washington, DC: World Health Organization and American Psychiatric Press.

Peterson, B. D., West, J., & Kohout, J. (1996). An update on human resources in mental health. In R. W. Manderscheid & M. A. Sonnenschein (Eds.), *Mental health United States, 1996*. Wasington, DC: U.S. Department of Health and Human Services.

Pfeiffer, S. I., Norton, J., Nelson, L., & Shott, S. (1990). Efficacy of vitamin B6 and magnesium in the treatment of autism: A methodology review and summary outcomes. *Journal of Autism and Developmental Disorders, 25*(5), 481-493.

Reich, J. H. (1990). Comparisons of males and females with DSM-III dependent personality disorder. *Psychiatry, 33*(2), 207-214.

Reiss, S. (1991). Expectancy model of fear, anxiety and panic. *Clinical Psychology Review, 11*, 141-154.

Rice, M. (2005). Online addiction. *Beijing Review, 48*(46), 32-33.

Ritvo, E. R., Jorde, L. B., Mason-Brothers, A., Freeman, B. J., Pingree, C., Jones, M. B., McMahon, W. M., Petersen, P. B., William, R., Jenson, W. R., & Mo, A. (1989). The UCLA-University of Utah epidemiologic survey of autism: Recurrence risk estimates and genetic counseling. *American Journal of Psychiatry, 46*(8), 1032.

Rosenbaum, M., Lakin, M., & Roback, H. B. (1992). Psychotherapy in groups. In D. K. Freedheim (Ed.), *History of psychotherapy: A century of change*. Washington, DC: American Psychological Association.

Salkovskis, P. M., & Westbrook, D. (1989). Behaviour therapy and obsessional ruminations: Can failure be turned into success? *Behavior Res. Therapy, 27*, 149-160.

Samet, J. M. (1992). The health benefits of smoking cessation. *Medical Clinics of North America, 76*, 399-414.

Sarson, I. G. (1984). Stress, anxiety and cognitive interference: Reactions to stress. *Journal of*

Personality and Social Psychology, 46, 929-938.

Schachter, S., & Gross, L. (1968). Manipulated time and eating behavior. *Journal of Personality and Social Psychology, 10*, 98-106.

Scheier, M. F., Matthews, K. A., Owen, J. F., Magovern, G. J. Sr., Lefebvre, R. C., Abbott, R. A., & Carver, C. S. (1989). Dispositional optimism and recovery from coronary artery bypass surgery: The beneficial effects on physical and psychological well-being. *Journal of Personality and Social Psychology, 57*, 1024-1040.

Selling, L. S. (1940). *Men against madness*. New York, NY: Greenberg.

Shapira, N. A., Goldsmith, T. D., Keck, P. E., Khosla, U. M., & McElroy, S. L. (2000). Psychiatric features of individuals with problematic Internet use. *Journal of Affective Disorders, 57*, 267-272.

Shaw, M., & Black, D. W. (2008). Internet addiction: Definition, assessment, epidemiology and clinical management. *CNS Drugs, 22*, 353-365.

Shedler, J., & Block, J. (1990). Adolescence drug use and psychological health: A longitudinal inquiry. *American Psychologist, 45*(5), 612-630.

Shek, D. T., Tang, V. M., & Lo, C. Y. (2009). Evaluation of an Internet addiction treatment program for Chinese adolescents in Hong Kong. *Adolescence, 44*, 359-373.

Skinner, B. F. (1953). *Science and haman behavior*. New York, NY: MacMillan.

Smith, J. C. (1993). *Understanding stress and coping*. New York, NY: MacMillan.

Stabenau, J. R., & Pollin, W. (1993). Heredity and environment in schizophrenia, revisited: The contribution of twin and high-risk studies. *Journal of Nervous and Mental Disease, 181*, 290-297.

Strober, M., Freeman, R., & Kaye, W. (2000). Controlled family studt of anorexia nervosa and bulimia nervosa: Evidence of shared liability and transmission of partial syndromes. *American Journal of Psychiatry, 157*(3), 393-401.

Sturgis, E. T. (1993). Obsessive-compulsive disorders. In P. B. Sutker & H. E. Adams (Eds.), *Comprehensive handbook of psychopathology* (2nd ed.). New York, NY: Plenum.

Tomaka, J., Blascovich, J., Kelsey, R. M., & Leitten, C. L. (1993). Subjective, physiological, and behavioral effects of threat and challenge appraisal. *Journal of Personality and Social Psychology, 65*, 248-260.

Torgersen, S. (2000). Genetics of patients with bordline personality disorder. *Psychiatry Clini-*

cal American, 23(1), 1-9.

Trevarthen, C., Aitken, K., Papoudi, D., & Robarts, J. (1996). *Children with autism: Diagnosis and interventions to meet their needs*. London, UK: Jessica Kingsley.

Waiters, E., & Kendler, K. S. (1995). Anorexia nerrosa and anorexia-like syndromes in a population based female twin sample. *Amer. J. Psychiatry, 152*, 64-71.

Wolpe, J. (1990). *The practice of behavior therapy*. Elmsford, NY: Pergamon Press.

World Health Organization [WHO] (1992). *International Statistical Classification of Diseases and Related Health Problems* (10th ed). Genava, Switzerland: The Author.

Young, K. S. (2007). Cognitive behavior therapy with Internet addicts: Treatment outcomes and implications. *Cyberpsychology & Behavior, 10*, 671-679.

Zilborg, G., & Henry, G. W. (1941). *A history of medical psychology*. New York, NY: W. W. Norton.

索引

一、漢英索引

A 型人格（type A personality）47,449
B 型人格（type B personality）47,449
C 型人格（type C personality）449
D 型人格（type D personality）450
phi 相關（phi correlation）36
一致性（congruence）99,402
一般適應症候群（general adaptation syndrome，簡稱 GAS）436
乙醇（ethylalcohol）200
乙醯膽素（acetylcholine）151,357
乙醯膽鹼類（cholinominetics）361
二分法（dichotomous thinking）405
二系列相關（biserial correlation）35
人格（personality）239
人格特質（personality trait）239
人格異常（personality disorder）239
入睡時發作（hypnagogic）376
三環類抗憂鬱劑（tricyclic antidepressants，簡稱 TCA）108
上下顛倒（reversal）289
上癮（addiction）199
千憂解（Cymbalta、Duloxetine）158,429
口吃（stuttering）317
口吃改變治療（stuttering modification therapy）320
大麻（marijuana）204
女性性高潮障礙（female orgasmic disorder）268
小頭症（microcephaly）300
小聲哭泣（small crying）448
工具（instrumentation）59
不良循環理論（the vicious cycle theory）104
中度智障（morderate retardation）298
內在效度（internal validity）54,58
內射（introjection）152
分裂型人格異常（schizoid personality disorder）241
分隔設計（nest design）75
分離焦慮（seperation anxiety）287
反向作用（reation formation）113
反制約（counter conditioning）106,412
反社會人格異常（antisocial personality disorder）242
反覆性嗜睡症（recurrent hypersomnia）377
反覆性經前嗜睡症（recurrent premenstral hypersomnia）377
巴比妥酸鹽（barbiturates）98,203
巴金森氏症（Parkinson's disease）353
幻覺（hallucination）204
心因性疾病（psychosomatic disease）125
心因性觀點（psychogenic perspective）15
心理分析（psychoanalysis）17
心理分析治療（psychoanalytic therapy）398
心理治療（psychotherapy）397
心理神經免疫學（psycho-neuroimmunology，簡稱 PNI）437
心理動力治療（psychodynamic therapy）99,404
心理異常（psychological disorder）1
心理劇（psychodrama）426
心理衝突（mental conflict）444
心理興奮劑（psychoactive drug）198
心智缺陷（mental deficiency）383
心智遲緩（mental retardation）296
支持性治療（supportive therapy）159
支配妄想（delusion of influence）223
月暈效應（halo effect）32
水準（level）75
片斷睡眠（sleep fragmentation）377

世界衛生組織（World Health Organization，簡稱 WHO）185
主要收穫（primary gain）131
以個人為中心（personalization）404,405
代幣制方案（token economy program）231
代幣法（token economy）414
冬季憂鬱症（winter depression）149
功能性磁振攝影（functional MRI，簡稱 fMRI）331
功能影像（functioning imaging）290
卡納自閉症（Kanner's autism）285
卡路里（calorie）188
去機構化（deinsitutionalization）233
可待因（codeine）202
古典制約作用（classical conditioning）103
古柯（coca）199
古柯鹼（cocaine）199
右尾狀核（right Caudate Nucleus）331
右背側前額葉（right Dorsolateral Prefrontal Cortex）331
右側倚核（right Nucleus Accumbens）331
右側額葉眼眶面皮質（right Orbitofrontal Cortex）331
四分相關（tetrachoric correlation）36
外在效度（external validity）54,62
失眠（insomnia）367
失智症（dementia）349
失落（loss）157
左右調換（inverse）289
幼兒自閉症（early infantile autism）285
本我（id）97
本我攻擊衝動（aggressive id impulsive）113
未分化型精神分裂症（undifferentiated type of schizophrenia）225
正向思考（positive thinking）152,460
正相關（positive correlation）33
正移情（positive transference）400
正腎上腺素（norepinephrine）151,198
正增強（positive reinforcement）131
生活技能訓練計畫（life skills training program）212
生理回饋（biofeedback）99,107,397
生理回饋技術（biofeedback technique）428
生理回饋訓練（biofeedback training）133
生態效度（ecological validity）63
田野觀察（field observation）26
白痴（idiot）298
示範（modeling）416
立意取樣法（purposive sampling）31
交互抑制（reciprocal inhibition）106,412
任意推論（arbitrary inference）406
全身性痲痺症（general paresis）15
共變數（covariance）67
冰箱父母（ice parents）288
列聯相關（contingency correlation）37
同性戀（homosexuality）276
同時迴歸（simultaneous regression）38
同理心（empathy）99,230,402
因多分（Beta-endorphins）291
因果比較研究（casual-comparative research）78
多元迴歸（multiple regression）37
多巴胺（dopamine）151,226,429
多巴胺系統（dopamine system）328
多巴胺神經細胞（dopaminergic neurons）354
多巴胺迴路（dopamine circuit）331
多因子實驗設計（factorial experimental design）67
多系列相關（serial correlation）36
多重人格（multiple personality）133
多基準線設計（multiple-baseline design）77
多變量分析（multivariate analysis）82
多變項相關分析（multivariate correlation analysis）37
妄想型人格異常（paranoid personality disorder）240
妄想型精神分裂症（paranoid type of schizophrenia）224
存在治療（existential therapy）422

存在的焦慮（existential anxiety）99
安非他命（amphetamines）198
州立醫院（state hospitals）14
收容所（asylums）12
早洩（premature ejaculation）264
早發性痴呆（early dementia）221
有氧運動（aerobic exercise）452
次級收穫（secondary gain）103,132
次級評估（secondary appraisal）437
百服寧（Bufferin）360
百憂解（Prozac）158,429
老人癡呆症（dementia sickness）350
肌肉放鬆訓練（muscle relaxation training）57,107,413
肌電儀（electromyography，簡稱 EMG）428
自由聯想（free association）139,230,398
自我肯定的社區處遇（self-assertive community treatment）233
自我肯定訓練（self-assertive training）56,256,416
自我基模（self-schemas）405
自我控制訓練（self-control training）214
自我統整（self-identity）423
自我催眠（self-hypnosis）138
自我感喪失症（depersonalization disorder）133
自我管理（self-management）417
自動化思考（automatic thoughts）153,405
自殺（suicide）143,166
自閉症（autism）285
自慰饜足（masturbatory satiation）270
自戀型人格異常（narcissistic personality disorder）244
血液恐懼症（hematophobia）102
血清素（serotonin）114,151,164
行為治療（behavior therapy）159,397,411
行為契約法（behavior contracting）417
行為異常（behavior disorder）1
行為塑造（behavior shaping）309,417
行為演練（behavior rehearsals）416
行為諮商（behavior counseling）411
位移（translocation）289
伽瑪氨基丁酸（gamma-aminobutyric acid）95
克汀症（cretinism）300
克萊恩－李文症候群（Kleine-Levine Syndrome）377
利他能（Ritalin）317
利培酮（Risperidone, Risperdal）320
完形治療（Gestalt therapy）418
尾狀核（caudate nuclei）114
巫師（shamanism）9
巫術（witchcraft）9
庇護工場（sheltered workshop）304
快速眼動（rapid eye movement，簡稱 REM）383
抗巴金森氏症（anti-parkinsonian）374
抗拒（resistance）399
抗拒階段（resistance stage）436
抗焦慮藥物（antianxiety drug）17,429
抗精神病藥物（antisychotic drug）429
抗憂鬱藥物（antidepression drug）17,429
折衷取向治療（eclectic orientation therapy）397
抑制劑（depressant）200
抑鬱症（melancholia）9
男性性高潮障礙（male orgasmic disorder）267
私人的心理治療（private psychotherapy）18
系統減敏感法（systematic desensitization）68,106,256,412
肛門期（anal stage）113,314
角色扮演（role playing）253,407,426
身體化症（somatization disorder）125
身體肥胖指數（body mass index，簡稱 BMI）186
身體型疾患（somatoform disorder）125
身體型疼痛症（somatoform pain disorder）126
身體原因觀點（somatogenic perspective）15
事件取樣（event sampling）29
事後回溯（ex-post facto）78
亞斯伯格症（Asperger's Disorder）294

依賴型人格異常（dependent personality disorder）246
兒童自閉症（childhood autism）285
兩極化情感症（bipolar mood disorder）162
兩邊內側額葉皮質（medial Frontal Cortex）331
兩邊前面色帶環繞（Bilateral Anterior Cingulate）331
典型相關（canonical correlation）38
刺激類化（stimulus generalization）103
刺激飽和法（stimulus satiation）415
受試者內（within subjects）65
受試者間（between subjects）65
夜驚（night terror）373
委員會（Board）468
季節性情感異常症（seasonal affective disorder，簡稱 SAD）149
季節性憂鬱症（seasonal depression）149
帕戈隆（Pagoclone）320
性心理異常（psychosexual disorder）263
性功能障礙（sexual dysfunctions）263
性交疼痛（dyspareunia）267
性別認同障礙（gender identity disorder）275
性虐待症（sexual sadism）272
性情（disposition）239
性被虐待症（sexual masochism）272
性無能（impotency）263
性嫌惡（sexual aversion disorder）265
性慾望不足（hypoactive sexual desire）266
性器官勃起障礙（erectile disorder）263
性變態（paraphilia）269
拉丁方格（Latin square）75
抵消（undoing）113
注意力缺失症（attention deficit disorder，簡稱 ADD）304
注意力缺陷過動症（attention deficit hyperactivity disorder，簡稱 ADHD）304
治療的合作關係（the therapeutic collaboration relationship）406
物質（substance）327
社交恐懼症（social phobia）102
社區心理健康（community mental health）430
社會支持（social support）460
社會再適應量表（Social Readjustment Rating Scale，簡稱 SRRS）440
社會技巧（social skill）416
社會科學引文索引（Social Science Citation Index，簡稱 SSCI）336
社會規範（social norm）2
社會經濟地位（social economic status）250
空椅（empty chair）419
空椅技術（empty chair technique）269
空曠恐懼症（agoraphobia）102
肥胖症（obesity）186
初步研究（pilot study）58
初步評估（primary appraisal）437
初步實驗（pilot experiment）58
長期性失眠（long term insomnia）369
阿茲海默症（Alzheimer's Disease）350
阿斯匹靈（Aspirin）357
附著（insert）289
青春型精神分裂症（hebephrenic type of schizophrenia）225
非快速眼動睡眠（non-rapid eye movement，簡稱 NREM）373
非指導式心理治療法（nondirective psychotherapy）402
非理性的信念（irrational belief）98
品性疾患（conduct disorder）320
宣洩（catharsis）118
帝拔癲（Sodium Valproate; Depakine）165
幽閉恐懼症（claustrophobia）101
後果管理（contigence management）214
思想停止（thought stopping）109
洪水法（flooding）108,132,256,415

流利塑造治療（fluency shaping therapy）319
活生生的入眠期幻覺（vivid hypnagogic hallucination）375
相關比（correlation ratio）33,37
相關係數（coefficient of correlation）33
相關矩陣（correlation matrix）35
科學引文索引（Science Citation Index，簡稱 SCI）336
穿梭技術（shuttle technique）420
突發性睡眠症（narcolepsy）372,375,382
美國心理學會（American Psychological Association，簡稱 APA）469
美國食品暨藥物監督管理局（Food and Drug Administration，簡稱 FDA）189
美國智能不足學會（American Association on Mental Retardation，簡稱 AAMR）296
美國藝術治療協會（American Art Therapy Association，簡稱 AATA）232
耐受性（tolerance）325
耐藥性（tolerance）197,199
胎兒酒精症候群（fetal alcohol syndrome）300
苦惱（distress）450
苯二氮泮類（High-potency benzodiazepines）109
苯酮尿症（Phenylketonuria，簡稱 PKU）299
負相關（negative correlation）33
負面思考（negative thinking）153
負移情（negative transference）400
負增強（negatice reinforcement）116,131
迫害妄想（delusion of persecution）223
重度智障（severe retardation）298
重度憂鬱症（major depression）144
陌生人恐懼症（xenophobia）102
飛行恐懼症（aerophobia）102
倦怠（burnout）439
倒返設計（reversal design）77
個人不良適應行為（maladaptive behavior）411
個人神話（personal fable）210
冥想（mediation）107
唐氏症（Down's syndrome）201,299
家庭治療（family therapy）426
家庭團體（family group）232
恐慌發作（pan attack）100
恐懼（fear）92
恐懼症（phobic disorder）100
挫折（frustration）444
挫折攻擊假說（frustration-aggressive hypothesis）438
時差（jet lag）368
時間系列設計（time-series design）70
時間取樣（time sampling）28
核磁共振攝影（magnetic resonance imaging，簡稱 MRI）95,151,290
案主（client）99,397
案主中心治療（client-centered therapy）401
案主中心治療法（person-centered therapy）401
案主會議（case conference）45,53,463
氨基酸（phenylalanine）299
海洛因（heroin）202
特殊教育（special education）302
特發性中樞嗜睡症（idiopathic CNS hypersomnia）376
特徵（characteristic）81
病理謊言症候群（Munchausen syndrome）126
疼痛恐懼症（algophobia）102
疼痛症（pain disorder）125
真正實驗（true-experiment）57
真誠（genuineness）402
真實情境法（in vivio method）109
神經生理機制（neurobiological mechanism）331
神經質（neurosis）91
紊亂型精神分裂症（disorganized type of schizophrenia）225
耗竭階段（exhaustion stage）436
脆性 X 氏症候群（fragile X syndrome）299

訓練團體（training group）427
逆境商數（adversity quotient，簡稱 AQ）444
逃避型人格異常（avoidant personality disorder）245
追蹤（follow-up）431,463
酒精（alcohol）200
酒精中毒（alcoholism）201
酒癮者匿名戒酒團體（Alcoholics anonymous，簡稱 AA 團體）215
配對（match）65
高階經理人（Chief Executive Officer，簡稱 CEO）448
偽病症（malinger）125
假性失眠（pseudo-insomnia）369
做決定恐懼症（decidphobia）103
副人格（subpersonalities）139
動物恐懼症（zoophobia）102
區別分析（discriminant analysis）38
問題中心因應（problem-focus coping）458
國家健康機構（National Institute of Health）368
基模（schema）405
宿命論（fatalism）406
常態分配（normal distribution）3
常態化（normalization）304
強亨利效應（the John Henry effect）61
強迫行為（compulsive behavior）111
強迫思想（obsessive thought）111
強迫性格（obsessive character）374
強迫性規則（compulsive rule）112
強迫性儀式（compulsive ritual）112
強迫性賭博（compulsive gambling）112
強迫型人格異常（obsessive-compulsive personality disorder）247
強迫症（obsessive-compulsive disorder，簡稱 OCD）110
強迫清洗（cleaning compulsions）112
強迫選擇（force choice）30
強迫檢查（clecking compulsions）112
強暴（rape）274
患病恐懼症（pathophobia）102
情感失常（affective disorder）143
情緒中心因應（emotion-focus coping）458
情緒智力（emotion quotient，簡稱 EQ）27
啟智計畫（Head Start Program）303
敏感性訓練（sensitivity training）427
梅毒恐懼症（syphilophobia）102
梅絲瑪術（Mesmerism）16
液體（humors）10
清醒時發作（hypnopompic）376
混合設計（mixed design）74
混淆（confounding）58
淨相關（partial correlation）39
理性情緒治療法（rational-emotive therapy，簡稱 RET）408
理性實在主義哲學（philosophy of rational realism）421
現實治療（reality therapy）421
產後憂鬱症（postpartum depression）150
異性裝扮症（transvestism）271
移情（transference）400
移情分析（analysis of transference）400
窒息性失眠症（sleep apnea）372
第一型單極症（bipolar 1 disorder）163
第二型單極症（bipolar 2 disorder）163
統計迴歸（statistical regression）60
累進誤差（progressive error）65
習得無助感（learned helplessness）154,168
逐步迴歸（stepwise regression）38
陳氏網路成癮量表（Chen Internet Addiction Scale）333
陰道痙攣（vaginismus）266
麥角酸乙二胺（lysergic acid diethylamide，簡稱 LSD）204
麻痺（anesthesia）129

猝倒症（cataplexy）372,375
創傷後壓力症（posttraumatic stress disorder，簡稱 PTSD）117
創傷經驗再現（re-experience of the trauma）117
單因子變異數分析（one-way analysis of variance，簡稱 ANOVA）82
單胺氧化酵素抑制劑（monoamine oxidase inhibitors，簡稱 MAOI）109
單組前測與後測設計（the one-group pretest-posttest design）68
單組個案研究設計（the one-shot case study design）68
單獨恐懼症（monophobia）102
復發預防訓練（relapse prevention training）214
循環型情感障礙（cyclothymic disorder）162
焦慮（anxiety）92
焦慮階層（anxiety hierarchy）106,413
無母數統計（nonparametric statistics）82
無法說話（mutism）129
無條件的正向關懷（unconditional positive regards）99,402
痛覺消失（analgesia）129
發作性嗜睡症（episodic hypersomnia）377
短期性失眠（short term insomnia）368
短暫性失眠（transient insomnia）368
等級相關（rank correlation）35
結構影像技術（structural imaging）290
視幻覺（visual hallucination）224
評定量表（rating scale）30
超我（superego）97
駕駛恐懼症（drive phobia）103
階層實驗設計（hierarchical experimental design）75
集中誤差（error of central tendency）32
集體強暴（gang rape）274
集體瘋狂（mass madness）11
黑暗恐懼症（nyctophobia）102
黑質組織（substantia nigra）354
黑朦性家族失智症（Tay-Sachs disease）300
亂倫（incest）273
催眠術（hypons）16
催產素（oxytocin）289
嗎啡（morphine）202
嗜睡症（hypersomnia）375
塔朗特舞（tarantella）11
奧氮平（Olanzapine, Zyprexa）320
嫉妒妄想（delusion of jealousy）223
嫌惡治療法（aversive therapy）213,414
意義治療（logotherapy）423
感覺異常（paresthesia）129
感覺遲鈍（hypesthesia）129
想法極端（polarized thinking）404
想像的喪失（imagined loss）152
愛滋病（acquired immune deficiency syndrome，簡稱 AIDS）276
新佛洛伊德學派（neo-Freudian）400
暗示（suggestion）16
會心團體（encounter group）231
極重度智障（profound retardation）298
極端組法（extreme-groups method）81
歇斯底里症（hysterical disorder）9,128
溫刻痛（Tapal）360
準實驗（quasi-experiment）56
禁忌（taboo）276
節律性動作疾患（rhythmic movement disorder）381
經驗再現（flashback）117
群組（clusters）240
腦水腫（hydrocephalus）300
腦炎（encephalitis）290
腦室（ventricles）227
腦電波儀（Electroencephalography，簡稱 EEG）311
葉酸（Folic acid）293
解離性失憶症（dissociative amnesia）133
解離性漫遊症（dissociative fugue）133

解離症（dissociative disorder）133
試探性實驗（exploratory experiment）57
誇大妄想（delusion of grandeur）223
誇大與誇張（magnification and exaggeration）406
路易氏體失智症（Dementia with Lewy Bodies）352
路徑分析（path analysis）39,85
遊戲治療（play therapy）426
道德治療（moral treatment）13
過度活躍症（hyperkinetic disorder）304
過度敏感（hyperesthesia）129
過度換氣（hyperventilation）107
過度嗜睡（excessive daytime sleepiness）375
過度類推（overgeneralization）405
隔離（isolation）113
隔離法（time out）415
雷電恐懼症（astraphobia）102
雷錐氏體失智症（Lewy Body Dementia）353
電腦斷層掃描攝影（Computer Axial Tomography Scan，簡稱 CAT scan）226,290
電擊治療（electro-convulsive therapy，簡稱 ECT）159,428
零相關（zero correlation）33
零碎的天賦技能（splinter skills）286
鼠疫病毒（pestiviruses）227
厭食症（anorexia nervosa）176,178
嘔吐劑（antabuse）214
團體治療（group therapy）231,425
夢的解析（dream analysis）230,399
夢遊（sleepwalking）372
夢遊症（somnambulism）372
夢魘（nightmare）374
實地實驗（field experiment）58
實驗者偏差效果（experimenter bias effect）63
實驗室實驗（laboratory experiment）57
實驗室觀察（laboratory observation）26
實驗處理（experimental treatment）53
實驗設計（experimental design）54
對抗平衡（counter-balance）65
對抗平衡設計（counter-balance design）75
慢性外陰前庭炎（chronic vulvar vestibulitis）267
漂浮性焦慮症（free-floating anxiety disorder）92
瘋人院（bedlam）12
瘋人塔（Lunatics Tower）12
睡眠不足症候群（insufficient sleep syndrome）375
睡眠障礙（sleep disorder）367
睡眠癱瘓症（sleep paralysis）375,382
睡驚（sleep terror）374
精神分裂型人格異常（schizotypal personality disorder）242
精神分裂症（schizophrenia）221
精神官能症（psychoneurosis）91
精神病（psychosis）221
網路（Network）468
網路成癮症（internet addiction disorder，簡稱 IAD）324
舞蹈症（tarantism）11
認知三角（cognitive triad）153,404
認知行為治療（cognitive behavioral therapy，簡稱 CBT）338
認知扭曲（cognitive distortion）405
認知治療（cognitive therapy）159,231,397,404
認知的陷阱（cognitive traps）406
說夢話（sleep talking）374
輕度智能障礙（mild retardation）297
輕鬱症（dysthymic disorder）148
雌激素（estrogen）361
領悟（insight）132
領悟治療（insight therapy）397
骯髒恐懼症（mysophobia）102
僵直型精神分裂症（catatonic type of schizophrenia）225
寬鬆誤差（error of leniency）32

廣布二系列相關（widespread biserial correlation）36
廣泛性焦慮症（generalized anxiety disorder，簡稱 GAD）92
廣泛性發展障礙（pervasive developmental disorder）285
慮病症（hypochondrasis）125
憂鬱症（depression）130
摩擦症（frotteurism）273
暴食症（bulimia nervosa）178
暴露症（exhibitionism）269
標準組設計（criterion-group design）80
標準誤（standard error）34
潛意識（unconscious）17
衛生機構執業管理法（Health Practitioner Regulation Act）468
輟學（drop out）202,321
鋰鹽（Lithium）165,429
震顛麻痺（the shaking palsy）353
震顫譫妄（delirium tremens，簡稱 DT）202
鴉片（opium）202
學生輔助計畫（student assistance programs，簡稱 SAP）212
學校恐懼症（school phobia）307
學習障礙（learning disorder）315
擁擠恐懼症（ochlophobia）102
操作型定義（operational definition）54
磨牙（sleep bruxism）383
積差相關（product-moment correlation）34
窺視症（voyeurism）271
褪黑激素（melatonin）151,157
諮商（counseling）397
遵循規則（law of rules）404
遺尿症（enuresis）309
遺糞症（encopresis）314
錯誤歸因（attribution error）406
霍桑效應（Hawthorne effect）61
靜態組比較設計（the static-group comparison design）69
靜態組前測與後測設計（the static group pretest-post-test design）69
壓力（stress）435
壓力源（stressor）437
壓力預防（stress inoculation）110
壓抑（repression）137
戲劇型人格異常（histronic personality disorder）245
檢核表（check list）30
矯正回饋（corrective feedback）416
趨避衝突（approach-avoidnace conflict）445
點二系列相關（point-biserial correlation）36
斷章取義（selective abstration）406
斷裂脆弱（deletion）289
轉化症（conversion disorders）125
鎮靜劑（opiod）291
雙盲（double blind）62
雙趨衝突（approach-approach conflict）445
雙趨避衝突（double approach-avoidance conflict）445
雙避衝突（avoidance-avoidance conflict）445
雙變項相關（bivariate correlation）34
額顳葉型失智症（front temporal lobe degeneration）352
爆炸法（explosive）416
羅夏克測驗（Rorschach test）373
藝術治療（art therapy）232
藥物濫用（drug abuse）195
藥物依賴（drug dependence）197
邊緣系統（limbic system）226
邊緣型人格異常（borderline personality disorder）243,382
關聯妄想（delusion of reference）223
類似失眠症（parasomnias）372
嚴格誤差（error of severity）32
覺察（awareness）418

警覺階段（alarm stage）436
譫妄（delirium）215
躁鬱症（manic depressive disorder）143,161
闡釋（interpretation）400
懼水症（hydrophobia）102
懼火症（pyrophobia）102
懼高症（acrophobia）102
驅魔術（exorcrism）9
魔鬼附身（demonlogy）9
癮蔽敏感法（covert sensitization）214
聽幻覺（auditory hallucination）224
戀父情結（Electra complex）131
戀母情結（Oedipus complex）103
戀物癖（fetishism）270
戀童症（pedophillia）273
戀獸症（zoophilia）273
變狼妄想症（lycanthropy）11
變態心理學（abnormal psychology）1
饜足原理（satiation principle）116
驗證性實驗（confirmatory experiment）57
癲通（Carbamazepine, Tegretol）165
顱骨環鋸術（trephination）9
顳平面（planum temporale）317

二、英漢索引

abnormal psychology（變態心理學）1
Acetylcholine（乙醯膽素）151,357
acquired immune deficiency syndrome，簡稱 AIDS（愛滋病）276
acrophobia（懼高症）102
addiction（上癮）199
adversity quotient，簡稱 AQ（逆境商數）444
aerobic exercise（有氧運動）452
aerophobia（飛行恐懼症）102
affective disorder（情感失常）143
aggressive id impulsive（本我攻擊衝動）113
agoraphobia（空曠恐懼症）102
alarm stage（警覺階段）436
alcohol（酒精）200
Alcoholics anonymous，簡稱 AA 團體（酒癮者匿名戒酒團體）215
alcoholism（酒精中毒）201
algophobia（疼痛恐懼症）102
Alzheimer's Disease（阿茲海默症）350
American Art Therapy Association，簡稱 AATA（美國藝術治療協會）232
American Association on Mental Retardation，簡稱 AAMR（美國智能不足學會）296
American Psychlogical Association，簡稱 APA（美國心理學會）469
amphetamines（安非他命）198
anal stage（肛門期）113,314
analgesia（痛覺消失）129
analysis of transference（移情分析）400
anesthesia（麻痺）129
anorexia nervosa（厭食症）176,178
antabuse（嘔吐劑）214
antianxiety drug（抗焦慮藥物）17,429
antidepression drug（抗憂鬱藥物）17,429
anti-parkinsonian（抗巴金森氏症）374
antisocial personality disorder（反社會人格異常）242
antisychotic drug（抗精神病藥物）429
anxiety hierarchy（焦慮階層）106,413
anxiety（焦慮）92
approach-approach conflict（雙趨衝突）445
approach-avoidnace conflict（趨避衝突）445
arbitrary inference（任意推論）406
art therapy（藝術治療）232
Asperger's Disorder（亞斯伯格症）294
Aspirin（阿斯匹靈）357
astraphobia（雷電恐懼症）102
asylums（收容所）12

attention deficit disorder，簡稱ADD（注意力缺失症）304
attention deficit hyperactivity disorder，簡稱 ADHD（注意力缺陷過動症）304
attribution error（錯誤歸因）406
auditory hallucination（聽幻覺）224
autism（自閉症）285
automatic thoughts（自動化思考）153,405
aversive therapy（嫌惡治療法）213,414
avoidance-avoidance conflict（雙避衝突）445
avoidant personality disorder（逃避型人格異常）245
awareness（覺察）418
barbiturates（巴比妥酸鹽）98,203
bedlam（瘋人院）12
behavior contracting（行為契約法）417
behavior counseling（行為諮商）411
behavior disorder（行為異常）1
behavior rehearsals（行為演練）416
behavior shaping（行為塑造）309,417
behavior therapy（行為治療）159,397,411
Beta-endorphins（因多分）291
between subjects（受試者間）65
Bilateral Anterior Cingulate（兩邊前面色帶環繞）331
biofeedback technique（生理回饋技術）428
biofeedback training（生理回饋訓練）133
biofeedback（生理回饋）99,107,397
bipolar 1 disorder（第一型單極症）163
bipolar 2 disorder（第二型單極症）163
bipolar mood disorder（兩極化情感症）162
biserial correlation（二系列相關）35
bivariate correlation（雙變項相關）34
Board（委員會）468
body mass index，簡稱 BMI（身體肥胖指數）186
borderline personality disorder（邊緣型人格異常）243,382
Bufferin（百服寧）360
bulimia nervosa（暴食症）178
burnout（倦怠）439
calorie（卡路里）188
canonical correlation（典型相關）38
Carbamazepine, Tegretol（癲通）165
case conference（案主會議）45,53,463
casual-comparative research（因果比較研究）78
cataplexy（猝倒症）372,375
catatonic type of schizophrenia（僵直型精神分裂症）225
catharsis（宣洩）118
caudate nuclei（尾狀核）114
characteristic（特徵）81
check list（檢核表）30
Chen Internet Addiction Scale（陳氏網路成癮量表）333
Chief Executive Officer，簡稱CEO（高階經理人）448
childhood autism（兒童自閉症）285
cholinominetics（乙醯膽鹼類）361
chronic vulvar vestibulitis（慢性外陰前庭炎）267
classical conditioning（古典制約作用）103
claustrophobia（幽閉恐懼症）101
cleaning compulsions（強迫清洗）112
clecking compulsions（強迫檢查）112
client（案主）99,397
client-centered therapy（案主中心治療）401
clusters（群組）240
coca（古柯）199
cocaine（古柯鹼）199
codeine（可待因）203
coefficient of correlation（相關係數）33
cognitive behavioral therapy，簡稱 CBT（認知行為治療）338
cognitive distortion（認知扭曲）405
cognitive therapy（認知治療）159,231,397,404
cognitive traps（認知的陷阱）406

cognitive triad（認知三角）153,404
community mental health（社區心理健康）430
compulsive behavior（強迫行為）111
compulsive gambling（強迫性賭博）112
compulsive ritual（強迫性儀式）112
compulsive rule（強迫性規則）112
Computer Axial Tomography Scan，簡稱 CAT scan（電腦斷層掃描攝影）226,290
conduct disorder（品性疾患）320
confirmatory experiment（驗證性實驗）57
confounding（混淆）58
congruence（一致性）99,402
contigence management（後果管理）214
contingency correlation（列聯相關）37
conversion disorders（轉化症）125
corrective feedback（矯正回饋）416
correlation matrix（相關矩陣）35
correlation ratio（相關比）33,37
counseling（諮商）397
counter conditioning（反制約）106,412
counter-balance design（對抗平衡設計）75
counter-balance（對抗平衡）65
covariance（共變數）67
covert sensitization（癮蔽敏感法）214
cretinism（克汀症）300
criterion-group design（標準組設計）80
cyclothymic disorder（循環型情感障礙）162
Cymbalta、Duloxetine（千憂解）158,429
decidphobia（做決定恐懼症）103
deinsitutionalization（去機構化）233
deletion（斷裂脆弱）289
delirium tremens，簡稱 DT（震顫譫妄）202
delirium（譫妄）215
delusion of grandeur（誇大妄想）223
delusion of influence（支配妄想）223
delusion of jealousy（嫉妒妄想）223
delusion of persecution（迫害妄想）223
delusion of reference（關聯妄想）223
dementia sickness（老人癡呆症）350
Dementia with Lewy Bodies（路易氏體失智症）352
dementia（失智症）349
demonlogy（魔鬼附身）9
dependent personality disorder（依賴型人格異常）246
depersonalization disorder（自我感喪失症）133
depressant（抑制劑）200
depression（憂鬱症）130
dichotomous thinking（二分法）405
discriminant analysis（區別分析）38
disorganized type of schizophrenia（紊亂型精神分裂症）225
disposition（性情）239
dissociative amnesia（解離性失憶症）133
dissociative disorder（解離症）133
dissociative fugue（解離性漫遊症）133
distress（苦惱）450
dopamine circuit（多巴胺迴路）331
dopamine system（多巴胺系統）328
dopamine（多巴胺）151,226,429
dopaminergic neurons（多巴胺神經細胞）354
double approach-avoidance conflict（雙趨避衝突）445
double blind（雙盲）62
Down's syndrome（唐氏症）201,299
dream analysis（夢的解析）230,399
drive phobia（駕駛恐懼症）103
drop out（輟學）202,321
drug abuse（藥物濫用）195
drug dependence（藥物依賴）197
dyspareunia（性交疼痛）267
dysthymic disorder（輕鬱症）148
early dementia（早發性痴呆）221
early infantile autism（幼兒自閉症）285
eclectic orientation therapy（折衷取向治療）397

ecological validity（生態效度）63
Electra complex（戀父情結）131
electro-convulsive therapy，簡稱 ECT（電擊治療）159,428
Electroencephalography，簡稱 EEG（腦電波儀）311
electromyography，簡稱 EMG（肌電儀）428
emotion quotient，簡稱 EQ（情緒智力）27
emotion-focus coping（情緒中心因應）458
empathy（同理心）99,230,402
empty chair technique（空椅技術）269
empty chair（空椅）419
encephalitis（腦炎）290
encopresis（遺糞症）314
encounter group（會心團體）231
enuresis（遺尿症）309
episodic hypersomnia（發作性嗜睡症）377
erectile disorder（性器官勃起障礙）263
error of central tendency（集中誤差）32
error of leniency（寬鬆誤差）32
error of severity（嚴格誤差）32
estrogen（雌激素）361
ethylalcohol（乙醇）200
event sampling（事件取樣）29
excessive daytime sleepiness（過度嗜睡）375
exhaustion stage（耗竭階段）436
exhibitionism（暴露症）269
existential anxiety（存在的焦慮）99
existential therapy（存在治療）422
exorcrism（驅魔術）9
experimental design（實驗設計）54
experimental treatment（實驗處理）53
experimenter bias effect（實驗者偏差效果）63
exploratory experiment（試探性實驗）57
explosive（爆炸法）416
ex-post facto（事後回溯）78
external validity（外在效度）54,62
extreme-groups method（極端組法）81
factorial experimental design（多因子實驗設計）67
family group（家庭團體）232
family therapy（家庭治療）426
fatalism（宿命論）406
fear（恐懼）92
female orgasmic disorder（女性性高潮障礙）268
fetal alcohol syndrome（胎兒酒精症候群）300
fetishism（戀物癖）270
field experiment（實地實驗）58
field observation（田野觀察）26
flashback（經驗再現）117
flooding（洪水法）108,132,256,415
fluency shaping therapy（流利塑造治療）319
Folic acid（葉酸）293
follow-up（追蹤）431,463
Food and Drug Administration，簡稱 FDA（美國食品暨藥物監督管理局）189
force choice（強迫選擇）30
fragile X syndrome（脆性 X 氏症候群）299
free association（自由聯想）139,230,398
free-floating anxiety disorder（漂浮性焦慮症）92
front temporal lobe degeneration（額顳葉型失智症）352
frotteurism（摩擦症）273
frustration（挫折）444
frustration-aggressive hypothesis（挫折攻擊假說）438
functional MRI，簡稱 fMRI（功能性磁振攝影）331
functioning imaging（功能影像）290
gamma-aminobutyric acid（伽瑪氨基丁酸）95
gang rape（集體強暴）274
gender identity disorder（性別認同障礙）275
general adaptation syndrome，簡稱 GAS（一般適應症候群）436
general paresis（全身性痲痺症）15
generalized anxiety disorder，簡稱 GAD（廣泛性焦慮

症）92
genuineness（真誠）402
Gestalt therapy（完形治療）418
group therapy（團體治療）231,425
hallucination（幻覺）204
halo effect（月暈效應）32
Hawthorne effect（霍桑效應）61
Head Start Program（啟智計畫）303
Health Practitioner Regulation Act（衛生機構執業管理法）468
hebephrenic type of schizophrenia（青春型精神分裂症）225
hematophobia（血液恐懼症）102
heroin（海洛因）202
hierarchical experimental design（階層實驗設計）75
High-potency benzodiazepines（苯二氮泮類）109
histronic personality disorder（戲劇型人格異常）245
homosexuality（同性戀）276
humors（液體）10
hydrocephalus（腦水腫）300
hydrophobia（懼水症）102
hyperesthesia（過度敏感）129
hyperkinetic disorder（過度活躍症）304
hypersomnia（嗜睡症）375
hyperventilation（過度換氣）107
hypesthesia（感覺遲鈍）129
hypnagogic（入睡時發作）376
hypnopompic（清醒時發作）376
hypoactive sexual desire（性慾望不足）266
hypochondrasis（慮病症）125
hypons（催眠術）16
hysterical disorder（歇斯底里症）9,128
ice parents（冰箱父母）288
id（本我）97
idiopathic CNS hypersomnia（特發性中樞嗜睡症）376
idiot（白痴）298
imagined loss（想像的喪失）152
impotency（性無能）263
in vivio method（真實情境法）109
incest（亂倫）273
insert（附著）289
insight therapy（領悟治療）397
insight（領悟）132
insomnia（失眠）367
instrumentation（工具）59
insufficient sleep syndrome（睡眠不足症候群）375
internal validity（內在效度）54,58
internet addiction disorder，簡稱 IAD（網路成癮症）324
interpretation（闡釋）400
introjection（內射）152
inverse（左右調換）289
irrational belief（非理性的信念）98
isolation（隔離）113
jet lag（時差）368
Kanner's autism（卡納自閉症）285
Kleine-Levine Syndrome（克萊恩－李文症候群）377
laboratory experiment（實驗室實驗）57
laboratory observation（實驗室觀察）26
Latin square（拉丁方格）75
law of rules（遵循規則）404
learned helplessness（習得無助感）154,168
learning disorder（學習障礙）315
level（水準）75
Lewy Body Dementia（雷錐氏體失智症）353
life skills training program（生活技能訓練計畫）212
limbic system（邊緣系統）226
Lithium（鋰鹽）165,429
logotherapy（意義治療）423
long term insomnia（長期性失眠）369
loss（失落）157
Lunatics Tower（瘋人塔）12

lycanthropy（變狼妄想症）11
lysergic acid diethylamide，簡稱 LSD（麥角酸乙二胺 v204
magnetic resonance imaging，簡稱 MRI（核磁共振攝影）95,151,290
magnification and exaggeration（誇大與誇張）406
major depression（重度憂鬱症）144
maladaptive behavior（個人不良適應行為）411
male orgasmic disorder（男性性高潮障礙）267
malinger（偽病症）125
manic depressive disorder（躁鬱症）143,161
marijuana（大麻）204
mass madness（集體瘋狂）11
masturbatory satiation（自慰饜足）270
match（配對）65
medial Frontal Cortex（兩邊內側額葉皮質）331
mediation（冥想）107
melancholia（抑鬱症）9
melatonin（褪黑激素）151,157
mental conflict（心理衝突）444
mental deficiency（心智缺陷）383
mental retardation（心智遲緩）296
Mesmerism（梅絲瑪術）16
microcephaly（小頭症）300
mild retardation（輕度智能障礙）297
mixed design（混合設計）74
modeling（示範）416
monoamine oxidase inhibitors，簡稱 MAOI（單胺氧化酵素抑制劑）109
monophobia（單獨恐懼症）102
moral treatment（道德治療）13
morderate retardation（中度智障）298
morphine（嗎啡）202
multiple personality（多重人格）133
multiple regression（多元迴歸）37
multiple-baseline design（多基準線設計）77
multivariate analysis（多變量分析）82
multivariate correlation analysis（多變項相關分析）37
Munchausen syndrome（病理謊言症候群）126
muscle relaxation training（肌肉放鬆訓練）57,107,413
mutism（無法說話）129
mysophobia（骯髒恐懼症）102
narcissistic personality disorder（自戀型人格異常）244
narcolepsy（突發性睡眠症）372,375,382
National Institute of Health（國家健康機構）368
negatice reinforcement（負增強）116,131
negative correlation（負相關）33
negative thinking（負面思考）153
negative transference（負移情）400
neo-Freudian（新佛洛伊德學派）400
nest design（分隔設計）75
Network（網路）468
neurobiological mechanism（神經生理機制）331
neurosis（神經質）91
night terror（夜驚）373
nightmare（夢魘）374
nondirective psychotherapy（非指導式心理治療法）402
nonparametric statistics（無母數統計）82
non-rapid eye movement，簡稱 NREM（非快速眼動睡眠）373
norepinephrine（正腎上腺素）151,198
normal distribution（常態分配）3
normalization（常態化）304
nyctophobia（黑暗恐懼症）102
obesity（肥胖症）186
obsessive character（強迫性格）374
obsessive thought（強迫思想）111
obsessive-compulsive disorder，簡稱 OCD（強迫症）110
obsessive-compulsive personality disorder（強迫型人格異常）247

ochlophobia（擁擠恐懼症）102
Oedipus complex（戀母情結）103
Olanzapine, Zyprexa（奧氮平）320
one-way analysis of variance，簡稱 ANOVA（單因子變異數分析）82
operational definition（操作型定義）54
opiod（鎮靜劑）291
opium（鴉片）202
overgeneralization（過度類推）405
oxytocin（催產素）289
Pagoclone（帕戈隆）320
pain disorder（疼痛症）125
pan attack（恐慌發作）100
paranoid personality disorder（妄想型人格異常）240
paranoid type of schizophrenia（妄想型精神分裂症）224
paraphilia（性變態）269
parasomnias（類似失眠症）372
paresthesia（感覺異常）129
Parkinson's disease（巴金森氏症）353
partial correlation（淨相關）39
path analysis（路徑分析）39,85
pathophobia（患病恐懼症）102
pedophillia（戀童症）273
personal fable（個人神話）210
personality disorder（人格異常）239
personality trait（人格特質）239
personality（人格）239
personalization（以個人為中心）404,405
person-centered therapy（案主中心治療法）401
pervasive developmental disorder（廣泛性發展障礙）285
pestiviruses（鼠疫病毒）227
phenylalanine（氨基酸）299
Phenylketonuria，簡稱 PKU（苯酮尿症）299
phi correlation（phi 相關）36
philosophy of rational realism（理性實在主義哲學）421
phobic disorder（恐懼症）100
pilot experiment（初步實驗）58
pilot study（初步研究）58
planum temporale（顳平面）317
play therapy（遊戲治療）426
point-biserial correlation（點二系列相關）36
polarized thinking（想法極端）404
positive correlation（正相關）33
positive reinforcement（正增強）131
positive thinking（正向思考）152,460
positive transference（正移情）400
postpartum depression（產後憂鬱症）150
posttraumatic stress disorder，簡稱 PTSD（創傷後壓力症）117
premature ejaculation（早洩）264
primary appraisal（初步評估）437
primary gain（主要收穫）131
private psychotherapy（私人的心理治療）18
problem-focus coping（問題中心因應）458
product-moment correlation（積差相關）34
profound retardation（極重度智障）298
progressive error（累進誤差）65
Prozac（百憂解）158,429
pseudo-insomnia（假性失眠）369
psychoactive drug（心理興奮劑）198
psychoanalysis（心理分析）17
psychoanalytic therapy（心理分析治療）398
psychodrama（心理劇）426
psychodynamic therapy（心理動力治療）99,404
psychogenic perspective（心因性觀點）15
psychological disorder（心理異常）1
psycho-neuroimmunology，簡稱 PNI（心理神經免疫學）437
psychoneurosis（精神官能症）91

psychosexual disorder（性心理異常）263
psychosis（精神病）221
psychosomatic disease（心因性疾病）125
psychotherapy（心理治療）397
purposive sampling（立意取樣法）31
pyrophobia（懼火症）102
quasi-experiment（準實驗）56
rank correlation（等級相關）35
rape（強暴）274
rapid eye movement，簡稱 REM（快速眼動）383
rating scale（評定量表）30
rational-emotive therapy，簡稱 RET（理性情緒治療法）408
reality therapy（現實治療）421
reation formation（反向作用）113
reciprocal inhibition（交互抑制）106,412
recurrent hypersomnia（反覆性嗜睡症）377
recurrent premenstral hypersomnia（反覆性經前嗜睡症）377
re-experience of the trauma（創傷經驗再現 v117
relapse prevention training（復發預防訓練）214
repression（壓抑）137
resistance stage（抗拒階段）436
resistance（抗拒）399
reversal design（倒返設計）77
reversal（上下顛倒）289
rhythmic movement disorder（節律性動作疾患）381
right Caudate Nucleus（右尾狀核）331
right Dorsolateral Prefrontal Cortex（右背側前額葉）331
right Nucleus Accumbens（右側倚核）331
right Orbitofrontal Cortex（右側額葉眼眶面皮質）331
Risperidone, Risperdal（利培酮）320
Ritalin（利他能）317
role playing（角色扮演）253,407,426
Rorschach test（羅夏克測驗）373
satiation principle（饜足原理）116
schema（基模）405
schizoid personality disorder（分裂型人格異常）241
schizophrenia（精神分裂症）221
schizotypal personality disorder（精神分裂型人格異常）242
school phobia（學校恐懼症）307
Science Citation Index，簡稱 SCI（科學引文索引）336
seasonal affective disorder，簡稱 SAD（季節性情感異常症）149
seasonal depression（季節性憂鬱症）149
secondary appraisal（次級評估）437
secondary gain（次級收穫）103,132
selective abstration（斷章取義）406
self-assertive community treatment（自我肯定的社區處遇）233
self-assertive training（自我肯定訓練）56,256,416
self-control training（自我控制訓練）214
self-hypnosis（自我催眠）138
self-identity（自我統整）423
self-management（自我管理）417
self-schemas（自我基模）405
sensitivity training（敏感性訓練）427
seperation anxiety（分離焦慮）287
serial correlation（多系列相關）36
serotonin（血清素）114,151,164
severe retardation（重度智障）298
sexual aversion disorder（性嫌惡）265
sexual dysfunctions（性功能障礙）263
sexual masochism（性被虐待症）272
sexual sadism（性虐待症）272
shamanism（巫師）9
sheltered workshop（庇護工場）304
short term insomnia（短期性失眠）368
shuttle technique（穿梭技術）420
simultaneous regression（同時迴歸）38

sleep apnea（窒息性失眠症）372
sleep bruxism（磨牙）383
sleep disorder（睡眠障礙）367
sleep fragmentation（片斷睡眠）377
sleep paralysis（睡眠癱瘓症）375,382
sleep talking（說夢話）374
sleep terror（睡驚）374
sleepwalking（夢遊）372
small crying（小聲哭泣）448
social economic status（社會經濟地位）250
social norm（社會規範）2
social phobia（社交恐懼症）102
Social Readjustment Rating Scale，簡稱 SRRS（社會再適應量表）440
Social Science Citation Index，簡稱 SSCI（社會科學引文索引）336
social skill（社會技巧）416
social support（社會支持）460
Sodium Valproate; Depakine（帝拔癲）165
somatization disorder（身體化症）125
somatoform disorder（身體型疾患）125
somatoform pain disorder（身體型疼痛症）126
somatogenic perspective（身體原因觀點）15
somnambulism（夢遊症）373
special education（特殊教育）302
splinter skills（零碎的天賦技能）286
standard error（標準誤）35
state hospitals（州立醫院）14
statistical regression（統計迴歸）60
stepwise regression（逐步迴歸）38
stimulus generalization（刺激類化）103
stimulus satiation（刺激飽和法）415
stress inoculation（壓力預防）110
stress（壓力）435
stressor（壓力源）437
structural imaging（結構影像技術）290
student assistance programs，簡稱 SAP（學生輔助計畫）212
stuttering modification therapy（口吃改變治療）320
stuttering（口吃）317
subpersonalities（副人格）139
substance（物質）327
substantia nigra（黑質組織）354
suggestion（暗示）16
suicide（自殺）143,166
superego（超我）97
supportive therapy（支持性治療）159
syphilophobia（梅毒恐懼症）102
systematic desensitization（系統減敏感法）68,106,256,412
taboo（禁忌）276
Tapal（溫刻痛）360
tarantella（塔朗特舞）11
tarantism（舞蹈症）11
Tay-Sachs disease（黑矇性家族失智症）300
tetrachoric correlation（四分相關）36
the John Henry effect（強亨利效應）61
the one-group pretest-posttest design（單組前測與後測設計）68
the one-shot case study design（單組個案研究設計）68
the shaking palsy（震顫麻痺）353
the static group pretest-posttest design（靜態組前測與後測設計）69
the static-group comparison design（靜態組比較設計）69
the therapeutic collaboration relationship（治療的合作關係）406
the vicious cycle theory（不良循環理論）104
thought stopping（思想停止）110
time out（隔離法）415
time sampling（時間取樣）28
time-series design（時間系列設計）70

token economy program（代幣制方案）231
token economy（代幣法）414
tolerance（耐受性）325
tolerance（耐藥性）197,199
training group（訓練團體）427
transference（移情）400
transient insomnia（短暫性失眠）368
translocation（位移）289
transvestism（異性裝扮症）271
trephination（顱骨環鋸術）9
tricyclic antidepressants，簡稱 TCA（三環類抗憂鬱劑）108
true-experiment（真正實驗）57
type A personality（A 型人格）47,449
type B personality（B 型人格）47,449
type C personality（C 型人格）449
type D personality（D 型人格）450
unconditional positive regards（無條件的正向關懷）99,402
unconscious（潛意識）17
undifferentiated type of schizophrenia（未分化型精神分裂症）225
undoing（抵消）113
vaginismus（陰道痙攣）266
ventricles（腦室）227
visual hallucination（視幻覺）224
vivid hypnagogic hallucination（活生生的入眠期幻覺）375
voyeurism（窺視症）271
widespread biserial correlation（廣布二系列相關）36
winter depression（冬季憂鬱症）149
witchcraft（巫術）9
within subjects（受試者內）65
World Health Organization，簡稱 WHO（世界衛生組織）185
xenophobia（陌生人恐懼症）102
zero correlation（零相關）33
zoophilia（戀獸症）273
zoophobia（動物恐懼症）102

筆記欄

筆記欄

國家圖書館出版品預行編目（CIP）資料

變態心理學 / 葉重新著. --初版.-- 臺北市：心理,
2012.05
面；　公分-- （心理學系列；11043）
ISBN 978-986-191-500-5（平裝）

1. 變態心理學

175　　　　　　　　　　101006923

心理學系列 11043

變態心理學

作　　者：葉重新
責任編輯：郭佳玲
總 編 輯：林敬堯
發 行 人：洪有義
出 版 者：心理出版社股份有限公司
地　　址：231026 新北市新店區光明街 288 號 7 樓
電　　話：(02)29150566
傳　　真：(02)29152928
郵撥帳號：19293172　心理出版社股份有限公司
網　　址：https://www.psy.com.tw
電子信箱：psychoco@ms15.hinet.net
排 版 者：辰皓國際出版製作有限公司
印 刷 者：辰皓國際出版製作有限公司
初版一刷：2012 年 5 月
初版七刷：2024 年 5 月
I S B N：978-986-191-500-5
定　　價：新台幣 550 元